시론
詩論

예옥

시론
詩論

박현수
지음

예옥

들어가는
말

•

시론에 대한 서적이 아리스토텔레스 이래, 그리고 우리 근대의 경우 김기림 이래 수없이 많이 나왔음에도 불구하고, 내가 그 목록에 또 하나를 덧붙이는 일이 과연 의미가 있는 것인가에 대해 집필 내내 고민하였다. 그러나 그럴 때마다 지난날 시론에 대한 강의를 하거나 논문을 쓸 때 시론서 간의 모순을 스스로 해결하여 자신을 설득한 경우가 많았다는 사실을 기억하였다.

여러 시론서에서 어떤 대상에 대한 주관적 판단과 견해가 일치하지 않는 것은 수긍할 만하였으나, 필자들이 의거한 원전의 내용 전달에 있어서도 차이가 나는 것은 이해하기 힘들었다. 특히 심상, 상징, 역설 등 개념의 유형 구분 같은 것에서 이런 불일치가 심하게 나타났다. 그것은 오독에서 비롯된 경우도 있고 원전의 변화에 기인한 경우도 있다. 어떤 경우든 그것을 수용할 때 비판적 시선에 따른 재조정의 과정을 생략할 경우에는 문제가 생긴다.

가령 역설의 유형을 나누는 경우, 휠라이트의 이론에 근거하였지만 저마다 다르게 수용한다. 첫째, 표층적 역설the paradox of surface, 심층적 역설the paradox of depth, 표현과 암시의 역설적 상호작용the paradoxical interplay of statement and innuendo으로 구분하는 경우, 둘째, 표층적 역설, 존재론적 역설ontological paradox, 구조적 역설, 즉 시적 역설poetic paradox로 나누는 경우, 셋째, 표층적 역설과 심층적 역설로 나누고 심층적 역설 아래 존재론적 역설, 시적 역설로 나누는 경우가 그것이다.

　이런 유형 구분의 차이는 근거로 삼은 판본의 차이에서 비롯된 것이다. 첫째는 휠라이트의 『타오르는 샘Burning Fountain』의 1954년 판본에 기대고, 둘째는 1959년 개정판, 셋째는 1968년 개정판에 의지하였기 때문이다. 휠라이트가 개정판에서 더 논리적인 방식으로 역설의 종류를 나누어간 것은 첫째, 둘째의 방식이 지닌 분명한 문제점 때문일 것이다. 그러나 어떤 시론서에서도 이런 문제점이 반성적으로 사유된 경우는 없었다. 어떤 경우든 자신이 근거한 책에 대한 신뢰가 지나치거나 비판적 자세가 부족하였다는 비판은 피할 수 없을 것이다.

　시론서를 쓰기 이전에는 이런 불일치를 보면서 그 이유가 궁금하였지만 판본 확인까지 하는 단계로 나아가지는 못하였다. 다만 논리적으로 볼 때 그 중에서 어느 것이 더 설득력이 높은가에 대해 고민을 하는 정도였다. 새로운 시론서는 앞에서 행한 고민을 논리적으로 검토하는 데서 시작되었다. 집필을 해나가면서 중요한 언급들에 대해 주목하고 그것을 최대한 존중하면서 성찰하는 자세를 유지하려 애썼다.

　이 시론서는 시에 대한 공인된 이론을 최대한 객관적으로 소개하고, 주관적인 판단을 최대한 억제하는 데 목적을 두었다. 즉 강의실에서 유용하게 활용할 만한 시론이 되도록 최대한 보편적인 이론을 다루고, 부족하다고 판단한 경우 나의 견해를 보태기도 하였다. 또한 원어를 그대로 가져오는 것을 억제하고 가장 자연스러운 우리말 번역을 선택하였다. 가령 수사학에서 '피겨figure'의 번역어, 문채 혹은 무늬(말무늬) 중 후자를 선택한 것도 이 때문이다.

이 시론서의 특징 중 하나는 될 수 있는 한 외국의 논거보다 우리의 학문적, 문학적 자산들을 적극적으로 사용하려 노력하였다는 데 있다. 우리의 고전문학 및 현대문학의 여러 자산들 중에서 적절한 예를 최대한 가져온 것은 시론사의 단절보다는 흐름을 강조하기 위해서이다. 자민족 중심적인 시각이 아니라 시론의 다양성 확보라는 차원에서 우리는 앞으로도 우리 문학 자산에 존재하는 수많은 가치 있는 사유들을 더욱 적극적으로 끌어낼 필요가 있다.

또한 각장의 말미에 토론을 위한 장을 마련한 것도 이 시론서의 특징이라 할 수 있다. 이것은 본문에서 설명한 내용을 확인하기 위한 것이기도 하지만, 본문의 내용이 타당한 것인지 비판적으로 성찰해 보는 계기를 마련하기 위한 것이기도 하다. 또한 이것은 이 시론서의 한계를 최대한 보완하는 방편의 하나이기도 하다.

이 책을 쓰는 데 여러 분들의 도움을 받았다. 이 책의 준거가 되었던 여러 시론서의 저자들에게 고마움을 전하고 싶다. 또한 초벌 원고를 보고 이 책의 구성에 대하여 좋은 지적을 해주신 방민호, 김용희 교수께 감사드린다. 그 지적 덕분에 이 책을 거의 다시 쓰는 수고를 하게 되었다. 또한 교정을 도와준 경북대 대학원 지도학생들, 열악한 출판 환경에도 불구하고 이 책을 출판하기 위해 애써주신 예옥 출판사에 대한 감사도 빠트려선 안 될 것이다.

보완할 부분이 아직 많이 남아 있지만 미흡한 것은 시간을 두고 차후에 점진적으로 보완해 나갈 예정이다. 앞으로 보편성을 띤 나만의 통찰을 담은 시론서를 쓰고 싶다(나는 하이데거나 옥타비오 파스를 염두에 두고 있다). 나의 시적 통찰이 무르익는 먼 훗날, 될 수 있는 한 각주를 쓰지 않는, 자유로우면서도 보편성을 획득한 본격적인 시론서를 쓸 그날이 꼭 오기를 바란다.

2011년 5월

박현수

제1부
일반론

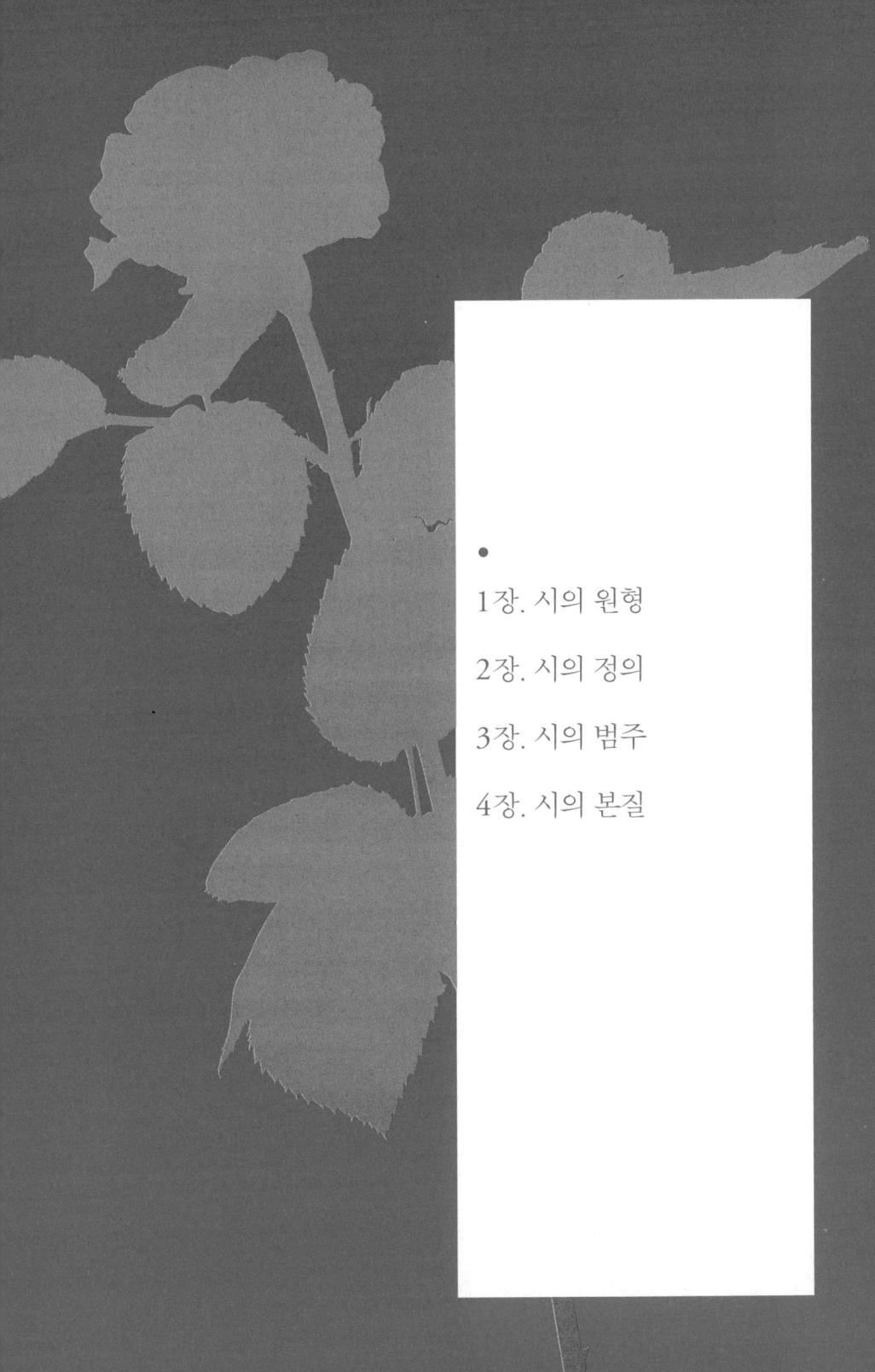

제1장 시의 원형

1. 시의 어원론적 원형

'새벽'의 어원은 '새붉'이라 한다. 샛바람이 동풍을 말하듯 '새'가 동쪽을 의미하고, '벽'은 '붉'의 이형태이다. '동명東明'이라는 말은 이 새벽의 한자 번역이라 할 수 있다.[1] 새벽이라는 말, 동쪽이 새롭게 밝아온다는 말. 밤을 새워본 사람이라면 알 것이다. 서서히 동쪽이 밝아오는 그 시간을, 정확한 경계 없이 조금씩 빛이 새어드는 그 시간을. 그 미묘한 시간을 이보다 더 잘 표현한 말이 어디 있겠는가. 언어를 풀이하기 위해 또다른 언어가 필요하지 않았던 시대, 이처럼 언어가 자명한 시대는 얼마나 행복하였을 것인가.

우리가 쓰는 '시詩' 혹은 '포이트리poetry,' '리릭lyric' 등의 명칭은 외부에서 온 말로, 우리말의 풀이를 기다리는 어휘이다. 자명한 시대의 어휘가 아니다. 우리가 기본적으로 사용하는 문학, 예술 관련 용어는 거의 대부분 한자어나 영어와 같은 외래어에서 그 원형이나 기원을 찾아야 한다. 그래서 각종 시론서에서 시의 개념은 한자어 '詩' 또는 영어 'poetry'의 어원적 분석에서 시작한다.

『설문해자』에 나오는 시(詩)의 옛글자. 그 의미를 '뜻(志)'으로 풀이하고 있다.

한자어 '詩'의 어원 풀이는 아주 다양하여 확정지을 수 없을 정도다. 이 글자는 금석문이나 갑골문

---

1) '새벽'의 '새'는 동쪽(東)과 새로움(新) 두 가지 의미로 나누어 설명하기도 하지만, 양주동에 의하면 이것은 동일한 것으로 해석된다. "'동방을 '식'라 함은 저 '曙'의 훈(訓) '새붉, 새배'에서 유래한, 곧 '날이 새는' 방향을 '새'라 이른 것이오, '新'의 훈 '새'도 이와 전연 동일어이다." 양주동, 『고가연구』, 일조각, 1965, 388쪽.

에서는 발견되지 않는다. 즉 후대에 만들어진 문자이다. '詩'는 '言'+'寺'의 조합으로 이루어진 형성문자이다. 이 조합을 풀이하는 방식은 다양하다. 가장 손쉽게 접근할 수 있는 것이 '말言로써 절寺을 짓는 것'이라는 풀이일 것이나, 이것은 실증에 의해 부정된다. '寺'가 오늘날처럼 '절간'의 뜻을 갖게 된 것은 중국에 불교가 전래된 훨씬 후대의 일이기 때문이다.[2] 허신許愼, 30~124은 『설문해자』에서 이 '詩'를 '志'로 해석한다. '마음에 지닌 뜻을 언어로 표현한 것'이라는 의미이다. 유협劉勰, 465~521은 『문심조룡』, 「명시明詩」편에서 이 글자를 '持'의 의미로 본다. 이때 '持'는 '잡다', '만들다' 등의 의미를 지니는 단어로 이해된다. 그 역시 허신과 마찬가지로 이 어휘를 윤리적으로 해석하여, '인간의 올바른 성품을 지키는 것'으로 읽는다. 이런 견해는 시의 원형을 윤리적인 동기에서 찾는 것이다.

또다른 의견으로 '寺'를 관청으로 보는 것이 있다. 옛날의 '寺'는 관청을 뜻하고 '시'로 발음하였기 때문이다. 관청은 일정한 규율과 원칙에 따라 무엇인가를 수행한다는 의미로 이해할 수 있다. 이렇게 볼 때 시는 "규율과 범절을 갖춘 언어, 즉 운율과 형식성을 갖춘 언어"[3]가 된다. 이런 해석은 운율과 관련된 시의 규칙성, 자연스러운 일상어를 정교하게 다듬는 기교성에 주목하면서, 시의 기원을 일종의 언어의 세련화 과정에서 찾는 것이다. 조향은 이것을 다음과 같이 표현한다.

노동의 과정에서 자연발생적으로 얽어진 무의미한 율어律語 사이에, 제전을 하자면 빌기도 하고 송덕頌德도 해야 하니까 기도의, 송덕의 뜻을 가진 일상어(가사)가 이른바 시어로서 섞여 들게 된다. (……) 자연발생적

---

2) 오세영, 『문학과 그 이해』, 국학자료원, 2003, 347쪽.
3) 오세영, 앞의 책, 348쪽. 오세영은 이 해석의 근거로 권지용(權智庸)의 『智林字典』의 설명을 들고 있다.

리듬에 길들지 아니한 딱딱한 일상어가 매끄러운 율어 가운데 섞여서 어울려 나가자면, 긴 것은 줄어져야 하고, 짧은 것은 늘어져야 하고, 모난 것은 매끄러워져야만 한다. 일상어가 이렇게 시어로 바뀌지는 것은, '언어의 연금술'의 시초이며, 따라서 인간의 미의식의 초보적인 발현인 것이다. 이리하여 인간 본연의 율어의 음렬音列에 비로소 의식적인 심미적 가공작용이 베풀어짐으로써 '예술성(창조성)'이라는 것이 생기게 되는 것이다.[4]

시의 의미를 언어의 정교화, 세련화에서 찾는 것은 우리 역사에서도 확인할 수 있다. 고려 광종 때 실시된 과거제의 세부 명칭이 그것이다. 당시 과거제는 세 분야로 나뉘는데, 시詩·부賦·송頌·책策 등으로 뽑는 제술업製述業, 유교 경전經典으로 뽑는 명경업明經業, 기술직을 뽑는 잡업雜業이다. 이때 현재의 문학 갈래에 해당하는 시, 부, 송, 책에 대해서는 만들어내고 짓는다는 의미의 '제술製述'이라는 표현을 사용하고 있다. '제술'이 문학 모두를 총괄하는 명칭으로 통용되었다는 사실은 문학을 언어의 제작술로 보았음을 의미한다. 시 역시 이런 관점 속에 놓여 있다.[5]

이 '만들거나 다듬어진 말'은 '포엠poem' 혹은 '포이트리poetry'의 어원과도 상통한다는 점에서 흥미롭다. 그 어원은 '만들다'란 뜻의 그리스어 'poiesis'에서 비롯된 것으로, 구체적인 시 작품을 말할 때는 '포엠'을 쓰고 장르 개념이나 시 정신을 말할 때는 '포이트리'를 사용한다. 이때 시인은 '제작자maker'로서 '독창적으로 작품을 창조해 내는 사람'이라는 의미를 지닌다. 아리스토텔레스에 따르면 '제작'은 '모방'과 동의어로, 그는 『시학』에서 '시인제작자'이라는 말을 종종 '모방자mimeta'라는 말과 동등하게 사용하고 있다. 이런 입장은 시의 원형

4) 조향, 「시의 발생학」, 『조향전집2』, 열음사, 1994, 193쪽.
5) 당시 명경업의 합격자 수가 450여 명에 불과한 데 비하여, 제술업의 합격자 수는 6000여 명이나 된 것을 보아도 이때의 문학의 성격을 짐작할 수 있다. 이성무, 『한국의 과거제도』, 한국일보사, 1976, 102쪽.

을 인간의 모방 본능에서 찾는 것이다. 모방은 인간의 본능이며 동시에 모방은 쾌감을 주기 때문이다.[6]

동일한 어원에서 온 말로, 프랑스와 독일에서 널리 사용되는 '포에지 poésie'가 있다. 이 말은 구체적인 시 작품을 말하기도 하고, 시를 존재하게 하는 시 정신을 가리키기도 한다. 이는 김억의 '제1의 시가詩歌' 즉 '심금心琴의 시가'와 등가에 놓인다.[7] 1930년대 우리의 시 논의에서 '포에지'라는 말이 한동안 유행한 적이 있었다. 이때는 주로 시 작품보다는 시를 존재하게 하는 근원적인 정신 활동을 가리키는 말로 사용되었다. 그것은 포에지가 초현실주의에서 강조하는 중요한 표현 중 하나였기 때문이다. 초현실주의는 시의 특성을 외형적인 작품이 아니라 그것을 가능하게 한 '정신의 활동'으로서의 시, 즉 포에지라는 것에서 찾았다.

우리가 시를 사물의 표현 수단으로서 분류하고자 한 것은 오류였다는 것을 시급히 선언하자. 외형에 의해서 비로소 소설과 구별되는 시는 아무의 흥미도 끌지 않는다. 나는 그러한 시에 대하여 '정신의 활동'으로서의 시라는 것을 대립시킨다. (……) 지금은 비록 한 행의 시구를 쓰지 않더라도 시인이 될 수 있으며 거리에서나 시장의 구경거리에 있어서도, 즉 어디서나 시적인 특질이라는 것이 존재한다는 것을 인정할 수 있다.[8]

---

6) Aristoteles, 천병희 옮김, 『시학』, 문예출판사, 2002, 37쪽.

7) 김억은 '제1의 시가'를 '심금(心琴)의 시가', '제2의 시가'를 '표현의 시가', 제3의 시가'를 '현실의 시가'로 나눈다. "제1의 시가는 시혼(詩魂)의 황홀이 시인 자신의 맘에 있어, 시인 자신만이 느낄 수 있고 표현은 할 수 없는 심금의 시가라고 할 만한 것입니다. 그리고 제2시가는 심금의 시가가 문자와 언어의 약속 같은 형식을 밟아 표현된 문자의 시가라고 할 만한 것입니다. 또 제3의 시가는 문자의 시가를 일반독자가 완상하며, 각자의 의미를 붙이는 현실의 시가라고 할 만합니다." 김억, 「시단의 일년」, 『개벽』 42, 1923. 12; 박경수 편, 『안서 김억전집』, 한국문화사, 1987, 205—206쪽.

8) Tristan Tzara, 「시의 존재 양식에 대한 시론」; Maurice Nadeau, 민희식 옮김, 『초현실주의의 역사』, 고려원, 1985, 51쪽.

그래서 구체적인 시 작품 없이 포에지만으로도 시인의 조건이 충족될 수 있었다. 초현실주의는 근대적인 의미의 시가 탄생하는 발원지라 할 수 있다.

그렇다면 지금 시의 막강한 권좌에 오른 서정시의 원형은 어떤 것일까. 서정시, 즉 'lyric'의 원형은 그리스의 고대 악기 '리라lyra' 혹은 '라이어lyre'와 관련이 있다. 리라는 거북 등딱지를 공명상자로 삼아 양쪽에 쇠뿔로 지주를 만들고 그 사이에 가로목을 걸쳐 위아래로 줄을 걸어 만든 현악기이다. 하프의 일종이라 할 수 있다. 그리스 신화에서 리라는 헤르메스가 만든 것으로 되어 있다. 아폴론의 소를 훔친 헤르메스는 리라를 연주하여 화가 난 아폴론을 달래고, 도둑질한 소와 이 악기를 바꾸었다고 한다. 그 후로 이 악기는 아폴론이 즐긴 악기로 신성시되었다. 서정시라는 의미의 'lyric'은 바로 이 '리라를 타면서 부르는 노래lyricos'라는 어원을 지니고 있다. 랭보의 다음 시는 시와 리라의 밀접한 관련성을 보여준다.

내 갔지, 터진 주머니에 손 집어넣고
양복저고리는 관념적이 되었어.
시신詩神아, 나는 하늘 밑을 가는 너의 충신.
오, 랄랄라. 내 얼마나 멋진 사랑을 꿈꾸었으리.

단벌바지엔 구멍이 났지
꼬마 몽상가라 길에서 운율을
훑었지. 내 주막은 큰곰자리에 있었어.
하늘의 내 별이 부드럽게 살랑거렸지.

길가에 앉아 나는 들었지,
구월의 멋진 저녁소리를.

이마엔

이슬방울 떨어졌어, 힘나는 술같이.

환상적인 그림자 손에서 운을 맞추며

가슴 가까이 발을 대고 나도 리라 타듯

내 터진 구두의 구두끈을 잡아다녔지!

— A. 랭보, 「나의 방랑생활(환상)」 전문[9]

　　여기에 나타난 시인은 남루한 옷을 걸친 존재이긴 하나, 모든 구속과 제약으로부터 벗어나 길 위를 자유롭게 떠도는 낭만적인 존재로 그려진다. 시신詩神, 즉 뮤즈Muse의 충신으로서, 이 시인은 비록 몸은 지상에 두고 있어도 더 이상 지상적인 존재라 할 수 없다. 그래서 시인이 머무는 주막도 하찮은 이 지상이 아니라 저 먼 하늘의 큰곰자리일 수밖에 없다.

　　이 낭만적인 시인은 시와 혼연일체가 된 존재이기에 그의 모든 행위는 곧 시적 행위가 된다. 길 위를 떠도는 행위는 운율을 줍는 일이 되고, 구두끈을 매는 행위는 리라를 타는 일이 된다. 구두끈 매는 동작을 리라 타는 동작에 비유한 것은 구두끈 매는 자세가 리라 타는 자세와 비슷하기 때문이다. 그러나 여기에는 단순히 자세의 유사성뿐만 아니라 시인이 본질적으로 리라 연주자와 연계되어 있다는 암시가 담겨 있다. 리라를 타면서 노래하는 음유시인이라는 서구적인 전통이 이 비유 안에 흐릿하게 반영되어 있는 것이다.

9) A. Rimbaud, 김현 옮김, 『지옥에서 보낸 한철』, 민음사, 1974.

●
2. 시의 원형으로서의 '노래'

그렇다면 우리의 어원론에서 시는 어떻게 시작되어야 할 것인가. 여러 자료를 검토해 보면, 시의 한국적 어원은 '놀애' 즉 '노래'이다.[10] 노래의 어원은 '놀戱, 遊'+'애'로서, '놀다'라는 말의 어간에 명사형 접미사 '애'가 붙어 만들어진 어휘이다.[11] 한동안 '노래'보다는 '놀애'를 정식 표기로 사용한 적이 있었다. 어원을 고려한 조처였을 것이다.[12]

'노래'는 근원적으로 '놂', '놀음', '놀이', '노릇' 등과 동일한 어원('놀')을 지닌다. 이 계통의 어휘들은 '여럿이 모여서 즐겁게 노는 것'이라는 '놀이'의 의미처럼 혼자가 아니라 여러 명이 어울리는 축제의 정신을 공유하고 있다. 놀이를 하면서 흥이 생기고 그 흥겨움이 저절로 가락을 만들고 거기에 말이 함께한 것이 바로 '놀애'이다.

초기 예술의 원형적 특성을 강조하기 위해 '놀'이라는 어원을 하나의 독립된 용어로 사용할 수 있을 것이다. 최남선도 이 '놀'을 하나의 용어로 독립시켜 종교적 신성에 관련시키고 있다.[13] 이때 '놀'은 '축제적 유희 정신'을 가리키는 말로서, 예술을 있게 하는 포에지이자, 태고의 원형적 예술로서의 포엠의

●

10) 최남선은 『조선문학 개설』이라는 글에서 '제사문학으로서의 〈놀애〉의 기원'이라는 절을 따로 할애하여 이 문제를 다루고 있다. 최남선, 『육당최남선전집9』, 현암사, 1974, 449—455쪽 참조.
11) '노래'의 어원적 의미를 '놀이를 하는 데 쓰이는 도구'로 보는 관점도 참고할 만하다. "'노래'란 낱말의 본디 뜻은 '놀이를 하는 데 쓰이는 것'으로서 스스로 놀이에서 떨어져 나온 것임을 드러내고 있다." 김수업, 『배달말꽃—갈래와 속살』, 지식산업사, 2002, 58쪽.
12) 김억은 이런 표기법을 매우 못마땅해 하였다. "이즘 신문이나 잡지에 흔히 '노래'를 '놀애'로 '하늘'을 '한울'로 고치는 일이 많습니다. (……) 그러나 아모리 이러한 예가 있어 그 법에 맞추지 아니 할 수가 없다 하더라도 나는 '노래'를 '놀애'로 쓰고 싶지 아니하외다." 김억, 「어의(語意), 어향(語響), 어미(語美)」, 『조선일보』, 1929. 12. 18—19.
13) 최남선, 「조선문학 개설」, 『육당최남선전집9』, 현암사, 1974, 449—452쪽.

의미를 동시에 지닌다.

'놀'이라는 축제적 유희 정신은 우리 민족의 고유한 생활이자 곧 생활 철학으로서, 신과 인간을 즐겁게 하는 종교 의식과 연계되어 있다. 중국의 사서史書가 우리 민족의 축제를 특기하고 있음은 이 축제 풍경이 그들에게는 무척이나 낯선 것이었기 때문이다. 그 기록 중 일부를 보이면 다음과 같다.

> 은력殷曆 정월이면 하늘에 제사를 지내는데, 나라 안에 크게 모여 연일 마시고 먹으며 노래 부르고 춤을 추니 이름하여 '영고迎鼓'라 한다.(『삼국지』 위지 동이전 부여조).

> 백성들은 노래 부르고 춤추는 것을 좋아하여 나라 안의 읍락에는 밤이면 남녀가 무리지어 모여 서로 간에 노래 부르며 즐긴다. (……) 10월이면 하늘에 제사를 지내며 큰 모임을 가지는데 이름하여 '동맹東盟'이라 한다. (『삼국지』 위지 동이전 고구려조)

> 항상 10월이면 하늘에 제사를 지내는데, 밤낮으로 음주가무를 즐기니 이름하여 '무천舞天'이라 하며, 또한 호랑이에게 제를 올리고 신으로 여긴다(『삼국지』 위지 동이전 예조)[14]

이들 기록은 하나같이 우리 조상들이 가무歌舞, 즉 노래와 춤을 즐겼다는 사실을 특기하고 있다. '영고', '동맹', '무천'의 어원이나 의미에 대한 풀이는 여러 가지가 있지만, 이것이 모두 '놀' 정신의 구현이라는 점은 분명하다. 그 중 '무천'이라는 이름에 이 '놀' 정신의 핵심이 담겨 있는 것으로 보인다. '무천舞天'

●

14) 김성구 편역, 『중국정사조선열국전』, 동문선, 1996, 89쪽, 94쪽, 103쪽.

은 한자 그대로 해석한다면(물론 우리말의 음역일 수도 있지만) '하늘에 바치는 춤' 혹은 '하늘과 더불어 추는 춤'이라는 의미를 지니는데, 이런 행사들이 모두 하늘에 제사를 지내는 의식에서 나온 것이기 때문이다. '놀'은 기본적으로 공동체의 정신을 담고 있으며, 그 공동체는 인간만의 모임이 아니라 하늘이 함께 참여하는 모임인 것이다.

그리고 '놀'에서 파생된 수많은 친족어들의 원형을 '놀'의 모형母型, matrix, 즉 각종 '놀' 파생어들의 모체라 부를 수 있다. '놀'의 모형은 놀이, 노름, 놀음, 노릇, 노래 등을 모두 포괄하는 모형이다. 당연히 이 말에는 '놀이'라는 무용적 요소와 '노랫가락'이라는 음악적 요소, 그리고 '노래'라는 시적 요소가 동시에 잉태되어 있다.[15] 이것은 "〈음무시音舞詩〉의 전신적全身的인 표현"[16]의 단계를 지시하는 데 부족함이 없다. 이로부터 태초의 시의 발생이 자명하고도 자연스럽게 어원 속에 녹아들어 있음을 짐작할 수 있다.

'놀'이라는 말에 '놀음', '놀이'와 '노래'가 공존하고 있음은 이 말의 어원을 잘 알고 있던 시절, 즉 언어가 자명한 시대에는 메타언어적 설명 없이 생활에서 몸으로 느끼고 있었을 것이다. 이때는 노동도, 유희도, 구애求愛도, 휴식도 '놀'의 실천적 행위였다. 이 속에 무용과 문학과 음악 등 온갖 예술이 공존하고 있었다. 이 자명한 '놀'의 모형을 서양 사람들은 '발라드댄스ballad dance'라는 새로운 명명에 기대고 있다. 조향이 정리한 바에 따르면 'ballad'라는 말은 라틴말 'ballare(=to dance)'에서 왔다. 그런데 이 어원에는 춤만 있고 노래는 없다. 발라드도 춤이고 댄스도 춤이 아닌가. 조향은 이에 대하여 다음과 같이

15) 이 원시종합예술의 형태가 현재까지 고스란히 남아 있는 것이 판소리와 선소리라 한다. "(판소리에서) 그 창은 음악, 발림은 무용, 그 창사(唱詞)며 아니리는 문학에 제가끔 해당되는 것이다. 그리고 경기잡가인 선소리도 이와 같은 형태를 그대로 지녀온 것으로 볼 수 있다." 이병기, 백철, 『국문학전사』, 신구문화사, 1965, 27쪽.
16) 최일수, 「노래하는 시와 생각하는 시」, 최예열 편, 『1950년대 전후문학비평 자료 1』, 월인, 2005, 968쪽.

평가한다.

　　발라드댄스의 단계에서는 '무용'이 주가 되고, '노래'는 '노래'로서의 구
실을 충분히 할 수 있었던 것이 아니다. 그냥 '무용'의 박자를 맞춰주기
위한 '자연발생적 율동어'에 지나지 못한 종적인 존재였다는 것을 짐작
할 수가 있다.[17]

　　원시종합예술, 즉 발라드댄스에서 시의 발생을 찾는 이론은 자연스럽지
못하다는 의미이다. 시의 발생을 설명하는 데 발라드댄스라는 용어의 한계
가 많다는 지적이다. 그래서 조향은 시와 연관된 노래가 나타나기 위해서는
'folk song(민요)'의 단계가 더 필요하다고 보았다. 이 단계에 들어서야 비로소
노래가 독립적인 요소로 존재하게 되었다는 것이다. 반면, 우리말 '노래'는 '놀'
에서 파생된 '놀이'와 어원적으로 동일한 기원을 지님으로써 시의 발생을 명
쾌하게 설명해 준다.

　　차츰 문명화 단계를 거쳐 사회의 여러 영역들이 분화되면서 '놀'의 모형
속에 함께 존재하였던 여러 요소들이 하나의 독립된 갈래로 떨어져 나갔다.
'놀이', '놀음'이라는 무용적 요소와 '노랫가락'이라는 음악적 요소, 그리고 '노
래'라는 시적 요소가 분화되어, 무용, 음악, 시 등으로 나누어진 것이다. 우리
의 경우 '노래', 즉 시는 오래도록 문학의 원형으로서 존재하였다. 최남선은 이
것을 다음과 같이 지적하고 있다.

　　보기에 따라서는 근소한 예외가 있는 채, '놀애'는 조선 최고요 또한 유
일한 문학이라 하여도 과언이 아니다. 그것은 '놀애' 이외에 들 만한 문학
현상이 없다는 면으로도, 또 종류는 몇 가지 있을지라도 명칭은 '놀애' 하

17). 조향, 「시의 발생학」, 『조향전집2』, 열음사, 1994, 181쪽.

나로 혼화되어 있는 실제면으로도, 역시 그렇게 말할 수 있는 일이다.[18]

　　최남선은 노래를 문학의 원형으로 다루고 있다. 이때의 노래는 놀이와 독립된 것이 아니라는 점에서 사실상 '놀'의 모형을 가리키는 것이다. 이로부터 후대의 세련된 시가 나오고, 소설이나 희곡 같은 서사문학이 나왔기 때문이다. '놀'의 모형 중에서 이야기, 즉 서사적인 요소가 있는 것이 후대의 서사시와 소설로 전개되고, 극적인 요소가 있는 판소리 같은 것은 희곡으로 분화되었다고 보는 것이 타당하다.

　　문학과 관련해서 볼 때 '놀'의 모형에서 가장 먼저 분화된 것은 희곡일 것이다. 원시종합예술의 원형을 가장 많이 간직하고 있는 '놀이' 혹은 '놀음', '노릇'의 연극적 특성을 지닌 분야가 독자적인 영역을 개척하기 쉽기 때문이다. 희곡과 관련된 어휘들이 '놀'의 어원을 많이 지니고 있는 것도 이 때문이다.[19] 그리고 노래가 지속되다가 그로부터 이야기 요소를 지닌 소설이 분화되었을 것이다.[20] 몸 전체를 사용하는 연극과 달리, 노래와 이야기는 입이라는 동일한 매체를 사용하였기에 분화가 늦을 수밖에 없다.[21] 이것을 그림으로 표현하면 다음과 같다.

●

18) 최남선, 「조선문학 개설」, 『육당최남선전집9』, 450쪽.
19) '놀음놀이'와 '노릇바치'가 대표적이다. '놀음놀이'는 '굿, 풍물, 인형극 따위의 우리나라 전통적인 연희를 통틀어 이르는 말늑놀음', '노릇바치'는 '희극 배우를 예스럽게 이르는 말늑노릇꾼'의 의미를 지닌다.
20) 김수업은 '놀이'에서 '이야기'가 먼저 분화되고, 마지막으로 '노래'가 분화되었다고 본다. 김수업, 앞의 책, 54—61쪽.
21) 최남선은 노래에서 분화된 시가 '도솔가(덧소리)'라는 시 형식이 되었고, 이로부터 서사시 형식의 '차사(嗟辭)'와 서정시 형식의 '사뇌(詞腦)'로 분화되었다고 본다. 최남선, 「조선상식문답속편」, 『최남선전집3』, 현암사, 1974, 113—114쪽.

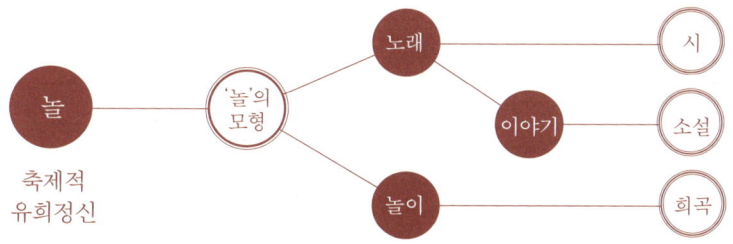

우리 역사에서 시의 시초는 『삼국사기』 유리왕 5년에 "이 해에 민속이 평강하여 비로소 도솔가를 지으니 이것이 가악歌樂의 시초"라는 구절에서 찾을 수 있다. 그러나 이것은 가악의 시초라기보다는 시가다운 시가, 즉 "일정한 어느 형식에 정제되어 가히 가무에서 분리할 수 있는 시가"[22]의 시초라 보는 것이 타당하다. 그렇다면 우리에게 시가는 신라 초기에 이미 독립적으로 존재하였다 할 것이다.

'놀'의 원리로부터 노래, 즉 시가 나왔다는 것은 노래의 전통이 강력한 우리에게 그다지 증명이 필요하지 않은 자명한 사실이다. 그래서 우리 근대문학에서 '노래' 혹은 '시가'라는 이름이 1920년대 후반까지 시를 대신하여 사용되었던 것이다.

그러나 다른 문화권에서 시와 원시종합예술의 관계를 따지는 일은 일종의 논리적 훈련을 요하는 고급 기술에 속한다. 중국의 현대 미학자 주광잠朱光潛은 시가 원시종합예술 즉 음악, 춤, 노래 등과 동일 기원을 지닌다는 증거로, 중국의 고대시에 나타나는 반복법과 후렴구와 같은 '중첩重疊' 그리고 박자를 맞추기 위해 첨가되는 무의미한 글자인 '츤자襯字'를 제시하고 있다.[23] 시와 원시종합예술의 관계를 어원이 아닌 현상에서 찾는 논의다. '놀'의 모형에

---

22) 조윤제, 『한국문학사』, 탐구당, 1988, 26—27쪽.
23) 朱光潛, 정상홍 옮김, 『시론』, 동문선, 1991, 24—26쪽.

서 직접 분화된 우리의 '노래'의 경우, 시와 그 원형적 예술의 관계는 아주 자명한 사실인 데 반해 다른 문화권에서는 논거와 설득이 필요한 문제인 것이다.

●
3. 시의 원류로서 노래의 몇 가지 특질

'노래'는 근대 이전의 '시'이다. 따라서 신흠의 다음 시조는 시에 관한 메타시라 할 수 있다. 메타시는 대상을 묘사하는 것이 아니라 대상에 대한 미적 거리를 의도적으로 유지한다는 점에서 추상적이고 논리적인 인식의 반영이다. 이 메타시에서 우리는 시의 원류로서 노래가 지니는 몇 가지 특징을 파악할 수 있다.

노래 삼긴 사람 시름도 하도 할샤
일러 다 못 일러 불러나 푸돗던가
진실로 풀릴 것이면은 나도 불러보리라.
— 신흠

이 작품은 시에 관한 몇 가지 중요한 인식을 보여준다.

첫째, 시의 원형을 '풀이', 즉 심리학적인 관점에서 찾고 있다는 점이다. 이 작품에 따르면 '노래'는 시름이 많은 사람이 지은 것이다. '싫다'에서 그 어원을 찾을 수 있다는 사실에서 유추되듯이, 시름이란 "마음에 걸려 풀리지 않는 근심과 걱정"을 말한다. 신흠의 작품은 이 시름의 '풀이'에 노래의 발생 원인 혹은 중요한 기능이 있음을 말하고 있다. 시인은 마음에 쌓인 시름, 즉 심리적으로 억압된 어떤 요소를 해방시키기 위한 심리적 충동에서 시가 발생했다고 보는 것이다.

심리적인 긴장을 해소한다는 점에서 '긴장 해소설'이라 부를 수도 있는 이와 같은 관점은 문학 혹은 예술의 기원을 심리학적 기원에서 찾는 기존의 여러 설, 즉 모방 본능설, 유희 본능설, 자기표현 본능설, 유혹 본능설 등과도 전혀 다른 차원의 기원설이다. 심리적인 억압을 해방시키는 행위로서의 '풀이'는 외부에 어떤 대상을 가정하지 않는다는 점에서 모방도 아니고, 에너지 과잉의 결과가 아니라는 점에서 유희도 아니며, 자신만의 만족이나 이익을 추구하지 않는다는 점에서 자기표현이나 유혹도 아닌 것이다. 이것은 오히려 심리적 균형을 얻기 위한 인간의 생존 욕구와 관련된다는 점에서 심리학과 생리학이 혼합된 복합적 기원설이라 할 수 있다.[24]

둘째, 시와 산문의 구분을 리듬, 즉 가락에서 찾고 있다는 점이다. 이 시조의 2행 "일러 다 못 일러 불러나 푸돗던가"는 '말로 아무리 표현해도 시름이 풀리지 않기에 노래를 불러서 시름을 풀어내었던가'라는 뜻이다. 여기에서 '일러'는 일상적인 발화를 의미하는 것으로, 일상적이고 산문적인 양식이다. 그에 반하여 '불러', 즉 노래하는 것은 특별하고도 시적인 양식이다. 그러므로 시는 말과는 다른 '노래'만이 지니는 특성을 소유하게 된다. 노래의 특성이란 무엇인가. 일정한 양식과 그에 필요한 수사학이 조화를 이루는 특별한 발화의 상태이다. 이때 그 발화 상태의 핵심은 리듬, 즉 가락이라고 할 수 있다. 가락이야말로 특별한 발화로서의 노래를 특징짓는 핵심이기 때문이다. 신흠의 시조는 시와 산문의 구분을 이 가락에서 찾고 있다.

그런데 중국 문학론의 중요한 전거인 『시경』 「대서大序」에서는 이 구분이 고려되지 않는다.

---

24) 이는 리처즈가 시의 본질을 모순된 충동의 해소에서 찾는 것과 유사하다. I. A. Richards, 김영수 옮김, 『문학 비평의 원리』, 현암사, 1977, '제32장 상상력' 항목 참조.

시란 뜻이 가는 바이다. 마음속에 있으면 뜻이 되고, 말로 표현하면 시가 된다. 감정이 안에서 움직여 말로 나타나게 되는데, 말로써도 부족하기 때문에 감탄하고, 감탄으로도 부족하기 때문에 길게 노래하며, 길게 노래하는 것으로도 부족하면 저절로 손발을 흔들며 춤추게 된다.[25]

이에 따르면 시라는 것은 뜻, 의식志의 지향이다. 마음속에 멈춰 있는 상태가 의식이고, 이것이 말로 표현되면 시가 된다. 시 정신으로서의 '포에지'가 '志'이고, 구체적 시 작품, 즉 '포엠'의 상태가 '詩'인 것이다. 여기에서는 포에지(의식)의 지향만으로는 시가 못 되며 그것이 언어를 통해 표현되어야 시가 된다고 하였다.

위의 인용문에서 예술의 발생과정(혹은 감정의 강도)은 '발화·감탄·노래·무용'의 순서로 정리되고 있다. 시는 이 과정 중에서 '발화'에 해당한다. 발화 자체를 시로 보는 것은 시와 산문, 시와 일상어의 차이를 무시하는 시각이다. 가락의 특성은 몇 단계 다음의 독립적인 갈래(노래)에서야 등장하기 때문이다. 예술의 발전단계를 고려할 때 이는 현실적으로 불가능하다. 이런 도식은 시를 독립적인 요소로 이미 전제한 이후에나 가능한 설정이다. 즉 시와 노래의 구분이 이미 완료된 이후의 논의라 할 수 있다. 이런 점을 고려할 때, '이름'과 '부름'의 차이를 제시한 신흠의 시조는 『시경』「대서」이후의 논의지만 더 원형적이라 할 수 있다.

셋째, 개인적이면서 동시에 공동체적인 시의 특질을 보여주고 있다는 점이다. 노래의 본질로서의 '풀이'는 구체적인 청자를 대상으로 풀어내는 행위

---

25) "詩者, 志之所之也. 在心爲志, 發言爲詩. 情動於中, 而形於言, 言之不足, 故嗟嘆之, 嗟嘆之不足, 故永歌之, 永歌之不足, 不知手之舞之, 足之蹈之也." 『시경』「대서大序」.

로서, "엿듣는 독백"[26]의 개인적 차원의 행위와 다르다. 이런 특성은 '풀이'라는 말에 이미 들어 있다. 신과 함께 소통하며 인간의 문제를 푸는 성주풀이, 살풀이, 삼신풀이, 부정풀이나 자신의 기쁨을 공동체와 함께 나누는 댕기풀이 등 대부분의 '풀이'는 개인의 문제에 국한된 행위가 아니라 타인과 공유하는 행위이다.[27] 이것은 곧 노래의 특성이다. 시의 원형으로서 노래 역시 구체적인 청자를 전제로 이루어지는 갈래이기 때문이다.

신흠의 작품이 중요한 것은 단순한 자기 감정을 표현한 것이 아니라 우리 시의 원형으로서 노래가 지닌 여러 측면에 대한 성찰을 간명하게 보여주고 있기 때문이다. 이런 성찰은 노래에 대한 신뢰나 기대를 바탕으로 하지 않으면 불가능한 일이다. 노래에 대한 신뢰는 시인들은 물론 민중들에게 널리 퍼져 있다. 박재삼 시인이 거론한 "옛날부터 이야기는 다 거짓말이라도 노래 하나는 참말"[28]이라 한 말에서 우리 민중들의 노래에 대한 신뢰를 확인할 수 있다.

4. '노래'로부터 멀어진 근대시

근대 이전까지 시는 근원적으로 '놀' 정신의 현현으로서의 '노래'다. 그리고 이 유풍은 우리 근대 시인들의 집단무의식에 각인되어 강력한 힘을 발휘하고 있다. 근대 시인들이 자신의 시를 아무 주저 없이 '노래'라고 부르는 것

---

26) J. S. 밀은 「시란 무엇인가」(1833)에서 시를 '엿듣는 발화'로 규정한다. N. 프라이도 이 견해를 지지하고 있다. Northrop Frye, 임철규 옮김, 『비평의 해부』, 한길사, 1982, 348쪽 참조.
27) 최남선은 '풀이'의 기본적인 의미를 종교적인 데서 찾는다. 이 역시 공동체적 행위이다. 최남선, 「조선과 일본과의 제사상 일치」, 『육당최남선전집2』, 73쪽.
28) 박재삼, 「사족」, 『한국전후문제시집』, 신구문화사, 1961, 377쪽.

도 이 때문이다.

> 나의 노랫가락의 고저장단은 대중이 없습니다.
> 그래서 세속의 노래 곡조와는 조금도 맞지 않습니다.
> 그러나 나는 나의 노래가 세속 곡조에 맞지 않는 것을 조금도 애달파
> 하지 않습니다.
> 나의 노래는 세속의 노래와 다르지 아니하면 아니 되는 까닭입니다.
> 곡조는 노래의 결함을 억지로 조절하려는 것입니다.
> 곡조는 부자연한 노래를 사람의 망상妄想으로 도막쳐 놓는 것입니다.
> 참된 노래에 곡조를 붙이는 것은 노래의 자연에 치욕입니다. 님의 얼
> 굴에 단장을 하는 것이 도리어 흠이 되는 것과 같이 나의 노래에 곡조를
> 붙이면 도리어 결점이 됩니다.
> ― 한용운, 「나의 노래」 부분

한용운이 시를 '나의 노래'라 부른 것을 단지 비유적인 표현으로 볼 수만
은 없을 것이다. 그에게 시는 노래일 뿐이다. 이처럼 초기 현대시에서 시는 노
래와 분리되지 않는다. 우리가 시를 설명할 때 '~을 노래하고 있다'라는 말을
자연스럽게 사용하는데, 이때 시가 '표현'하는 것을 '노래'한다고 말하는 것도
이런 전통에 의거한 것이다.

현재의 시는 개화기에 들어온 서구 문학의 영향으로 기존 '놀애'가 왜곡
되어 형성된 불구적 장르라 할 수 있다. 근대시의 기원을 논하는 여러 논의에
서 원형으로 언급되는 것도 모두 노래 종류이다. 주요한은 '찬미가' 즉 찬송가
에서 창가 및 신체시라는 근대시의 원형적 형태가 발생하였다고 보고,[29] 근대

---

29) 주요한, 「노래를 지으시려는 이에게」, 『조선문단』, 1924. 10.

시의 자생적인 측면을 강조하는 오세영은 창가나 신체시를 오히려 근대 자유시의 진행을 방해한 정형시로 비판하며, 자유시의 기원을 사설시조와 잡가에서 찾는다.[30] 모델이 다르긴 하나 근대시의 기원이 노래라는 점은 동일하다.

　　근대시와 노래의 친연성은 이처럼 강력하였다. 근대 문학의 초기까지 '놀애' 즉 '노래'가 시의 이름을 한동안 대신한 것은 자연스러운 일이었다. 그래서 주요한은 시인을 지망하는 이들을 위해서 아예 「노래를 지으시려는 이에게」라는 글을 썼던 것이다.

　　　이 글의 제목을 '노래를 지으시려는 이에게' 하였지만은 지금 우리에게는 그 '노래'라는 말부터 뜻이 분명치 못합니다. 과거 우리 사회에 노래하는 형식으로 된 문학이 있었다 하면 대개 세 가지가 있었다 하겠습니다. 첫째는 중국을 순전히 모방한 한시요, 둘째는 형식은 다르나 내용으로는 역시 중국을 모방한 시조요, 셋째는 그래도 국민적 정조를 여간 나타낸 민요와 동요입니다. 그 세 가지 중에 필자의 의견으로는 셋째 것이 가장 예술적 가치가 있다고 봅니다.[31]

　　여기에서 '노래'는 한시, 시조, 민요와 동요를 포괄하는 개념으로, 주로 음송이 되던 시들을 모두 노래라 한 것이다. 그리고 이 글이 신시(신체시), 즉 자유시가 나아갈 방향을 중심으로 다루고 있다는 점에서 근대시도 포함된다.

　　당대에 잘 알려진 시인이었던 김억도 아무런 주저 없이 시를 '시가詩歌'라 불렀다.

●

30) 오세영, 「자유시 형성에 있어서 사설시조와 잡가」, 『한국 근대문학론과 근대시』, 민음사, 1996.
31) 주요한, 「노래를 지으시려는 이에게」, 위의 책, 47쪽.

그것(시를 정의하기가 어려움—인용자)은 시詩가 순정純正한 예술품 중에
도 가장 깊은 순정성을 가진 것만치 이렇게도 해석되고 저렇게도 해석되
기 때문이외다. 그리하여 한 편의 좋은 시가詩歌의 감동은 (……) 현실세
계의 모든 고뇌에 부대낀 사람에게 다시없을 자모慈母 같은 위자慰藉를
주어 고단한 맘을 미화시켜 줍니다.[32]

「시론」이라는 제목의 이 글은 처음에 '시'라는 용어를 쓰다가 어느 순간
자연스럽게 '시가'라는 용어만을 사용하고 있다. 시의 영어식 표기가 'poem'이
라는 것을 잘 알고 있는 그가 '시가'라는 용어를 고집한 것은 우리 시 전통의
영향력 때문일 것이다. 그는 이 용어를 해방 이후까지 버리지 않았다.

'시'를 포함한 '노래', 그리고 이 둘을 함께 지칭하는 시가는 전통적 노래
와 근대시 형식의 완충지대에 놓인 것으로, 시와 노래의 공존을 보여주는 용
어이다. '시가'라는 용어에서 노래가 떨어져 나가게 된 것은 1930년대라 할 수
있다. 1920년대까지만 해도 '시가'라는 표현은 시집 제목에도 공공연히 쓰일
정도로 지극히 공인된 용어였다.[33] 이 용어는 김억, 이은상, 김동환 등 전통주
의 시인에 의해 주로 사용되다가 1930년에 들어서면서 그 빈도가 현격히 줄
어들었다. 김억 이외에 사용하는 사람은 거의 없었다.[34]

1930년대 들어 무슨 변화가 시작된 것일까. 그것은 시를 실현할 매체의
변화가 완료되는 시기인 탓은 아닐까. 노래로서의 시는 사람의 목소리를 통하
여 구현되던 구술문화 시대의 장르이다. 그러나 1930년에 모더니즘 시와 이

---

32) 김억, 「시론」, 『대조』 2, 1930. 4.
33) 1929년 이광수·주요한·김동환이 지은 합동시집의 제목은 『삼인시가집(三人詩歌集)』이었다.
34) 노래가 오랫동안 시의 갈래 명칭을 대신한 것은 우리 시의 가락의 특징과 관련 있을지 모른다. 중국의
한시와 같은 엄격한 정형률이 없기 때문에 노래와 근대적 의미의 시의 구별이 조기에 이루어지지 않았
을 것이라 유추할 수 있다.

론들이 문단을 장악함으로써 매체는 목소리가 아니라 인쇄매체, 즉 책의 활자로 바뀌었다. 따라서 시의 중심 감각도 '청각'에서 '시각'으로 바뀔 수밖에 없었다. 이제 문학에 있어서 음독의 시대는 끝나고 묵독의 시대가 온 것이다.

이제 '시가'는 뒤에 달린 '노래'라는 꼬리를 떼어내고 '시'가 되었다. 시는 종이 위에서만 실현되는 '글'의 영역 안에 들어선 것이다. 글의 세계로 들어선 근대시에서 노래는 활자의 그림자일 뿐이다. 노래에서 리듬 부분은 음악으로, 노랫말은 시가 되었다. 근대의 시는 노래 없는 노랫말이자 묵음화된 가사, 잠재적 음성으로 존재하는 짧은 줄글이 되었다. 더 이상 시는 목소리를 통하여 실현되지 않는 것이다.

그러나 노래에서 이탈한 근대의 시는 영원히 해소되지 않는 노스텔지어 속에 헤매고 있다. 특히 서정시는 노래의 적자嫡子로서 끝없이 노래를 그리워한다. 최근 서정시가 시의 주류가 되면서 이 노래의 측면이 시 속으로 많이 들어오고 있다. 낭독에 적합한 시 형식과 리듬 의식이 세련된 방식으로 도입되는 것이다. 그리고 죽은 노래를 회생시키려는 노력으로 시 낭송의 기회를 자주 마련하기도 한다.

노래와 일체가 되어 있던 시가의 시대를 부정적으로 보는 것은 짧은 견해일 것이다. 1980년대에 유행했던 민중시는 낭송을 통해 많은 민중을 흥분시키고 감동시켰다. 지금도 시위 현장에서 시가 낭송되는 것은 시의 음악적 측면이 여전히 유효함을 보여주는 반증이다. 그러나 그런 시가 구술문화의 낭송에 적합한 형식과 내용을 지니지 못하는 부분이 많은 것은 시의 본질과 그 역사를 고려하지 못한 탓으로 보인다.

'놀'이라는 공동체적 축제, 신과 교통하는 우주적 축제와 연결된 '노래로서의 시'는 새로운 형태로 우리를 찾아올지 모른다. 이때 '글'로 써놓은 우리의 시는 바다 위에 써놓은 것처럼 출렁거리며 우주적 율동을 우리에게 전해줄 것이다. 옥타비오 파스는 오래 전에 이렇게 이야기하지 않았던가!

미래의 시는 유희, 낭송, '열정'(결코 구경거리가 아니다) 등의 축제 이미지를 일깨운다. 시는 집단적으로 재창조될 것이다. 어떤 특정한 시간과 장소에서 시는 모두에 의하여 영위될 것이다. 축제의 예술은 그 부활을 기다린다.[35]

35) Octavio Paz, 김홍근 · 김은중 옮김, 『활과 리라』, 솔, 1998, 366쪽.

- **확인 토론**

1. 다음 글에서 밑줄 친 부분의 '시'의 의미가 무엇인지 말하고, "시는 명석한 언어보다도 먼저 생겼다"는 말에 대한 자신의 의견을 말해 보자.

> 어느 의미에 있어서 <u>시는 명석한 언어보다도 먼저 생겼다</u>. 어떤 시대에는 인간은 말을 가지지 않고 살고 있었던 시대가 있었다는 것을 우리는 상상할 수 있으나, 육체적으로 또는 성음적聲音的으로, 여러 가지 몸짓이며, 부르짖음으로써 서로 감정을 전달하지 아니하였다는 시대를 상상할 수 없다. 언어란 것은 사색에 있어서, 창의에 있어서 진보를 포함하고 있다. 아마 맨첨의 소리(성음)란 명석하지도 합리적이지도 않았을 것이다. 약간의 세월이 흐른 뒷날에 인간의 소리는 합리적이 되고, 이윽고 드디어는 합리적이고 명석하기도 하다는 상태가 된 것이다.
> ─A.S. Mackenzie,『문학의 진화』; 조향,「시의 발생학」

2. 다음은 조지훈이 몰튼R. G. Moulton의 언급을 참조한 부분이다. ①과 ②가 어떤 점에서 차이가 나는지 말해보고, 그리스어 원문과 달리 번역한 이유를 짐작해 보자.

> 'Poetry'란 말의 원의는 창작이란 뜻이라 한다. 정확하게 말하면 문장의 성질을 표시하는 말이요, 말이나 글의 형식을 이름이 아니라 한다. Poet(시인)란 말의 그리스어의 본뜻은 무슨 물건을 만들고 또는 창조하는 사람이라는 뜻이었다. 그러므로『신약』에베소서 2장 10절의 일구─句는 영문성서에서는 ①"우리는 신의 만드신 바니라"라고 번역되어 있지만 그리스어의 원문에는 ②"우리는 신神의 시詩니라"라고 되어 있다 한다. 이런 의미에서 시인은 구경究竟 하나의 창조자이다.

— 조지훈, 『시의 원리』

3. 다음을 읽고 밑줄 친 '새 발견'은 구체적으로 무엇을 의미하는지 알아보자.

자유시라든가 산문시라든가 하는 현상적인 패션fashion을 만드는 시의 특질, 다시 말하면 시의 정신활동에 속하는 주지主知 ─ 이러한 의미의 시를 포에지(시행위)라고 부르고, 패션으로서의 실제의 시작품으로 나타난 것이나 나타내는 것을 포엠(시)이라고 부른다. (······) 이것은 종래의 시의 해석에 비하여 새 발견을 보여준 것이 아닐 수 없다. ─ 종래의 시의 해석에 있어서는 시행위와 시작품과를 방법적으로 명확하게 구별하지 못한 채 '시'라는 일어─語로써 그 불철저한 해석을 묵과하여 온 까닭이다. 쉬르레알리즘의 공적이 크다는 의미는 여기에 있다.

— 윤곤강, 「시의 진화」

4. 다음 글은 원시 가요 발생기의 시의 기원을 남녀의 사랑과 신에 올리는 제사에서 찾고 있다. 이에 대한 자신의 의견을 말해 보자.

대체로, 원시 사회에 있어서의 가요의 동기는 우선 남녀 상애相愛의 정情과 귀신 제사의 염念이다. 화조월석 남녀 양성이 서로 아름답다, 사랑스럽다 하여 상접하는 심혼의 부르짖는 소리, 또 심중의 불안과 생활의 고민을 들어서 신에게 의뢰하고자 하는 성심의 말이 원시 가요 붕아기의 시다.

— 최남선, 「조선문학 개설」

5. 김수업은 '놀이'에서 '이야기'가 먼저 분화되고, 마지막으로 '노래'가 분화되었다고 보고 다음과 같이 얼개를 그리고 있다(여기에서 '놀이말꽃, 노래말꽃, 이야기말꽃'은 '극문학, 시문학, 서사문학'을 의미한다). 이에 대한 자신의 생각을 밝히고 대

안을 그림으로 나타내 보자.

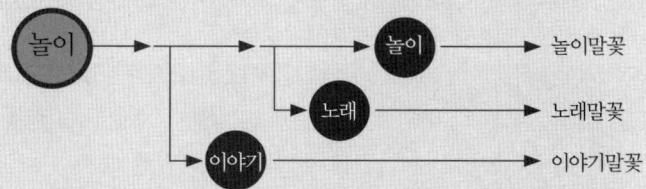

6. 아래 글을 참고로 하여, 주요한이 말하는 '노래'의 의미를 말하고, '조선말로 쓴 노래'의 구체적 성격이 무엇인지 생각해 보자.

> 우리는 우리 민족이 가진 모든 좋은 것, 사상이나 정서나 전통이나 창조력을 발견하고 해석하고 노래하여야겠습니다. 이런 의미에 있어서 우리가 가진 유일한 발족점이 한시도 아니오, 시조도 아니오, 민요와 및 동요라 함은 나의 전부터 주장하는 바이외다. 민요를 발족점으로 삼거나 말거나 하여간에 조선말로 쓴 노래가 조선 사람의 가슴에 먼저 울리기 전에 예술적 가치가 생길 것 아니외다. 튜턴 문학에 튜턴의 피가 흐르고, 라틴 문학에 라틴의 피가 흐름같이 조선 문학에 조선의 피가 놀뛰어야 할 것입니다.
>
> ─ 주요한, 「노래를 지으시려는 이에게」

7. 다음 시에 나타난 노래의 성격을 있는 대로 말해 보자.

> 당신의 그 한풀이 노래 속에서는
> 심청이가 모란꽃 속에서/ 다시 살아 나오기도 하고
> 숙향이의 옷자락이/ 흰 나비로 날기도 했었다.
> 그러고 보면 또 한편으로는/ 당신은 당신의 팔자 한탄의

노래만이 아니고/ 남의 좋은 팔자에도

더러는 끼어들어/ 거기 주인공이 되는

어설픈 기쁨도 맛보았던가

노래여 노래여/ 끝없는 달밤의

은실의 오솔길 노래여.

사람들아 사람들아

춤이 따르지 못하는/ 막막한 노래를 아는가.

그것은 소리를 내는/ 그러한 노래가 아니다.

— 박재삼, 「어머니전상서」 부분

8. 미래의 시는 어떤 형식으로 존재할지 근거를 들어 설명해 보자.

제2장 시의 정의

1. 시적 정의의 초점

'시란 무엇인가'란 질문은 시의 본질에 대한 물음이다. 그런데 본질은 사람의 관점에 따라 다르게 파악될 수 있다. 지금까지 시에 대한 수많은 정의가 이루어진 것도 이 때문이다. 그래서 시적 정의에 접근할 때, 초점을 어디에 두고 있느냐를 살펴보는 것이 중요하다.

대부분의 시적 정의가 정확한 방식에 따라 이루어진 경우가 거의 없는 것도, 시의 본질을 자신이 관심 갖는 바에 초점을 맞추어보기를 원하기 때문이다. 또한 많은 사람들은 시에 대한 정의를 비유적으로 표현하여 더욱 파악하기 어렵게 하기도 한다. 다음 작품을 살펴보자.

모든 사물의
품격은 고르지 않아
간추려 놓으면 또 기울어진다

색색色色
총롱璁瓏
햇빛에 구워진 노을

먹는 것
몸에 걸치는 것 달라도

근원은 하나로 돌아가는 것

누에친다고
농사짓는 이를
비웃을 수는 없는 일
— 이덕무, 「시에 대하여」[1]

위의 시는 얼핏 보면 시와 전혀 무관한 것으로 보인다. 제목이 없다면 이 작품이 시와 관련된 것인지 아닌지조차 짐작하기 어려울 정도이다.

이 작품은 강요된 획일성에 대한 회의로부터 시작한다. 첫 연에서 모든 사물의 품격이 고르지 않다는 말은, 이 세상의 모든 것들이 단일한 기준에 의해 규격화·정형화되지 않는다는 말이다. 그 다음의 노을 빛깔 이야기도 이와 관련이 있다. 노을이 노을답게 된 것은 여러 색들이 각기 자신의 빛을 잃지 않기 때문이다. 이는 강요된 획일성에 대한 회의와 다양성의 가치 옹호를 보여주는 표현이다.

"먹는 것/ 몸에 걸치는 것 달라도/ 근원은 하나로 돌아가는 것"은 특수성 속에 잠재된 올바른 보편성에 대한 긍정이다. 문학은 먹고 입는 것 등의 구체적인 삶을 바탕으로 이루어지기에 문학적 특성도 다르기 마련이다. 하지만 그것은 문학의 보편성을 지니고 있다는 점에서, 근원적으로 동일한 가치를 지니고 있는 것이다.

마지막 구절은 강요된 획일성에 대한 비판을 더욱 분명하게 드러낸다. 실학자 이덕무에게 이 강요된 획일성은 즉 중국중심주의를 말한다. 중국중심주

---

1) 원제목은 '시를 논하다(論詩)'이다. 여러 번역을 참조하여 필자가 현대시풍에 어울리게 번역하였다. 원문은 다음과 같다. "難齊萬品整而斜/ 色色瓏日炙霞/ 喫著雖殊元一致/ 蠶家未必唙農家"

의는 중국 그들만의 사유와 문화를 절대적인 기준으로 제시하고 그것을 타자들에게 강요하기 때문에 문제가 된다. 자신들이 누에를 치기 때문에 모든 기준을 누에치기에 맞추어놓고는, 농사짓는 사람들에게까지 그 기준을 강요하는 것은 명백한 폭력이라는 뜻이다.

이렇게 분석해 볼 때 이 시에서 말하는 시란 "타율적인 기준으로부터 벗어나서 자신의 특수성을 자유롭게 표현한 문학 형태"로 정의될 것이다. 이런 의미를 비유적으로 표현하고 있기 때문에, '시에 대하여'라는 제목에 주목하지 않는다면 이 작품이 시에 대한 생각을 노래한 '메타시'라는 점을 알아차리기 힘들 것이다. 이처럼 대부분의 시적 정의는 어느 정도 비유적인 방식으로 이루어지므로 발화 상황을 고려하여 초점을 잘 파악하여야 한다.

시의 정의가 규범에 맞게 이루어진 경우는 사전밖에 없을 것이다. 아마도 다음 경우가 가장 정의의 방식에 가까운 예가 아닐까 한다.

> 시란 우리 사람의 자연이나 인생에 대하여 느낀바 정서를, 개성과 상상을 통하여, 가장 단순하고 솔직하게, 음률적 언어로 표현한 것이올시다.
> — 양주동, 「시란 어떠한 것인가」

이 정의는 사전적 정의에 가장 가깝다. '표현한 것'의 '것'을 '문학 형태' 혹은 '언어예술'로 바꾸면 완전한 정의가 된다. 정의는 종차種差와 유類개념으로 나눈다. 유개념은 상위개념을 말하고, 종차는 하위개념으로서의 해당 개념의 특징을 말한다. 위의 정의에서 유개념은 '문학 형태'이고 나머지 부분은 종차이다. 이 종차의 내용을 세분하면 '무엇을', '어떻게'로, 즉 내용과 형식으로 나눌 수 있다. 이것을 정리하면 다음과 같다.

정의될 개념	종차	유개념
시	내용(무엇을) 자연이나 인생에 대하여 느낀 정서를	문학 형태
	형식(어떻게) 개성과 상상을 통하여, 가장 단순하고 솔직하게, 음률적 언어로 표현한	

초점은 바로 이 종차의 내용 중 어느 것을 강조할 것인가에 따라 결정된다. 그런데 시의 정의는 이처럼 완전한 방식으로 이루어진 적이 거의 없으므로, 발화의 상황을 감안하여 정의의 완전한 형태를 짐작해 보는 수밖에 없다.

① 시 삼백 편을 한마디로 정의하자면 '생각에 사악함이 없음思無邪'이다.
　　—공자, 『논어』 「위정」
② 시는 운율에 의한 모방이다
　　—아리스토텔레스, 『시학』[2]

위의 정의를 각각 앞의 도표처럼 분석해 보면 다음과 같다.

정의될 개념	종차	유개념
시	(내용) 사악함이 없는 생각을	문학(형태)
	(형식) 노래로 표현한	
시	(내용) 인간의 행위를	문학(형태)
	(형식) 운율에 의해 모방한	

이런 분석을 보면 ①은 시의 대상, 즉 내용에 초점을 맞추고, ②는 시의

---

2) 물론 『시학』에 시의 정의를 이렇게 단언하는 부분은 나오지 않는다. 그러나 모든 예술이 모방의 대상과 방법에 따라 다르다는 부분을 종합하면 이런 정의가 가능하다. Aristoteles, 천병희 옮김, 『시학』, 문예출판사, 2002, 제1장—3장 참조.

방식 즉 형식에 초점을 맞추어 정의하고 있음을 확인할 수 있다.

공자는 생각의 순수함, 혹은 심성의 지고지순함을 강조하여 이후 모든 윤리적인 문학관의 준거를 제시한다. 시는 심성의 순수함을 표현한 것이기 때문에 좋은 시는 작가의 순수함을 표현한 것일 뿐 아니라, 독자에게도 순수한 심성을 불러일으키는 것이어야 한다. 이런 관점은 시에 있어서 중요한 것은 '어떻게 표현하는가'가 아니라 '무엇을 표현하는가'에 있음을 보여준다.

아리스토텔레스의 '운율에 의한 모방'은 '어떻게'의 문제에 초점을 맞추고 있다. 그는 모든 예술의 본질을 '모방'으로 보았으며, 각각의 갈래는 모방의 대상과 수단(방법)에 따라 나누어진다. 그러나 모방의 대상보다는 모방의 수단이 갈래의 본질과 연계되어 있다. 모방의 대상, 즉 고귀한 인간을 모방한 것(찬가)이나 저급한 인간을 모방한 것(풍자시)은 시의 하위 갈래를 만들긴 하지만 갈래의 본질과 직접적으로 연계된다고 보기는 힘들다. 그는 여러 가지 예술들의 차이점을 모방 수단, 즉 "율동과 언어와 화성和聲" 혹은 "율동과 노래와 운문"[3]의 차이라고 보기 때문에, 모방의 수단이 더 본질적이라 할 수 있다. 그렇게 볼 때 시의 본질은 율동(리듬), 즉 '운율'이라는 모방의 수단을 사용하는 데 있다.[4] 이는 내용보다는 형식의 문제에 더 관심을 가지고 시를 정의한 것이다.

●
2. 형식에 초점을 맞춘 정의의 변천

시적 정의의 초점을 고려할 때 지금까지 이루어진 시의 정의는 '무엇'과 '어

●

3) Aristoteles, 앞의 책, 27쪽, 30쪽. 번역자에 따라 "리듬(율동, 운율), 언어, 멜로디(화음, 해음)" 등으로 옮기기도 한다.

4) 아리스토텔레스는 시가 모방과 "화성과 율동에 대한 감각"이라는 인간의 본성을 점진적으로 개량함으로써 즉흥적인 것으로부터 시를 만들어냈다고 한다. Aristoteles, 앞의 책, 38쪽.

떻게', 즉 내용과 형식의 관점으로 나누어 설명할 수 있다. 형식에 대한 논의는 전반적으로 서양에 비해 동양이 빈곤한 편이다. 동양에서는 시의 형식보다는 그 속에 담기는 내용에 대한 관심이 더 지대하였기 때문일 것이다.

형식의 측면에 초점을 둔 정의는 앞에서 살핀 아리스토텔레스의 경우가 대표적이다. 시의 본질을 운율에서 찾는 시각은, 『시학』에서 비극의 가장 중요한 요소에 대하여 "비극의 생명이며 영혼인 것은 바로 구성plot"이라 보는 관점으로 이어진다. 그에게는 형식적인 특질이 예술의 본질로 보였기 때문에, 다른 것보다는 운율이나 구성 같은 것이 크게 부각되었던 것이다.

운율, 구성 같은 형식적 요소가 강조되면 내용의 요소는 부차적인 것으로 취급될 수밖에 없다. 이런 관점은 자연스럽게도 예술의 자율성을 옹호하는 쪽에 서게 된다. 따라서 형식에 초점을 맞춘 정의를 살펴보는 것은 미적 자율성의 전개를 고찰하는 것과 유사한 의미를 지닌다.

아리스토텔레스는 그의 스승 플라톤과 달리 예술을 옹호하는 쪽에 선 사람이다. 플라톤과 그의 예술관의 차이는 '모방'의 의미에서 잘 나타난다. 아리스토텔레스에게 있어서 모방이란 플라톤이 주장한 것과 같은 이데아 혹은 원형에 대한 모방이 아니라, 형상 혹은 인간 행위에 대한 모방이다. 이런 시선은 인간 세계에 대한 긍정적 인식과 미적 영역의 상대적인 독립성을 함축한다.[5]

시의 본질을 형식적 요소로서의 운율에서 찾는 이런 관점은 근대에까지 이어져 온다. 그러나 정형시에 대한 반발이 극단화되어 운율이 이미 시의 본질적인 특성이 될 수 없는 근대에 이르게 되면 운율에 대한 관점은 다소 수정을 거치게 된다. 운율이 새롭게 발견된 것은 어휘의 상징적 뉘앙스나 음악적

---

5) 에이브럼즈는 아리스토텔레스의 비평을 "정치적 수완, 존재, 도덕과는 독립된 예술로서의 예술비평일 뿐만 아니라, 시로서의 시비평이며, 시의 특수한 성격에 알맞은 기준에 따라서 각종의 시작품을 다루는 비평이기도 하다."고 평가한다. M. H. Abrams, 「이론의 비평사」, 박철희, 김시태 편, 『문예비평론』, 문학과비평사, 1988, 74쪽.

요소에 관심을 기울였던 상징주의에 와서이다.

> 시는 아름다움의 운율적 창조물이다.
> ─ E. A. 포, 「시의 원리」

상징주의의 선구자로 평가되는 E. A. 포Poe는 시를 "아름다움의 운율적 창조The Rhythmical Creation of Beauty"[6]로 파악하고 있다. 이것은 시에 있어서 운율의 가치를 적극적으로 부각시킨 관점이라 할 수 있다. 그러나 이때의 운율은 정확하고도 기계적인 법칙에 종속된 정형시의 운율이 아니다. 그가 말하는 운율은 오히려 어휘가 지닌 음악적 뉘앙스에 더 가깝다. 그가 「시의 원리」에서 리듬을 '음악'으로 대체하여 말하는 것도 이 때문이다. 그가 시적 본질을 음악에서 찾는 것은 시에 내용적인 요소가 포함되는 것을 꺼렸기 때문이다. 그래서 그는 '예술을 위한 예술'을 예술의 본령으로 보는, 미적 자율성에 대한 적극적인 옹호자로 평가된다.

포의 문학관은 이후 근대문학에 많은 영향을 미치게 된다. 엘리엇의 글, 「포에서 발레리까지」에 따르면 상징주의의 창시자 보들레르는 포로부터 '사회에 버림받은 자로서의 시인'의 전형을, 말라르메는 '시의 기법'을, 발레리는 '순수시'의 이론을 수용하였다.[7] 또한 모더니스트 T. S. 엘리엇도 그 영향권 내에 있다고 할 수 있다. 포의 영향권 내에 있던 이들 역시 미적 자율성을 옹호하는 시인들이었다.

우리나라에서도 상징주의에 관심을 보였던 문인에 의해 시에 있어서 운율의 중요성이 새롭게 부각되었다.

---

6) E. A. Poe, "The Poetic Principle"; 강대건·정정호 편주, 『Major English Critical Essays』, 민음사, 1983, 345쪽.
7) 현영민, 「포우, 휫먼, 그리고 엘리엇」, 『영어영문학』 51권 4호, 한국영어영문학회, 2005, 870쪽.

시인의 호흡과 고동鼓動에 근저를 잡은 음률이 시인의 정신과 심령의 산물인 절대가치를 가진 시가 될 것이오.

— 김억, 「시형의 음률과 호흡」

김억은 "시인의 호흡과 고동", 즉 시인의 생리적이고도 개성적인 특성에 밀착되어 육화된 음률이 있을 때 절대적인 가치를 지닌 시가 가능하다고 본다. 같은 글에서 "시인의 호흡을 찰나에 표현한 것은 시가詩歌"라 규정하기도 한다. 그는 시의 본질을 이야기하면서 내용에 대해서는 전혀 언급하지 않고 오로지 호흡, 즉 음률만을 이야기한다. 이는 시의 가장 중요한 요소를 운율에서 찾은 것이다. 물론 이런 운율은 정형적인 리듬만을 의미한다고 볼 수 없다.

자유시나 산문시와 같은 비정형적인 시들이 많이 창작되는 시기가 되면 시의 특성에서 이렇게 비유적이고도 상징적으로 운율을 언급하는 경우도 거의 사라진다. 운율은 더 이상 시의 핵심 요소가 아닌 것이다. 그렇다면 운율 대신 무엇이 시의 중심적인 요소가 되어야 할 것인가. 그 대안으로 찾은 것이 바로 시적 언어의 특수성이다. 이제 시의 문제를 운율이 아니라 운율을 제외한 언어의 다른 특성에서 찾는 논의가 등장하는 것이다. M. 하이데거는 언어의 본질을 새롭게 규정하면서 시를 정의한다.

시는 언어에 의한 존재의 건설이다.

— M. 하이데거, 「횔덜린과 시의 본질」

실존주의 철학자인 하이데거는 시의 본질을 언어의 근원적 특성에서 찾았다. 하이데거가 말하는 언어는 우리가 일반적으로 사용하는 언어가 아니다. 그가 말하는 언어란 "단순히 의사표현 혹은 의사 전달의 도구가 아니라 존재를 드러내는 계시 그 자체"[8]이다. 이때 '존재Sein'는 사유의 본질로서, "본질적이며 근원적인 것, 비밀에 가득찬 형이상학적 힘이며 일종의 은폐된 신"[9]이다. 언어는 이 존재를 드러내는 도구로서 존재하는 모든 것을 존재하게 하는 근거 혹은 원리를 드러내는 숭고한 도구이다. 그러나 그런 언어의 특성은 아무나 활용할 수 있는 것이 아니라 오로지 시인에 의해서만 사용 가능하다. 시인은 이 본질적인 언어를 통하여 존재하는 것, 즉 '존재자'가 그 본질로서 알려지도록 한다. 이것이 '언어에 의한 존재의 건설'이 의미하는 바다. 이런 난해한 정의에서 중요한 것은 시의 언어가 단순한 의사소통의 수단이 아니라 존재의 본질을 드러내주는 절대적인 매개체라는 것이다. 운율은 이런 언어의 부차적인 것에 불과하다.

운율의 쇠퇴와 함께, 하이데거가 언어의 본질에 대한 관심을 환기시키면서 시의 정의는 언어 그 자체의 특성에 주목하게 된다. 시를 언어의 문제와 긴밀하게 연결시킨 이들은 '신비평'을 내세운 영어권의 학자들이다.

① 시는 모든 발화의 최상의 완전한 형식이다.
　　—I. A. 리처즈, 『문학 비평의 원리』
② 좋은 시라는 것은 내포와 외연의 가장 먼 극단에서 모든 의미를 통일한 것이다.
　　—A. 테이트, 『시의 세 유형』

신비평은 문학 해석에 있어서 시대적 상황이나 작가의 의도 같은 외재적인 것을 개입시키면 시의 진정한 의미가 훼손된다고 본다. 그래서 시 작품 그

---

8) 오세영, 『문학과 그 이해』, 국학자료원, 2003, 440쪽. 하이데거의 시적 정의의 구체적인 의미는 이 책의 '시의 언어' 항목 참조.
9) 김준오, 『시론』(제4판), 삼지원, 2000, 69쪽.

자체에 주목할 것을 주문한다. 작품 그 자체에 주목하다 보면 시적 언어의 특성이나 그 언어들이 모여 형성하는 특수한 구조에 집중할 수밖에 없다. ①은 신비평의 선구자로 평가되는 I. A. 리처즈의 정의이다. 여기에서 그는 시를 발화의 형식으로 파악한다. 그리고 그 발화의 정도가 가장 완전하다는 것을 시의 특성으로 보고 있다. 그 완전성은 자신이 시적 언어의 특징으로 말한 내포적connotative인 특성이 가장 잘 드러난 경우가 될 것이다.[10] ②는 그 특성을 지시하는 바와 구체적 대상 간의 의도적인 긴장 관계에서 찾는 논의이다. ①과 ② 모두 언어 자체에 관심을 기울이고 있다. 신동집의 다음 정의도 이와 관련되어 있다.

> 시작품(포엠)이란 포에지와 의미와의 차갑고도 뜨거운 긴장에서만 우러나오는 산물이어야 할 것입니다. 포에지와 의미 사이에 벌어지는 알력 갈등의 에너지는 실인즉 전달되어야 할 가장 뜻깊은 시의 에너지인지도 모릅니다.
> ―신동집, 「모래성 소감」

이런 신비평의 관점과 비슷한 것이 모더니즘의 시관이다. 신비평은 T. S. 엘리엇과 같은 모더니스트의 영향을 많이 받아 형성되었기 때문에 유사성은 당연할 것이다. 그러나 모더니즘에서 시를 정의함에 있어서 언어 자체의 특성보다는 언어의 인위적인 구성과 그것의 원리에 주목한다.

> 시는 정서의 표출이 아니라 정서로부터의 도피이며, 개성의 표현이 아

---

10) 리처즈는 내포시와 배제시를 구분하였다. 전자는 인간 내부의 모순된 두 충동을 조화 혹은 평행시키는 시, 후자는 모순되는 요소의 하나를 배제하는 시를 말한다. 그는 모든 훌륭한 시는 구조적으로 아이러니를 포함한다고 보며 전자를 더 높이 평가하였다. 오세영, 앞의 책, 556쪽.

니라 개성으로부터의 도피이다.

—T. S. 엘리엇, 「전통과 개인적 재능」

T. S. 엘리엇은 영미 모더니즘의 선구자 중 한 사람으로서 현대의 중요한 시인이자, 문학 이론가이기도 하다. 그가 여기에서 말하는 것은 시의 본질은 기존의 낭만주의 시가 강조한 정서나 개성의 표출에 있는 것이 아니라는 사실이다. 여기에는 정서나 개성 같은 내용적인 요소보다는 그런 정서의 제어, 언어의 미적 조율 같은 방법론적 측면에 대한 강조가 숨겨져 있다. 그의 같은 논문에서 "긴장된 예술적 방법"[11]을 시에 있어서 중요한 것으로 꼽은 것에서 이를 확인할 수 있다. 이런 경향은 우리나라 모더니스트들에서도 동일하게 발견된다.

① 시는 우선 '지어지는 것'이다. 시적 가치를 의욕하고 기도하는 의식적 방법론이 있지 않으면 아니 된다.
—김기림, 「시론」
② 시는 숫자의 정확성 이상에 다시 엄격한 미덕의 충일함이다. 완성 조화 극치의 발화發花 이하에서 저회하는 시는 달이 차도록 근신하라.
—정지용, 「시와 발표」

①에서 모더니즘 이론가이자 시인인 김기림은 시에 있어서 중요한 것으로 의식적 방법론을 들고 있다. 그래서 그는 옛날의 자연발생적 시를 '자인(존재)'

11) "시의 문제에 있어서 중요한 것은 정서, 즉 시를 구성하는 요소가 '위대'하다든가, 강렬하다는 데 있는 것이 아니라, 긴장된 예술적 방법, 다시 말하자면 화합의 현상을 불러일으키는 강력한 압력에 있기 때문이다." T. S. Eliot, 이경식 옮김, 『문예비평론』, 성창출판사, 1991, 20쪽.

으로 보고, 근대의 시를 '졸렌(당위)'으로 본다.[12] ②에서 정지용이 말하는 '엄격한 미덕'은 감정의 제어와 관련된다. 다른 글에서 "근대시가 안으로 열熱하고 겉으로 서늘옵기는 실상 위의威儀 문제에 그칠 뿐이 아니리라"[13]라고 한 것도 사실상 시에 있어서 감정의 제어를 방법론적으로 의식하는 일이 얼마나 중요한 것인가를 강조한 말이다. 안으로 감정이 격하더라도 겉으로, 즉 구체적인 시의 표현에 있어서는 절대적인 제어가 있어야 한다는 것이다. 이처럼 모더니스트들은 시에 있어서 정서의 제어와 의식적인 방법론을 가장 중요한 요소로 들었다.

이제 마지막으로 다루어야 할 것이 시의 특성을 시의 배열이라는 형식적 측면에 초점을 맞춘 D. 람핑의 독특한 정의이다.

> 본인은 시행을 통한 개별 발화인 모든 시를 서정적이라고 표기할 것을 제안하고자 한다.
> — 디이터 람핑, 『서정시: 이론과 역사』

람핑이 여기서 정의하고 있는 것은 '서정시'이다. 그는 "시는 굳이 그것의 언어를 통해서 시적인 것은 아니다. 시에 특수한 언어의 사용은 어떤 경우도 증명되지 않는다"[14]며 시의 특징을 언어에서 찾는 이전의 논의를 반박한다. 그 대신 시와 산문을 구분해 주는 절대적인 근거를 '시행'에서 찾는다. 시는 행 단위로 배치되어 있는 특수한 형식의 갈래라는 것이다. 그리고 '개별 발화'는 서정시가 지닌 독백적인 성격을 가리키는 말이다. 서정시는 시이기 때문에 당

12) 김기림, 「시론」, 『김기림전집2』, 심설당, 1988, 79쪽.
13) 정지용, 「시의 위의」, 『정지용전집2』, 민음사, 1988, 251쪽.
14) Dieter Lamping, 장영태 옮김, 『서정시: 이론과 역사』, 문학과지성사, 1994, 65쪽.

연히 시행이 있어야 하고, 그 성격은 상황과 무관하게 이루어지고 구조적으로 단순하게 발화되는 개인적인 발화가 되어야 한다는 것이다.

지금까지 표현의 측면에 초점을 맞춘 시적 정의의 변천을 살펴보았다. 이 모든 정의가 사실상 예술의 독립성을 강조하는 미적 자율성론과 밀접하게 연결되고 있다는 사실이 중요하다. 형식에 대한 강조는 시의 중심이 내용에 과도하게 쏠리는 것을 방지하는 데 목적을 두고 있다. 근대에 오면서 이 형식론이 더욱 강화된 것은 그 이전에 내용에 대한 과잉이 시의 건전한 발전에 방해가 되었다고 판단하였기 때문일 것이다.

3. 내용에 초점을 맞춘 정의의 변천

형식에 초점을 맞춘 정의가 비교적 일목요연하게 정리되는 데 비하여 내용에 초점을 맞춘 정의는 내용 자체의 다양성 때문에 난삽하고 복잡하다. 그런 다양한 내용을 분류할 기준이 없이는 시적 정의를 살펴보는 일은 무의미한 노력에 불과할 수 있다. 이때 에이브럼즈의 도식이 도움이 된다.[15]

에이브럼즈는 『거울과 램프』라는 저서에서 '예술이란 무엇인가', '시란 무엇인가'와 같은 질문에 대한 다양한 대답을 정리하기 위해 "가능한 한 많은 진술들을 단일한 한 개의 논의의 평면으로 옮겨놓을 수 있을 만큼 융통성이 있는 좌표계a frame of reference를 발견하는 일"[16]이 필요하다고 한 뒤 하나

---

15) 시의 정의를 논하면서 에이브럼즈의 도식을 언급한 최초의 시론서는 정한모의 『현대시론』(보성문화사, 1988: 1973년 초판)이 아닌가 한다. 이 책에서 한 단락 정도 언급한 이 방법론이 이후 김준오, 김용직, 홍문표 등의 시론서에서는 하나의 독립된 장으로 확대된다.

16) M. H. Abrams, 「이론의 비평사」, 박철희, 김시태 편, 『문예비평론』, 문학과비평사, 1988, 67쪽. 이 글은 『거울과 램프』의 제1장, "Introduction: Orientation of Critical Theories"의 번역이다.

의 도식을 제시하였다. 그 도식의 구성 요소로 작품work, 예술가artist, 우주 Universe, 청중audience을 제시하고, 작품을 중심으로 하여 나머지 요소들을 삼각형 모양으로 배치하였다.

그리고 작품을 우주와 연계시켜 설명하는 논의를 모방론mimetic theories, 청중과 연계시킨 논의를 실용론pragmatic theories, 작가와 연계시킨 논의를 표현론expressive theories, 작품 자체에 주목하는 논의를 객관론objective theories 이라 불렀다. 다양한 시적 정의도 이런 도식에 맞추어 적절하게 설명할 수 있다. 우리는 이해하기 쉽게 다음과 같은 도표로 전환하고 용어도 문학에 일반적인 것으로 바꾸어 제시하기로 한다.

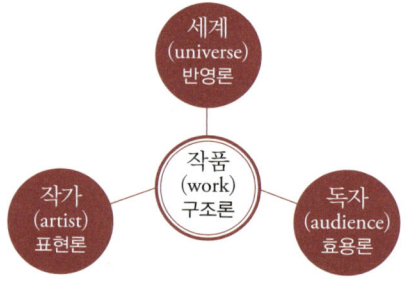

이 도식은 문학의 다양한 정의를 분류하는 데 유용한 틀이다. 시적 정의도 이에 따라 표현론적, 반영론적(모방론적), 효용론적(실용론적), 그리고 마지막으로 구조론적(객관론적, 존재론적) 관점으로 나눌 수 있다. 앞의 세 가지 관점이 주로 작품 바깥에 놓인 요소에 초점을 맞추어 작품을 해석한다는 점에서 외재적 접근방식이라 한다. 이와 달리 작품 자체에 주목하는 관점인 구조론적 관점은 내재적 접근방식이라 부른다. 인용한 표에서 색깔을 표시한 표현론, 효용론, 반영론적 관점은 외재적 접근방식이고, 나머지 구조론적 관점은 내재적 접근방식이다.

이 도식에 따르면 우리가 앞에서 살펴본 형식의 측면에서 논의한 시적 정의들은 구조론적 관점에 속한다. 구조론적 관점은 작품을 다루는 데 있어서 작품 그 자체에 초점을 맞추어 해석하는 방식이다. 작품 구조나 언어, 비유, 표현 방식, 운율, 이미지 등 작품을 형성하는 내적 요소들이 얼마나 미적으로 잘 조직되었는가가 중요한 판단기준이 된다. 이제 이 도식에 의거하여 내용에 초점을 맞춘 다양한 시적 정의를 정리해 보자.

에이브럼즈는 반영론, 효용론, 표현론, 구조론의 순서로 다루었다. 그것은 서구 시 이론이 이런 방식으로 전개되었기 때문이다. 반영론은 플라톤, 아리스토텔레스의 모방론으로부터 생긴 것이고, 반영론 이후 쾌락과 교훈을 강조하는 효용론이 위세를 떨쳤다. 그리고 낭만주의 시대에 개성을 강조하는 표현론이 유행하였고, 현대에 들어 미적 자율성이 강조되면서 구조론이 우세해졌던 것이다. 그러나 우리의 경우는 표현론이 가장 앞에 놓이는 것이 적절할 것이다.

1) 표현론적 관점

표현론적 관점은 시를 시인의 감정이나 내면을 표출한 것으로 보는 관점이다. '표현expression'이란 말은 어원적으로 'ex(out)'와 'press'의 조합으로, '밖으로 밀어내다'란 의미를 지니고 있다. 즉, 안에서 밖으로 표출하는 것이 '표현'이 된다. 이때의 '안'은 시인 자신의 내면, 감정, 개성이다. 표현론에서 작품의 평가기준은 그 '안'의 표현이 얼마나 독창적으로 이루어졌는가 하는 점, 즉 '독창성'에 있다.

동양에서 가장 먼저 이루어진 시적 정의는 바로 표현론이었다. 시를 내면의 표현으로 본 것이 그것이다.

> 시는 뜻을 말한 것이며, 노래는 말을 길게 한 것이며, 성조聲調는 길게 말한 것을 따르며, 운율은 성조와 조화를 이룬다.

—『서경書經』「순전舜傳」[17]

이 '뜻志'에 대한 해석은 다양하다. 그러나 기본적으로는 사람이 마음속에 품고 있는 개인적 사유나 정서 또는 개성으로 보는 것이 보편적이다. 교훈주의적 시선이 착색되기 전, 그 원상태의 시는 이와 같은 정서나 개성의 자유로운 표출일 것이다. 이것을 풀어 쓴 것이 『시경詩經』의 서문인 '대서大序'이다.

> 시란 뜻이 가는 바이다. 마음속에 있으면 뜻이 되고, 말로 표현하면 시가 된다.
> —『시경』「대서」[18]

'뜻이 가는 바'라는 것은 감정의 흐름이나 의식의 지향을 말한다. 이 지향이 마음속에서 밖으로 표출되었을 때 바로 시가 되는 것이다. 나중에 이것을 윤리적인 시각으로 각색하게 되면서 효용론적 시선이 표현론의 싹을 억압하게 된다.

우리의 경우, 고려 이후의 기의론氣意論이나 조선 후기의 천기론天機論 역시 개인의 개성으로부터 작품이 생성된다고 본 점에서 표현론에 속한다.

> 일반적으로 시란 뜻意을 핵심으로 삼는다. 뜻을 잡는 것이 가장 어렵고 말을 맞추는 것은 그 다음이다. 뜻은 또한 기氣를 핵심으로 삼는다. 기의 우열로 말미암아 마침내 뜻의 깊고 옅음이 생긴다. 그러나 기는 원래 하늘에서 타고난 것이므로 배워서 얻을 수 있는 것이 아니다.

17) "詩言志 歌永言 聲從永 律和聲."
18) "詩者 志之所之也 在心爲志 發言爲詩."

— 이규보, 『백운소설』[19]

　　이규보는 '시〈뜻〈기'의 순서로 시를 설명한다. 시의 본질은 뜻에 있으며 이 뜻은 기氣에서 비롯된다는 것이다. 이 '뜻'은 내용을 형성하는 자신의 독창적인 생각, 혹은 시상詩想을 말한다. 시를 구성하는 이 생각은 사람의 기, 즉 기질로부터 나오는데, 그것은 각자가 하늘로부터 물려받은 고유한 개성의 일종이다. 그래서 이 개성은 배워서 얻을 수 없는 것이다.

　　이런 표현론적 관점은 조선시대에 성리학의 효용론적 시각에 의해 억압되었다가 조선 후기에 이르러 새로운 형태로 다시 나타나게 된다. 그것이 바로 천기론이다.

　　(시는) 오로지 천기天機를 자유자재로 다루어 현묘한 조화의 순간을 포착하여야 한다. 이때 시 속에 담긴 정신은 빼어나고 음향은 밝으며, 품격은 높고 생각은 깊게 되는데, 바로 이런 시를 최고의 시라 한다.
　　— 허균, 「석주소고서石洲少稿序」[20]

　　허균이 강조하는 '천기'란 관념적인 명분이나 개인적인 욕심에 얽매이기 이전의 자연 그대로의 감정이나 기질 같은 천성을 의미한다. 허균은 조선시대에 성리학의 영향으로 시를 도덕적 심성 수련의 일환으로 보는 성정론性情論에 반대하여 작품에서 개성의 중요성을 강조하였다. 이런 천기론은 조선 후기의 평민시인, 즉 여항시인閭巷詩人에게 많은 영향을 끼쳤다.

　　근대에 들어 표현론적 관점이 전방위적으로 파급된 것은 낭만주의의 홍

19) "夫詩 以意爲主 設意最難 綴辭次之 由氣之優劣 乃有深淺耳 然氣本乎天 不可學得."
20) "唯其於弄天機 奪玄造之際 神逸響亮 格越思淵 爲最上."

성과 관련이 있다. 시에서는 W. 워즈워스나 P. B 셸리의 논의가 선구적이다.

> ① 시는 넘쳐흐르는 감정의 자연스러운 표출이다.
> — W. 워즈워드, 『서정민요집』 서문
> ② 시는 가장 행복한 마음의 최고 쾌락의 순간을 표현한 기록이다.
> — P. B. 셸리, 『시의 옹호』

워즈워드와 셸리의 정의에서 알 수 있듯이 낭만주의에서 시는 이성적 제어로부터 벗어나 내면의 감정을 자연스럽게 표출하는 것을 가장 중요한 목표로 삼았다. 고전주의가 강조하던 이성의 합리성이 산업혁명을 통해 허구로 드러나면서 그 대안으로 낭만주의가 부상하여 한 시대를 풍미하였다. 우리의 현대 문학에서는 김소월이나 시문학파에서 이런 관점을 찾을 수 있다.

> ① 시혼詩魂은, 직접 시작詩作에 이식되는 것이 아니라 그 음영陰影으로써 현현된다.
> — 김소월, 「시혼」
> ② 시라는 것은 시인으로 말미암아 창조된 한낱 존재이다. (……) 우리 평상인보다 남달리 고귀하고 예민한 심정이 더욱이 어떠한 순간에 감득한 희귀한 심경을 표현시킨 것이 우리에게 '무엇'을 흘려주는 자양이 되는 좋은 시일 것이다.
> — 박용철, 『시문학』 창간에 대하야」

김소월은 시가 시혼으로부터 발생한다고 본다. 이 시혼은 시인이 지닌 시 정신의 핵심으로서 시 창작에 간접적으로 영향을 미친다. 즉 시혼의 그림자가 구체적인 시 작품에 영향을 미쳐 시의 깊이와 얕음을 결정한다. 결국 시는 시인의 내면에 존재하는 시혼의 표현으로 볼 수 있다. 이는 김억의 "모든 예술은 정신 또는 심령心靈의 산물"[21]이라는 낭만적인 사유와 유사하다. 또한 박용철 역시 시를 시인의 심경의 표현으로 본다는 점에서 표현론에 속한다고 할 수 있다.

2) 반영론적 관점

반영론적(혹은 모방론적) 관점은 시를 현실이나 인생과 같은 외적 세계의 모방으로 보는 관점이다. 그래서 시 속에 그려진 세계와 외적 세계와의 '유사성' 혹은 '진실성'이 가치 평가의 기준이 된다. 외적 세계를 모방한다는 것은 두 가지 의미를 지닌다. 하나는 '있는 그대로의 세계'의 모사이며, 다른 하나는 '있어야 할 세계'의 반영이 그것이다. 어느 쪽이든 구체적인 세계와의 연결고리는 지니고 있다.

반영론의 가장 고전적인 논의는 플라톤에서 출발한다. 그는 『대화』에서 예술의 본질을 모방으로 본다. 이때의 모방이란 회화, 시, 음악, 무용, 조각 등 예술 전체를 가리키는 모호한 말이다. 그가 시를 구체적으로 말하는 것은 『공화국』에서이다. 그 책에서 그는 유명한 침대 이야기를 하며 시인은 부차적인 모방자에 불과하다는 사실을 부각시킨다. 세상에는 세 가지 침대가 있을 수 있다. 즉 신의 구상 속에 존재하는 진정한 침대인 이데아로서의 침대, 목수가 만들어낸 침대, 그리고 그것을 그린 화가의 그림 속 침대가 그것이다. 그런데 본질을 숭상하는 플라톤에게 원본, 즉 이데아로부터 멀어질수록 존재의 가치가 떨어진다. 당연히 화가는 본질로부터 세 단계 떨어진 모방자에 불과하다. 시인도 마찬가지다. 그는 『공화국』에서 이렇게 말하고 있다.

●

21) 김억, 「시형의 음률과 호흡」, 『태서문예신보』 14호, 1919. 1. 13.

비극시인도 모방자일세. 그러므로, 다른 모든 모방자와 마찬가지로 왕
과 진리로부터 3단계 떨어져 있단 말이지?

— 플라톤, 『공화국』[22]

이런 시인이 플라톤의 공화국에서 환영받을 리 만무하다. 플라톤이 보
기에 시인은 실재보다 현상을 모방하고, 이성보다 감정을 조장하고, 영감을 기
다려야 시를 쓰는 수동적 존재이기 때문이다.

앞에서 살펴보았듯이 모방론은 아리스토텔레스에 와서 예술 옹호론으
로 변경되어 더 확산된다. 이후 서양에서 시의 본질을 모방에서 찾는 관점은
자명한 것으로 취급된다. 특히 고전주의적 경향이 지배하는 17, 18세기에 모
방론은 절정에 달한다. 그러나 대부분의 논의는 아리스토텔레스 정의의 동어
반복에 불과하다. 18세기에 리처드 허드Richard Hurd의 논의가 대표적이다.

모든 시는, 아리스토텔레스와 희랍 비평가들의 말을 빌건대, 모방이라
함이 타당하겠다. 사실, 시는 모방예술 가운데서도 가장 고상하고 가장
광범위한 것이다. 즉, 시는 모든 피조물을 그 대상으로 삼으며, 우주의 전
영역에 그 범위가 미치고 있다.

— 리처드 허드, 「시적 모방에 관한 토론」[23]

모방론은 시가 현실의 반영이라는 사실을 강조한다. 그것이 구체적 사실의 재
현이든, '개연성'에 바탕을 둔 사실의 재구성이든, 시는 세계의 현상과 동떨어져 있
는 것이 아니다. 우리의 경우도 시는 세계와 독립적으로 존재하는 것이 아니었다.

---

22) M. H. Abrams, 앞의 글, 72쪽에서 재인용.
23) M. H. Abrams, 위의 글, 77쪽에서 재인용.

나는 조선인

기꺼이

조선의 시를 지으리.

그대들도 마땅히

그대들의 법 따르면 되는 거지,

시란 이런 것입네 떠드는 자 누군가.

격格이니 율律이니 하는 것,

멀리 떨어진

우리가 알 게 무언가.

― 정약용, 「노인의 즐거운 일 하나」 부분[24]

정약용의 유명한 '조선시 선언'이 들어 있는 시의 일부이다. 우리 문학의 주체성을 강조하는 이 작품은 시란 자기가 사는 구체적인 세계를 충실하게 반영하여야 한다는 것이다. 다른 나라의 문제를 관념적으로 흉내 내지 말고, 자신이 속한 세계의 문제를 시 속에 적극적으로 끌어들여야 한다는 것이다. 현실문제에 적극적으로 관여하는 마르크시즘과 같은 사상의 영향으로 현대에 들어서 이런 시각은 더욱 강화된다.

오늘날의 시가 가장 골몰해야 할 가장 큰 문제는 인간의 회복이다. 오늘날 우리들은 인간의 상실이라는 가장 큰 비극으로 통일되어 있고, 이

---

24) 원제목은 「노인의 즐거운 일 하나 ― 향산체 풍으로 5(老人一快事 效香山體 其五)」. 이 시는 전체 6편의 시로, 각 편은 6구로 이루어져 있으며 인용한 부분은 제5편의 일부. "我是朝鮮人 甘作朝鮮詩 卿當用卿法 迂哉議者誰 區區格與律 遠人何得知."

비참의 통일을 영광의 통일로 이끌고 나가야 하는 것이 시인의 임무다. 그는 언어를 통해서 자유를 읊고, 또 자유를 산다.

― 김수영, 「생활 현실과 시」

'인간의 회복'이란 생활 현실의 회복이라는 뜻이다. 시가 구체적 현실 속에 놓여야 하며, '비참의 통일', 즉 부자유한 상황에 대한 고발이 되어야 한다는 것이다. 김수영은 그것을 '자유'라 부르고 있다. 시와 현실에 대한 적극적 연대를 말하고 있는 것이다. 황지우의 다음과 같은 시도 동일한 기반을 지니고 있다.

나는 시를, 당대에 대한, 당대를 위한, 당대의 유언으로 쓴다. (중략)
독자들이여 오늘 이 땅의 시인은 어느 쪽인가 ( )
어느 쪽이어야 하는가 ( ) ㅇ표 해 주시고 이 물음의 방식에도 양자택일해 주십시오.
한 시대가 가고 또 한 시대가 왔지만
우리가 우리의 동시대와 맺어진 것은 악연입니다.

― 황지우, 「도대체 시란 무엇인가」 일부

황지우는 위의 시에서 시는 동시대의 상황과 밀접하게 관련을 맺어야 한다는 사실을 강조한다. 다소 실험적인 시도를 하고 있는 이 작품에서 그는 진정한 시인은 시대 현실을 직시하여 악연으로 맺어진 시대를 적극적으로 고발하고 기록해야 된다고 한다. 이런 입장은 '있는 그대로의 세계'의 모사라는 수동적인 모방론이, 세계에 적극적으로 개입하는 인간을 부각시키는 능동적인 모방론으로 해석된 것이라 할 수 있다.

3) 효용론적 관점

효용론적(혹은 실용론적) 관점은 시가 독자에게 미치는 효과나 영향의 측면에서 시를 정의하는 관점이다. 효용론에서 작품의 평가기준은 작품이 독자에게 얼마나 강한 영향력을 끼쳤는가, 즉 '효용성'에 있다.

효용론은 강조하는 초점에 따라 두 가지로 나누어진다. 하나는 독자에게 교훈을 주어야 한다는 교훈설이고, 다른 하나는 독자에게 쾌감을 주어야 한다는 쾌락설이다. 동서양에서 효용론적 관점이 비교적 초기에 대두되었지만 동양에서는 주로 교훈설로 기울어져 쾌락설을 발견하기 힘들다. 이에 비하여 서양에서는 교훈설과 쾌락설이 함께 존재한다는 점에서 동양과 다르다.

① 시 삼백 편을 한마디로 정의하자면 '생각에 사악함이 없음思無邪'이다.
— 공자, 『논어』, 「위정爲政」
② 시는 일반적으로 인간 본성에 내재해 있는 두 가지 원인에서 발생하는 것 같다. (……) 모든 인간은 날 때부터 모방된 것에 대하여 쾌감을 느낀다.
— 아리스토텔레스, 『시학』

위의 언급은 각각 동서양의 가장 이른 시기에 나온 효용론적 발언이라 할 수 있다. ①은 '생각', 즉 내용을 윤리적인 범주에서 다루고 있다. 즉 시의 내용이란 윤리적으로 올바른 것, 즉 사악하지 않은 것이어야 한다는 것이다. 이는 이 순수함이 독자들에게 좋은 영향력을 끼쳐야 한다는 생각을 전제한 말이다. 공자는 이 '생각'을 표현론에서처럼 작자 개인의 창의적인 개성으로 읽을 수 있는 가능성을 아예 차단하고 있다. 효용론자로서 그는 시적 효용성의 구체적인 예를 직접 언급하기도 하였다.[25] ②는 쾌락이 작품의 발생 원인이라고 보는 관점으로, 모방된 작품을 읽을 때 독자 역시 쾌감을 느낄 것이라는 전제를 깔고 있다. 그는 직접 카타르시스catharsis를 효용성의 중요한 내용으로 보기도 한다. 공자는 주로 교훈설에 치우쳐 있고 아리스토텔레스는 쾌락설 쪽도 고려하고 있다. 서양에서는 아리스토텔레스의 영향으로 주로 교훈설과 쾌락설의 절충으로 나아간다.[26]

> ① 시인의 목적은 이익이나 교훈을 주는 것, 또는 기쁨을 주는 일과 인생의 어떤 유익한 교훈을 결합하는 것에 있다.
> ― 호라티우스, 『시의 기술』
> ② 시는 가르치고 즐거움을 주려는 의도를 가진 말하는 그림이다.
> ― P. 시드니, 『시의 옹호』

동양에서는 교훈설이 다양하게 전개되는데, 그것은 주로 지志에 대한 해석을 다르게 함으로써 이루어진다. 이 말은 애초에는 시인의 마음속에 있는 독자적인 생각으로 이해되었지만 바로 윤리학적 채색으로 그 의미가 변한다. 유협劉勰의 경우가 대표적이다.

> 시라는 것은 '잡는다'는 뜻이다. 즉 사람의 성정性情을 잡는다는 것이다.

●

25) "시는 감흥을 일으키며, 세상을 살필 수 있게 하며, 공동체를 이루게 하며, 잘못된 정치를 원망할 수 있게 한다. 또 가까이로는 어버이를, 멀리로는 임금을 섬기게 하며, 금수초목의 이름을 많이 알게도 해준다." 『논어』, 「양화陽貨」
26) 에이브럼즈는 실용주의 비평가들이 시작품을 청중에게 영향을 끼치기 위한 한 개의 고안물로 보았기 때문에 작시법이나 제작 기술 같은 방법론에 신경을 많이 썼다고 한다. 그는 드라이든 같은 사람을 중심적인 인물로 든다. 동양의 경우와 다른 점이 많다. M. H. Abrams, 앞의 글, 86쪽.

— 유협,『문심조룡』,「명시明詩」[27]

유협은 지志의 뜻을 발음이 비슷한 지持로 해석하면서, 그 '잡는다' 혹은 '지킨다'는 행위의 대상을 인간의 '성정'으로 본다. 이때 성정이란 인간의 성품으로서 항상 도덕적이고 윤리적으로 순화되어야 할 대상이다. 이것은 시의 본질을 교화에서 찾는 대표적 논의이다. 이후 성리학의 치밀한 논의가 이것을 정교하게 다듬어 '성정론性情論'을 확립시킨다. 주자의 주장이 대표적이다.

사람이 태어나서 변화 없이 고요한 것은 하늘의 성性이요, 외물外物에 느껴서 움직이는 것은 성性의 하고자 함欲이다. 무릇 이미 하고자 함이 있으므로 곧 생각이 없을 수 없고, 이미 생각이 있으므로 곧 말이 없을 수 없다. 이미 말이 있으므로 곧 말로 능히 다하지 못한 바와 감탄하고 영탄하고도 남은 바가, 반드시 자연스러운 음향절주音響節奏에 들어맞아서 능히 멈출 수 없게 되니, 이것이 바로 시가 지어지는 까닭이다.
— 주자,「시집전서詩集傳序」[28]

주자는 기존의 모든 문학론을 포섭하여 효용론의 전범을 마련하였다. 그는『예기禮記』「악기樂記」의 '성의 하고자 함性之欲'을 성정론의 틀에 맞추어 정情으로 해석하고 있다. 그래서 시는 성정의 발현에 의해 지어지는 것이 된다. 이 말은 곧 시는 바른 성정에 의해 지어져서 독자의 성정을 바로잡는 데 기여해야 한다는 주장을 함축하고 있다. 이런 관점은 우리에게도 익숙한 것이다.

•

27) "詩者 持也 持人性情."
28) "人生而靜 天之性也. 感於物而動性之欲也. 夫旣有欲矣, 則不能無思. 旣有思矣 則不能無言. 旣有言矣 則言之所不能盡而發於咨嗟詠嘆之餘者. 必有自然之音響節奏而不能已焉. 此詩之所以作也."

일반적으로 시가 말기末技라고 해도 성정性情에 근본을 두는 것이며, 문체와 품격이 있어 진실로 쉽게 여겨서 할 수 있는 것은 아니다.
— 이황, 「여정자정탁與鄭子精琢」[29]

성리학자에게 문학이란 철학에 비해 하찮은 기술에 불과하다. 그러나 그것도 성정으로부터 나온 것이기에 어느 정도의 필요성은 인정해 주어야 한다는 것이다. 그 필요성이란 퇴계가 「도산십이곡발陶山十二曲跋」에서 밝힌 바대로 올바른 성정을 수양하는 데 필요한 효용성을 말한다. 이런 관점은 정약용의 다음 언급에서 직접적으로 드러난다.

임금을 사랑하고 나라를 걱정하지 않으면 시가 아니고, 시대 현실을 아파하거나 분하게 생각하지 않으면 시가 아니며, 찬미와 풍자, 권장과 징벌의 뜻이 담기지 않으면 시가 아니다. 그러므로 뜻이 서지 못하고, 학문이 바르지 못하고, 큰 도를 듣지 못하여, 임금을 보필하고 백성을 사랑하는 데 이르지 못한 자는 시를 지을 수 없다.
— 정약용, 「기연아寄淵兒」[30]

효용론은 1960년대 구조론(혹은 객관론)이 득세를 하면서 엄청나게 위축되었지만, 근대 초기까지만 해도 효용론은 가장 대표적인 시적 관점이었다.

시詩란 자者는 국민언어의 정화精華라. 고로 강무强武흔 국민은 기其 시부터 강무흐며 문약文弱흔 국민은 기 시부터 문약흐나니 일국一國의 성쇠

---

29) "夫詩雖末技 本於性情 有體有格 誠不可易而爲之."
30) "不愛君憂國 非詩也, 不傷時憤俗 非詩也, 非有美刺勸懲之義 非詩也. 故志不立 學不醇 不聞大道 不能有致君澤民之心者 不能作詩."

치란盛衰治亂은 대저 기 국國 시예셔 가험可驗할지오. 우又 기 국國의 문약을 회回흥야 강무에 입入코즈 흘진대 불가불 기 문약흔 국시부터 개량흘지라.

— 신채호,「천희당시화天喜堂詩話」

신채호의 저술로 판단되는 이 글은, 시는 민족과 국가의 성쇠와 직결되어 있어 나라의 강성함을 위해서는 시를 개량하여야 한다고 주장한다. 이것은 시의 존재 이유가 민족과 국가를 흥성시키는 데 있다고 보는 효용론적 입장이다. 이후 이런 효용론은 카프시, 민중시와 같은 리얼리즘을 옹호하는 논리에 계승된다.

●
4. 시적 정의의 반성적 고찰

여러 시의 정의를 검토해 본 지금, 우리는 앞에서 다룬 대부분의 정의가 공통적으로 의심하지 않는 하나의 전제를 발견하게 된다. 그것은 '시는 언어를 매체로 하는 문학 형태'라는 전제이다. 시가 언어로 이루어져 있다는 사실은 선명하게 보인다. 그러나 시에서 여러 실험들이 거듭되면서 이 언어의 범위를 어디까지 인정해야 할 것인가가 시학에서 새로운 문제로 부각되었다. 다음 작품을 통해 이 문제를 다뤄보자.

```
A   B     D   F
G   1   J  K   L
M   N   O   P  Q   R
S   T   U   V  W   X
Y   Z
```

이것은 스페인의 시인 후안 브로사Foan Brossa가 쓴「체를 위한 비가Elegie
pour le Che」라는 작품의 전문이다. 얼핏 봐서 이 작품이 무엇을 의미하는지 알
기 힘들다. 이 작품을 이해하는 데 다음 글이 도움이 된다.

　　죽은 체 게베라를 애도하는 조시弔詩이다. 시인은 스물여섯 자모의 알
　　파벳에서 죽은 자의 이름을 이루는 세 개의 문자를 빼어버림으로써 이
　　죽음이 의미하는 바 카다란 손실을 명확히 제시한다. 이 불완전한 자모
　　체계가 무용하고 무의미한 것이듯 그가 부재한 세계는 그만큼 큰 중력을
　　상실했음을 말하고 있는 것이다. 여기서 내다보이는 시적 과정은 분명히
　　비언어적으로 진행되고 있다.[31]

　　절대적인 존경을 받던 한 사람의 혁명가가 하루아침에 적의 총탄에 의
해 비참하게 운명하였을 때 그것을 표현할 수 있는 언어에는 엄청난 한계가 있
다. "아, 게바라여!" 하는 탄식을 하며 민중의 스승이니 지도자니 하는 말들을
나열해도 그 공허함은 이기기 힘들 것이다. 언어로 나타내기 힘든 그 심정을

●
31) 박상배, 「텍스트시와 그 근원」, 「현대시학」, 1988. 9. 87쪽.

시인은 이렇게 실험적으로 표현하였다. 이렇게 할 때 그의 죽음은 우주적 상실로 읽힐 수 있다. 왜냐하면 A와 Z는 우주의 알파요 오메가일 수 있기 때문이다. 그러나 해설에서도 지적되어 있듯이 이것은 비언어적인 작품이다. 그렇다면 이 작품을 시라고 부를 수 있을까.

시에서 언어의 절대성을 강조한 정지용 시인이라면 아마도 이 작품을 시로 부르기를 거부했을 것이다.

색채가 회화의 소재라고 하면 언어는 시의 소재 이상 거진 유일의 방법이랄 수밖에 없다. 언어를 떠나서 시는 제작되지 않는다. (중략)

시의 표현에 있어서 언어가 최후수단이요 유일의 방법이 되고 만 것은 혹은 인류 문화 기구器具의 불행한 빈핍貧乏일지는 모르나 언어의 불구不具를 탄하는 시인이 반드시 언어를 가벼이 여기고 다른 부문의 소재를 차용치 않았다. 언어의 불구가 도리어 시의 청빈의 덕을 높이는 까닭이다.

— 정지용, 「시와 언어」

"언어를 떠나서 시는 제작되지 않는다"라고 정지용은 단언하고 있다. 이런 관점에 따르면 후안 브로사의 작품은 시의 자격을 가질 수 없다. 앞에서 살핀 람핑 역시도 이런 양식의 구체시를 시로 인정하지 않았다. 즉 시는 시행을 통해 발화되어야 한다는 것이다. 시행이라는 것은 언어의 나열로 이루어지므로 당연히 언어가 아닌 소재로 구성된 시는 시라 할 수 없다.

후안 브로사의 작품은 우리가 알고 있는 시의 범위가 너무 좁은 것은 아닌가 하는 반성을 하게 한다. 이 작품은 언어는 아니라 할지라도 최소한의 언어적 구성 요소는 갖추고 있다고 할 수 있으므로 이런 정도는 이제 시의 범위에서 다루어도 될 만하다. 더 과격하게 실험하고 있는 다음 작품을 보자.

김병화, 「서 있는 자와 누워 있는 자」

이것은 김병화의 작품이다. 말하고자 하는 주제는 분명하다. '삶과 죽음의 분리불가능성'이 그것이다. 주검과 그 주검에게 조문하는 자가 결국 동일인이 아닌가 하는 생각, 우리의 삶이 본질적으로 죽음과 연계되어 있다는 생각을 이 작품은 표현하고 있다. 이것을 시라고 할 수 있을까. 아무리 포용력이 넓은 시학자라 하더라도 이 작품 앞에서는 망설일 수밖에 없다. 이것은 회화의 영역에 속하는 것이 아닌가. 이 작품에 대한 다음 평가는 여기에서 하나의 가능성을 읽고 있다

  김병화의 그림시는 시의 재료가 얼마나 확대될 수 있는 것인가를 보여주고 그림언어의 시적 가능성을 연 것이라 생각된다. 문학 내의 장르적 혼합양상뿐 아니라, 문학 이외의 영역과도 장르적 혼합양상이 지속적으

로 나타날 때, 하나의 양식이란 생성과 변화의 길 위에 놓여 있는 것임을 우리는 더욱더 분명히 확인할 수 있을 것이다.[32]

이 평가는 1980년대 해체적인 작품들이 쏟아질 때의 분위기를 반영하고 있다. 그러나 근래 서정시가 대세를 이루면서 지금도 이 작품에 대해 같은 평가를 내릴 수 있을지 그리고 그것이 많은 이들을 설득할 수 있을지 확신하기 힘들다. 이와 관련하여 다음과 같은 반론을 참조할 만하다.

이승하 교수는 김병화라는 시인의 「서 있는 자와 누워 있는 자」라는 시를 소개하면서 순전 그림으로 된 그의 시가 기상천외한 상상력을 보여주는 시, 인식의 즐거움을 선사하는 시라고 했다. 언어(또는 기호)를 완전히 배제한 채 그림으로만 된 시를 시라고 해서 내놓는 건 독자를 기만하는 현학적인 사기극이라고 나는 단정한다. 비평가들이 암만 그 작품에 대한 풍성한 해석을 내놓는대도 시와 회화의 경계에서 완전히 회화 쪽으로 넘어선 작품을 시라고 인정한다면 이 세상에 시 아닌 게 어디 있으며 시 아닌 게 없는 세상이라면 시는 아마 그 존재가치를 상실했다고 봐야 옳을 것이다.[33]

독자가 보기에 이 작품은 "시와 회화의 경계에서 회화 쪽으로 완전히 넘어선 작품"이다. 그러므로 언어의 범위를 벗어난 이 작품을 시라고 하는 것은 "독자를 기만하는 현학적인 사기극"이 될 것이다. 지금 여기서 이 논란을 소개하는 것은 단순한 흥미 때문이 아니다. 과연 시의 정의에 있어서 '언어'라는

●

32) 박상배, 「해체시란 무엇인가」, 『현대시사상』, 1988. 12. 79쪽.
33) 이승하, 「시에 있어서의 체험과 상상력의 한계」, 『시를 사랑하는 사람들』, 2007. 9/10. 253—54쪽.

것은 그 범위를 어디까지 인정해야 할 것인가에 대한 고민을 다시 한 번 해보자는 것이다.

이미 1930년의 전위시인 이상李箱 이래, 특히 1980년대에 이런 과격한 실험은 부지기수로 수행되었다. 사각형 도형 하나만을 그려놓고 제목을 붙인 작품, 사진 한 장을 제목 아래 붙여 놓은 작품 등이 이와 유사한 것일 것이다. 모두 언어와 무관한 기호나 사진 하나만으로 구성되어 있다. 오로지 언어가 등장한 것은 제목뿐이다. 이때 제목은 시의 경계 안쪽에 놓인 것일까.

지금 모든 장르의 경계가 해체되거나 확장되고 있으며 매체 상에서도 많은 변화가 생기고 있다. 옛날에 비하여 시의 범위가 확장되었지만 그 경계는 아직도 확신할 수 없다. 여전히 현재진행형이라 판단은 유보될 수밖에 없다. 그래서 시의 정의는 계속 연기될 수밖에 없는 것이다.

1. 다음 시에 나타난 시의 정의를 정의의 규칙에 따라 정리해 보자.

> 솔직한 것이 좋다만
> 그저 좋은 것만도 아닌 것이
>
> 시란 어둠을
> 어둠대로 쓰면서 어둠을
> 수정하는 것
>
> 쓰면서
> 저도 몰래 햇살을 이끄는 일
> ― 김지하, 「속 3」 전문

정의될 개념	종차	유개념
시		문학 형태

2. 다음은 시에 대한 정의를 담고 있는 산문과 시이다. 이들 작품에 나오는 시적 정의는 효용론, 반영론, 표현론, 구조론 중 어디에 속하는지 말하고 그 이유를 설명해 보자.

① 시란 지·정·의가 합일된 그 무엇을 통하여 최초의 생명의 진실한 아름다움을 영
원한 순간에 직관적으로 포착하여 이를 형상화한 것이다.

— 조지훈, 「영원과 고독을 위한 단상」

② 벌교 참꼬막 집에 갔어요. / 꼬막 정식을 시켰지요.

꼬막회, 꼬막탕, 꼬막구이, 꼬막전 / 그리고 삶은 꼬막 한 접시가 올라왔어요.

남도 시인, 손톱으로 잘도 까먹는데

저는 젓가락으로 공깃돌 놀이하듯 굴리고만 있었지요.

제삿날 밤 괴 꼬막 보듯 하는군! 퉁을 맞았지요.

손톱이 없으면 밥 퍼먹는 숟가락 몽댕이를

참꼬막 똥구멍으로 밀어 넣어 확 비틀래요.

그래서 저도—확, 비틀었지요. / 온 얼굴에 뻘물이 튀더라고요.

그쪽 말로 그 맛 한번 숭악하더라고요. / 비열한 생각까지 들었어요.

그런데도 남도 시인—이 맛을 두고 그늘이 / 있다나 어쩐다나.

그래서 그늘 있는 맛, 그늘 있는 소리, 그늘

있는 삶, 그늘 있는 사람. / 그게 진짜 곰삭은 삶이래요.

현대시란 책상물림으로 퍼즐게임 하는 거 아니래요.

그건 고양이가 제삿날 밤 참꼬막을 깔 줄 모르니

앞발로 어르며 공깃돌놀이 하는 거래요.

詩도 그늘 있는 詩를 쓰라고 또 퉁을 맞았지요.

— 송수권, 「퉁」 전문   * 괴: 고양이. * 퉁: 꾸지람. * 숭악한 맛: 깊은 맛.

③ 바다속에서 전복따파는 濟州海女도

제일좋안건 님오시는날 따다주려고

물속바위에 붙은그대로 남겨둔단다.

詩의전복도 제일좋은건 거기두어라.

다캐어내고 허전하여서 헤매이리요?

바다에두고 바다바래여 詩人인것을……

─서정주, 「시론」전문

3. 다음은 시총詩塚의 비문을 시로 옮긴 것이다. 시총은 임진왜란 때 전쟁의 이슬로 사라진 의병 정의번의 유해를 찾지 못하여 그 사람의 시(혹은 그 사람에 대해 쓴 시)를 묻은 것이다. 다음 비문에 나타난 시의 정의는 무엇인지 정리해 보자.

　　시로써 무덤을 삼음은 예禮에는 없는 예일러니 선유先儒께서 초혼招魂을 하여 장례를 지냄을 말하되 혼魂은 하늘로 돌아가고 백魄은 땅으로 돌아가느니 진실로 체백體魄이 없으면 사당에서 제사 지낼 뿐 혼기魂氣는 장례 지낼 수 없는 법이라 하였거늘 그러한 즉 화살로 복復을 하고 옷으로 초혼한 것으로는 모두 무덤으로 삼을 수는 없는 것이어라 오로지 시라는 것은 그 사람과 닮은 것이기에 가히 체백에 해당한다고 할 수 있으니 시로써 무덤을 삼음은 그 또한 예에 어긋나지 않을 진저 세상에는 반드시 뼈로 장례를 한 것은 다행이라 여기고 시로 장례한 것은 불행이라 여기지만 거친 벌판에 뼈를 묻은 것이 한둘이 아닐지언정 마침내 후멸朽滅로 돌아가는데 그 사람과 시는 마침내 오래토록 썩지 않는 것이니 이 무덤은 얼마나 위대한 것이랴

　　─박현수, 「시총」부분

4. 다음 글에서 보듯 람핑이라는 학자는 다음의 실험시(철자시)를 시로 인정하지 않는다. 이것을 읽고 반론을 한다면, 어떤 근거를 들 것인지 생각해 보자.

제 홀로도 다른 것들과 함께해서도 어떤 언어적 의미를 지니지 않는, 즉 의미론적 기능을 지니고 있지 않은 언어적 기호들의 단순한 집합도 텍스트라고 칭할 수 없는 일이다. 예컨대 홀로Franz Hohler의 아래 「철자시」가 그러한 경우이다.

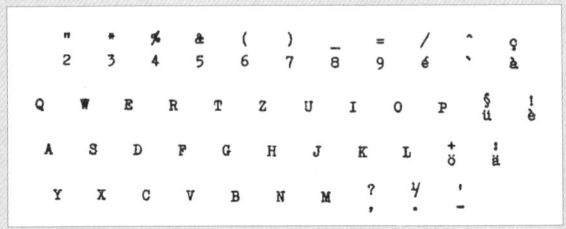

5. 다음은 로만 야콥슨의 도식을 이용하여 문학론을 재배치한 레먼 셀던의 도표이다. 그런데 ⑤경로는 레먼 셀던이 미처 설정하지 못한 것으로 이후 보충이 요청되는 부분이다. 이 부분에 합당한 시적 정의로 어떤 것이 있을 수 있는지 생각해 보자.

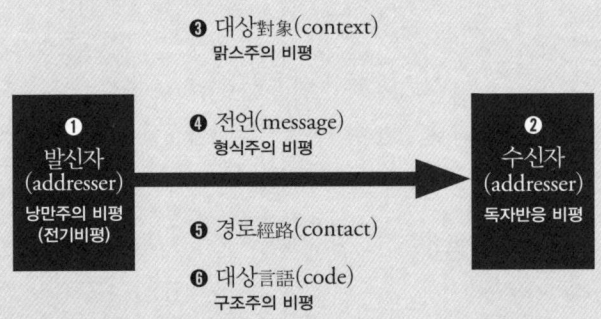

6. 우리나라에서 실험시라는 이름으로 발표된 작품을 찾아 그것이 지닌 문학적 의미를 생각해 보고, 과연 그것을 시라 규정할 수 있을 것인가에 대한 자기 의견을 정리해 보자.

제3장 시의 범주

1. 통시성과 시의 유형

시의 범주는 고정된 것이 아니다. 역사적으로 수많은 변천을 거듭하면서 다양한 시들이 나타났다가 사라졌다. 당대의 미적 기준이나 취향에 따라 새로운 범주의 시가 발생하고, 또한 시대적 요청에 부응하지 못할 경우 자연스럽게 사라지는 것이 시의 운명이다. 이런 통시적 변화 때문에 시의 범주가 아래처럼 다양할 수밖에 없다.[1]

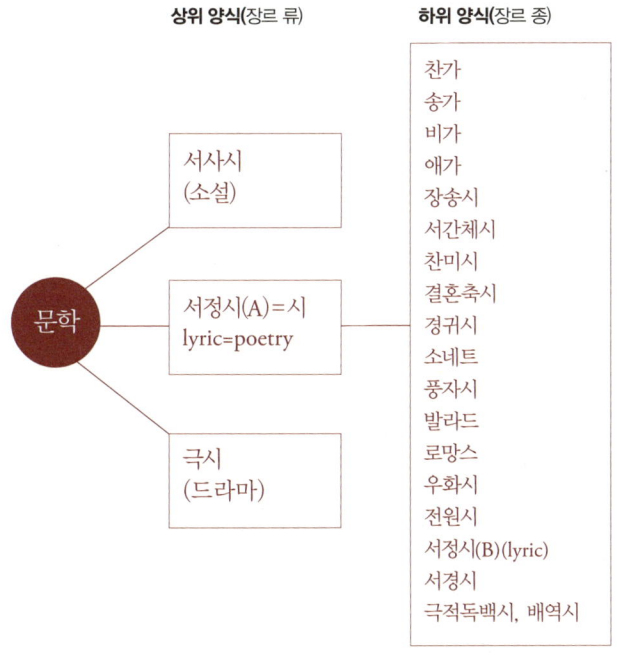

---

1) 오세영, 『문학과 그 이해』, 국학자료원, 2003, 389쪽.

통시적 유형에 따라 시의 유형을 다루는 방식은 여러 가지가 있을 수 있다. 역사적으로 다단한 변천을 거쳐온 시 갈래 모두를 나열할 수도 있고, 핵심적인 범주에 초점을 맞추어 몇 가지를 집약적으로 보여줄 수도 있다.

먼저 시의 유형을 있는 대로 열거하자면, 서구의 경우에는 앞에 제시한 그림에서처럼 20개 가량 제시할 수 있다. 그러나 지금 서양에서는 '서정시(종적 서정시)'가 주로 쓰이고 발라드나 송가, 풍자시 등이 다소 쓰이고 있을 뿐, 그 외의 유형들은 모두 사라진 상태라 할 수 있다. 여기에 등장하는 시의 유형들은 대부분은 그리스로부터 시작하여 중세 이후에 하나의 유형으로 자리 잡은 것들이다.

우리의 경우, 향가를 비롯하여 한시, 고려가요, 시조, 가사, 서사무가뿐 아니라 근대 초기에 등장한 언문풍월, 신체시, 자유시, 산문시 등 다양한 시의 유형들이 나타났다 사라져 갔다. 이 중에서 지금도 살아남은 갈래는 시조와 자유시, 산문시 정도이다.

이런 시의 유형을 구체적으로 살펴보는 일은 시를 이해하는 데 그다지 긴요한 일이 아니다. 오히려 각각의 유형이 지닌 특질을 일반화하고 그것을 재분류하여 사적 전개를 손쉽게 이해시켜줄 수 있는 시선이 필요하다.

●
2. 매체와 통시적 유형

시의 유형을 일반화, 재분류하는 데 핵심적인 준거로 '매체'를 제시하는 것은 이제 낯설지 않게 되었다. 매체 혹은 제시 형식이 예술의 본질과 맞닿아 있다는 인식이 널리 퍼져 있기 때문이다. 새로운 시의 등장 역시 시를 실현할 매체의 변화와 궤를 같이 한다. 극단적으로 말하자면 매체의 상상력이 시의 범주와 본질을 구성한다고 할 수 있다.

매체의 관점에서 예술의 본질을 논한 것은 W. 벤야민이 처음일 것이다. 그는 "인쇄를 통한 문자의 복제가능성이 문학에 일으켰던 엄청난 변화"[2]를 언급하며, 이보다 더 극단적인 복제 기술의 발달은 예술의 개념에 더 큰 변화를 가져왔다고 본다. 그에 따르면 영화와 사진 같은 예술에 관여하는 기술복제의 기술은 원본으로부터 그것이 지닌 성스러운 분위기, 즉 '아우라aura'를 제거해 버린다. 영화와 사진에는 판화나 그림처럼 원본이라는 것의 의미가 없기 때문이다. 이런 변화는 종교적 의식과 결부되어 아우라를 지니고 있던 예술을 해방시켜 관객의 비판의식을 고양시키고, 궁극적으로 기존 예술의 종교성을 정치성으로 대체해 버릴 것이라 진단한다. 그 진단의 사실 여부와 무관하게 우리는 벤야민의 이런 논의로부터 매체의 성격이 결국 예술의 본질과 떨어질 수 없다는 사실을 인정할 수 있다.

지금까지 매체의 관점에서 시적 특성을 규명하고자 하는 시도가 본격적으로 이루어진 적은 없다. 향수 방식에 따라 시의 층위를 두 가지로 나눈 조향이나 매체의 문제를 '제시 형식'과 연계시킨 김준오의 논의가 그나마 선구적인 접근이라 할 수 있다. 조향은 시를 감상 형식에 따라 '듣는 시'와 '보는 시'로 나누지만,[3] 이를 매체의 문제와 연계시키지는 않는다. 그러나 김준오는 제시 형식의 변화에 따라 전통적인 '듣는 시가'가 근대적인 '보는 시'로 바뀌었다고 보며, 전자 글쓰기 시대의 대표적인 매체인 하이퍼텍스트에도 주목하고 있다.[4]

매체를 참조하여 통시적으로 접근할 때 매체에 따라 발생하는 인식론적 단층은 크게 세 개로 나누어질 수 있다. 거기에 대응하는 유형은 전통시, 근대시, 탈근대시가 되고, 그 각각의 매체는 음성, 활자, 디지털언어html가 된다.

●

2) Walter Benjamin, 반성완 옮김, 『발터 벤야민의 문예이론』, 민음사, 1983. 199쪽.
3) 조향, 「CORTI씨 기관 계외」, 『조향전집2』, 열음사, 1994, 256—257쪽.
4) 김준오, 『시론』(제4판), 삼지원, 1995, 53—55쪽.

물론 이때 기준이 된 '근대'라는 개념은 어떤 위계를 가정한 것이 아니다. 따라서 전통시가 함의하고 있는 전근대는 근대의 결여가 아니며, 탈근대는 근대의 진보가 아니다. 이 개념은 오히려 근래 탈식민주의에서 근대라는 개념의 제국주의적 확장을 경계하기 위해 사용되는 '근대(들)'이라는 개념과 맥락을 같이한다.

1) 전통시

'전통시'는 음성을 매체로 사용하는 시 유형이다. 김소월의 다음 시는 낭독에 용이하도록 구성되어 있다.

그립다
말을 할까
하니 그리워

그냥 갈까
그래도
다시 더 한번

저 산에도 까마귀, 들에 까마귀
서산에는 해진다고 지저귑니다

앞강물, 뒷강물
흐르는 물은
어서 따라 오라고 따라 가자고
흘러도 연달아 흐릅디다려

—김소월, 「길」 전문

　이 시는 낭송이나 음독에 적절하도록 음악적 요소들이 전면적으로 배치되어 있다. 의미 단락이 완결되는 한 절마다 세 마디로 구성되어 운율이 느껴진다. 그리고 "어서 따라 오라고 따라 가자고/ 흘러도 연달아 흐릅디다려" 처럼 동일한 어휘를 연쇄적으로 반복하면서 강물이 흐르는 느낌을 적절하게 살리고 있다.

　이처럼 전통시에서 시의 절대적 조건은 인간의 음성이다. 따라서 시의 특성은 전적으로 음성의 실현태에 의존한다. 모든 시는 발화를 전제로 하기 때문에 이때의 중심 감각은 청각이 된다. 이런 음성 매체의 시는 시의 기원으로 상정될 정도로 원형적이다. 우리 민족에게 시의 어원이 '노래'였음은 앞에서 이미 다룬 바 있듯이, 노래로서의 시는 음성으로서의 시보다 원형적이다. 이런 시는 비록 문자로 기록된다고 하더라도 그런 기록문은 음성의 보존을 위한 보조적 기록에 불과하다.

　전통시의 문학적 특성은 음성이 지닌 시간성과 휘발성이라는 본질을 여러 형태로 반영하고 있다. 바로 리듬의 강조, 반복에 바탕을 둔 다양한 수사학, 표현의 상투성 등이 그것이다. 발화의 용이성과 발화자와 청자의 쾌락을 위해 리듬이 강조되고, 언어의 전달이 쉽도록 같은 내용을 반복하며, 한 번 듣고 이해하기 쉽도록 상투적인 표현을 사용한다.

　전통시는 소리 내어 읽거나 낭송함으로써 향수된다. 즉 음독의 패러다임 안에 있다. 시간이 지날수록 그 청자의 실존이 추상적으로 변화되긴 하지만 서정시는 음독의 패러다임을 벗어나지 않는다. J. S. 밀이 서정시를 "엿들어지는 독백soliloquy overheard"[5]이라 정의한 것도 이 때문이다. 이 정의는 음독

5) 김준오, 앞의 책, 53쪽.

의 패러다임이 희석되는 시기를 반영한 것이지만, 독백 역시 최소한 발화자 자신을 청자로 전제한다는 점에서, 그리고 본질적으로 독백 자체가 발화를 전제로 한다는 점에서 이 역시 음독의 패러다임에 속한다. 서정성은 이런 전통시의 본질로 자리 잡고 있다.

2) 근대시

'근대시'는 활자를 매체로 하여 탄생한 시 유형이다. 다음에 든 이상의 작품은 활자 매체를 전제로 할 때 그 실험성이 이해될 수 있다.

前後左右를除하는唯一의痕迹에있어서

翼殷不逝 目不大覩

胖矮小形의神의眼前에我前落傷한故事를有함.

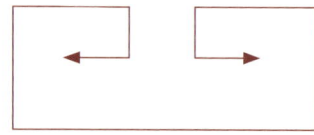

臟腑라는것은 浸水된畜舍와區別될수있을는가.

— 이상, 「오감도 시제5호」 전문[6]

이 시는 극도로 난해한 어구들로 구성되어 있어 정확한 의미를 파악하기 힘들다. 그리고 낭독이 전혀 불가능한 부분, 즉 기호에 가까운 그림을 사용하고 있는 점이 특징이다.

전통시를 규정하는 음독의 패러다임이 묵독의 패러다임으로 전환될 때,

---

6) 이 작품의 해석은 박현수, 『모더니즘과 포스트모더니즘의 수사학—이상문학연구』, 소명출판, 2003, 51—58쪽 참조.

즉 "인쇄가 시를 노래로부터, 산문을 웅변으로부터 분리해"[7] 버릴 때, 근대시가 탄생한다. 패러다임의 변화를 가져온 근본적인 원인은 인쇄문화의 전면적인 확장이다. 19세기의 시 낭송회가 개인적인 묵독으로 대체된 것이 "책과 활자의 승리"[8]로 불리는 것도 이 때문이다. 묵독은 개인적 자율성이 보장되는 고립된 공간을 창조해 내어 시각의 개인주의적 특성을 강화한다. 이런 점에서 개인주의와 자유주의의 확장이라는 사회정치적 변화는 인쇄문화의 확산과 맞물려 있다고 할 수 있다.

근대시는 근본적으로 청자를 배제한다. 근대시의 매체로서 활자는 음성을 극단적으로 추상화시켜 발화 이전의 상태로 되돌려버렸다. 음성은 사라지고 공간화된 기호로서 활자가 전면에 등장한다. "활자 공간typographic space"[9]을 통해 음성의 퇴행이 진행된 것이다. 이때 청자를 대신하는 것은 '독자'이다. 그 독자는 구체성이 결여된 관념적인 대상일 뿐이다. 청자의 배제는 사실상 소통의 배제이면서, 소통 대상으로부터의 자유를 의미한다. 이 때문에 극도의 추상화, 관념화가 나타나게 된다.

이제 청각 대신 시각이 중심적인 감각이 된다. 시각은 활자가 찍힌 평면으로만 열려 있다. 인쇄의 평면성은 입체성 혹은 총체성의 아우라를 지닌 인간을 자기의 내면으로 위축시키면서 대상에 대한 즉각적이고 총체적인 이해 과정을 상실하게 만든다. 음성의 입체적 총체성의 상실은 맥락의 상실이다. 근대시는 구체적인 시적 맥락을 단절시키고 어휘를 고립시키면서 무반성적이고도 관습적인 독해과정의 상투성 및 안정성을 끊임없이 동요시킨다. 그 결과 과도한 지적 개입이 요구되어 시가 난해하게 된다. 그 난해가 시선을 더욱

7) H. M. Mcluhan, 박정규 옮김, 『미디어의 이해』, 커뮤니케이션북스, 2007, 201쪽.
8) Otavia Paz, 김은중 옮김, 『흙의 자식들 외』, 솔, 1999, 287쪽.
9) W. Ong, 이기우―임명진 옮김, 『구술문화와 문자문화』, 문예출판사, 1995, 194쪽.

붙잡아두면서 '낯설게 하기'의 효과를 낸다.

이상이 이런 근대시의 특성을 가장 정확하게 인식한 시인이라 할 수 있다. 그는 기존 문학의 방법론을 비판적으로 바라본다

> 인류가 아직 만들지 아니한 글자가 그 자리에서 이랬다 저랬다 하니 무슨 암시이냐 무슨 까닭에 한 번 읽어 지나가면 도무 소용인 글자의 고정된 기술방법을 채용하는 흡족치 않은 버릇을 쓰기를 버리지 않을까를 그는 생각한다.
> — 이상, 「지도의 암실」 부분(원문엔 띄어쓰기 없음)

이상은 "한 번 읽어 지나가면 도무 소용인 글자의 고정된 기술방법을 채용하는 흡족치 않은 버릇"을 버리고자 한다. 이 "고정된 기술방법"은 바로 시가 노래였던 시대, 그리고 그 유산을 물려받은 현대 서정시의 세계에나 적합한 방법이다. 이는 '한 번 읽어 지나가면 도무 소용'이 된다는 점에서 "1차방정식같이 간단"[10]하고도 상식적인 방법이 아닐 수 없다. 지각과 동시에 이해가 이루어지는 이런 방식과 달리 이상이 목표로 하는 것은 지각의 과정을 최대한 지연시키는 글쓰기이다.

이는 V. 쉬클로프스키가 "사물을 〈낯설게〉 하고 형식을 어렵게 하며, 지각을 힘들게 하고 지각에 소요되는 시간을 연장"[11]하는 데 목적이 있다고 한 예술의 기법과 동궤에 놓인다. 그에 따르면 예술은 어느 대상의 예술성을 경험하는 한 방법이기에 지각의 과정은 그 자체가 미학적 목적이고, 따라서 되도록 연장되어야 하는 것이다. 이상에게 있어서 '한 번 읽어 지나가면 도무 소

---

10) 이상은 "나의 식욕은 1차방정식같이 간단하였다"는 표현을 사용하고 있는데, 이는 '답을 풀어서 근이 하나 나오는 것, 아주 단순하고 뻔한 것'을 의미한다. 「황의 기(작품 제2번)」.
11) V. Chklovski, 「기술로서의 예술」, 『러시아 형식주의 문학이론』, 청하, 1986. 34쪽.

용'인 글은 "금칠을 너무 아니"「종생기」하여 지각에 소요되는 시간이 거의 없는 글이며, 읽는 행위 자체만 남고 행위의 결과는 없는 자동화된 글읽기만 유도하는 글이다. 이상이 원하는 것은 이 상투적인 글쓰기에서 벗어나서 '한 번 읽어 지나가'서는 도저히 그 지각이 즉각적으로 이루어지지 않도록 "고의적으로 방해받는 형식deliberately impeded form"[12]을 고안해 내는 것이다. 바로 이 방법론이 근대시를 난해하게 만드는 것이다.

청자를 가정한 음독이 개인의 자율성이 보장된 고립된 공간에서의 묵독으로 대체될 때, 시는 활자라는 매체의 전면적인 등장에 많은 가능성을 타진해 보았다. 그래서 활자를 이용한 시각적인 실험이 가능해진 것이다. 근대 출판술의 발달과 함께 아방가르드 실험시들이 전면적으로 등장한 것은 우연이 아니다. 활자 크기의 조절, 활자의 회화적인 배치 등은 음성 중심의 전통시에서는 전혀 생각할 수도 없는 시도였다. 우리 시에서 글자를 거꾸로 심거나 독서순서가 거꾸로 배치된 작품, 혹은 사진이나 만화를 도입한 시들은 기존의 매체인 음성으로는 전혀 실현불가능하다. 새로운 매체가 새로운 시의 개념 및 이념을 가져왔기 때문이다.

3) 탈근대시

'탈근대시'란 디지털언어html를 매체로 하는 하이퍼텍스트시 혹은 디지털시를 말한다. 사실 하이퍼텍스트 문학은 본질적으로 장르 융합적이어서 시 갈래를 나누는 것이 부적절할지 모르나 여기에서는 편의상 하이퍼텍스트시로 설정하고, 로버트 컨델Robert Kendall의 작품을 예시해 보기로 한다.

이것은 클릭을 통하여 링크된 시 구절을 찾아가며 독자가 능동적으로

---

12) Victor Erlich, 박거용 옮김, 『러시아형식주의』, 문학과지성사, 228쪽. 이와 관련해서 아이스테인손의 방해의 미학 관련 논의가 도움이 된다. A. Eysteinson, 임옥희 옮김, 「리얼리즘, 모더니즘, 방해의 미학」, 『모더니즘 문학론』, 현대미학사, 1996 참조.

로버트 컨델의 하이퍼텍스트시 「프레임 워크」의 첫 화면.

시를 구성해 가면서 읽는 하이퍼텍스트시이다. 이런 시는 기존의 작품과는 전혀 다른 방식으로 작동되며, 현재 전세계적으로 다양하게 발표되고 있지만 아직 문학의 주류로 들어오지 못하고 여전히 하나의 가능성으로서만 존재한다.

탈근대시, 즉 하이퍼텍스트시는 컴퓨터를 통하여 재현된다. 음악과 동영상, 혹은 가상감각 등이 동원되어 탈근대시의 감각은 공감각이 될 수밖에 없다. 탈근대시는 음성과 활자를 동시에 구현하며 더 극단적으로 간단한 보조기구를 활용하여 촉각과 같은 것도 실현 가능하다. 이제 감각은 단순히 청각과 시각의 한계를 넘어선다.

탈근대시는 기존의 시가 갖는 작품의 완결성을 부정한다. 생산의 측면에서 기존의 작품은 내용과 형식에 있어서 하나의 완결된 형태를 지닌다. 또한 독자는 한 편의 시 전체를 읽었다는 의식을 통해 독서의 완결성을 지닌다. 그러나 탈근대시는 링크로 연결되는 여러 개의 텍스트들로 구성되어 있지만, 그것들이 다양한 링크를 고려하여 배치되어 있기 때문에 전체가 완결된 형태를 지니지 않는다. 독자 역시 자신이 가고 싶은 링크의 경로로만 접근하면서 독서 행위를 수행하기에 독서도 완결성을 지니지 않는다.

또한 탈근대시는 일방성을 거부한다. 이것은 감상과 수용의 측면에서 일어난다. 먼저 감상의 측면에서 볼 때, 기존 독서의 경우 텍스트를 읽는 방향이 '처음에서 끝으로' 또는 '위에서 아래로' 등으로 정해져 있다. 그리고 그런 방식을 따르지 않으면 독해 자체가 이루어지지 않는다. 그러나 탈근대시는 독서의 일방성으로부터 자유롭다. 자신의 선택에 따라 다양한 노선이 그려질 수 있기 때문이다. 수용의 측면에서 볼 때, 기존의 작품이 작가로부터 독자에게 일방적으로 주어지는 데 비하여, 탈근대시는 독자의 능동성이 강조된다. 또한 메커니즘에 따라 독자가 작품에 관여할 수도 있다.

탈근대시에서 이제 문학은 테크놀로지와 적극적으로 연계되어야 한다. 탈근대는 와 있지만 아직 탈근대의 이념을 시로 형상화한 탈근대시는 나오지 않았다. 매체의 변화와 시의 실현태는 동시적이지 않다. 미네르바의 부엉이처럼 늘 한 템포 느리게 그 이념의 형상화는 도착한다. 이런 지체 현상은 매체의 변화를 따라가지 못하는 감수성의 보수성 때문이다. 음성의 시대는 활자의 시대로 변화한 지 오래지만 아직도 청각적 요소, 즉 리듬을 강조하는 서정시는 계속 창작되고 있다. 리듬은 인간의 정조가 이상화된 양식으로서 서정성의 본질에 속한다. 따라서 서정성의 부분 수정으로 이런 시대적 변화에 대응할 수 없다.

또한 멀티미디어가 생활 깊숙이 들어와 있지만 아직도 기존의 전통시, 근대시를 인터넷상에 올려놓는 차원의 시, 공간을 약간 이동시키는 정도의 눈속임으로 가공한 시들이 마치 하이퍼텍스트시인 것처럼 유통되고 있다. 시대의 이념, 혹은 매체의 이념은 그 매체가 아니고서는 표현 불가능한 것을 전제로 한다. 새로운 시는 불가피한 선택에 의해 탄생되어야 할 것이다. 감각의 보수성은 극복의 대상이 아니라 패러다임의 문제이므로, 새로운 감각의 세대가 이 임무를 이어받아야 할 것이다.

•
3. 공시성과 시의 유형

공시성, 즉 시간의 변화가 배제된 정태적인 특질로만 볼 때, 시의 유형은 몇 가지 그룹으로 나누어진다. 여기에서는 그 중 가장 일반적으로 언급되는 그룹을 살펴보고 그룹을 조직하는 기준과 각 유형의 특성을 검토해 보기로 한다.

1) 서사시, 서정시, 극시

시의 유형을 서사시, 서정시, 극시로 나누는 것은 고전적인 방식이다. 이때의 기준은 아리스토텔레스로부터 시작되는데, 그것은 모방의 방법이다.

> 이 예술들에 있어 세 번째 차이점은 각 대상의 표현방법에 있다. 모방함에 있어서 수단이 같고, 대상이 같은 종류라 할 때 시인은 (1) 호머가 그랬듯이 어떤 때는 서술체로, 또 어떤 때는 작중인물이 되어 말할 수 있다. (2) 시인은 그런 변화 없이 계속 같은 상태에 머물 수도 있다. 혹은 (3) 모방자는 모든 것을 실제 행하여지는 것처럼 극적으로 전체 이야기를 표현할 수도 있다.[13]

아리스토텔레스에 따르면 모방의 수단(리듬, 언어, 멜로디)과 대상(다루는 인간형)이 같을 때 모방의 (표현) 방법의 차이가 시적 유형의 차이를 만들어낸다. 그가 제시하는 세 가지 중 (1)은 서사시, (2)는 서정시, (3)은 극시가 된다.[14]

이런 유형을 확정한 것은 G.W.F. 헤겔이다. 헤겔은 이 모방의 방식에 주관과 객관의 문제를 결부시킨다. 그에 따르면 서사시의 특징은 서술하는 바를 객관적으로 제시하는 데 있다. "시인이 서술하는 것은 내용이나 표현 면에서 주체인 시인 자신으로부터 떨어져 그 자체 완결된 현실로 현상하므로"[15] 시

---

13) 아리스토텔레스, 김재홍 옮김, 『시학』, 평민사, 1985, 42쪽.
14) 그러나 이 부분은 끊어읽기에 따라 두 가지(서사시, 극시)를 말하는 것이 되기도 하여 논란이 많다. 아리스토텔레스, 천병희 옮김, 『시학』, 문예출판사, 2002, 34—35쪽 각주 2) 참조.
15) G. W. F. Hegel, 두행숙 옮김, 『헤겔미학 Ⅲ』, 나남출판, 1996, 509쪽.

인은 서술 내용과 낭송 행위로부터 거리를 유지하게 된다. 서술이라는 말 속에 서사성이 포함된다고 보면 서사시는 서술의 대상을 객관적으로 서술하는 시의 유형이라 할 수 있다.

서정시는 "그 내용은 주관적이며, 내면세계, 관찰하고 느끼는 심정은 행동으로 나아가지 않고 오히려 내적 자아 속에 머무르면서 주체가 스스로 말하는 것을 유일한 형식이자 궁극적인 목표로 취"[16]하는 시적 유형이 된다. '주관성'은 서정시 일반의 특징으로 가장 많이 거론되는 내용이다.

또한 극시는 서정시의 주관성과 서사시의 객관성을 종합한 상태가 된다. "주체에게서 나오는 이 객관성과 더불어 실재성을 띤 객관적 타당성 속에서 표현되는 주관적인 것은 총체성 안에 머무는 정신이자 행위로서 극시의 형식과 내용이 된다."[17] 곧 극시는 주관적인 감정을 행위로 외화시키는 시적 유형인 것이다.

2) 정형시, 자유시, 산문시

정형시, 자유시, 산문시로 시의 유형을 나눌 때 그 기준은 시의 형식적 특질이다. 이 유형은 공시성에 따라 나눈 것이기도 하면서 동시에 통시성을 함유하고 있는 것이기도 하다. 왜냐하면 정형시가 오랫동안 유지되어 오다가, 이에 대한 반발로 자유시, 산문시가 등장하였기 때문이다. 그러나 시간성을 제거하고 보면 이것은 형식의 문제로 환원된다.

정형시는 영어로 'the fixed form rhymed verse'로 번역된다. 이것은 "정해진 운율(율격metre과 압운rhyme), 정해진 길이의 시행과 연으로 쓰여진 시"[18]

---

16) G. W. F. Hegel, 위의 책, 509쪽.
17) G. W. F. Hegel, 위의 책, 510쪽.
18) 오세영, 앞의 책, 408쪽.

를 말한다. 운율이 정형적이고도 규범적으로 이루어져 결과적으로 시행의 길이가 일정하게 반복되는 시 유형이다. 현대시의 경우 시조가 가장 대표적인 정형시라 할 수 있다. 최남선이나 김영랑처럼 개인적인 정형률을 시도하는 정형시가 있기도 하다.

자유시는 정형시의 엄격한 규칙을 거부하고 인간의 정서를 형식으로부터 자유롭게 표현하는 시적 유형이다. 그러나 모든 구속을 제거한 완전한 상태의 자유로운 형식을 의미하는 것은 아니며 나름대로의 규칙을 지니고 있다. 현재로서는 형식적으로 행과 연을 사용하고 있다는 점에서 그 규칙을 찾을 수밖에 없다. 우리나라에서 자유시라는 용어는 상징주의를 소개하면서 등장하였다.[19] 백대진은 자유시의 발생을 상징주의의 정형시 파괴 운동에서 찾으며, 자유시가 "시에 대한 공화적 자유사상"[20]을 수립한 것으로 평가한다.

산문시는 "규칙적인 율격과 리듬 그리고 압운 등으로부터 자유스러운 언어, 즉 외재적 산문으로 쓰여진 시"[21]라 규정할 수 있다. 현대시 중 정형시, 자유시가 아닌 줄글 형태의 시를 산문시라 부를 수 있다. 산문과 시의 기준을 명확하게 제시하기 힘들다는 점에서 산문시의 규정은 모호하지만 현재 많이 창작되는 유형의 시다. 우리나라에서 산문시라는 말이 처음 사용된 것은 1910년경으로 자유시보다 앞서지만,[22] 초기에 자유시와 산문시에 대한 구분이 미약하였다.

---

19) 백대진, 「이십세기 초두 구주 제대문학가를 추억홈」, 『신문예』 4—5호, 1916. 5.
20) 백대진, 「최근의 태서문단」, 『태서문예신보』 9호, 1918. 11.
21) 오세영, 앞의 책, 418쪽.
22) 산문시라는 개념은 홍명희가 『소년』(1910. 8)에 처음 사용한 것으로 보인다. 폴란드 시인 네로에프스키의 산문시 「사랑」을 번역하면서 '산문시'라는 명칭을 붙인다.

4. 이기론과 공시적 유형

1) '리'와 '기' 혹은 기의와 기표

이기론理氣論의 관점을 기표signifier와 기의signified의 문제와 연계시킬 때, 더 포괄적이면서 구체적인 유형을 새롭게 제시할 수 있다. 이때 이기론의 다양한 유형은 다양한 시적 유형으로 전환된다.

먼저 이기론에 대해서 간단하게 알아보자. 이기론은 모든 문제를 기氣와 리理라는 개념으로 설명하는 이론이다. '기'는 사물의 현상 혹은 사물을 이루는 내용, 즉 질료를 의미하고, '리'는 이런 질료와 관련된 일체의 형이상학적 원리를 의미한다. 따라서 '기'는 물질성·감각성·특수성이라는 개념으로, '리'는 영원성·초월성·보편성이란 개념으로 설명될 수 있다.

원래 리理는 구슬 옥玉 변에 속하는 글자이며, 처음에는 반듯하게 나있는 줄을 뜻하였으나, 조리條理라는 뜻으로 변화되었고, 그 다음에는 마음이 옳게 여기는 바 누가 생각하여도 지극히 옳다고 판단되는 그런 보편타당한 것, 또 사실을 사실일 수 있게 하는 이유를 뜻하는 것으로 의미확장을 거쳤다.[23] 즉 이 말은 처음에 '옥의 무늬나 결' '근육의 섬유 조직'과 같은 구체적인 형상을 의미하였으나 후에 사물의 존재 원인, 즉 '원리'라고 하는 추상적인 의미를 부여받은 것이다.[24] 그리고 기라는 글자도 리와 같은 과정을 따르는데, 기氣의 '气'는 원래 운기雲氣를 상징한 글자이며, '米'는 쌀을 의미하는 것이 아니라 불꽃을 상징한 것이다. 그리고 '气'와 '米'의 회의자인 기氣는 숨息, 힘活力, 정기元精, 생기生氣의 의미로 전용되는데, 이것은 근본적으로 살아 움직이고 변화하며

23) 中村 元, 김지견 옮김, 『중국인의 사유 방법』, 동서문화원, 1971, 46쪽.
24) Joseph Needham, 이석호 외 옮김, 『중국의 과학과 문명』, 을유문화사, 1986. 제2권, 322쪽; 제3권, 171쪽 참조.

운동하는 힘을 뜻한다.[25]

　기를 위주로 하건 리를 위주로 하건 이기론자에게 있어서 리와 기는 세계의 모든 현상을 설명할 수 있는 궁극적인 두 축이라는 점에는 변함이 없다. 퇴계 이후 한국 이기론에서 이 둘의 관계를 어떻게 보느냐에 따라 학자 간의 의견차가 생기고 이로 인하여 의미 있는 논쟁과 다양한 학파가 생기게 되었다. 이를 통하여 중국 성리학과 구별되는 철학적 성과가 우리 땅에 나타나게 되었다.

　리와 기를 두 축으로 놓고 한국 이기론의 지형도를 그려볼 수 있다. 한쪽 끝에는 리, 다른 한쪽 끝에는 기를 배치하고 그 사이의 다양한 경향을 배치한다면 다음과 같은 부채 모양의 도표가 나올 수 있다.

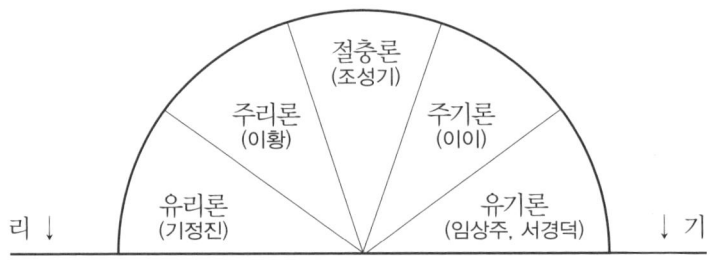

　이 도표에서 왼쪽 방향으로 갈수록 리의 성격이 강화되고, 오른쪽 방향으로 갈수록 기의 성격이 강화된다. 왼쪽 끝에 있는 유리론唯理論(기정진)은 리의 위상이 절대적으로 된 리 일원론에 가깝고, 오른쪽 끝의 유기론唯氣論(임성주)은 기의 위상이 절대적인 기 일원론에 가깝다. 이 둘은 기와 리의 관계에 있어서 한쪽이 다른 한쪽을 형식적으로만 필요로 하는 경우이다. 이 양 극단의 사

25) 유명종, 「영남 성리학파의 주리설 형성」, 『석당논총』 9호, 1984, 57쪽. 허신(許慎)의 설을 참조한 니담은, 이 '气'는 '상승하는 증기'의 그림 문자로 그리스어의 바람·영혼을 뜻하는 프네우마(πνευμα)와 의미상의 유사성이 있으며, '米'자는 뒤에 추가된 것으로 보았다. Joseph Needham, 앞의 책, 제2권, 322쪽 참조.

상을 기준으로 그 사이에 다양한 스펙트럼을 지닌 사상이 펼쳐져 있다. 주기론(이이)과 주리론(이황)은 리와 기의 실제적인 존재를 인정하면서도 어느 한쪽에 주도적인 역할을 부여하는 경우이며, 절충론(조성기, 김창협)은 주리론과 주기론을 상호 보완하여 리와 기의 균형을 유지하는 경우이다.[26]

2) 관념시, 우의시, 절충시, 심상시, 물질시

우리는 앞에서 다룬 표를 시학적 방향으로 전환시킬 수 있다. 리와 기는 세계의 본질을 이루는 두 축이라는 점에서 시의 문제에 적용하는 데 원칙적으로 문제가 없다. 그러나 더 세밀하게 만들기 위하여 좀 더 문학에 가까운 용어로 해석할 필요가 있다. 필자는 이 '리'와 '기'를 F. D 소쉬르에 있어서 기호의 두 구성 요소인 기표와 기의로 해석하고자 한다.

소쉬르에 따르면 기호는 '개념'으로서의 기의와 '청각 영상'으로서의 기표의 종합이다. 이때 기표는 기호의 물질적 형태를, 기의는 기표의 자극을 통해 생성된 정신적 개념으로서 각각 기와 리에 대응된다. 심상은 개념의 보조적 역할을 하는 정보의 하나로서 기의와 연관되어 있지만, 그것의 물질성 때문에 기표에 속하는 것으로 보는 것이 자연스럽다.[27] 이기론을 기호의 문제에 적용시켜 리를 기의로, 기를 기표로 본다면 앞에서 제시한 부채꼴은 다른 내용을 지닐 것이다.

●

26) 이 지형도의 구성은 현상윤과 배종호의 저서를 참조하였다. 현상윤, 『조선유학사』, 현음사, 1948; 배종호, 『한국유학사』, 연세대 출판부, 1974.

27) 소쉬르는 기의, 즉 개념을 대상의 심상까지 포괄하고 있다. 그러나 정확하게 말하면 기의가 나타내는 개념은 심상이라 보기 어렵다. Ferdinand de Saussure, 최승언 옮김, 『일반언어학 강의』, 민음사, 1990, 84-85쪽.

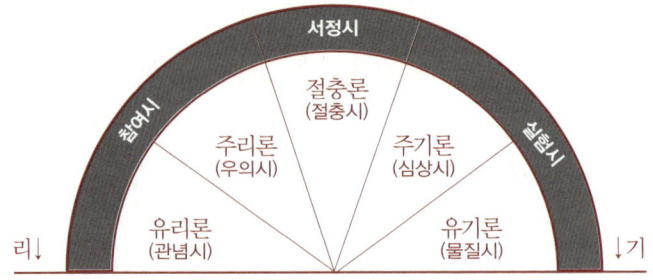

위의 그림에서 기의, 즉 리의 축에 다가가면 갈수록 그 시는 관념적인 성격을 강하게 지닌다. 이에 반하여 기표 즉 기의 축으로 다가갈수록 그 시는 질료적인 특성을 더욱 생생하게 드러내게 될 것이다.

좌우 양 극단에는 각각 '관념시'와 '물질시'가 놓인다. '관념시'는 기의로서의 리가 가장 극단적으로 드러나는 시로, 기의만 존재하고 기표가 거의 제 기능을 하지 않는 경우를 가리킨다. 소쉬르의 '개념'에 해당하는 리, 즉 기의가 극단화되면 심상이 전혀 형성될 수 없는 순수추상적 개념만 나타나는 상태가 가능할 것이다. 물론 원론적으로 볼 때 기표를 지니지 않는 기의란 불가능하기 때문에[28] 이때의 기표는 그 역할이 극한적으로 제한된 상태를 가리킨다. 즉 물질적이고 감각적인 심상을 지니지 않고 추상적인 기의만을 지닌 경우를 가리키는 것이다. 개화기의 창가들이나 초기 카프시가 관념시의 대표적인 경우이다. 이들 시에서는 기표의 물질성이나 심상의 감각성이 존재가치를 지니지 못 하고 순수한 기의에 해당하는 추상적인 메시지만 두드러진다.

'물질시'는 기표로서 기가 극단적으로 드러나는 시로, 기표의 물질성만 강조하여 기의가 존재하지 않는 상태를 의미한다. 의미, 즉 기의의 발생 가능

---

28) 철학적으로는 기 없는 리, 즉 기표 없는 기의는 가능하다. 아리스토텔레스는 "형상이 결여된 질료는 있을 수 없지만, 질료가 결여된 형상은 있을 수 있다"라고 한 바 있다. 이 점은 이황의 주리론에서도 반복된다. 우주의 태초인 태극은 기 없는 리인 것이다. Joseph Needham, 앞의 책, 제3권, 179쪽 참조.

성을 원천적으로 제거하여 기표가 지닌 순수 음향이나 심상, 기호 등의 물질성을 의도적으로 강조한 실험적인 시를 말한다. 기표만으로 즐거움을 누리는 시를 김춘수 시인이 '무의미시'라고 한 바 있듯이, 이런 시풍은 현대의 보편적인 경향이 되었다. 아방가르드의 실험시들이 대표적인 물질시에 속한다. 조향의 음향시처럼 아무런 기의를 나타내지 않는 시뿐 아니라, 이른 바 '구체시具體詩, concrete poetry'라고 불리는 시도 여기에 포함된다.

한편 '우의시'와 '심상시'는 기의와 기표의 실제적인 역할을 인정하면서도 그 중 어느 한쪽에 주도적인 역할을 부여하는 경우를 말한다. 먼저 '우의시'는 알레고리적으로 심상을 사용하는 시로서, 이 경우 심상은 심상 자체로 사용되기보다는 어떤 관념의 대리물로 사용된다. 이육사가 이런 시의 대표자라 할 수 있다. 그가 「광야」에서 매화를 등장시킬 때("매화 향기 홀로 아득하니"), 그는 이 꽃을 물질성을 지닌 자연 심상이 아니라 지조, 의지 등을 나타내는 관념적인 기호로 사용한다. 그래서 폴 드 만은 이런 심상을 "심상을 가장한 표상 emblems masquerading as image"[29]으로 구별하기도 한다.

'심상시'는 이와 달리 심상의 물질성을 강조한 시를 가리킨다. 심상을 관념이나 의도 같은 것에 종속시키지 않고, 심상이 지닌 자연 그대로의 성격을 감각적으로 드러내는 경우를 말한다. 명확한 심상을 객관적으로 제시하려 한 이미지즘시가 대표적인 경우가 된다.

마지막으로 '절충시'는 기의와 기표의 행복한 만남을 전제로 하는 시로서, '서정시'가 가장 적절한 예가 될 것이다. 서정시의 핵심적인 특성이 세계와 자아의 동일시이며, 이것은 자연스럽게 기표와 기의의 적절한 만남을 기반으로 하기 때문이다. 서정시에서 질료이자 현상으로서의 기표들은 어떤 저항도 없이 기의의 세계와 적절한 통일을 이룬다. 서정시들의 심상들이 정서적 안정

●

29) Paul de Man, *The Rhetoric of Romanticism*, Columbia University Press, 1984, 194쪽.

감을 주는 것도 이런 점에 기인한다고 할 수 있다.

위에서 사용한 개념 중 관념시, 물질시라는 개념은 이전에도 논의된 적이 있는 개념이다. J. C. 랜섬은 존재론적 관점에서 물질시physical poetry, 관념시platonic poetry, 형이상학시metaphisical poetry로 나누었다.[30] 그에 따르면 물질시는 이미지즘시, 관념시는 빅토리아시대의 교훈조의 시이며, 형이상학시는 존 던이나 J. 드라이든 같은 형이상학파 시인의 시가 된다. 이때 형이상학시는 절충시와 내용상 동일하다고 할 수 있다.

3) 참여시, 서정시, 실험시

이기론적 유형은 현재 통용되고 있는 내용상의 구분법인 3분법의 유형, 즉 참여시, 서정시, 실험시의 구분도 적절하게 설명할 수 있다. 이 유형은 우리 현대시에 있어서 가장 널리 사용되는 시적 유형이다. 그 이름은 다를 수 있으나 대상은 동일하다. 가령 참여시는 민중시, 저항시, 리얼리즘시, 현실비판시, 현실참여시 등으로, 서정시는 전통시, 인생파시 등으로, 실험시는 해체시, 전위시(아방가르드시), 모더니즘시 등으로 불리지만, 시의 구체적인 특성은 동일하다 하겠다.

이런 3분법은 서정시를 중심으로 반대편 나머지를 뭉뚱그려 칭한 것이라 할 수 있다. 즉 관념시와 우의시는 참여시로, 사상시와 물질시는 실험시로 부를 수 있기 때문이다. 참여시는 현실에 대한 비판적 인식을 시적 바탕으로 삼는 시이다. 이런 시는 현실을 갈등과 차별의 세계로 파악하기 때문에 현실은 궁극적으로 수정의 대상이 되어야 하며, 시는 그 갈등과 차별이 사라진 세계를 지향한다. 가시적인 이 세계에 시선을 두고 현실적 차원에서 벗어나지 않는다. 그래서 표현상의 특징은 산문적, 직설적이고, 이성적이며 메시지 중

●

30) J. C. Ransom, "Poetry: A Note in Ontology", *Critique and Essays in Criticism*, N. Y.: The Ronald Press Company, 1949 참조.

심적이다. 또한 시적 발화는 청자의 변화와 반응에 주목하므로 언제나 청자 지향적이다.

　이에 반하여 서정시는 조화와 화해의 세계, 즉 세계와 자아의 동일성이라는 세계에 바탕을 두고 있다. 그래서 현실을 소통의 대상으로 바라본다. 그리고 현실적 차원보다는 숨겨진 초월적 차원에 관심을 가진다. 표현상으로는 감성적, 정서적 표현을 즐겨 사용한다. 또한 시적 발화는 개인적 독백의 양상을 지니므로 화자 지향적이라 할 수 있다.

　또한 실험시는 앞의 두 시와는 전혀 다른 기반을 지니고 있다. 실험시는 앞의 두 시가 추구하는 작품의 완결성을 전혀 인정하지 않는다. 작품의 미완결성은 실험시가 바라본 세계가 미완이며 파편적이기 때문이다. 따라서 이 세계에는 공인할 만한 어떤 규범도 존재하지 않으며, 어떤 규범도 존재하지 않으므로 어떤 시도도 가능하다. 실험은 지속적으로 과격해질 수밖에 없다.

확인 토론

1. 우리나라의 경우, 통시성에 따른 시의 유형으로 어떤 것이 있는지 알아
보자.

시대	시 유형	특징
삼국시대		
고려시대		
조선시대		
현대		

2. 본문의 내용을 참고하여 다음의 표를 완성해 보자.

시기	시	매체	감각	감상 형태	문화 형태	시적 특징
전근대	전통시	음성	청각	낭독 (음독)	구술 문화	1.운율(리듬) 중심적 2.반복에 바탕을 둔 표현(반복법, 대구법) 3.쉽고 관용적인 표현 중시
근대	근대시					
탈근대	탈근대시					

3. 다음은 『잃어진 진주』(1924)라는 시집 서문에서 김억이 만든 '시의 족보'이다. 이 도표가 지닌 문제점을 지적해 보자.

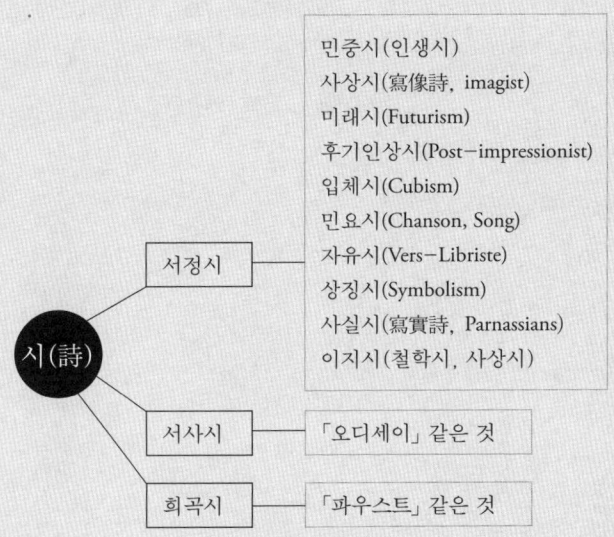

민중시(인생시)
사상시(寫像詩, imagist)
미래시(Futurism)
후기인상시(Post-impressionist)
입체시(Cubism)
민요시(Chanson, Song)
자유시(Vers-Libriste)
상징시(Symbolism)
사실시(寫實詩, Parnassians)
이지시(철학시, 사상시)

서정시

시(詩)

서사시 ── 「오디세이」 같은 것

희곡시 ── 「파우스트」 같은 것

4. 다음 최남선과 김소월의 작품을 읽고, 이 작품이 정형시, 자유시, 산문시 중 어디에 속하는지 말하고, 이유를 설명해 보자.

(가) ❶ 우리는 아무 것도 가진 것 없소.

칼이나 육혈포六穴砲나/ 그러나 무서움 없네.

철장鐵杖같은 형세라도/ 우리는 어찌 못하네.

우리는 옳은 것 짐을 지고

큰 길을 걸어가는 자者임일세.

❷ 우리는 아무 것도 지닌 것 없소

비수나 화약이나/ 그러나 두려움 없네.

면류관의 힘이라도/ 우리는 어찌 못하네.

우리는 옳은 것 광이廣耳 삼아

큰 길을 다사리는 자임일세.

— 최남선, 「구작삼편舊作三編」 부분

(나) 못 잊어 생각이 나겠지요,

그런대로 한세상 지내시구려,

사노라면 잊힐 날 있으리다.

못 잊어 생각이 나겠지요,

그런대로 세월만 가라시구려,

못 잊어도 더러는 잊히오리다.

— 김소월, 「못 잊어」 부분

5. 시의 이기론적 유형은 관념시, 우의시, 절충시, 심상시, 물질시 등으로 나뉜다. 다음 시는 각각 어디에 속할지 말하고, 그 이유를 설명해 보자.

(가) 누렇고 탁한 물이 도도하면 문득 모습을 감추고,

고요한 흐름이 잔잔하면 비로소 분명해진다

가련하구나, 이렇게나 거센 물결 속에서

천고의 반타석 굴러서 기울어지지 않음이여.

黃濁滔滔便隱形/ 安流帖帖始分明

可憐如許奔衝裏/ 千古盤陀不轉傾

— 이황, 「반타석盤陀石」 전문 (조동일 옮김)

(나) 구름은

보랏빛 색지 위에

마구 칠한 한 다발 장미

목장의 깃발도, 능금나무도

부을면 꺼질 듯이 외로운 들길.

— 김광균, 「뎃상」 부분

(다) 고로비요**마**카나나코루기나야라야마니고니카카

로네**그나**마노니가로구다노사야마고고로니비

니바니노나노가니바고로비츠시기라메니**카르**

로사니가나사바로나크루가야니**타**티치치코바

(음향으로만 즐겨 주길 바란다)

— 조향, 「H씨의 주문呪文」 전문

6. 다음 작품이 참여시, 서정시, 실험시 중 어디에 속하는지 말하고, 참여시와 서정시의 차이점 및 공통점을 정리해 보자.

(가) 대한민국은 민주공화국이다

그러므로

대한민국의 국민 되는 요건은

민주공화당이 정한다

— 정희성, 「유신 헌법」 전문

(나) 물새들이 날개를 접고 엎드려

미친 바람이 지나가기를 기다리고 있다.

지난 세월의

우리들의 모습도 바로 저러했을까.

— 신경림, 「겨울 바다 2—다시 격포에서」 전문

7. 현대시의 이기론적 유형이 지닌 장점과 단점에 대한 자신의 생각을 정리
해 보자.

제4장 시의 본질

1. '시=서정시'의 갈래적 본질

시의 갈래적 특징을 다루는 대부분의 논의에서 시를 서정시와 동등하게 보는 경향이 있다. 그런 경향을 가장 잘 보여주는 것이 김준오의 이론일 것이다. 그는 "오늘날 시와 서정시 사이의 근본적 구분은 사실상 불가능하다. 다시 말하면 이 두 용어는 동일한 의미로 사용된다"[1]고 단정한다. 이것은 시의 하위 갈래가 지닌 종적 차이를 너무 쉽게 무화시키고자 하는 단순한 열망의 결과이다. "사실상 불가능하다"는 말은 '사실'이 아니기 때문이다. 시와 서정시를 동일시하는 이런 관점에 대한 비판은 김기림에게서 뚜렷이 나타난다.

> 시와 서정시라는 두 말은 구별되어서 쓰여져야 할 것이다. (……) 언어의 가장 엄밀한 해석에 의하면 서정시는 다만 주로 사람의 감정을 대상으로 한 시에 지나지 않는다. 감정을 대상으로 하지 않는 시도 있을 수 있으며 이미 있어 왔다. 그러므로 서정시는 어떠한 종류의 시에 부여한 상대적인 명칭에 불과하다. 시의 전체는 물론 아니다.[2]

김기림은 이미지즘도 넘어선, 회화성을 목표로 하는 어떤 시를 염두에 두고 '시=서정시'의 도식을 부정한다. 서정시 이외의 시도 이미 있어왔다는 사실

---

1) 김준오, 『시론(제4판)』, 삼지원, 2000, 19쪽.
2) 김기림, 「시론」, 『김기림전집2』, 심설당, 1988, 103쪽.

이 그 도식의 오류를 증명하는 증거가 된다. 그러나 김기림이 오래 전에 비판한 이런 관점은 김준오의 경우처럼 현재에도 여전히 횡행한다.

현재 발표되고 있는 시는 서정시뿐 아니라 참여시니 실험시도 적지 않다. 물론 서정시나 참여시는 표현의 방법이나 내용의 차이가 그다지 크지 않기 때문에 사실상 동일하게 취급해도 그리 큰 왜곡이라 할 수 없다. 지향하는 바에 있어서 참여시가 현실적인 문제에 초점을 맞춘다는 차이를 지니지만 근본적으로는 서정시의 특성과 유사하기 때문이다. 그래서 참여시를 '민중적 서정시'라 부르기도 하는 것이다. 그러나 실험시는 서정시와 동일한 기반을 지니고 있다고 보기 힘들다. 김준오도 이런 괴리를 염두에 두고 "서정시 이론의 불충분함"[3]을 지적하였으나 적절한 대안을 제시하지는 않는다.

이런 문제점을 인식할 때 오세영이 "이상이나 조향과 같은 계보의 시 그리고 요즘 유행하는 젊은 시인들이 쓰는 실험시를 제외"한 "대부분의 작품"[4]을 서정시로 본 것은 타당하다. 시와 서정시를 동일시한 김준오와는 달리 오세영은 시의 일부(주로 아방가르드 계열)가 서정시와 일치하지 않음을 분명하게 인식하고 있으나 실험시를 예외적인 것으로 인정하여 서정시 중심으로 시의 갈래적 특징을 정리하고 있다.

물론 시의 분량 면에 있어서 서정시가 압도적으로 많은 것은 사실이다. 그러나 양적 비례로 인하여 근원적인 세계관에 있어서 전혀 다른 지반을 지니고 있는 여러 범주의 시를 동일한 것으로 분류하는 것은 일종의 비약이 아닐 수 없다. 그렇다면 실험시나 민중시의 특성도 포괄할 수 있는 방법을 찾아야 할 것이다. 지금까지는 주로 서정시를 중심으로 시의 특징을 정리하였다.

●

3) "사실 많은 현대시들에서 자아와 세계의 동일성은 좀처럼 찾아볼 수 없고 오히려 대립·갈등이 지배적이다. 이기철학의 용어를 빌린다면 차이·분별의 원리인 기(氣)만이 작용하고 있는 것 같다. 이것은 세계의 자아화라는 서정장르 이론과 전면적으로 일치하지 않으며 이 불일치 자체는 서정시 이론의 불충분함을 시사한다." 김준오, 위의 책, 42쪽.

4) 오세영, 「시란 무엇인가」, 『문학과 그 이해』, 국학자료원, 2003, 353쪽.

먼저 김준오는 '시적 세계관', '서정적 자아', '동일화의 원리', '순간과 압축성', '주관성과 서정' 등 다섯 가지 항목으로 시의 특성을 정리하고 있다.

첫째, '시적 세계관'은 서정시의 사상적 기반으로서의 '세계와 자아의 동일성', 즉 '자아와 세계의 일체감'을 가리킨다. 그는 "거리의 서정적 결핍Lyric lack of distance"[5]이 서정시의 본질이라고 단언한다. 서정시, 즉 시에서는 자아와 세계가 분리 불가능할 정도로 동화되어 있다는 점이 본질적이라는 것이다. '세계의 자아화', '회감回感', '내면화'[6] 등의 용어들은 모두 이런 특성에 대한 지적이다.

둘째, '서정적 자아'는 시적 화자의 특성을 말한다. 서정적 자아는 자아와 세계의 동일성을 믿는 자아로서 시에 고유한 자아이다. 대상을 자신의 욕망과 의지대로 변형시키는 서정시의 화자는 '역사적 자아historical I', '논리적 자아theoretical I', '실용적 자아practical I'와 엄격히 구분된다. 그는 이런 서정적 자아의 원형을 본연지성本然之性의 자아, F. 쉴러의 '소박한 시인'이라는 개념과 연결시킨다. '리理'의 원리로만 존재하는 본연지성은 현실적 차이들을 지닌 기질지성과 달리 자아와 세계의 원초적 동일성을 이룬 상태이기 때문이다. 또한 쉴러는 시인을 '자연으로서 존재'하든가 혹은 '상실한 자연을 추구'하든가 두 가지 경우로 나누어서 전자를 소박한 시인이라 했고, 후자를 감상적 시인이라 했다.[7] 서정적 자아는 소박한 시인처럼 자연 속에서 전체와 조화된 존재, 감성적 동일체로 존재한다.

•

5) 김준오, 앞의 책, 36쪽.
6) 김준오는 이와 관련하여 다음과 같은 각주를 달아 간단하게 이 용어들을 정의하고 있다. "'세계의 자아화'는 조동일의 용어이며, '회감(回感)'은 슈타이거(E. Steiger)의 용어이다. 회감은 외연적 의미로 시제의 뜻을 지니나 자아와 세계의 상호동화라는 내포적 의미를 지닌다. 이 회감의 작용으로 서정장르에서는 자아와 세계뿐만 아니라 리듬과 의미, 과거·현재·미래도 구분되지 않고 조화적으로 융합되어 있다. 슈타이거의 장르론에 영향을 받은 카이저(Kaiser) 역시 자아와 세계가 자기表현적 정조의 자극 속에서 융합하고 상호 침투하는 것, 곧 '대상의 내면화'가 서정시의 본질이라고 했다." 김준오, 위의 책, 36쪽.
7) Friedrich Schiller, 한일섭 외 공역, 『세계평론선』, 삼성출판사, 1979, 151쪽; 김준오, 앞의 책, 38—39쪽.

셋째, '동일화의 원리'는 서정성의 합일 상태를 시적으로 구현하는 원리로서, 동화assimilation와 투사Projection가 있다. 동화란 시인이 세계를 자신의 내부로 끌어들여서 그것을 내적 인격화하는 이른바 '세계의 자아화'를 말하며, 투사는 자신을 상상적으로 세계에 투사하는 것, 곧 감정이입에 의해서 자아와 세계가 일체감을 이루도록 하는 것이다.

넷째, '순간과 압축성'은 시의 시간관을 가리킨다. 시간적 성격에 주목할 때 시는 "사물의 순간적 파악, 시인 자신의 순간적 사상·감정을 표현한 것, 인생의 단편적 에피소드, 영원한 현재"[8] 등으로 정의된다. 시는 연속적이고 역사적인 또는 서사적인 시간에 관심을 두지 않으며, 경험이나 비전이 집중되는 결정結晶의 순간들에 관심을 둔다. 또한 시가 순간의 장르이기 때문에, 시는 짧아야 한다. 헤겔이 서사의 '확장'과 대비시켜 서정장르를 '집중'으로 기술한 것도 순간성과 관련이 있다.[9] 이 때문에 서정시는 외형률이든 내재율이든 리듬에 의한 고도의 조직성과 압축성을 지니게 되는 것이다.

마지막으로, '주관성과 서정'은 시에 두드러진 정서적 측면을 가리킨다. 서정형식은 외부의 세계가 아니라 '자기 자신'에 대한 직접적 관계 속에 심상들을 제시한다. 그래서 주관성이 강조되고 이 주관성은 주로 서정적 측면에서 나타나는 것이다. 이 주관성으로부터 일인칭 화자가 주로 사용된다.

오세영은 '일인칭 자기고백체', '서정적 자아로서의 화자', '주관 표출의 문학 양식', '순간의 형식', '음악적 성격' 등을 시의 특성으로 든다.[10] 앞에서 다룬 항목과 겹치는 것 외에 따로 강조된 것이 있다면 그것은 '음악적 성격'일 것이다. 그는 음악적 성격을 정형적 운율이 아니라 보다 내면화된 리듬의식으로 다룬다.

●

8) 김준오, 위의 책, 42쪽.
9) G. W. F. Hegel, 최동호 편역, 『헤겔 시학』, 열음사, 1987, 183쪽.
10) 오세영, 「시의 장르적 특징」, 앞의 책, 364—387쪽.

남기혁은 서정시의 특성을 '일인칭 화자의 독백적 진술', '주관성과 내면성', '구조적 단순성과 심미적 복합성'[11] 등으로 정리한다. 이 중 '구조적 단순성'은 순간성에 기인한 길이의 짧음과 압축 등을 의미하고, '심미적 복합성'은 서정시에 사용되는 복합적인 심상 혹은 수사학을 의미한다.

●

2. 시 갈래의 일반적 특징

지금까지의 논의는 시를 서정시와 동격으로 보고 그 특성을 논한 것이다. 그러나 대부분은 시 일반에 속하는 특성이라 할 수 있다. 하지만 동일성, 즉 서정성은 서정시에만 국한된 것이라 시 일반론에 적용하기 힘들다. 참여시나 실험시가 거부한 것도 바로 서정성이었다. 서정시의 압도적 비율 때문에 서정성이 시학의 중요 요소로 다루어져야 한다는 것은 두말할 필요가 없으나 시의 일반적 특성에서 서정성을 다루는 것은 무리가 있다. 바로 이 때문에 시 일반에 적용될 수 있는 특성은 새롭게 설정되어야 한다.

앞에서 다룬 논의들의 공통적인 문제는 '시=서정시'의 도식을 용인하고 서정성을 시의 대표적인 속성으로 들고 있다는 점뿐만 아니라 시의 규정에서 형식적인 측면을 철저하게 배제하고 있다는 점이다. 형식적 제약을 내세우지 않은 것은 이들 논의의 가장 취약한 부분이라 할 수 있다. 갈래라는 것의 특성은 내용이나 세계관으로만 결정될 수 없다. 무엇보다 형식적 자질이 우선되어야 하는 것이다. 그렇다면 이런 결점을 보완한 시의 일반적 특징은 어떻게 정리할 수 있을까.

지금까지의 서정시 편향성을 극복하기 위해 여기에서는 ① 시행 발화와

●

11) 남기혁, 「서정시의 위상」, 『시와 시학』 33, 1999. 봄, 86—94쪽.

단형성, ② 주관화된 세계, ③ 의미잉여의 생성, ④ 음악적 무의식 등으로 항목화하여 시 갈래의 일반적 특징을 논하고자 한다. 그리고 서정시뿐 아니라 참여시나 실험시 등에도 초점을 맞추어 설명하고자 한다.

1) 시행 발화와 단형성短形性

시의 가장 본질적인 특성은 객관적으로 누구나 인식할 수 있는 형식적인 표지에서 도출되어야 한다. 기존의 언어적 측면이나 세계관적 측면에서 관념적으로 접근한 방식 대신 형식적 자질에 주목한다면 언어적 특성이나 리듬의 문제, 세계관으로 접근할 때 생기는 모호성이 명쾌해진다.

형식적 자질에 주목할 때, 현대시에도 적용될 수 있는 일반적인 형식이란 무엇일까. 그것은 바로 행갈이, 즉 시행 단위의 배치이다. 시는 다른 문학 장르와 달리 특별하게 행을 분절시킴으로써 문학 갈래의 독자성을 유지하고 있다. 즉 행갈이는 시의 존재 이유 중의 하나라 할 수 있다. 행갈이는 몇 개의 연 나눔으로 묶일 수도 있고 단일한 시행이 하나의 연이 될 수도 있다.

람핑 역시 "특수하게 시적인 것은 꼭 언어가 아니라 오히려 시의 형식"[12]이라고 주장하며, 시의 형식적 특질에 주목할 것을 주문한 바 있다. 그래서 그는 시를 '시행 발화 Versrede'로 정의한다. 그에 따르면 '시행 발화'는 "특별한 분절 방식을 통해서 리듬에 있어 정상 언어적 발화로부터 이탈하고 있는 모든 발화"[13]이다. 시행이라는 용어를 생각해볼 때 람핑이 생각하는 시는 시각적 형태, 즉 출판 매체 이후의 현대시라 할 수 있다. 출판문화의 활성화로 전통시의 리듬이 시각화되면서 시행이 탄생한 것이다.

람핑이 말하는 시행은 산문과 다른 "특별한 분절 방식"을 의미한다. 그

---

12) Dieter Lamping, 장영태 옮김, 『서정시: 이론과 역사』, 문학과지성사, 1994, 66쪽.
13) Dieter Lamping, 위의 책, 40쪽.

가 리듬을 언급하고 있지만 이 리듬의 제약성은 강해 보이지 않는다. 그는 "운각을 통한 통제와 각운 제약은 시행 발화와 산문 발화의 원리적 구분이 될 수 없다"[14]고 보는 입장이기 때문이다. 따라서 그가 말하는 리듬은 강력하게 통제된 반복적 운율, 즉 정형적인 운율이 아니라 시의 배열에 놓이는 언어 진행상의 특별한 분절을 의미한다. 그것은 운율화Metrisierung가 아니라 율동화Rhythmisierung에 의한 것이다.[15] 운율화는 규칙적인 각운의 반복처럼 강제된 것이지만 율동화는 자유로운 내적 리듬에 의한 것이다. 그래서 그는 "시행 구성은 어떤 경우에도 율동적으로 동기가 부여된 휴지의 설정에 기초하고 있다"[16]고 단언한다. 특별한 분절은 바로 이 '율동적으로 동기가 부여된 휴지의 설정'을 말한다.

'시행 발화'의 구체적인 의미는 노발리스의 「밤의 찬가」라는 시와 그것의 원형적 산문의 비교에서 잘 드러난다.

(가)　　(그들—바보들—은) 예감치 못한다. 그대가 옛이야기로부터 하늘을 열면서 마주 나타나 지복한 자들의 거처로 무한한 비밀로 열쇠를 지니고 말없는 사자 가고 있음을.

(나) (그들—바보들—은) 예감치 못한다.
　　그대가 옛이야기로부터
　　하늘을 열면서 마주 나타나
　　지복한 자들의 거처로
　　무한한 비밀로 열쇠를 지니고

●
14) Dieter Lamping, 위의 책, 47쪽.
15) Dieter Lamping, 위의 책, 46쪽.
16) Dieter Lamping, 위의 책, 47쪽.

말없는 사자 가고 있음을.

　동일한 문장이 시행의 배치를 달리함으로써 서로 다른 효과와 의미를 나타낼 수 있을까. 물론 내용에만 주목하는 사람이라면 이 두 텍스트에서 의미상의 차이를 발견할 수 없을 것이다. 그러나 시행 구조가 발화의 특성을 "율동적으로나 의미론적으로 변동"[17]시킨다는 람핑의 입장에서 볼 때 그 차이는 아주 큰 것이다. 그는 시행 구조를 지닌 운문본, 즉 (나)가 의미상으로 더 풍부하다고 본다. 동일한 구절이라도 시행 형태로 배열했을 때 산문 형태의 배열에서 발견할 수 없었던 새로운 의미론적 가치가 발생한다. 즉 시행을 분할함으로써 텍스트 분위기의 쇄신, 새롭게 위치 부여된 어휘의 강조, 상징적 의미형성 등과 같은 효과가 발생한다는 것이다.[18]

　김준오 역시 시행 구조가 의미의 차이를 발생시킨다는 람핑의 논의를 그대로 반복하고 있다. 그 역시 동일한 구절을 산문과 운문으로 배열했을 때 "분행의 경우 억양·휴지 등의 차이로 의미의 차이가 발생한다"고 본다.[19] 그러나 그는 행갈이, 즉 분행을 시의 본질적인 특성으로 보지는 않으며 다양한 배열방식 중의 하나인 '낯설게 하기'의 기교로 본다.

　그러나 모든 시는 행갈이에 의해 시적 자질을 부여받는다. 일차적으로 시적 자질이란 형식상의 요건이다. 행갈이는 문학적 관습에 대한 학습효과에 의하여 형식적으로 시를 시답게 보이게 하고 시로 인식하게 한다. 생산과 수용에 있어서 이 외적 자질이 시를 인식시키는 최초의 표지가 된다. 그러나 람핑은 시행의 의미를 너무 협소하게 규정함으로써 산문시를 시에서 배제하여 시

●

17) Dieter Lamping, 위의 책, 66쪽.
18) Dieter Lamping, 위의 책, 87쪽.
19) "사실 시에 있어서 분행과 분련 자체는 근본적으로 표준언어 또는 일상언어를 파괴하는 '낯설게 하기'의 기교에 해당한다. 같은 구문을 분행했을 경우와 그렇지 않는 경우 사이에는 의미의 차이가 발생하고, 이 의미의 차이는 운문과 산문의 차이가 되는 것이다." 김준오, 앞의 책, 151쪽.

의 영토를 축소시킨다. 그에 따르면 산문시는 "시행의 결핍"[20]이라는 결격 사유 때문에 시의 자격을 상실한다. 그는 또한 시행 구성이 "최소한 1회에 걸친 반복을 통해서야 비로소 인식 가능한 것이 되기 때문에"[21] 한 행으로 이루어진 산문시는 시의 자격을 지닐 수 없다.

> 내 성은 오吳씨. 어째서 오吳가인지 나는 모른다. 가급적으로 알리어주는 것은 해주로 이사 온 일 청인淸人이 조상이라는 가계보의 검은 먹글씨. 옛날은 대국숭배를 유—심히 하고 싶어서, 우리 할아버지는 진실 이가였는지 상놈이었는지 알 수도 없다. 똑똑한 사람들은 항상 가계보를 창작하였고 매매하였다. 나는 역사를, 내 성을 믿지 않아도 좋다. 해변가로 밀려온 소라 속처럼 나도 껍데기가 무척은 무거웁고나. 수퉁하고나. 이기적인, 너무나 이기적인 애욕을 잊으려면은 나는 성씨보가 필요치 않다. 성씨보와 같은 관습이 필요치 않다.
>
> ― 오장환, 「성씨보姓氏譜」 전문

이 작품은 한 행으로 이루어진 홑시행의 산문시이다. 그러나 하나의 행으로 구성되었다고 해서 이것을 시에서 배제할 수는 없다. 홑시행으로서의 산문시를 부정하는 것은 시행 설정 자체의 의의를 감소시킨다. 시행의 설정은 의미론적인 '특별한 분절'을 말한다. 이는 '율동적으로 동기가 부여된 휴지의 설정'이다. 그 휴지의 설정에 길이가 전제되지는 않는다. 한 시행의 의미론적 분절이 2행 이상 반복되지 않고, 몇 개의 문장이 모여 단 하나의 시행을 형성할 수도 있기 때문이다. 람핑의 엄격한 규정에 따르면 1행짜리 하이쿠는 시

•

20) Dieter Lamping, 위의 책, 61쪽.
21) Dieter Lamping, 위의 책, 51쪽.

의 범위 밖에 놓이게 된다. 그러나 운율과 무관하게 1행짜리 산문시도 긴 하이쿠처럼 하나의 시로 인정되어야 한다.

시행을 시의 본질적인 특성으로 볼 때 실험시도 여기에 해당할까. 실험시 역시 기본적으로 이런 시행을 무의식적으로 구현하고 있다고 볼 수 있다.

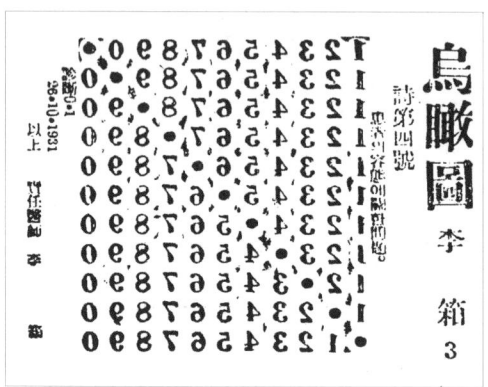

이상, 「오감도 시제4호」 전문

이것은 이상이 실험적으로 시도하여 당시 많은 논란을 일으킨 작품이다. 그러나 이 작품에도 시행이라는 개념을 완전하게 이탈하고 있지는 않다. 뒤집혀진 숫자를 규칙적으로 나열하거나, 마지막에 진단서 양식을 흉내낸 것 역시 시행의 변형으로 보는 데 부족하지 않다. 실험시가 더욱 과격해져 그림 하나만 던져놓거나 사진만 제시한 작품을 시의 범주에 넣기를 주저하는 것은 시행의 문제가 아니라 매체, 즉 그것이 의미론적 기능을 발휘하는 발화에 속하는가 하는 기준 때문이다. 만화를 제시한다 하더라도 그것은 시행의 범주에 속할 수 있다.

그리고 시행 구조라는 특성으로부터 시의 단형성短形性이라는 또다른 형식적 특성이 생겨난다. 즉 시란 짧아야 한다는 것 또한 형식적으로 중요한 특성인 것이다. 시행으로 배치하는 것은 적은 언어에 주목하게 하여 의미론적 영역을 확장하기 위해서이기 때문에 시는 모름지기 짧고 날렵해야 한다. 짧고 힘 있는 텍스트. 방대한 세상이라는 텍스트의 고갱이를 포착하여 가장 뛰어난 압축파일로 담는 것, 그것이 시라는 텍스트의 가치라 할 수 있다. 그 압축된 텍스트는 독자가 읽으면서 풀고, 풀면서 읽어야 하는데, 바로 그 점에 시의 맛이 있다. 장시나 서사시라 해도 언어의 배치 때문에 길게 보이지만 사실상 언어의 총량으로 따진다면 소설이나 희곡에 비할 바가 전혀 못 될 정도로 짧다. 단형성으로 볼 때 앞에 보인 오장환의 시는 이런 특성이 잘 드러난 시로 볼 수 있다.

2) 주관화된 세계

모든 예술은 주관적이다. 창작 주체의 시각에서 세계를 해석하고 변형시키기 때문이다. 그런데 시가 주관적이라 할 때는 그 의미가 다르다. 다른 장르에 비하여 시의 주관성은 엄청나게 증폭된 것이기 때문이다.

시의 주관성을 강조한 것은 헤겔이다. 헤겔은 시 갈래의 대표적인 명칭으로 서정시를 사용하고 있다. 그는 서정시, 즉 서정문학의 특성을 서사시(서사문학)나 극시(극문학)와 대비시켜 설명하였다. 서사문학이라는 것은 서술 대상을 "내용이나 표현 면에서 주체인 시인 자신으로부터 떨어져 그 자체 완결된 현실로 현상하므로"[22] 객관적이라고 본다. 또한 극문학은 주관적인 감정을 객관적인 행위로 외화시키는 유형이라 본다. 즉 주관과 객관의 종합이 극문학이 되는 것이다.

이에 반하여 서정문학, 즉 시는 철저하게 주관적인 갈래이다. 그에 따르면 시문학은 "그 내용은 주관적이며, 내면세계, 관찰하고 느끼는 심정은 행동으로 나아가지 않고 오히려 내적 자아 속에 머무르면서 주체가 스스로 말하

---

22) G. W. F. Hegel, 두행숙 옮김,『헤겔미학 Ⅲ』, 나남출판, 1996, 509쪽.

는 것을 유일한 형식이자 궁극적인 목표로 취"[23]하는 문학 유형이다. 이런 언급으로부터 내면성, 그리고 독백적 형식, 일인칭 화자의 속성이 도출된다. 이 모든 것은 주관성의 친족들이다.

　　W. 카이저 역시 서정적 언어의 특징으로 "윤곽의 불명확성, 〈사태〉의 모호함, 문장의 이완, 시구와 음향·리듬의 강렬한 작용"을 들고 이것을 모두 '내면화'라는 본질적 특성을 통해 해명될 수 있는 것으로 보았다.[24]

　　이런 까닭에 소설과 달리 시 속에 외적 세계가 객관적으로 존재하는 것은 불가능하다. 시는 세계에 대한 관심을 내적으로 전환시켜 세계를 주관의 영역 내에서 다루고자 한다. 이때 세계는 주관의 시선을 통해 재조정된다. 재조정된 세계는 사실상 세계 자체가 아니라 세계에 대한 주관의 느낌, 정서일 뿐이다.

　　시는 표현 방식에 있어서도 주관성을 탈피하지 않는다. 시는 단형성을 지니고 있기 때문에 짧은 형식 속에 자신이 말하고자 하는 세계를 응축시켜야 한다. 그러면 반드시 세계를 주체의 시선으로 집약하여 새롭게 변화시켜야 한다. 이때 세계는 새로운 형태로 변형될 수밖에 없다. 그래서 시인이 주관성의 왕국에서 절대자로 군림하는 것은 당연하다. 쉼보르스카의 다음 시는 이런 세계를 잘 보여준다.

　　잉크 한 방울, 한 방울 속에는
　　꽤 많은 여분의 사냥꾼들이 눈을 가늘게 뜬 채 숨어 있다.
　　그들은 언제라도 가파른 만년필을 따라 종이 위로 뛰어 내려가
　　사슴을 포위하고, 방아쇠를 당길 만반의 준비가 되어 있다.

●

23) G. W. F. Hegel, 위의 책, 509쪽.
24) Wolfgang Kayser, 김윤섭 옮김, 『언어예술작품론』, 대방출판사, 1982, 521쪽.

사냥꾼들은 이것이 진짜 인생이 아니라는 걸 잊은 듯하다.

여기에선 흑백이 분명한, 전혀 다른 법체계가 지배하고 있다.

눈 깜빡할 순간이 내가 원하는 만큼 길게 지속될 수도 있고,

총알이 유영하는 찰나적 순간이

미소한 영겁으로 쪼개질 수도 있다.

만약 내가 명령만 내리면 이곳에선 영원히

아무 일도 일어나지 않으리라.

내 허락 없이는 나뭇잎 하나도 함부로 떨어지지 않을 테고,

내 명령에 따라 존재가 무한히 지속되기도 하는 곳.

— 쉼보르스카, 「쓰는 즐거움」 부분[25]

시인이 명령을 내리면 그것대로 모든 것이 완벽하게 이루어지는 세계가 바로 시의 세계라는 것을 이 시는 말하고 있다. M. 바흐친은 시의 이런 주관적인 특성을 두고 '독백주의odnogism; monologism'라 부른 바 있다. 독백주의는 "극단적인 경우 그 자체 이외에 존재하는, 동등한 권리와 동등한 책임을 지닌 또 다른 의식, 즉 동등한 권리를 지닌 또 다른 나의 존재를 인정하지 않는"[26] 사고 양식을 말한다. 시 역시 "서정적 주관성이 단일한 독백적인 관점에 한정된다는 점"에서 독백주의의 대표적인 장르가 된다.

쉼보르스카의 시는 독백주의의 속성을 정확하게 표현하고 있다. 그녀의 시에 나타나는 그 세계는 "그 외부에서는 다른 아무것도 존재하지 않고 필요

25) Wislawa Szymborska, 최성은 옮김, 『끝과 시작』, 문학과지성사, 2007, 121—22쪽.
26) M. Davidson, 유명숙 옮김, 「시적 담론의 대화성」, 여홍상 엮음, 『바흐친과 문학이론』, 문학과지성사, 1997, 232쪽.

하지도 않은 프톨레마이오스적 일원론의 세계"이다.[27]

　　그래서 어떤 시에서건 외부 세계는 독립적으로 존재할 수 없다. 서정시나 참여시, 그리고 실험시에서도 마찬가지다. 그래서 주관성은 시의 일반적인 특징이라 할 수 있다.

　　　올 어린이날만은
　　　안사람과 아들놈 손목 잡고
　　　어린이대공원에라도 가야겠다며
　　　은하수를 빨며 웃던 정형의
　　　손목이 날아갔다.

　　　작업복을 입었다고
　　　사장님 그라나다 승용차도
　　　공장장님 로얄살롱도
　　　부장님 스텔라도 태워 주지 않아
　　　한참 피를 흘린 후에
　　　타이탄 짐칸에 앉아 병원엘 갔다.

　　　기계 사이에 끼어 아직 팔딱거리는 손을
　　　기름먹은 장갑 속에서 꺼내어
　　　36년 한 많은 노동자의 손을 보며 말을 잊는다.

---

27) "시적 작품 속의 언어는 의심의 여지나 반박의 가능성이 없이 모든 것을 포괄하는 어떤 것으로 구체화된다. 시인은 모든 것을 주어진 언어의 눈을 통해 보고 이해하고 사고하며, 그는 표현을 위해 어떤 다른 언어의 도움도 필요로 하지 않는다. 시적 장르의 언어는 그 외부에서는 다른 아무것도 존재하지 않고 필요하지도 않은 프톨레마이오스적 일원론의 세세이다." Mikhail Bakhtin, 전승희 외 옮김, 『장편소설과 민중언어』, 창작과비평사, 1988, 95쪽.

비닐봉지에 싼 손을 품에 넣고
봉천동 산동네 정형 집을 찾아
서글한 눈매의 그의 아내와 초롱한 아들놈을 보며
차마 손만은 꺼내 주질 못했다.
— 박노해, 「손무덤」 부분

이 작품은 지배계급에 의해 억압당하는 피지배 노동자의 삶을 적극적이고도 충격적으로 제시하는 참여시이다. 열악한 노동 상황과 노동자에 대한 자본가의 착취형태가 충분하게 전달되고 있다. 그러나 시 속에 들어가 있는 그 '사건으로서의 세계'는 객관적인 노동 상황이 아니다. 시인은 그 상황을 두드러지게 하기 위해 주관적 정서로 그 상황을 재조정하고 있다. 열악한 노동 상황은 정형의 손목이 날아갔다는 사실, 치료가 적극적으로 이루어지지 않았다는 사실 등을 전달하는 화자의 감정적인 어조를 통해 짐작할 수 있을 뿐이다. 오히려 이 시가 고발하고자 하는 노동 상황은 당대의 지하신문기사나 팸플릿에 실린 산문에 더욱 사실적으로 그려져 있을 것이다.

이처럼 참여시에서조차 세계가 객관적으로 제시되지 않는 것은 시가 본질적으로 주관적 양식이기 때문이다. 바로 그 주관성 때문에 시는 객관적인 신문기사나 팸플릿의 산문이 전달하지 못하는 비참한 상황과 그로부터 생기는 생생한 분노와 울분을 증폭하여 전달할 수 있다. 시의 주관성은 사실을 사실 이상으로, 즉 세계를 세계 그 자체보다 더 세계처럼 보이게 하는 것이다.

실험시에서도 시는 세계를 그대로 전달하지 못한다. 시를 "당대에 대한, 당대를 위한, 당대의 유언"(황지우, 「도대체 시란 무엇인가」)으로 규정했던 황지우의 다음과 같은 실험시를 보자.

표를 주워 주인에게 돌려

준 청과물상 金正權(46)

령=얼핏 생각하면 요즘
세상에 趙世衡같이 그릇된

셨기 때문에 부모님들의 생
활 태도를 일찍부터 익혀 평

가하는 것이 더욱 중요한 것
이다. (李元柱군에게) 아

임감이 있고 용기가 있으니
공부를 하면 반드시 성공

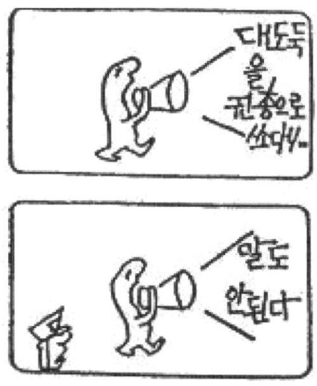

대도둑은 대포로 쏘라 — 안의섭, 〈두꺼비〉

(……)

너무 巨하여 귀퉁이가 안 보이는 灰의 왕궁에서 오늘도 송일환 씨는 잘 살고 있다. 생명 하나는 보장되어 있다.

— 황지우, 「한국생명보험회사 송일환 씨의 어느날」 부분

이 시는 신문 기사를 띄엄띄엄 옮겨놓고 있다. 이것은 화자로 보이는 송일환 씨가 신문을 건성으로 읽고 있는 상황으로 보인다. 그는 당시 한창 뉴스거리가 되었던 '대도 조세형'에 관심을 가진 것 같다. 신문기사나 만화도 거기에 집중되어 있다.

신문기사가 그대로 시 속으로 들어온 것은 주관의 밖에 존재하는 세계의 적극적인 유입이라 할 수 있다. 신문기사를 통해 세계의 산문적인 상황을 손상시키지 않은 채 갖다놓은 것을 시인은 아마도 "당대에 대한, 당대를 위한, 당대의 유언"이라 생각한 모양이다. 세계의 흔적을 파편적으로 제시하는 이런 몽타주 기법이 주관에 손상당하지 않은 현실을 그대로 제시하여 민중의 비판성을 제고시킬 수 있을 것이라 기대했던 이는 W. 벤야민이다. 그러나 영화의 몽타주 기법에 기대했던 그의 희망은 지금 사라져 버렸다. 영화 역시 예술로서 주관성의 영역이 중시되기 때문이다.

몽타주의 재료들은 과연 세계를 객관적으로 제시할 수 있을까. 결론적으로 말해 그것은 불가능하다. 몽타주의 선택과 배치는 주관성의 영역에 속해 있기 때문이다. 이 시에 나타난 신문기사의 몽타주 역시 시인의 주관에 의해 임의적으로 선택되어 있다. 조세형 중심으로 편집된 세계만이 시 속에 들어와 있는 것이다. 그것을 통해 당대 사회를 객관적으로 재구성하는 일은 불가능하다. 몽타주는 파편으로만 존재가치가 있다. 그것으로 어떤 완성된 실체에 도달하려는 시도는 비극적일 뿐이다.

그리고 결정적으로 시인은 마지막 구절에서 화자를 내세워 지금까지 지켜왔던 객관성 자체를 부정한다. 그는 이 세계를 "너무 巨하여 귀퉁이가 안 보이는 灰의 왕궁"이라 부르고, 그 속에서 송일환이라는 소시민이 아무 문제의

식 없이 사는 것을 비판적으로 바라본다. 송일환 씨는 보험회사 직원이기에 "생명 하나는 보장되어 있다"고 한 것은 일종의 소시민적 생태에 대한 비꼼과 비판이다. 이런 화자의 등장은 실험시에서도 시가 주관성의 세계를 벗어나지 못한다는 사실을 다시 확인시켜 준다.

그렇다고 하여 주관성을 서정성과 동일하게 다루어선 안 된다. 주관성은 주관을 중심으로 세계를 해석하는 시적 특성일 뿐이다. '세계와 자아의 동일성'으로서의 서정성은 이 주관성의 특별한 형태에 해당하는 것으로서, 일반적인 시적 특성은 아니다. 그래서 주관성과 서정성을 구별하여 전자를 시 일반의 특성으로, 후자를 서정시의 특성으로 보는 것이 옳다.

3) 의미잉여의 생성

시는 산문적 의미 이상을 제시한다. 우리가 시적이라 부르는 모든 것에는 사전적이거나 산문적인 의미 이상이 담겨 있다. 그 '의미 이상'을 '의미잉여 Surplus of Meaning'라 부를 수 있다. 이것은 '남아도는 의미'를 가리키는 것이 아니라, 그 의미를 시적으로 존재하게 하는 '의미의 아우라'를 말한다. 그래서 '잉여의미'가 아니라 '의미잉여'이다. 잉여의미 즉, '남아도는 의미'라 했을 때는 완결되고 고정된 어떤 총체적 의미를 전제하고 있고 우리는 그런 의미를 찾으려는 수동적 존재가 된다. 그러나 총체적으로 완결된 의미란 있을 수 없다. 의미는 우리와 텍스트가 능동적으로 만나면서 생기는 것, 즉 생성적인 의미밖에 없다.

의미잉여는 '원래의 사전적(산문적) 의미나 그런 의미의 조합에서는 발생할 수 없는 의미의 생성'을 말한다. 이것은 시인의 의도에 종속된 경우도 있지만 대부분 그 의도를 넘어선 자생적인 것일 수 있다. 임화가 '리얼리즘의 승리'라는 고전적인 사실주 개념과 관련하여 사용한 '잉여'라는 개념이 여기에 다소 도움이 될 수 있다. 정통왕당파와 봉건귀족의 편에 서있던 H. D. 발자

크는 그의 소설에서 그 자신의 계급과 정치적 입장과 상반되게 귀족의 몰락과 신흥 부르주아의 발흥을 생생하게 묘사하였다. F. 엥겔스는 이를 '리얼리즘의 승리'라 불렀다. 임화는 발자크의 경우처럼 작가의 의도를 넘어선 결과를 '잉여'라 불렀다.

> 예술가의 의도에 반하여…… 라는 말은 물론 의도하지 않았던 결과가 작품 위에 나타난다는 의미다.
> 수학적 도식을 빌면 작품에서 작가의 의도를 감減하고도, 아직 한 뭉치의 잉여물을 발견할 수 있는 상태다.[28]

작품에서 작가의 의도를 제하고도 남아 있는 어떤 것, 그것이 바로 잉여이다. 그는 이것을 "작가의 의도가 작품 형성 가운데 미치지 못한 틈을 타서 침입한 부분의 요소"[29]라 설명한다. 그러나 소설에서는 묘사와 서술을 통해 일정 분량의 서사를 이끌어가면서 작가가 지속적으로 개입하여야 하기 때문에 이 잉여가 생기는 경우가 드물다. 그래서 사실주의론에서 발자크가 예외적으로 자주 언급되는 것이다. 한편 시에서는 매 구절, 아니 거의 음소의 수준에서도 그 잉여가 빈번하게 나타난다. 그래서 의미잉여는 시의 중요한 특성을 나타내는데, 대부분 시인의 의도보다는 그 의도를 넘어선 작품의 내적 흐름 혹은 에너지로부터 생성된다고 할 수 있다.

'의미잉여'라는 개념은 E. 후설이나 P. 리쾨르 등의 이론가로부터 시작된 것으로 보이나,[30] 이 말이 시학에서 사용된 것은 람핑에 의해서이다. 그가 말

---

28) 임화, 「의도와 작품의 낙차와 비평」, 『문학의 논리』, 학예사, 1940, 705쪽.
29) 임화, 위의 책, 706쪽.
30) 리쾨르에게 의미잉여란 주로 상징에서 발생하는데, 이는 인간의 한계 상황을 극복하여 도달하고자 하는 존재 충만과 연계된 긍정적인 어떤 것이다. 양명수, 「말뜻과 삶의 뜻—리쾨르의 상징론 이해」, 『문학과 사회』, 1995. 겨울 참조.

하는 '의미잉여Bedeutungsüberschuß'[31]란 주로 시행 분절, 즉 행갈이에 의해서 산문에서 나타나지 않던 의미가 생산되는 것을 말한다. 앞에서 살펴본 것처럼 동일한 산문 문장을 행갈이하여 시행으로 만들었을 때, 그 순간 생성되는 '텍스트 분위기의 쇄신, 새롭게 위치 부여된 어휘의 강조, 상징적 의미 형성' 등이 그것이다. 그러나 람핑의 개념은 행갈이에 나타나는 효과에 국한된다는 점에서 한계를 지닌다.

시의 모든 요소들은 의미잉여를 생성한다. 행갈이, 음소나 음운과 같은 언어학적 요소, 문장 구조, 심상 등에서 의미잉여가 발생한다. 한 편의 시를 통해 이 점을 살펴보기로 하자.

> 신살구를 잘도 먹드니 눈오는 아츰
> 나어린 안해는 첫아들을 낳었다
>
> 人家 멀은 山중에
> 까치는 베나무에서 즞는다
>
> 컴컴한 부엌에서는 늙은 홀아버의 시아부지가 미억국을 끄린다
> 그마음의 외딸은 집에서도 산국을 끄린다
> ― 백석,「적경寂境」전문 (표기는 원문 그대로임)

이 시의 제목 '적경'은 '적막한 지역'이라는 의미이다. 이 시는 짧으면서도 다양한 의미잉여가 일어나는 작품이라 할 수 있다. 먼저 행갈이부터 보자. 이 시는 첫행에서 의미론적 분절로 적절할 수 있는 "먹드니"에서 행을 가르지 않

31) Dieter Lamping, 앞의 책, 87쪽.

고 "눈오는 아츰" 뒤에서 행갈이를 하고 있다. 그것은 "눈오는 아츰"을 따로 독립할 경우 전체적인 모양, 즉 현재 2행 1연으로 구성된 형태에 변화가 생기기 때문일 것이다.

이와 같은 행의 배열은 신살구를 잘도 먹던 시간(봄)에서 훌쩍 뛰어넘어 눈오는 아침(겨울)에 도달하면서 의미잉여를 만들어낸다. "나어린 안해"의 입덧하는 모습이 바로 해산하는 시간과 맞물리면서 임신 기간 전체가 오버랩되는 효과가 생기는 것이다. 거기에 덧붙여 임신 기간과 겹쳐 있는 신산한 삶을 생략하고 싶은 욕망도 읽힌다. 이러한 시간의 갑작스러운 생략이 두 구절의 연결을 낯설게 만든다. 그 이면에는 신살구의 푸른 빛과 흰 눈빛의 낯선 결합도 숨기고 있다. 이것이 심상에 있어서의 의미잉여가 된다.

문장 구조에 있어서도 의미잉여가 발생한다. 신 것을 잘 먹으면 아들을 낳는다는 속설을 생각할 때, 신살구를 잘도 먹는 이야기는 다음 행의 아들을 낳은 사실과 연관된다. 이때 산문적인 문장으로는 '주어—부사어—서술어' 순의 배치가 자연스러우나 시에서는 부사어와 원인을 나타내는 구절을 먼저 배치하여 원인과 결과의 결합을 최대한 지연시킨다. 이 지연을 통해 신살구를 먹은 사실은 문장이 끝날 때까지 독립적인 의미 영역을 유지하게 된다. 이를 통해 신살구에서 환기되는 적경의 가난한 삶이 강조된다.

음소나 음운 혹은 단어와 같은 언어학적 요소들에서도 의미잉여가 생성된다. 이 시에서는 '아침', '짖는다'는 '아츰', '즞는다'로 쓰고 있는데, 모음 'ㅣ' 대신 'ㅡ'를 사용함으로써 전자의 날카로운 느낌이 둔화되어 적막하고도 평화로운 분위기와 어울리는 효과가 생긴다. '시아버지'를 '시아부지'로 한 것이나 '멀은', '외딸은' 같은 단어도 '먼', '외딴'으로 쓸 때와 전혀 다른 의미잉여를 생성한다.

의미잉여가 이 시에서 결정적인 작용을 하는 대목은 마지막 행의 '마음'이다. 이 단어 때문에 이 짧은 시의 의미 해석이 완결되지 않는다. 이 마음은 누구의 마음인가. 시에서는 홀아비인 시아버지의 마음으로 보인다. 그렇다면 시아버지의 마음속에 있는 외딴 집은 무엇이란 말인가. 시인이 그의 내면을 들여다보는 장면인가. 이런 해석이 부자연스럽다면 이 '마음'을 '마을'의 오자로 볼 수도 있을 것이다. 그러면 그 마을의 외딴 집은, 가난한 마을에서 홀아비 시아버지의 며느리 뒷바라지를 측은하게 생각하며 산국을 끓여주는 가까운 이웃으로 읽힌다. 아니면 산모의 친정집일 수도 있다.[32]

　　이 두 어휘 중 어떤 것이 원형일 것인가는 누구도 결정할 수 없다. 이제 시인이 살아 돌아와서 어느 하나를 지적하여 의도를 밝힐지라도 이 문제는 종결되지 않을 것이다. 원전 확정은 영원히 보류된다. '마음'과 '마을'의 음소적 차이에 비하여 시의 내용이나 구도, 분위기 등의 변화는 엄청나고, 그 결과를 누구도 책임질 수 없기 때문이다. 원본 확정의 영원한 보류는 바로 의미 잉여가 시의 본질이자 존재이유라는 점을 알려주는 반증이다. 한 편의 시에 대하여 영원히 새로운 해석이 나올 수 있는 것도 바로 이 의미잉여 때문이라 할 수 있다.

4) 음악적 무의식

　　리릭Lyric이라는 말에서 서정시의 음악적 특성을 짐작할 수 있듯이 서정시의 전통이 강한 우리의 경우에도 시의 본질 중의 하나를 음악적 특질, 즉 리듬이나 운율에서 찾는 것은 그리 낯선 일이 아니다.[33] 그럼에도 이제 시에서 음악이 시의 본질적 특성이라 자신 있게 말하기 어려운 시대가 되었다. 시의 정형률이 사라지면서 음악은 시와 무관한 것으로 인식되기 때문이다. 그렇다

●

32) '마음'을 '마을'의 오자로 보는 근거는, 갑작스런 내면 풍경이 "『사슴』의 수준에서 매우 이질적인" 것이기 때문이다. 이숭원, 『백석을 만나다』, 태학사, 2008, 97쪽.
33) 운율은 각운, 두운과 같은 압운(rhyme)과 동일한 간격으로 반복되는 율격(metre)을 합쳐서 부르는 개념이다. 리듬은 이와 달리 규칙화되지 않지만 다소의 반복을 보여주는 개념으로 보는 것이 좋다. 이 말은 가락으로 번역할 수 있다.

면 이제 운율은 다른 형태로 이야기되어야 한다. 이런 점을 고려할 때 김기진의 다음과 같은 말은 여전히 유효하다.

> 현대의 자유시는 그 리듬이 외적 형식에 있지 아니하고 그 '말'의 리듬 그것에 있다. 음악적이라야만 한다는 것은 이것을 의미하는 것이다. 감정이 노래하고 마음이 노래하는 경지―그것을 일컬음임은 물론이다.[34]

오세영은 이 '음악'을 상당히 추상화시킨다. 그는 비록 정형적인 율격이 사라졌다고 해도 시에서 리듬이 사라진 것은 아니라는 주장이다. 그는 현대시의 음악성을 내면에 반영된 음악성으로 보고 다음 세 가지로 그 특성을 정리한다.[35]

첫째, 의미의 구체성이 지워져 있다는 점이다. 슈타이거는 이를 '형태의 소멸'로 표현한다. 시는 소설과 달리 구체성 혹은 공간성을 지니지 않고, 다만 느낌이나 감동을 그 자체로 표출할 수 있을 뿐이다. 이런 속성은 음악의 본질에 가까운 것이다. "의미의 애매성, 무의미의 의미, 일상적 의미의 흐리기 그리고 대상을 해체 표현하는 등"[36]의 현대시의 기법도 음악성에 기인한 것이다.

둘째, 시가 지닌 즉시성 혹은 순간성 역시 음악적 성격과 관련이 있다. 시가 전달하는 동시적이고 순간적인 감정의 울림은 음악적 성격을 지니기 때문에, 청각을 울리는 그 순간이 지나면 감동이 사라진다.

셋째, 주관과 객관이 상호 융합되는 것, 즉 항상 현재적인 것으로 대상을 회감시키는 서정시의 본질도 음악적 성격을 지닌다. 조각이나 서사문학은 감상에 있어서 시간적 거리를 지니고 있지만 음악은 주관과 객관, 화자와 청자

---

34) 김기진, 「현시단의 시인」, 『김팔봉 문학 전집1』, 문학과지성사, 1988, 221쪽.
35) 오세영, 「시의 장르적 특징」, 앞의 책, 384―387쪽.
36) 오세영, 위의 책, 385쪽.

사이에 거리가 없다. 노래를 따라 부름으로써 감상자가 작품에 참여할 수 있기 때문이다.

그러나 이것은 너무나 추상화된 논의라 할 수 있다. 지금 창작되는 현대시에서도 얼마든지 운율이 발견되기 때문에 음악적 요소를 이렇게까지 퇴화된 것으로 다룰 필요는 없다. 시조와 같은 정형시가 아닌 현대시에서도 운율을 쉽게 발견할 수 있다.

> 낯선 방에서 창을 열면
> 바다가 한 줄
> 금빛 숨결 달아오른
> 눈부신 한 줄
> ─ 강신애, 「바다」 전문

이 시는 세 마디로 반복적으로 끊어 읽을 수 있는 운율이 강한 시다. 그리고 "바다가 한 줄", "눈부신 한 줄"처럼 '한 줄'이라는 어휘를 변주를 통해 반복함으로써 운율 감각이 더 잘 살아난다. 그리고 '열면', '달아오른' 같은 것은 우리 시에서 거의 일어나기 힘든 자연스러운 포괄적 각운의 좋은 예가 된다. 그러나 이것은 하나의 정해진 틀로 많은 사람들이 규칙을 지켜야 하는 공식적인 운율이 아니라는 점에서, 정확하게 운율이라 부르기 힘들다. 그렇기에 현대시의 운율은 부분적으로나마 구현되는 것으로 보아야 한다.

현대시의 운율은 음향의 차원에서 잠재적으로는 구현되는 것이 보통이고 더 보편적으로는 심상이나 의미의 전개에서 나타난다. 김기진이 말한 '말의 리듬'이 이것이다. 이런 것은 무의식 속에서 작동하는 음악이라는 점에서 음악적 무의식이라 할 수 있다. 현대시에는 이런 점이 음악적 요소로 분명하게 남아 있다. 서정주는 이것을 "소리들의 매력"이라 부른다.

아미산월가라
아미산월이반륜추하니
영입평강강수류를……
일고여덟 살 또래의 우리 서당 패거리들이
여름달밤 그 마당의 모깃불가를 돌며
요렇게 병아리 소리로 당음唐音을 합창해 읊조리는 것은
고것은 전연 고 의미 쪽이 아니라
순전히 고 뜻모를 소리들의 매력 때문이었습니다.
그리고 또 어이턴, 모깃불의 신바람에,
달밤에 우리 소리를 울려 펴 보내는 것이었습니다.
〈여자의 이쁜 눈썹〉 같은 거니 뭐니
고런 생각일랑은 전혀 아니었습니다.
— 서정주,「당음唐音」전문

이 시에서 말하는 "소리들의 매력"이 현대시의 음악성이라 할 수 있다. 유종호는 이 음악성에 "운율, 리듬, 호음조, 말놀이 등이 자아내는 효과 일체를 포함시킬 수 있다"[37]고 하였다. 현대시에서는 이 중 운율이나 리듬 등은 부분적으로 실현되고 있으며 호음조, 말놀이 등은 지금도 자주 사용되고 있는 편이다.

바로 이 "소리들의 매력" 때문에 이상은 정지용의 시 구절 중 "검정콩 푸

37) 유종호,『유종호전집5』, 민음사, 1995, 17쪽.

링콩을 주마"의 '푸렁'에서 "잊을 수 없는 아름다운 말솜씨"[38]를 느낀 것이다. 이런 음악의 무의식은 서정시, 민중시에서는 자주 실현되고 있으며, 실험시에도 예상 외로 많이 사용된다. 김구용, 송욱, 조향의 실험시가 대표적이라 할 수 있다.

> 솜덩이 같은 몸뚱아리에
> 쇳덩이처럼 무거운 집을
> 달팽이처럼 지고,
> 먼동이 아니라 가까운 밤을
> 밤이 아니라 트는 싹을 기다리며,
> 아닌 것과 아닌 것 그 사이에서,
> 줄타기하듯 모순이 꿈틀대는
> 뱀을 밟고 섰다.
> ─ 송욱, 「하여지향何如之鄕 일壹」 부분

이 시는 앞부분에서 두 마디로 끊어읽기에 적절하도록 언어가 배치되어 있어 리듬감을 느끼게 한다. 그러나 이 시의 본질적인 리듬은 언어유희에 바탕을 둔 기표들의 연쇄에서 생긴다. '솜덩이', '쇳덩이'와 같은 어휘가 유사하게 반복되고, '쇳덩이처럼', '달팽이처럼'이 연쇄적으로 이어져 경쾌한 낭독을 가능하게 한다. 또한 '먼동—밤[夜]—[밤栗]—싹' 등이나 '줄—뱀' 등이 의미론적 연쇄로 이어지면서 경쾌감을 더욱 강하게 만든다. 이 시는 기표들의 미끄러짐을 즐기는 시로서 현대시의 무의식화된 리듬을 잘 보여준다.

시가 번역될 수 없다고 할 때, 그 번역될 수 없는 부분이 바로 시의 음악적

---

38) 이상, 「아름다운 조선말」, 『레몬향기를 맡고 싶소』, 예옥, 2008, 131쪽.

무의식이다. 단순히 내용만을 문제삼을 때 번역으로 잃을 것은 거의 없다고 할 수 있다. 그러나 기표의 차원에서 발생하는 언어의 미묘한 뉘앙스, 그 언어에서만 구현 가능한 내면화된 리듬은 도저히 번역에 반영될 수 없다. 그것은 명확히 의식화되지 않은 차원에서 작동하는 일종의 무의식이기 때문이다.

- **확인 토론**

1. '시=서정시'로 보는 관점의 장단점을 정리해 보자.

	장점	단점
시=서정시		

2. 다음은 김준오가 행갈이의 효과에 대하여 논한 글이다. 여기에서 말하는 '엄청난 차이'가 무엇인지 정리하고, 그 타당성에 대하여 토론해 보자.

    (ㄱ) 버스는 창을 닫고 시속 120킬로의 고속으로 달리기 시작한다.

    (ㄴ) 버스는 창을 닫고
       시속 120킬로의
       고속으로 달리기 시작한다.
      —황금찬, 고속버스 안의 나비 중에서

    (ㄱ)은 정보전달에 초점을 둔 하나의 산문이다. 그러나 (ㄱ)을 (ㄴ)처럼 3행으로 분행했을 때 우리는 비로소 하나의 시구로 수용하게 된다. 분행이 내재율을 창조하고 이 내재율이 시를 시답게 하는 것이다. 이런 엄청난 차이가 (ㄱ)과 (ㄴ) 사이에서 발생하는 것이다.
    —김준오, 『시론』

3. 다음 시는 벽에 붙어 있는 예비군 관련 공지문을 그대로 옮겨놓고 있는 작품이다(이 문장 전체는 보통 글씨보다 더 작은 글씨로 인쇄되어 있다). 이 작품의 주제를 짐작해 보고, 이 시가 주관성을 지니고 있다고 볼 수 있는지 검토해 보자.

> 예비군편성및훈련기피자일제자진신고기간
>
> 자 : 83. 4. 1. ~ 지 : 83. 5. 31.
>
> ─ 황지우, 「벽 1」 전문

4. 다음 작품에서 찾아볼 수 있는 의미잉여는 어떤 것이 있는지 정리해 보자.

> 사막은
>
> 한 줄
>
> 하늘과 땅을 그은 백지
>
> 해와 달은 크레파스로
>
> 그려 넣었지만
>
> 아직 채색되지 않은 목탄
>
> 데생화이다.
>
> 오직 화판을 들여다보는
>
> 늙은 신의 눈동자만 초롱초롱 빛날 뿐.
>
> ─ 오세영, 「둔황에서」 전문

5. 다음 시에서 현대시의 음악성, 즉 음악적 무의식이 어디에 있는지 찾아보고, 그 이유를 설명해 보자.

꽃밭은 그 향기만으로 볼진대 한강수漢江水나 낙동강 상류와도 같은 융융隆
隆한 흐름이다. 그러나 그 낱낱의 얼굴들로 볼진대 우리 조카딸년들이나 그 조카
딸년들의 친구들의 웃음판과도 같은 굉장히 즐거운 웃음판이다.

세상에 이렇게도 타고난 기쁨을 찬란히 터트리는 몸뚱아리들이 또 어디 있는
가. 더구나 서양에서 건너온 배나무의 어떤 것들은, 머리나 가슴패기뿐만이 아니
라 배와 허리와 다리 발꿈치에까지도 이쁜 꽃숭어리들을 달았다. 멧새, 참새, 때까
치, 꾀꼬리, 꾀꼬리새끼들이 조석朝夕으로 이 많은 기쁨을 대신 읊조리고, 수십 만
마리의 꿀벌들이 왼종일 북치고 소고치고 맞이굿 울리는 소리를 하고, 그래도 모
자라는 놈은 더러 그 속에 묻혀 자기도 하는 것은 참으로 당연當然한 일이다.

우리가 이것들을 사랑하려면 어떻게 했으면 좋겠는가. 묻혀서 누워 있는 못물
과 같이 저 아래 저것들을 비취고 누워서, 때로 가냘프게도 떨어져 내리는 저 어린
것들의 꽃잎사귀들을 우리 몸 위에 받아라도 볼 것인가. 아니면 머언 산들과 나란
히 마주 서서, 이것들의 아침의 유두분면油頭粉面과, 한낮의 춤과, 황혼의 어둠 속
에 이것들이 잦아들어 돌아오는—아스라한 침잠沈潛이나 지킬 것인가.

하여간 이 하나도 서러울 것이 없는 것들 옆에서, 또 이것들을 서러워하는 미물
하나도 없는 곳에서, 우리는 섣불리 우리 어린것들에게 설움 같은 걸 가르치지 말
일이다. 저것들을 축복하는 때까치의 어느 것, 비비새의 어느 것, 벌 나비의 어느
것, 또는 저것들의 꽃봉오리와 꽃숭어리의 어느 것에 대체 우리가 항용 나직이 서
로 주고받는 슬픔이란 것이 깃들이어 있단 말인가.

이것들의 초밤에의 완전귀소完全歸巢가 끝난 뒤, 어둠이 우리와 우리 어린것들
과 산과 냇물을 까마득히 덮을 때가 되거든, 우리는 차라리 우리 어린것들에게
제일 가까운 곳의 별을 가리켜 보일 일이요, 제일 오래인 종鐘소리를 들릴 일이다.
— 서정주, 「상리과원上里果園」, 전문

6. 김기림의 다음 작품은 애초에 산문으로 발표된 것이다. 하지만 유종호는

시집 속에 들어 있는 시보다 수필집 속에 들어 있는 「길」이 훨씬 더 시답다고 판단하여 이것을 시로 분류하고자 한다(유종호, 『문학이란 무엇인가』). 다음 작품을 시나 산문 중 어떤 갈래로 보는 것이 좋을지 말해 보고, 그 이유를 설명해 보자.

나의 소년 시절은 은銀빛 바다가 엿보이는 그 긴 언덕길을 어머니의 상여喪輿와 함께 꼬부라져 돌아갔다.

내 첫사랑도 그 길 위에서 조약돌처럼 집었다가 조약돌처럼 잃어버렸다.

그래서 나는 푸른 하늘 빛에 호져 때 없이 그 길을 넘어 강江가로 내려 갔다가도 노을에 함북 자주빛으로 젖어서 돌아오곤 했다.

그 강江가에는 봄이, 여름이, 가을이, 겨울이 나의 나이와 함께 여러 번 댕겨 갔다. 가마귀도 날아가고 두루미도 떠나간 다음에는 누런 모래둔과 그리고 어두운 내 마음이 남아서 몸서리쳤다. 그런 날은 항용 감기를 만나서 돌아와 앓았다.

할아버지도 언제 난지를 모른다는 마을 밖 그 늙은 버드나무 밑에서 나는 지금도 돌아오지 않는 어머니, 돌아오지 않는 계집애, 돌아오지 않는 이야기가 돌아올 것만 같아 멍하니 기다려본다. 그러면 어느 새 어둠이 기어와서 내 뺨의 얼룩을 씻어준다.
— 김기림, 「길」 전문

제2부
구성 요소

제5장 언어

1. 특별한 시적 언어

시적 언어와 일상어는 어휘 면에서 볼 때 특별히 다른 점은 없다. 시인이 의도적으로 만들어낸 경우가 아니라면, 시에서 사용되는 언어는 대부분 일상에서 사용되는 언어와 같다. 그래서 시적 언어를 번역하자면 흔히 알려진 '포에틱 딕션Poetic diction'이 아니라 '포에틱 랭귀지Poetic Language'가 될 것이다. 즉 시에 사용되는 일반적인 언어를 말한다.

그러나 근대 이전에는 시에 사용되는 언어가 따로 존재한다고 생각하였다. 시의 언어와 일상적인 언어는 본질적으로 차이를 지닌다는 견해가 극단화된 것은 18세기 서양 고전주의의 '포에틱 딕션'이다.

18세기에 독특한 발달을 보게 된 Poetic Diction詩的 措辭法이라는 것이 있었다. 그것은 대개 고전문학을 연상시키는 아어雅語들로써 구성되어 있었다. 말하자면 귀족취미적인 언어사용이어서, 워즈워드가 그의 시단詩壇 개혁운동에서 공격한 것은 바로 이것이었다. 그러니까 여기서 지금 취급되는 시적 언어Poetic Language와는 전연 별 것이다.[1]

흔히 '시적 조사법措辭法'으로 해석되는 '포에틱 딕션'으로서의 시적 언어는 18세기 시에 사용되었던 옛날 투의 우아한 문체, 관습적인 형용어, 라틴어,

---

1) 최재서, 『문학원론』, 춘조사, 1957, 114쪽.

상습적인 의인화, 그리고 우회어법 등을 말한다. 이런 것은 일상적인 어휘나 표현 방식과 무관한 것들이다. 이런 시어주의詩語主義에 반발하여 나온 것이 근대의 일상어로서의 시어, 즉 '포에틱 랭귀지'로서의 시적 언어이다.

우리의 경우에도 근대 이전에는 시적 언어를 일상어와 다른 차원의 언어로 보는 것이 보편적이었다. 고려시대 이규보의 문체론이 그 예가 될 만하다. 그는 '아홉 가지 못마땅한 문체[九不宜體]'를 다루면서 "속된 말을 많이 사용하는 문체[多用常語]", 즉 "촌부회담체村夫會談體"를 피해야 할 문체로 들고 있다. 이것은 백성들이 사용하는 속된 말을 시에 사용해서는 안 된다는 경고이다. 시의 언어는 일상어와 다른 차원의 언어라는 인식이 뚜렷하게 드러나는 대목이다.

근대에 들어서도 시의 언어는 일상어와 다른 것이며 시에 사용되는 언어의 창고가 따로 존재한다고 생각한 시인들이 있었다. 우리의 경우는 1920년 전후 상징파나 낭만파 시인들이 대표적이라 할 수 있다. 이들은 "우리의 정서를 촉촉이 적시기에 알맞은, 막연히 곱고 아름다운 감상적 언어들"[2]을 시적 언어로 생각하였다. 그러한 경향을 가장 적극적으로 드러낸 시인 황석우는 시어를 일종의 초월적 언어, 즉 영어靈語라 부른다.

시에는 '인어人語'와 '영어靈語'의 구별이 있다. 시에 사용되는 말은 곧이 '영어靈語'이다. 영어라 함은 인간과 신과의 교섭에만 쓰이는 한 어학語學이다. 그러나 이 '말'에는 사전도 없고 학교도 없다. 그러므로 천재가 아니면 그 '말'을 배울 수 없다. 이 영어에 의하여 만든 것이라야 비로소 시라는 이름이 붙는다. 저 '인어' 곧 '현실어'에 의하여 엮은 속요, 노래 등 또는 상고예술파商賈藝術派의 작품이 비록 얼마큼 '시'의 형식을 갖추었

2) 정한모, 『개정판 현대시론』, 보성문화사, 1988, 48쪽.

하더라도 그것은 결코 시가 아닐다.[3]

황석우는 언어를 사람들이 일상적으로 쓰는 인간의 말, 즉 '인어'와 시에 사용하는 신령스럽고 초월적인 언어, 즉 '영어'로 나눈다. 시적 언어는 신과 인간의 교섭에만 쓰이는 '영어'로서, 천재만이 배울 수 있는 아주 특별한 언어이다. 일상적인 언어인 '인어'는 따로 '현실어'라고 부르는데, 이런 말을 사용한 작품은 시의 형식을 갖추었다고 하더라도 시로 인정할 수 없다고 한다. 시적 언어와 일상적 언어에 대한 엄격하고도 추상적인 구별이 아닐 수 없다. 황석우의 주장은 시적 언어의 특별함을 강조한 극단적이고도 예외적인 경우라 할 수 있다.

그러나 황석우와 같은 극단적인 경우를 제외하더라도, 시적 언어가 일상어와 다른 것이라는 생각은 당대 시인들에게 어느 정도 보편화되어 있었다. 김선학은 이런 현상에 서구시 번역이 영향을 미쳤을 것이라 판단한다.

> 시어의 확충은 1920년 시에 두드러지게 많이 사용된 말들, 즉 꿈·님·영원·명일·정열·눈물·미美와 같은 언어의 출현을 뜻하게 된다. 이들 시어는 흔히 번역시에서부터 비롯된 것으로, 1921년 출간된 김억의『오뇌의 무도』는 이 경우 그 현저한 예가 된다. 시어를 일상어와 다른 영어靈語(황석우, 「시화」)로 생각한 예는 차치하더라도, 종래와는 다른 언어를 사용하고 아어화雅語化하려는 노력은 당시 보편적인 현상으로 보아도 무방할 것이다.[4]

---

3) 황석우, 「시화(詩話)」, 『매일신보』, 1919. 10. 13. (원문을 문맥에 맞게 현대어로 바꿈).
4) 김선학, 『한국현대문학사』, 동국대출판부, 2001, 47쪽.

시적 언어를 특별한 언어로 다루는 이런 관점은 지금도 유효할 정도로 지속적인 영향력을 지니고 있다.[5] 현대의 시인들이 언어의 선택에 집중하는 이유도 시적 언어의 특수성과 어느 정도 관련되어 있다고 할 수 있다. 추상적이면서도 비세속적으로 아어화된 어휘들만이 시적 언어일 수 있다는 생각은 시어와 일상어의 구별이 선험적으로 주어진 것이라는 사고를 반영한 것이다. 또한 시가 세속과는 거리를 둔, 순수하고 고원한 세계와 관련되어 있다는 인식을 반영한 것이기도 하다.

하이데거의 견해도 이런 관점의 연장선상이라고 할 수 있다. 어쩌면 황석우와 유사한 부분도 있다. 하이데거는 철학적인 입장에서 시의 언어를 '존재의 언어'로 규정한다. 시의 언어는 도구적인 언어가 아니라 존재 그 자체를 열어서 보여주고, 존재에 그 근거의 확실성을 부여하는 언어이다. 이에 반하여 비시적인 언어, 일상적인 언어는 단순히 의사전달 혹은 의사표현의 도구로 사용되는 언어일 뿐이다. 그래서 시의 언어는 존재의 언어로서 존재의 본질을 명명하는 최고의 언어이다.

시인은 신들을 명명하고, 모든 사물을 그 본질에 있어서 명명한다. 이명명은 이미 알려진 것을 다만 명칭만으로 불러보는 것이 아니다. 시인은 본질적인 언어를 말하기 때문에, 이 명명으로 하여 비로소 존재자가그 본질로 규정되는 것이다. 그리하여 그것은 존재자로서 알려진다. 시

---

5) 근래의 예로 러시아 형식주의자들을 들 수 있다. '낯설게 하기'는 방법론적 조작을 통해 시적 언어는 일상언어와 전혀 다른 언어가 된다. 테리 이글턴은 이들이 말하는 문학의 언어를 "우리가 보통 사용하는 '일상' 언어와는 대조되는 '특별한' 종류의 언어"로 평가한다. Terry Eagleton, 김명환 외 옮김, 『문학이론입문』, 창작과비평사, 1986, 12쪽.

는 언어에 의한 존재의 건설이다.[6]

하이데거는 시인의 언어 자체를 일상적인 언어와는 다른 '본질적인 언어'
로 본다. 이런 언어는 시인의 명명을 통해 존재의 본질적인 측면을 드러내는
언어이며, 초월적인 세계와 은밀하게 연계된 언어이다. 그러나 하이데거는 그
구체적인 특성에 대해서는 명쾌하게 설명한 바 없다. 오세영은 전체적인 맥
락을 고려하여 존재의 언어로서 시적 언어의 특성을 세 가지로 정리하고 있
다. 첫째 은유의 언어, 둘째 심상과 상징의 언어, 셋째 애매한 의미를 지닌 언
어이다.[7] 이런 규정은 의미를 직접적이고도 단일하게 드러내지 않는다는 점
에서 시적 언어의 특성을 찾는 논의이다.[8] 이런 관점은 결국 시의 언어가 산
문의 언어와 달리 본질적으로 다른 요소를 지니고 있다는 생각을 반영한 것
이라 할 수 있다.

●
2. 시적 언어의 민주화

우리나라 근대 시인들도 시적 언어의 특별함을 강조하는 관점의 영향력
안에서 작품 활동을 시작하였다. 그래서 특별한 어휘들이 다른 어휘에 비해
서 시적이라고 느끼는 것이 오히려 자연스러운 현상이었다. 윤동주의 경우도

●
6) Martin Heidegger, 소광희 옮김, 『시와 철학』, 박영사, 1975, 53쪽. 다음 번역도 참조하기 바란다. "시인
은 신들을 명명하고, 모든 사물을 그것들이 존재하는 그 본질에 있어서 명명한다. 이러한 명명은 이미 익
히 잘 알려진 것에게 이름을 부여하는 데에서 성립하는 것이 아니다. 오히려 시인이 본질적인 낱말을 말
함으로써, 이러한 명명을 통해 존재자는 비로소 자신이 (있는 그대로) 존재하는 그런 것으로 부름을 받는
다. 그리하여 그것은 존재하는 것으로서 알려지게 된다. 시짓기는 낱말에 의한 존재의 수립이다." Martin
Heidegger, 신상희 옮김, 『횔덜린 시의 해명』, 아카넷, 2009, 76—77쪽.
7) 오세영, 「시의 언어」, 『문학과 그 이해』, 국학자료원, 2003, 435—452쪽 요약
8) 시적 언어를 세계관과 연계시켜 언어가 처음 발생하던 때의 자연과 인간이 조화된 그 "원초적 통일성을
지향하는 언어"로 보는 관점도 하이데거의 논지와 관련된다. 김준오, 『시론(제4판)』, 삼지원, 2000, 61쪽.

어느 정도 그런 생각을 지니고 있었던 것으로 보인다.

　　고향에 돌아온 날 밤에
　　내 백골이 따라와 한 방에 누웠다.

　　어둔 방은 우주로 통하고
　　하늘에선가 소리처럼 바람이 불어온다.

　　어둠 속에서 곱게 풍화작용하는
　　백골을 들여다보며
　　눈물 짓는 것이 내가 우는 것이냐
　　백골이 우는 것이냐
　　아름다운 혼이 우는 것이냐.

　　지조 높은 개는
　　밤을 새워 어둠을 짖는다.

　　어둠을 짖는 개는
　　나를 쫓는 것일 게다.

　　가자 가자
　　쫓기우는 사람처럼 가자.
　　백골 몰래
　　아름다운 또 다른 고향에 가자.
　　── 윤동주, 「또다른 고향」 전문

이 시에 '풍화작용'이라는 말은 다른 어휘들에 비해 이질적이다. 정병욱의 회고에 따르면 윤동주는 이 낱말을 두고 고민이 많았던 것 같다.

> '풍화 작용'이란 말을 써 놓고, 그것이 시어가 못 된다고 해서 매우 불만
> 족해 했었다. 그러나 다른 말로 고칠 수 있는 적당한 말을 찾지 못해 그대
> 로 두었지만 끝끝내 만족하지 않았다.[9]

윤동주 시인이 '풍화작용'이라는 어휘를 불만스럽게 여긴 이유는 그것이 시어답지 못하다는 데 있다. 일상에도 많이 사용되는 어둠, 밤, 고향, 백골 등에 비해 풍화작용은 자연과학 분야에서만 특수하게 쓰이는 말이다. 이런 어휘가 그대로 사용되는 것을 꺼린 것은 시에만 특별하게 사용되는 어휘들의 밭이 따로 있다는 의식이 작용했다는 증거가 된다. 시의 언어는 서정적이고 낭만적인 것이어야 한다는 생각을 발견할 수 있는 것이다. 그러나 결국 이 어휘가 살아남은 것은 시적 언어에 대한 윤동주의 인식이 어느 정도 자유로웠다는 것을 의미한다. 근대 이후 시에서 일상어에서 발견되지 않은 어휘가 사용되는 경우는 거의 없다. 자연과학 용어도 일상어의 수준이 되었다. 이것은 점진적으로 이루어진 시적 언어의 민주화를 보여주는 경우라 할 수 있다.

시적 언어가 일상어와 다른 세계에 존재하는 특별한 언어가 아니라는 인식, 즉 시적 언어의 민주화는 조선 후기부터 나타나기 시작하였다. "격格이니 율律이니 하는 것,/ 멀리 떨어진/ 우리가 알 게 무언가"[10]라고 외친 정약용(1762-1836)의 '조선시 선언' 이후의 일이다. 강위(1820-1884)의 다음 시가 이를 잘 보여준다.

---

9) 정병욱, 「잊지 못할 윤동주의 일들」, 『나라사랑』 23집, 1976. 6, 139쪽.
10) "區區格與律 遠人何得知." 정약용의 「노인의 즐거운 일 하나 — 향산체 풍으로 5(老人一快事 效香山體 其五)」 중의 한 구절.

"소와 양이
산에서 내려온 지 오래라
집집마다
사립문이 닫혀 있어라."(두보의 시구)

이 구절의 '오래'와
'집집마다'라는 말
어찌
우리 삶의 일상어 아니랴.

시인들
하릴없이 일상어도 꺼리고
경전의 문자도
애써 피한다지만,

벌이 꽃에서
꿀을 따올 때에는
때론
더러운 흙도 묻어오기 마련.

이런 묘미를
아지 못하는 이 많으니
시성詩聖 아니면
뉘와 더불어 시를 말하리.

— 강위, 「금회창수집錦回唱酬集」 부분[11]

　　이 시에서 강위는 시에서 일상어와 철학적인 언어를 배제하지 말고 시에 적극적으로 사용해야 한다고 주장한다. 그동안 시인들이 일반 백성들의 일상어, 경전에 나오는 철학적인 용어 등을 꺼린 이유는 시에만 어울리는 어떤 어휘가 있다고 생각하였기 때문이다. 그런데 강위는 그런 생각을 분명하게 거부하고 있다. 진정한 시는 모든 언어를 시적 언어로 받아들여야 한다는 것이다. 일상어와 시적 언어의 구별에 대한 거부를 뚜렷하게 보여주고 있는 예라 할 수 있다.

　　이와 비슷한 시기에 서양에서도 일상의 언어가 시적 언어와 다르지 않다는 흐름이 나타났다. 고전주의 시대가 끝나고 이를 이어받은 낭만주의 시대에 이런 생각이 일반화되었는데, 가장 대표적인 예가 바로 W. 워즈워스(1770-1850)이다. 그는 「서정민요집」(1798) 서문에서 다음과 같이 말하고 있다.

　　　가장 격조 높은 시를 포함한 모든 훌륭한 시의 많은 부분의 언어가 운율에 관한 것을 제외하고는 훌륭한 산문의 언어와 필연적으로 다를 바 없으며, 최상의 시의 가장 흥미 있는 부분의 언어도 엄격하게 잘 쓰였을 때의 산문의 언어라는 것을 독자에게 증명해 보이기란 아주 쉬운 일이다.[12]

　　워즈워스는 산문의 언어와 시의 언어가 운율을 제외하면 본질적으로 다를 바 없다고 주장한다. 그래서 일상어를 시에 적극적으로 끌어들이려 노력하

---

11) "牛羊下來久 各已閉柴門 久字各已字 豈不是俚言 詩家忌俚言 又忌使經語 遊蜂轉蜜時 亦採糞壤去 此妙多不解 微杜吾誰與" 강위, 「금회창수집(錦回唱酬集)」의 일부. 번역과 시행 구성은 필자.
12) W. Wordsworth, "Lyrical Ballads"; 정한모, 앞의 책, 49쪽.

였다. 그는 이 시집의 초판 서문에서 "사회 중류층이나 하류층에서 사용하는 회화체 언어가 어느 만큼 시적인 흥을 주는 목적에 알맞은가를 확인함"[13]을 주 목적으로 삼는다고 밝힌 바 있다.

이처럼 시적 언어는 귀족적 권위에서 벗어나 민주화의 여정을 따라왔다고 할 수 있다. 이는 시에 대한 인식이 변화해온 과정과 일치하며, 신분제 사회 질서의 붕괴로 인한 평민의식(서양의 경우는 부르주아 의식)의 부상과 관련을 맺고 있다. 평민들이 자신의 발언권을 획득하면서 그들의 언어 역시 시적 언어의 지위를 획득한 것이다.

3. 외적 형식과 내적 구조

1) 외적 형식

일상어를 시에 사용한다고 해도 시적 언어는 일상어와 완전하게 동일할 수는 없다. 어휘에 있어서는 동일하지만 그것이 시어로 사용될 때는 일상어와 다른 차원의 특성을 지니기 때문이다. 이때 그 특성을 바라보는 관점은 두 가지로 나뉘는데, 외적 형식에서 찾는 관점과 내적 구조에서 찾는 관점이 그것이다.

시적 언어의 특성을 외적 형식에서 찾는 관점은 주르댕Jourdain이 제시한 고전주의적 방정식에서 전형적으로 드러난다.[14]

$$\text{시} = \text{산문} + a + b + c$$

---

13) David Daiches, 김용철·박희진 옮김, 『데이쉬즈 영문학사』, 종로서적, 1988, 406쪽.
14) Roland Barthes, 이가림 옮김, 「기술의 영도」, 이가림 편역, 『불사조의 시학』, 정음사, 1979, 237쪽.

산문=시-a-b-c

이 방정식에서 a, b, c는 율격, 압운, 심상 등을 말한다. 시는 산문의 언어를 기반으로 거기에 율격, 압운, 심상 등의 요소를 첨가한 것이다. 즉 산문의 언어에 가락과 심상이라는 특수한 특성이 더해지면 시적인 언어가 된다는 것이다. 거꾸로 그런 특성을 모두 제거하면 다시 산문적인 언어로 돌아가게 된다. 이처럼 시와 산문은 질적인 차이라기보다는 양적인 차이에서 구별될 뿐이다. 따라서 이 방정식에서 시적인 언어는 산문의 언어를 가락이나 심상 등과 같은 장식적인 요소로 치장한 것에 불과한 것이 된다. 이것은 시를 "산문의 장식적인 변용, 기술의 결실"[15]로 보는 고전주의적 시각이다. 결국 시적 언어는 산문적 언어의 기술적 변용으로, 언어의 기교적 사용이 곧 시적 언어의 중요한 특징이 된다. 결과적으로 산문의 언어 그 자체가 바로 시적 언어가 될 수 없다는 점에서 시와 산문의 언어는 전혀 이질적인 언어라 할 수 있다.

외적 형식에서 바라보는 관점은 시적 언어를 산문적 언어의 일탈로 보는 관점이자, 시적 언어의 특성을 형식적인 측면에서 찾는 관점이다. 이런 관점이 우세한 시기는 수사학의 중요성이 부각되는 시기이기도 하다. 즉 언어를 기교적으로 다루는 전문적인 기술에 대한 관심이 높아지는 시기인 것이다. 고전주의 시기에는 압운이나 율격의 규범에 맞게 조율하고 배치하여 다듬은 언어를 시적 언어로 보았기 때문에, 압운법이나 율격 방식 등 정해진 규범을 익히는 것이 시인의 중요한 임무가 되었다. 퇴계의 다음과 같은 시에서 이런 관점이 잘 드러난다.

내 시는 호탕함을 숭상하나니

●

15) Roland Barthes, 위의 책, 238쪽.

어찌 교묘하게 다듬을 필요 있나.

나는 천지를 밟고 다니나니

조그만 예절에 구애되지 않는다.

시의 기운이 심하게 격앙되어

그대, 은하수처럼 말을 쏟아낸다.

내가 처음엔 놀라고 탄식하였으나

다음엔 의아하여 꾸짖었다.

성인의 경지가 아니라면

시에서 어찌 규범을 버릴 수 있겠는가.

들어본 적이 있는가,

크게 어진 이가 규범 없이 정밀해졌다고.

어찌 머리를 조금 수그려

고치고 다듬지 아니하는가.

커다란 종을 치는 데

어찌 조그만 몽둥이를 쓰겠는가.

— 이황, 「임대수의 방문을 기뻐하며 시를 논함」 부분[16]

위의 시는 퇴계와 그의 제자 임대수의 시관詩觀의 차이를 보여주는 작품
이다. 제자는 시의 중요한 덕목은 호탕함이라서 사소한 예절이나 규범 따위
는 무시해도 좋다고 한다. 이에 대해 퇴계는 시에 있어서 중요한 것은 규범이
기 때문에 규범에 맞게 다듬고 고치는 작업에 신경을 써야 한다고 말한다. 위
의 시는 낭만주의자 제자에게 들려주는 고전주의자 퇴계의 충고라 할 수 있

16) "吾詩尙豪宕 何用巧剞劂 吾行蹈大方 不必拘小節 詞氣甚激昂 河漢瀉頰舌 我初驚且嘆 中頗疑以詰 自
非聖於詩 法度安可輟 寧聞大賢人 不用規矩密 曷不少低頭 加工鍊與律 比如撞洪鐘 寸筵豈能發" 이황, 「
임대수의 방문을 기뻐하며 시를 논함(喜林大樹見訪論詩)」의 일부.

다. 퇴계가 규범을 말하는 것은, 시의 경우에 한정해서 볼 때, 시적 규범이 산문 언어에 시적 특성을 부여한다는 생각과 관련된다. 이는 윤리적으로 산문적인 인간(소인)이 성리학적 규범을 실천함으로써 시적 인간(군자)이 되는 것과 동궤의 논리이다. 이때 시에서 규범이란 주로 압운법, 평측법과 같은 형식적인 제어를 가리킨다.

이런 관점이 고전주의적이라는 점에서 현대 모더니스트의 관점과도 상통한다. 주지주의론을 설파했던 최재서는 시적 언어와 일상어의 차이를 '쓰는 방법'의 차이에서 찾는다.

> 시인은 피지시물을 외부에 갖지 않고, 내부에 갖는 경우가 많다. 다시 말하면 그가 독자에게 전달하고 싶은 것은 주로 그의 독특한 이념, 정서, 상상 등이다. 그렇다고 해서 그는 이런 것들을 표시할 수 있는 무슨 독특한 언어를 갖지는 않는다. 그가 쓰는 언어는 일반 시민들이 쓰는 언어와 다르지 않다. 다만 그 쓰는 방법이 다르다.[17]

그 '쓰는 방법'은 "보통 말을 가지고 보통 이상의 의미를 나타내는 데"[18]있다. 보통 이상의 의미를 가지게 하기 위해서는 의도적인 방법론이 필수적이다. 이 방법론은 무엇일까. 김기림에게서 구체적인 내용을 찾을 수 있다. 그것은 곧 지적 방법론이다.

> 시는 물론 일상회화에 그 기초를 둔 것이나 객관세계에 관한 지식하고는 아무 관련이 없다. 다만 사람의 심적 태도의 어떤 조정에 봉사할 뿐이

17) 최재서, 앞의 책, 114쪽.
18) 최재서, 위의 책, 114쪽.

다. (……) 그러므로 주지주의의 시에 있어서조차 그것이 관련하는 것은 지식이 아니고 지성(예를 들면 영상의 新奇鮮明이라든지 메타포·세타이어·유머의 인지 등)에서 오는 내부적 만족이다.[19]

김기림도 시적 언어가 일상회화의 언어와 다르다고 보지 않는다. 다만 과학적 언어 혹은 일상적 언어와 달리 시적 언어는 외부적 지식과 일대일의 대응을 가지지 않는다고 본다. 일상적 언어와 달리 일의성一義性을 지니지 않으므로 사람의 정서에만 관여하는 시적 언어는 영상의 신기함이나 선명함을 위한 기술방법론, 그리고 메타포어(비유), 세타이어(풍자), 유머 같은 표현 방법론에 그 특징이 있다고 본다. 이런 방법론을 지성적으로 인식할 때 우리는 쾌감을 느낀다는 것이다.

이런 관점은 시적 언어를 "일상언어에 가해진 조직적 폭력"[20]으로 보는 형식주의자들의 관점 혹은 "특수한 효과를 위해 인공적으로 다듬어진 인공어"[21]로 보는 관점과도 상통한다. 시적 언어의 특성을 일종의 방법론적 조작에서 찾는 이런 관점은 언어의 외적 형식에 초점을 맞춘 것이라 할 수 있다.

2) 내적 구조

현대의 가장 보편적인 관점은 시의 언어적 특질을 외적 형식이 아니라 내적 구조에서 찾는 것이다. 이 관점 역시 시적 언어와 산문적 언어가 외형적으로 동일하다는 것은 부정하지 않는다. 그러나 시에 사용될 때 일상어는 특별한 내적 구조를 지니게 된다는 것이다. 시어의 특성을 "은유나 직유 같은 비유의 언어, 구상적인 제시, 심상들과 연관된 어떤 특정한 내적 구조 등을 갖는 언

19) 김기림, 「시와 과학과 회화」, 『인문평론』, 1940. 5; 김기림, 『김기림전집 2』, 심설당, 1988, 25—26쪽.
20) Terry Eagleton, 앞의 책, 9쪽. 이글턴은 이 말을 "언어를 특별한 방식으로 사용하는" 예로 들고 있다.
21) 오성호, 『서정시의 이론』, 실천문학사, 2006, 54쪽.

어"[22]로 보는 관점이 대표적이다. 이에 비하여 산문의 언어는 "평범하고 직설적이며 심상 따위의 도움을 받지 않고 일상의 구어체로 진술되는 언어"이다.

P. 휠라이트가 시의 언어를 긴장언어tensive language, 즉 적절하게 제어된 개방언어open language로 본 관점도 이와 유사하다. 실용적인 의사 전달이나 관용적 용법으로서의 언어 기호, 즉 폐쇄적인 언어와 달리 시적 언어는 어떤 형태로든 긴장성을 띠게 마련이다. 그래서 "아무리 단순 소박한 시 형식이라 할지라도 의미의 긴장이 포착되고 느껴질 수 있으며 긴장성이 전혀 없는 언어는 아무리 유명하고 기교에 찬 시 형식을 갖춘 작품이라 해도 의미적으로는 죽은 것이요 그러므로 비시적非詩的 표현이 될 수밖에 없"[23]는 것이다. 즉 시의 언어는 긴장성을 지닌 언어인 것이다. 근대 초기의 우리 시론에서도 당연히 시의 언어는 긴장의 언어임을 강조하였다.

> 그러면 산문과 시가 구별이 없어졌느냐? 아니올시다. 산문과 시의 구별은 근본적으로 그 형식에 있는 것이 아니오, (물론 전연이 없는 것은 아니겠지만) 아까 말한 바와 같이, 그 리듬에 있는 것을 잊어서는 안 될 것이외다. 시의 리듬은 산문과 그것보다 한층 강조한, 긴장된 것이올시다. 시는 우리가 그것을 읽을 때에, 그 리듬이 분명히 우리에게 어떠한 강조하고 긴장한 정서의 활동을 전합니다.[24]

이 글에서 시와 산문의 차이는 곧 시의 언어와 산문의 언어의 차이라 할 수 있다. 양주동은 두 언어의 본질적인 차이를 '긴장'에서 찾고 있으며 표현하

---

22) Marlies K. Danziger and W. Stacy Johnson, *Literary Criticism*, 64쪽; 오세영, 「운문과 산문」, 앞의 책, 457쪽에서 재인용.
23) Philip Wheelright, 김태옥 옮김, 『은유와 실재』, 문학과지성사, 1982, 44쪽
24) 양주동, 「시란 어떠한 것인가」, 『금성』 2호, 1924. 1.

기 어려운 그 언어적 긴장을 '리듬'이라고 이름붙이고 있다. 그리고 그것은 시에서 느끼는 '강조되고 긴장된 정서의 활동'을 의미한다. 이는 시적 언어의 음악적 요소를 지칭하는 것이기보다는 시적 언어가 지닌 '강조되고 긴장된 정서'를 가리키는 것이다. 이 리듬이 형식이 아니라고 한 점에서 비추어볼 때, 그것은 음성론적인 것이 아니라 의미론적 자질이라 할 수 있다.

시의 언어적 특질을 텐션tension에서 찾는 엘렌 테이트Allen Tate의 논의나 역설에서 찾는 클리언스 브룩스Cleanth Brooks의 논의도 이런 관점의 연장선상에 있다. 테이트는 논리학에서 사용하는 외연extension과 내포intension라는 단어에서 접두사 'ex'와 'in'을 제거하여 '텐션', 즉 '긴장'이라는 말을 만들어냈다. '텐션'의 의미에 대해서는 다음 설명이 도움이 된다.

> 말은 외부의 사물을 가리키는 기능이 있다. 이것이 〈외연〉이라는 것이고 그것을 나타내는 논리학 용어인 〈엑스텐션〉이란 영어 낱말은 〈밖으로 뻗음〉이란 뜻을 갖고 있다. 또한 말은 여러 가지 뜻을 한꺼번에 지닐 수 있다. 〈내포〉 또는 〈함축〉이란 것이다. 영어로 〈인텐션〉인데, 이 말의 뜻은 〈안으로 모임〉이다. 여기서 〈밖〉과 〈안〉을 떼어내면 〈뻗음〉과 〈모임〉이 남는다. 둘 다 어느 쪽을 향하는 힘 또는 운동이다. 서로 방향이 다른 힘들이 마주치는 현상을 〈긴장〉이라고 한다. 영어 낱말에서 〈엑스〉와 〈인〉을 떼어버리면 〈텐션〉이 남는데, 바로 〈텐션〉은 긴장을 뜻한다.[25]

즉 시의 언어는 외연과 내포의 긴장관계를 형성하고 있는 언어가 되는 셈이다. 클리언스 브룩스는 "시의 언어는 역설의 언어"[26]라고 단언한다. 역설

25) 이상섭, 『복합성의 시학: 뉴 크리티시즘 연구』, 민음사, 1987, 103쪽.
26) Cleanth Brooks, 이경수 옮김, 『잘 빚어진 항아리』v, 홍성사, 1983, 7쪽.

의 언어도 의미상의 긴장 상태를 나타내는 용어라는 점에서 테이트의 용어와 유사하다. 시적 언어를 "보통의 언어보다 고도로 조직된 언어"[27]로 보는 관점도 이와 관련이 깊다. 이런 관점은 시적 언어의 특성을 외적 표지에서 찾는 것이 아니라 내적 긴장, 의미의 조직에서 찾는다는 점에서 내적 구조 음악에서 찾는 것이다.

●
4. 관례로서의 시적 언어

시의 특질을 언어적 특성에서 찾는 논의를 비판하는 관점도 있다. 조나단 컬러Jonathan Culler의 논의가 그것이다. 그녀는 "시적 언어의 특수한 속성에 대한 설명에 시 이론의 기초를 두려 한다면, 그런 기도는 실패하고 말 것"[28]이라고 주장하고 그 예로서 클리언스 브룩스 이론의 한계를 지적한다. 그녀는 의미가 긴장관계에 놓인 역설에서 시적 언어의 특질을 찾는 브룩스의 이론에 대하여 "시뿐만 아니라 어떤 종류의 언어에서도 마찬가지의 긴장을 발견할 수 있기 때문에, 이 이론은 시의 본성에 대한 설명으로서는 낙제"[29]라고 평가한다. 람핑도 이런 관점의 연장선상에 있다. 그 역시 "시는 굳이 그것의 언어를 통해서 시적인 것은 아니다. 시에 특수한 언어의 사용은 어떤 경우도 증명되지 않는다"[30]고 한다. 그렇다면 시의 특성은 어디에 있을까. 조나단 컬러는 다음과 같이 말한다.

●

27) 신비평의 영향을 받은 김종길은 시의 언어가 일상적인 언어에 비하여 비약적이거나 날카로운 점, 말의 리듬과 심상과 어조가 보통의 언어에서보다도 중요한 구실을 한다는 점에서 시적 언어를 "보통의 언어보다 고도로 조직된 언어"로 본다. 김종길, 『시에 대하여』, 민음사, 1986, 16쪽.
28) Jonathan Culler, 「시의 시학」, 박철희·김시태 편, 『문학의 이론과 방법』, 이우출판사, 1984, 201쪽.
29) Jonathan Culler, 위의 책, 202쪽.
30) Dieter Lamping, 장영태 옮김, 『서정시: 이론과 역사』, 문학과지성사, 1994, 65쪽.

시를 읽음에 있어서 우리는 형태상의 패턴을 알아내고 싶을 뿐만 아니라, 그것을 의사소통을 위한 발화에 붙여지는 장식 이상의 것으로 만들고 싶어 한다. 따라서 쥬네트도 말하고 있다시피, 시의 본질은 고안 자체에 있는 것이 아니라(이것은 촉매 역할을 한다), 더욱 단순하면서도 깊은 의미에 있어서, 그 시가 독자에게 과하는 독법의 타이프attitude de lecture에 있는 것이다.[31]

그녀는 시의 본질은 언어적 특성에 있는 것이 아니라 시가 독자에게 부과하는 '독법의 타이프', 즉 독서의 형식에 있다고 본다. 이를 다른 말로 '관례적 예상conventional expectation'이라 부른다. 그녀는 시학의 목적을 "시의 언어를 일상의 언어로부터 유별하여 다른 목적론이나 궁극성에 속하게 하는 이 관례적 예상 속에는 무엇이 포함되어 있으며, 이러한 예상이나 관례는 시가 동화시키는 형식상의 기법이나 외형상의 문맥에 어떻게 기여하는가 하는 것을 상세하게 구명해 내는 일"[32]에 두고 있다. 그 결과 그녀는 그 관례 혹은 제도를 네 가지로 나누어 설명한다. 거리와 지시체계distance and deixis, 유기적 전일체organic wholes, 테마와 현현theme and epiphany, 저항과 만회resistance and recuperation가 그것이다.

'거리와 지시체계'는 시가 발화시점의 구체적인 시공간으로부터 거리를 유지하게 하는 관례, 즉 시에서 발화의 실제상황을 버리고 시를 일상적 소통 회로에서 분리시키는 몰개성화 혹은 비개인화의 관례를 말한다. 편지를 읽는 것과 달리 시를 읽을 때, 독자는 그 시 속에서 발화의 실제 상황과 거리를 두면서 그 자체의 메시지와 표현에 주목한다. 즉 시라고 판단한 순간 시 속에서

31) Jonathan Culler, 위의 책, 204쪽.
32) Jonathan Culler, 위의 책, 204쪽.

만 작용하는 지시체계의 관례에 맞춰 의식을 조율하는 것이다. 조나단 컬러가 인용한 벤 존슨의 시「나의 첫딸에 대하여」를 보자.

> 여기 그녀의 부모에게 있어서 슬픔이 누워 있다,
> 그들의 젊은 날의 딸인, 메어리가

이 시는 장소를 나타내는 부사 '여기'로 시작한다. 그러나 이 시에서 '여기'라는 지시체계는 공간적 위치를 가리키지 않는다. 이것은 무덤을 가리킨다. 이를 아는 순간 우리는 이것이 일상적인 발화가 아니라는 것을 직감하고 실제 상황이 아닌 시적 상황에 주목하게 된다. 일상적인 발화와 다른 것으로 인식하게 하는 이런 지시체계의 방식이 시를 시로 인식하게 하는 것이다.

'유기적 전일체'는 앞에서 말한 비개인화와 연결되는 것이기도 한데, 이는 시를 하나의 완결된 형식으로 보게 만드는 관례를 가리킨다. 일상적인 발화가 완결성을 강조하지 않는 데 비하여, 시는 완결된 양식을 기대하게 만든다는 것이다. 일상적인 발화는 발화에 의미를 부여하고 동기나 원인을 제공해 주는 복합적 상황의 일부분에 불과하기 때문에, 굳이 하나의 독립적이고 자율적인 전일체일 필요가 없다. 일상적인 발화는 상황이라는 맥락에 의해 의미가 부여되기 때문에 상황에 독립적일 수 없고, 그 때문에 자체적으로 완결될 수 없다. 이에 반해 시는 상황 자체와 고립되어 있기 때문에 스스로 시 속에 그 상황을 마련해야 한다. 이것이 시를 하나의 완결된 조직체로 인식하게 만드는 것이다. 조나단 컬러는 에즈라 파운드의 시「파피루스」를 인용하여 이를 설명한다.

> 봄…
> 너무 길다…
> 공귤라Gongula

이 작품은 그 자체로 완전한 전일체로 보기 힘들다. 그러나 우리는 이것이 독립된 시라고 인식하는 순간 이 작품의 어휘와 어휘 사이에 놓인 무수한 간격들에 의미를 부여하여 하나의 완결된 작품으로 받아들이게 된다. 왜냐하면 "시를 해석한다는 것은 총체성을 가정하고 나서, 간격에 의미를 부여하는 것"[33]이기 때문이다.

'테마와 현현'은 독자에게 시라는 것은 의미상 독자의 관심을 끌 만한 가치를 함축적으로 내포하고 있다고 가정하게 만드는 관례이다. 따라서 시를 읽는 행위는 시에 의미와 중요성을 부여할 수 있는 방법을 찾는 과정, 시적 진술을 순간적인 현현의 상태로 읽는 것처럼 뭔가 특별한 어떤 것으로 해석하는 과정이 된다.

마지막으로 '저항과 만회'는 텍스트 자체의 처리 과정과 관련된 것으로, 의미론적 관계가 명쾌하게 드러나지 않는 패턴이나 형식의 저항으로 시를 수용하게 하는 관례를 말한다. 즉 시는 의미가 손쉽게 파악되지 않는 우회적인 어법을 사용하고 있다고 가정하게 하는 관습을 말하는 것이다. 의미의 용이한 파악에 저항하는 우회적인 구절을 해석할 때, 즉 의미의 저항을 만회하고자 할 때 도움이 되는 것이 수사학이다. 수사학은 문학 작품을 해석할 때 사용할 수 있는 모델을 마련해 주는 방법이라 할 수 있다.

이처럼 시의 본질을 시적 언어의 특수성에서 찾지 않고 독서의 관례에서 발견하는 관점은 시의 특성을 시의 내부에서 찾는 시각의 일방성 혹은 편협성을 폭로한다는 점에서 의미가 있다. 그러나 제도적 차원에서 시의 특성에 접근하기 때문에 시의 구체적인 특성을 해명하는 데에는 약점을 지닌다. 그 논지를 받아들인다고 해도 관례 혹은 제도가 만들어낸 구체적인 언어적 특성에 대한 해명은 있어야 할 것이기 때문이다.

●

33) Jonathan Culler, 위의 책, 217쪽.

5. 시적 언어, 의미잉여의 언어

지금까지 다룬 중요한 특성, 예를 들어 '산문의 장식적 변용(외적 형식)'이나 '긴장의 언어(내적 구조)' 등은 시적 언어의 일부분에 초점을 맞추었다는 점에서 한계를 지닌다. '긴장의 언어'라는 것은 긴장이라는 말을 너무 제한적으로 사용하여 시적 언어의 다양한 가능성을 의미 부분에 국한시켰다는 한계를 지닌다. '산문의 장식적 변용'은 형식에 치우쳐 의미상의 양태를 제대로 지적하지 못하였다. 이러한 논의는 기표와 기의에 고르게 주목하지 못한 것이다.

이런 편향성을 보완할 수 있는 시적 언어의 특성으로 '의미잉여Surplus of Meaning의 의도적 지향'을 들 수 있다. 시적 언어의 본질적 특성은 의미잉여를 의도적으로 생성하는 데 있다는 것이다. '의미잉여'는 시의 갈래적 특성을 다루는 부분에서 이미 설명한 바 있다. 요약하자면 시적 언어에서 발견되는 사전적이거나 산문적인 의미 이상의 것, 즉 '원래의 사전적(산문적) 의미나 그런 의미의 조합에서는 발생할 수 없는 의미의 생성'을 말한다. 이것은 시론에서 일반적으로 다루어지는 문제이다.

> 시가詩歌에는 전체의 의미를 명시하는 정확한 단어와 시형詩形 이외의 음조音調를 보지 아니할 수가 없습니다. 왜 그런고 하니 시가詩歌란 어떤 의미만을 전하는 것이 아니요, 의미와 음조와의 완전한 조화로의 감동이 없어서는 아니 되기 때문이외다.[34]

김억이 시가 "어떤 의미만을 전하는 것이 아니"라고 했을 때 의미잉여를

---

34) 김억, 「어감과 시가」, 『조선일보』, 1930. 1. 1.

염두에 둔 것이라 할 수 있다. 이때 음조는 산문적 의미에 제외되어 있는 의미 이상의 의미, 즉 의미잉여의 한 부분이 아닐 수 없다.

의미잉여는 '남아도는 의미'를 가리키는 것이 아니라, 그 의미를 시적으로 존재하게 하는 '의미의 아우라'를 말한다. 그래서 '잉여의미'가 아니라 '의미잉여'이다. 잉여의미 즉, '남아도는 의미'라 했을 때는 '산문적 의미'가 전달하고자 하는 의미의 총체가 되고, 나머지는 불필요하고 부수적인 의미에 불과하다는 느낌을 준다. 이와 달리 '의미잉여'는 일상적인 언어에서 발생할 수 없는 의미의 풍부한 생성이라는 뜻을 지닌다. 시적 언어는 잉여의미가 아니라 의미잉여를 의도한다. 그리고 그 의도는 시인의 의도와 무관하게 언어의 질료성에서 자생적으로 생기는 경우가 대부분이다.

의미잉여라는 용어에서 '의미'는 기의만을 말하는 것이 아니다. 시적 언어는 기표 자체가 기의가 될 수 있는 언어다.[35] 기표가 기의를 대신할 수 있는 언어라는 점에서, 시적 언어에서 의미는 기의와 기표 모두를 가리킨다. 그런 점에서 시적 언어는 의미잉여의 언어이며, 의미잉여의 언어는 기의, 기표 모두에서 의미의 잠재적 가능성에 주목하는 언어이다. 우리가 '의미'라고 쓰는 말도 시에서는 전달하고자 하는 단순한 '뜻'이 아니라, 언어의 뉘앙스, 글자의 형태가 주는 느낌을 포괄하는 넓은 의미의 '뜻'이다. 이런 포괄적인 의미를 지닌 의미잉여의 언어는 다음과 같은 특성을 지닌다. 구체적인 시를 예로 들어 설명해 보자.

1) 자기목적적인 언어

첫째, 의미잉여의 언어는 자기목적적인 언어이다. 시적 언어는 언어 자체

---

35) 시적 언어의 특성을 기표의 물질성에서 찾는 대부분의 논의가 이 점을 지적한 것이라 해도 좋다. 시는 "기의를 흡수해서 재구성하는 기표의 구조물"이라 한 조나단 컬러의 말도 이와 관련이 있다. Jonathan Culler, 앞의 책, 203쪽.

에 대한 주목을 요구한다. 이 점에서 시적 언어는 본질적으로 일상적인 언어와 차이가 있다. 일상적인 언어는 마치 불교에서 방편적으로 말하는 뗏목에 불과하다. 강을 건너기 위해 뗏목이 필요하지만, 강을 건너고 나면 그 뗏목은 더 이상 필요하지 않게 된다. 일상적 언어도 의미 전달이라는 목적만 성취하면 더 이상 그 언어에 주목하지 않는다. 그래서 일상적이고 산문적인 언어를 '도구적 언어'라고 하는 것이다. 도구적 언어는 "의사소통의 필요 때문에 의미 부분만 전면에 부각될 뿐, 기타 부분은 소홀히 취급되거나 아예 지각조차 되지 않는 경우"[36]가 많은 것이 사실이다. 그러나 근본적인 이유는 일상언어의 복합적인 의사소통의 방식에 있다고 할 수 있다. 일상언어는 구체적인 상황과 맥락에 절대적으로 의존하기 때문에 언어 그 자체는 의미 전달의 수많은 조건 가운데 하나에 지나지 않는다. 즉, 손짓, 발짓, 눈짓 등의 몸짓과 표정, 구체적 상황 등이 일정 부분 의미 전달의 기능을 담당하기 때문에 언어가 의미 전달의 절대적인 역할을 한다고 보기 어렵다.

그러나 시적 언어는 대부분 자신이 사용하는 언어 자체를 그 목적으로 삼는다. 언어의 본성상 시적 언어는 구체적 맥락을 제거하기 때문에 모든 정보는 언어 자체에 집중될 수밖에 없다. 이런 특성으로 자기목적적인 언어는 '개인의 초월을 지향하는 개인 발화의 언어'라 할 수 있다. 러시아 형식주의자가 시의 특성을 찾는 것도 이런 관점이다.

시성poeticity은 언어가 언어로 지각되는 경우에 나타난다. 이름 불려진 대상이나 분출되는 정서를 단순히 재현하는 것이 아니라, 언어와 그 구성법, 언어의 의미, 언어의 외적 형식과 내적 형식이 그저 막연하게 현실을 가리키는 대신에 언어 자체의 무게와 가치를 획득하는 경우에 현

---

36) 오성호, 앞의 책, 60쪽.

존하게 된다.[37]

한마디로 시적 방법이란 '언어가 언어로 지각'되게 만드는 데 있고, 그때 드러나는 언어적 특성이 시적 언어의 특성이 된다는 것이다. 무카로브스키는 이를 '발화의 전경화'[38]라고 불렀다. "언어 자체의 무게와 가치"의 획득 여부는 바로 언어 자체에 대한 주목을 유도하느냐 못 하느냐에 달려 있다. 서정주의 「봄」을 예로 들어보자.

> 복사꽃 피고, 복사꽃 지고 뱀이 눈뜨고, 초록 제비 무처오는 하늬바람
> 우에 혼령있는 하눌이어. 피가 잘 도라… 아무病도없으면 가시내야. 슬
> 픈일좀 슬픈일좀, 있어야겠다.
> ― 서정주, 「봄」 전문[39]

이 시에서 시를 이해하는 데 필요한 구체적 맥락을 시 외부에서 찾기란 불가능하다. 독자는 오로지 시 속에 등장하는 언어로만 자신의 모든 의문을 풀어야 하는 부담을 지게 된다. 그것은 시를 통해서 자신에게 돌아오는 수많은 질문에 스스로 답을 해야 하는 부담이다. 피가 잘 도는 건 하늘일까, 가시내일까, 왜 아무 병이 없으면 슬픈 일이 있어야 하는 걸까, 슬픈 일이 봄과 무슨 상관이 있는 걸까 등등. 이런 부담을 통해 언어에 주목을 요구하고 있다는 점에서 「봄」은 시적 언어의 특성을 잘 보여주는 작품이라 할 수 있다.

시적 언어의 본질상 시 텍스트 해석에 있어서 작가의 전기적 요소 등은

---

37) Roman Jakobson, 「시란 무엇인가」, 박인기 편역, 『현대시론의 전개』, 지식산업사, 2001, 26쪽. 이 글의 원문은 1933년에 발표된 것이다.
38) Antony Easthope, 박인기 옮김, 『시와 담론』, 지식산업사, 1994, 37쪽.
39) 서정주의 첫시집 『화사집』(남만서고, 1941)에 실린 표기 그대로를 싣는다.

그다지 충분한 역할을 하지 못한다. 설령 서정주 시인 곁에서 이 시를 쓰는 구체적인 상황을 지켜본다고 해도, 그것은 시 해석에 아무런 도움을 주지 못한다. 시는 그런 구체적 상황으로부터 독립되어 있기 때문이다. 그래서 독자는 언어에서 시작하여 언어로 돌아갈 수밖에 없다. 언어 자체에 주목하기 때문에 의미잉여가 언제라도 발생할 준비가 되어 있다. 의미잉여는 언어 자체에 대한 주목에서 생기기 때문이다.

2) 언어 요소들의 평등주의

의미잉여의 언어는 언어 요소들의 평등주의를 지향한다. 시적 언어에서는 기표와 기의의 미묘한 활동이 본질적인 것이 된다. 그것은 일상적 언어에서 눈짓이나 표정의 미묘한 변화, 즉 언어 외적 요소가 중요한 것과 마찬가지다. 미묘한 변화에 민감하다 보니 언어의 모든 구성 요소가 동등하게 취급된다. 문법상의 우월한 지위를 지닌 명사나 동사와 같은 품사만 주목되는 것이 아니라 조사, 부사 등 일종의 문법적 타자의 지위에 놓인 모든 요소들과 기표의 모든 조건들이 동등하게 주목을 받는다. 이를 언어의 '균일화'[40]라 부르기도 한다.

「봄」과 관련시켜 보자. 이 시에 나오는 문법적 지위가 없는 말줄임표를 보아도 언어 요소들의 평등주의를 잘 알 수 있다. "피가 잘 돌아…"에 사용된 말줄임표의 역할은 일상 언어와 다르다. 일상적 언어 사용에서 말줄임표는 언어의 공백을 나타내는 기호, 즉 자연스러운 언어 전개의 일시적 중단을 알려주는 기호일 뿐이다. 그러나 이 시에서 말줄임표는 다음 구절("아무 병도 없으면")

---

40) 新田博衛, 이기우 옮김, 『詩學序說』, 동천사, 1987, 134쪽. 新田博衛(니즈다 히로에)는 시적 언어의 특성을 ① 언어표현으로서 이상할 만큼의 안정성, ② 언어의 질료성, ③ 언어의 의미의 음성내재성으로 정리한다. 그 중 ①은 품사에 의한 언어의 운동 에너지의 차가 없어지고, 그 결과 언어의 특유한 부동성이 사라지는 경우를 말한다.

과의 거리를 만들고, 그 결과 앞의 구절("하늘이여")과의 친근성을 조성한다. 그래서 피가 잘 도는 것이 가시내일뿐 아니라 하늘인 것처럼 읽힌다. 그래서 '피가 잘 도는 하늘'이라는 육감적이면서 신성한 기의가 잠재적으로 형성되는 것이다. 그 외에 기표의 차원에서 평등주의는 음운적 요소에도 주목하게 한다. 서두에 나오는 'ㅣ' 모음의 반복(피고, 지고, 뱀이, 제비, 하늬)은 매끈하게 상승하는 제비의 몸짓과 상승하는 봄의 심상과 닮아 있다. 이런 일은 언어의 일상적 기의에만 주목하는 산문적 언어에서 나타나기 어려운 현상이다. 이는 언어의 기표와 기의에 두루 주목하게 만드는 의미잉여의 언어에서만 나타나는 특수한 현상이라 할 수 있다.

　　언어 요소의 평등주의는 행갈이, 기표의 물질적 층위 등 형식적인 차원에서 발생하기도 하고, 기표들의 변화에 따라 유동적 기의의 변화, 기의의 이동 등 내용적인 차원에서 발생하기도 한다. 그리고 이 두 변화는 독립적으로 발생하지 않는다. 시의 의미잉여는 기의와 기표의 변화를 동시에 발생시킨다. 「봄」의 경우를 보자. 이 작품은 형식상 상당한 변화를 겪는데, 애초에 이 작품은 다음과 같은 형식으로 발표되었다.

　　복사꽃 피고
　　복사꽃 지고
　　뱀이 눈 뜨고
　　초록제비 무처 오는 하늬바람우에
　　혼령있는 하눌이여. 피가 잘 도라……
　　아무病도없으면, 가시내야
　　슬픈일좀 슬픈일좀 있어야겠다.[41]

●

41) 서정주, 「봄」, 『인문평론』 제2집, 1939. 11. 16쪽.

『인문평론』(1939. 11)에 발표된 이 시와 「화사집」(1941)에 실린 같은 제목의 시는 엄격하게 말해서 같은 시라 할 수 없다. 내용은 동일하지만 형식에서 엄청나게 달라졌기 때문이다.

시에서 이런 형식상의 변화는 내용상의 변화를 동반하지 않을 수 없다. 시에서 기표 차원의 변화는 기의 차원의 변화와 맞물려 있기 때문이다.

산문시의 형태에서 행갈이를 하면, 몇 개의 구절이 한 시행으로 독립하게 된다. 이때 특정 어휘, 예를 들어 시행의 처음과 끝에 놓이는 어휘에 시선이 집중된다. 그것은 그 구절의 기의에도 독립적인 영역을 마련해 준다. 기표와 기의에서 각 시행의 독립적인 자질이 강화되는 것이다. 이 시의 1~3행의 모두에 놓인 'ㅂ'음이 두음 효과를 지니는 것은 행갈이를 하지 않았을 때에는 발생하지 않는 새로운 효과라 할 수 있다. 또한 연나눔에 의해서 피가 잘 도는 대상이 하늘임이 분명해지는 효과가 생긴다(물론 이것이 확정적이라 할 수는 없다).

전체적인 효과를 고려할 때 이 시에 있어서 행과 연의 구분은 그다지 효과적이라 할 수 없다. 산문시 형태에서 기표의 공간적 촘촘함은 기의의 충돌을 유발하여 기의의 음악성을 강화시키는데, 행과 연 구분은 이를 무화시켜 의미상의 허전함을 준다. 또한 기표와 기의의 의미잉여가 생성되는 것을 방해하며, 시선의 분산으로 인해 각 구절에 대한 주목도 이끌지 못한다. 마지막으로, 연나눔에서 피가 잘 도는 대상이 확정된 것처럼 보이게 만든 것은 짧은 시의 풍부한 의미생성에는 아주 부정적으로 작용한다. 이런 점에서 전체를 하나의 줄글로 구성하고 있는 『화사집』의 수정된 작품이 더 뛰어난 시라 할 수 있다.

3) 생성 중인 기의

확정적이고도 안정적인 기의는 일상언어의 존재이유이다. 사전적 의미라고도 부르는 안정된 상태의 기의가 없다면 의사소통 자체는 불가능해진다. 동일한 기표가 동일한 기의를 지니고 있다고 믿을 때, 하나의 문장이 동일한 의미를 지닌다고 믿을 때, 비로소 의사소통이 행해지는 것이다. 기의가 불명확하거나 기의를 짐작할 수 없는 언어를 잠꼬대나 광인의 말로 부르는 것은 의사소통의 안정성을 믿는 일상언어의 차원이다.

그런데 의미잉여의 시적 언어는 이와 전혀 다른 방식으로 의사소통을 한다. 시에서 어휘나 문장의 차원에서 기의가 안정적으로 존재하는 경우는 드물다. 김기림이 과학적 명제와 시적 언어를 구별한 것도 이 지점이다. 과학적 명제가 사건과 사물에 비추어 검증될 의무를 지닌다면 시적 언어는 검증의 의무를 지지 않고, 전자가 하나의 의미만을 나타낸다면 후자는 그런 일의성一義性을 요구받지 않는다는 것이다.[42] 일의성으로부터 자유로운 것, 그것은 기의의 안정성을 부정하는 시적 언어의 특성이다.

이런 관점에서 「봄」(어떤 형식을 지니는지는 무관하다)을 살펴보자. 단 두 문장에 불과한 이 시에서조차 도구적 언어가 지니고 있는 명확한 의미가 잘 드러나지 않는다. 혼잣말처럼 의사소통을 직접적인 목적으로 하지 않으며, 문장 구조도 명확하지 않다. '피가 잘 도는' 대상이 하늘인지 가시내인지도 불명확하다. '피고', '지고', '눈뜨고'는 모두 '그리고'로 연결된 대등한 나열이지만 의미구조상 전체가 대등한 것은 아니다. 그런 균열은 기의의 확정을 지연시킨다. 그래서 누구도 이 작품이 지닌 기의를 확정지을 수 없다.

그러나 이런 기의 확정의 보류는 기의의 완전한 부재를 의미하지는 않는다. 이 기의는 확정적이지 않고 독자에 의해 계속적으로 생성되는 기의이다. 즉 의미잉여의 언어에서 기의는 과정 중의 기의, 생성 중인 기의인 것이다. 위의 시도 독자에 따라 다양하게 이 발화의 기의를 이해할 수 있다. '봄의 신성한 변화

42) 김기림, 앞의 책, 22쪽.

에 동조하고자 하는 인간의 근원적 갈망'도 그 중의 하나이다. 이 시에서 봄의 신성함은 봄 하늘에 깃든 신비한 혼령으로 나타난다. 이때 이 시의 '슬픈 일'은 신성한 슬픔, 인간의 유한성을 넘어 혼령이 있는 하늘에 비는 인간의 간절한 소망이 된다. 이런 인간의 소망이 왜 '슬픈 일'일까. 그것은 인간의 근원적 조건을 변화시키는 것이기에 경쾌하고 발랄한 기쁨이 될 수 없다. 그리고 병과 같은 육체적 결함에서 생기는 것이 아니므로 단순한 비참함도 아니다. '슬픈 일'은 인간의 내면 깊은 곳, 혼령 있는 하늘과 맞닿은 심층에서 생기는 본질적인 변화를 의미한다. 이 슬픔에는 인간의 유한함을 떠날 때의 아쉬움과 새로운 변화에의 두려움이 담겨 있다. 초월적 세계에 대한 유한한 인간의 갈망은 본질적으로 그러할 수밖에 없다. 유한과 무한 사이에 놓인 인간이 무한을 꿈꾸는 일은 일종의 '노스탤지어'의 발현으로서 근원적으로 슬픔의 일종이기 때문이다.

그러나 이와 같은 이 시의 기의 해석도 하나의 해석에 불과할 뿐 독자에 따라 수많은 해석을 내놓을 수 있다. 독자는 모두 기의 해석의 공동체로 존재하면서 그 기의의 확정을 공모하는 존재가 된다. 시인 역시 그 공동체의 일원일 뿐이다. 시인은 생성 중인 기의의 확정에 도움을 줄 수 있지만 기의의 미확정을 종료시킬 수는 없다. 시인 자신의 시에 대한 평가나 의도 설명은 작품의 기의 해석에 하나의 보조 자료에 불과하다. 의미잉여가 개인의 의도를 넘어선 것이라는 점과 시인의 의도가 시의 모든 것을 장악할 수 없다는 사실이 이를 증명한다.

다시 말해서 시적 언어는 산문적인 의미 이상을 생성하는 의미잉여의 언어이다. 이는 자기목적적인 언어로서 구체적인 상황으로부터 독립되어 언어 그 자체에 주목하게 한다. 또한 언어 요소들의 평등주의를 지향하는 언어로서 기표적 차원의 모든 요소를 동등하게 취급한다. 마지막으로 시적 언어는 생성 중인 기의를 발생시키는 언어로서 일상적으로 소통되는 안정된 기의를 부정한다. 이런 특성은 일상적이고 산문적인 언어와 다른 시적 언어의 중요한

특성이라 할 수 있다. 이것은 관례의 차원에서 해결할 수 없는 시적 언어 자체
의 특성이라 할 수 있다.

1. 다음은 일상어의 직접적인 사용을 피하기 위해 우회어법을 사용한 18세기 영국의 시다. 밑줄 친 부분이 뜻하는 일상어를 생각해 보고, 이 시인이 생각하는 시적 언어의 성격을 짐작해 보자.

> 말해 주십시오. 아버지 템스 강이시여,
>
> 당신께서는 무수한 흥겨운 족속이
>
> 당신의 가장자리의 초록 속에서 장난치며
>
> 즐거움의 길을 따라가는 것을 보셨으니;
>
> 지금 누가 가장 즐겁게 당신의 유리 같은 물결을
>
> ㉮유연한 팔로 가르는지요(cleave with pliant arm)?
>
> 무엇이 포로가 된 홍방울새를 사로잡고 있는지요?
>
> 어떤 ㉯한가한 자손(idle progeny)이 대를 이어
>
> ㉰회전하는 원(rolling circle)의 속도를 쫓아가거나
>
> ㉱날아가는 공을 재촉(urge the flying ball)하는지요?
>
> ── 토마스 그레이, 「이튼 중학교의 원경에 대한 노래」 부분

2. 다음은 낭만주의 시인들이 생각하는 시적 언어의 특성을 정리한 글이다. 이를 참고로 하여 지금도 이런 생각이 유효한지 여부를 구체적인 예를 들어 설명해 보자.

> 첫째, 인공물보다는 자연, 혹은 자연물에 이름을 붙인 구체어가 시적이라고 생각 되었다. 예를 들면 꽃, 풀, 나무, 달, 별, 강, 시내, 바다 등. 둘째, 남성적인 것보다는

여성적인 것, 추한 것보다는 아름다운 것이 시적인 언어로 간주되었다. 셋째, 두뇌에 호소하는 지적 추상어보다는 감정에 호소하는 정감적인 추상어가 더욱 시적인 언어라고 생각되었다. 가령 그리움, 사랑, 슬픔, 기쁨 등은 투쟁, 사상, 합리, 인식 등의 추상어보다 시적인 것으로 간주되었다.

— 정한모, 「개정판 현대시론」

3. 다음의 인용문 ①, ②에 나타난 '말하는 방식'의 차이를 설명하고, 이런 관점은 시적 언어의 '외적 형식'과 '내적 구조' 중 어떤 점과 연계되는지 설명해 보자.

일반기도서의 시편 제49의 ① "그러나 아모도 제 형제를 구원할 수 없고 그를 위해 하나님과 서로 언약할 수 없느니라." 나로 보면 이것은 아주 감동적인 시가 되어서 이것을 읽을 때 내 목소리는 평온하기 어렵다. 이것이 언어의 효과인 것을 나는 실험으로 밝힐 수 있다. 그와 같은 생각을 다룬 성경의 ② "아모도 아모 방법에 의해서도 그의 형제를 구원할 수 없고 하나님 앞에 그를 대속할 수 없느니라." 나는 아모런 감동도 없이 이것을 읽을 수 있다. 시는 말해진 내용이 아니라 그것을 말하는 방식이다.

— 박용철, 「시의 명칭과 성질」

4. 시적 특성을 규정하는 조나단 컬러의 관례에서 시적 언어의 특성을 추론할 수도 있다. 각각의 관례가 어떤 특성과 연계될 수 있는지 설명해 보자.

① 거리와 지시체계(distance and deixis)

② 유기적 전일체(organic wholes)

③ 테마와 현현(theme and epiphany)

④ 저항과 만회(resistance and recuperation)

5. 테리 이글턴의 다음과 같은 언급이 '의미잉여의 언어'의 어떤 특성과 관련되는지 설명해 보자.

> (형식주의자들에 따르면—인용자) 문학은 일상언어를 변형하고 강도 있게 하며 일상적인 말로부터 계획적으로 일탈한다는 것이다. 만일 누가 버스정류장에서 내게 다가와 "그대 아직 순결한 고요의 신부여!" 라고 중얼거리면 나는 곧 문학적인 것을 마주하고 있다고 느낀다. 그 이유는 그 단어들의 결, 리듬 그리고 울림이 그 추상될 수 있는 의미를 초과하고 있기 때문이다. 혹은 언어학자들이 더욱 전문적으로 표현하는 대로, 씨니피앙과 씨니피에 사이에 비례가 어긋나 있기 때문이다. 그 언어는 "운전사들이 파업 중이라는 것을 모르십니까?"와 같은 진술과는 달리 언어 자체에 주의를 끌며 자신의 물질적 존재를 과시한다.
>
> — 테리 이글턴, 『문학이론입문』

6. 다음은 김수영의 「누이의 방」에 대한 해설이다. '허나'에 대한 해설의 타당성을 시적 언어의 특성 중 '언어 요소들의 평등주의'와 관련해서 평가해 보자.

> 똘배가 개울가에 자라는 / 숲속에선
> 누이의 방도 장마가 가시면 익어가는가
> 허나
> 인생의 장마의 / 추녀끝 물방울소리가
> 아직도 메아리를 가지고 오지 못하는
> 팔월의 밤에 / 너의 방은 너무 정돈되어 있더라
> 이런 밤에 / 나는 서울의 얼치기 洋館 속에서

골치를 앓는 여편네의 댓가지 빽 속에

조약돌이 들어있는 / 공간의 우연에 놀란다

누이야 / 너의 방은 언제나 / 너무 정돈되어 있다

입을 다문 채 / 흰실에 매어달려 있는 여주알의 곰보

창문 앞에 / 안치해 놓은 당호박

평면을 사랑하는 / 코스모스

역시 평면을 사랑하는 / 킴 노박의 사진과 / 국내소설책들…

이런 것들이 정돈될 가치가 있는 것들인가

누이야 / 이런 것들이 정돈될 가치가 있는 것들인가

— 김수영, 「누이의 방」 전문

평범한 일상을 소재로 해서 이루어놓은 비범한 리얼리즘이 우선 놀랍다. "인생의 장마의 추녀끝 물방울소리"가 풍기는 우수는 바로 앞줄의 '허나'의 절묘한 배치 때문에 더욱 호소적이다. (……) 이 작품에서의 '허나'는 다른 말로 대치될 수 없는 고유어의 필연성으로 팽팽해 있다. '그러나'로 고칠 경우 너무 심심해진다. 이 접속적 단서의 말은 앞으로 있을 오빠의 이견異見을 예고해 주면서 누이에 대한 오빠의 애정이 간곡하면서도 일변 예스러운 위계位階 감각과 어울려 있음을 시사해 준다. 어쨌거나 이 말에는 필연성에 의해서 제자리를 찾은 시어에 특유한 짤막한 희열의 전류가 흐르고 있다.

— 유종호, 「시의 자유와 관습의 굴레」, 『동시대의 시와 진실』

7. 다음은 박용철의 언급이다. 밑줄 친 부분을 시적 언어의 특성 중 '생성 중인 기의'와 관련해서 설명해 보자.

우리는 한 기술가技術家로서 매재媒材의 성능을 가장 미세한 숫자까지 계산하여야 하고 위치를 따라 생기는 그 성능의 변화를 가장 세밀하게 예측하여야 된다는 의미에서, 폴 발레리가 시를 수학처럼 명징하여야 한다 하고 일정한 구획, 일정한 법칙 아래서 운행되는 장기놀이에 비하였다고 하는 것은 일리가 있는 말이다. 기술은 그와 같이 신밀愼密히 고려된 구사驅使이어야 할 것이다. (……) 우리는 시에서 엄격을 기할 수는 있어도 정확을 기할 수는 없는 것이다.

— 박용철, 「'기교주의'설의 허망」

8. 다음 글을 참고하여 '나는'이라는 단어의 자리바꿈이 어떤 점에서 시가 되게 하는지 설명하고, 그것이 시적 언어의 어떤 특성과 관련되는지 말해 보자.

"나는 여기 피비린 옥루玉樓를 헐고 다사한 햇살에 익어 가는 초가삼간草家三間을 짓자." 라고 쓰면 산문이 되지만 같은 단어를 다음과 같이 자리만 바꿔 놓으면 시가 된다.

여기 피비린 옥루玉樓를 헐고
다사한 햇살에 익어 가는
초가삼간草家三間을 나는 짓자.
— 졸시, 「흙을 만지며」

'나는'이라는 한 마디의 자리바꿈으로 산문이 일약 시가 되는 것이다. 이와 같이 시의 언어는 그 위치의 배정에 따라 시가 되기도 하고 안 되기도 하며, 살기도 하고 죽기도 한다.

— 조지훈, 『시의 원리』 중 「시어와 산문어」

제6장 심상

1. 심상의 개념

1) 심상의 정의

심상心象은 이미지image, 혹은 이미저리imagery의 번역이다. 이미지는 하나의 인상을 가리킬 때 사용하고 이미저리는 이미지의 집합적 개념을 가리킬 때 사용하는 것으로 구분하는 경우도 있지만,[1] 요즘은 이미지라는 말로 두 가지 경우를 모두 포괄하는 것이 일반적이다.[2]

심상의 의미에 대해서는 수많은 논의가 있어 왔다.[3] 사전에 정리되어 있는 것만 해도 여러 개 된다. ① 은유, 직유 또는 말의 비유figure of speech, ② 구체적인 언어적 지시, ③ 되풀이되는 모티프, ④ 독자의 마음속에 나타나는 심리적 사건, ⑤ 은유의 보조관념, ⑥ 상징이나 상징적 패턴, ⑦ 통합적 구조로서의 하나의 시에 대한 전체적 인상 등이 그것이다.[4]

심상을 구체적으로 설명하는 데에는 경험주의적 관점이 도움이 된다. 경험주의의 전통에 서있는 T. 홉스의 인식론과 J. 로크의 연상심리학은 심상

1) "이미지는 그것이 하나의 형상 또는 부분적 현상임에 비해 이미저리는 이러한 이미지의 복합군을 뜻하는 것으로 이해된다. 따라서 이미지는 이미저리에 의해서 통합되고 조정되는 그 구성단위로 보는 것이 옳을 것이다." 정한모, 『개정판 현대시론』, 보성문화사, 1988, 70—71쪽.
2) 김준오는 프레밍거가 편한 사전의 '이미저리' 항목의 설명을 참고로 하여, "이미지는 심리학 용어이고 이미저리는 문학용어"라고 말하지만, 이것은 경험론의 심상 논의를 심상 일반론으로 오인한 까닭이다. 김준오, 『시론(제4판)』, 삼지원, 2000, 157—158쪽, 각주 1) 참조.
3) 랜슴, 스퍼전, 루이스 등의 심상 개념에 대한 검토는 김종길, 「이미지의 개념」, 『시에 대하여』, 민음사, 1986 참조.
4) Alex Preminger(ed), 'image', *Encyclopedia of Poetry and Poetics*, Princeton University Press, 1993, 556쪽.

을 경험(객체)과 인식(주체)의 연결고리로 인식하였다. 이때의 이미지는 지각 perception 중에 생산된 감각sensation의 재생으로 정의된다.[5] 심리학에서 감각과정은 외부 세계의 물리적 에너지를 감각 수용기를 통하여 탐지하여 이것을 다시 신경신호로 부호화하는 과정이다. 이것을 심리학에서는 상향처리 bottom—up processing라 부른다. 그리고 지각과정은 이렇게 뇌에 도달한 감각들을 경험이나 동기, 기대 등에 의거하여 선택하고 체제화하고 해석하는 과정을 말하는데, 이를 하향처리top—down processing라 부른다. 우리가 '의미'라 부르는 것은 감각과정을 지각과정으로 변환시키는 단계에서 만들어지는 것이다.[6] 이 과정에는 기억 시스템이 관여되어 있다.

그러면 심리학적 방법으로 문학의 본질을 해명하고자 한 I. A. 리처즈의 다음 그림을 통해 논의를 이어가기로 하자. 아래 그림은 리처즈가 시 읽기의 심리적 과정을 나타낸 것으로, '이상향Arcadia, 밤, 구름, 목신Pan, 그리고 달'이라는 구절을 읽고 있는 이의 심리 과정을 보여주고 있다.[7] 양쪽에 표시된 로마자는 읽기 과정의 층위이다.

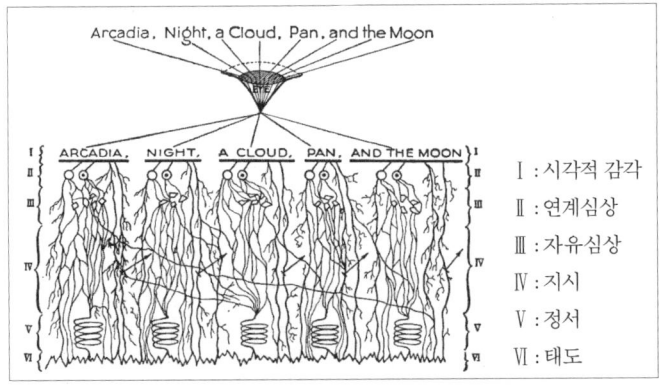

5) Alex Preminger, 'imagery', 위의 책, 559쪽.

6) David G. Myers, 신현정·김비아 옮김, 『마이어스의 심리학』, 시그마프레스, 2008, 293쪽.

7) I. A. Richards, *Principles of literary criticism*, New York: Harcourt, Brace, 1955, 116쪽.

독자가 '구름'이라는 글자를 읽는 경우를 예로 들어보자. 먼저 독자는 눈을 통하여 '구름'이라는 글자를 인식하고(Ⅰ), '구름'이라는 단어를 머릿속에서 발음하면서 청각심상과 발음심상을 떠올리고(Ⅱ), 그것을 통해 '뭉게구름'과 같은 시각적 심상을 그려보게 된다(Ⅲ). 다음으로 그 심상이 지시하는 하나의 대상, 즉 구체적인 구름을 떠올리고(Ⅳ), 그것에 촉발되어 어떤 정서가 일어나고(Ⅴ), 정서가 그 단어에 대한 독자의 태도를 결정하여 의미가 완료된다(Ⅵ). 이 중 Ⅰ―Ⅱ 과정이 감각과정이고, Ⅲ―Ⅵ 과정이 지각과정이라 할 수 있다.

심상은 감각적 정보가 지각과정을 통해 출력된 상태를 의미한다. 가령 우리가 촛불을 보는 경우를 예로 들어보자. 맨처음 촛불은 빛에너지로서 망막에 도달하여 신경흥분으로 전환되고, 이것이 시신경을 따라 두뇌의 시각피질로 전달된다. 두뇌는 지식과 기대의 도움을 받아 이러한 신호의 의미를 지각하여 '촛불'이라는 시각적 정보를 출력하면 우리는 '촛불'을 하나의 심상으로 인지하게 되는 것이다. 리처즈에 따르면 여기에는 이 심상에 대한 화자의 정서와 태도가 포함된 것이라 할 수 있다.

그러나 직접적인 감각이 주어지지 않을 때에도 심상이 발생하는가 하는 문제가 경험론자들의 의문점이었다. 물론 이때에도 심상은 발생한다고 본다. 즉 "한 번 감지했으나 더 이상 존재하지 않는 어떤 것을 기억하려는 시도 속에서, 또는 기억된 경험에 대한 반성 속에서, 또는 상상력에 의해 지각으로부터 만들어진 조합들 속에서, 또는 꿈과 열병의 환상 속에서"[8] 심상은 발생할 수 있다. 심리학에서 볼 때 이것은 경험이나 기대 등에 의거하여 이전의 감각정보들을 새롭게 조합하는 하향처리 과정을 의미하고, 구체적으로는 기억과 관련된 언어정보 처리와 인출을 가리킨다.

그렇다면 언어 표현에서 유발되는 심상이란 무엇인가. 이때 심상은 언어

8) Alex Preminger, 'imagery', 앞의 책, 559쪽.

를 통해 발생한다. 즉 구체적 사물로서의 촛불이 아니라 언어로서의 촛불이 감각적 대상으로 주어지는 것으로, 그 유발의 과정은 동일하다. '촛불'이라는 단어를 감각적으로 인지할 경우, 즉 그 말을 듣거나 문자로 볼 경우 두뇌에서 경험이나 기대 등에 의해 해석된 정보를 출력하는데, 이때 제시되는 감각적 정보, 특히 시각적 정보가 우리가 말하는 심상이다. 즉 언어 표현의 심상은 언어적 표현에서 촉발된 감각적 정보인 셈이다.

그러나 시에 있어서 심상은 이런 단순한 감각적 정보에 그치지 않는다. 그것은 시적 심상이 단순히 어휘의 차원에서 발생하는 것이 아니라 시행과 시 전체에서 발생하기 때문이다. 또한 시는 언어를 미적 차원에서 변용시켜 일반 언어 표현과 전혀 다른 차원을 지닌다. 그래서 시에서 심상은 단순한 감각 정보가 창조적으로 변용되어 복합적이고도 통합적 상태로 존재한다. 시의 심상은 시적 표현에서 유발된 복합적이고 통합적인 고차원적 감각 정보라 할 수 있다.

2) 심상의 외연

심상은 간혹 시각적 감각정보만을 의미하는 것으로 생각한 경우가 있었지만, 감각적 정보 전체를 의미하는 것으로 보는 것이 이미 보편화되었다. 심리학에 기대어 문학을 논한 리처즈는 "온갖 종류의 감각에는 제각기 대응하는 심상이 존재한다"[9]고 보기 때문에, 심상을 시각적 현상만으로 보는 것을 거부한다. 심리학자들은 '정신적 심상mental imagery'이라는 개념 아래 여러 심상을 나열하기도 한다.[10] 심상을 "시적 인식의 과정에서 형성되는 모든 심리적·감각적 체험의 구상화이며 동시에 시적 인식의 한 방법"[11] 이라고 정의한 것도

●

9) I. A. Richards, 김영수 옮김, 『문학 비평의 원리』, 현암사, 1977, 165쪽.
10) Alex Preminger, 'imagery', 앞의 책, 560쪽.
11) 정한모, 앞의 책, 70쪽.

이런 인식의 소산이다.

언어 표현에는 감각적 정보가 있는 경우와 없는 경우가 있다. 심리학에 의거할 때도 이런 가정은 타당하다. 심리학에 따르면 두뇌에 언어 정보를 저장하는 과정인 부호화encoding에는 크게 세 가지가 있는데, 시각부호화visual encoding, 청각부호화acoustic encoding, 의미부호화semantic encoding가 그것이다. 기억은 더 많은 부호화가 연합될 때 성공적으로 이루어진다. 이는 구체명사가 추상명사보다 더 많은 부호화가 연합되므로 기억이 더 잘 된다는 것을 의미한다. "예컨대 '고릴라'에 대해서는 심상과 의미를 모두 연합할 수 있는 반면에, '처리'에는 의미만을 연합할 수 있기 때문이다."[12] 즉 '고릴라'라는 어휘에는 시각부호화와 의미부호화가 작용하지만, '처리'라는 말에는 감각적 부호화 없이 의미부호화만이 작용한다. 의미부호화만 연합할 수 있는 '처리'와 같은 언어 표현은 감각적 정보가 없는 표현, 즉 심상이 없는 표현이라 할 수 있다.

시적 표현에서 심상의 유무는 시적 효과에 많은 영향을 미친다. 심상이 부족한 시의 경우 정서적 효과는 극히 빈약하게 된다. 다음 시의 경우가 그렇다.

> 인류의 범죄자
> 역사의 도살자인
> 아메리카 — 부르주아의 정부는
> 사랑하는 우리의 동지
> 세계무산자의 최대의 동무
> 작코, 반제티의 목숨을 빼앗었다
> 전기로—
> — 임화, 「담火—1927—작코, 반제티의 명일命日에」 부분

---

12) David G. Myers, 앞의 책, 445쪽.

이 시에는 사실상 구체적인 감각적 정보를 환기하는 언어 표현이 없다. 즉 감각적 부호화와 관련된 어휘는 거의 없고, 의미부호화만 가능한 어휘들로 구성되어 있다. 대부분이 추상명사로 이루어진 관념적 진술이기 때문이다. 이럴 경우 시는 관념적인 메시지가 중심이 되어, 시적 울림이 지극히 약해질 수밖에 없다.

3) 심상의 발생

시에서 심상은 시 구절 전체로부터 발생한다. 아무리 짧은 시라 하더라도 어휘 하나에 귀속된 심상 하나만으로 구성될 수는 없다. 시행 전체, 연 전체, 혹은 작품 전체의 심상이 서로 연합하여 시의 의미와 의미잉여를 산출해 내는 것이다. 문학에서 복수의 개념으로서 이미저리imagery라는 말을 사용하는 것도 이와 관련이 있다. 또한 옥타비오 파스가 이미지를 "모든 언어적 형태, 즉 시인이 말하는 구와, 이것들이 모여서 시를 구성하는 구들의 총체"[13] 라 정의한 것도 이 까닭이다. 가령 다음과 같은 짧은 시를 감상해 보자.

당신 생각을 켜놓은 채 잠이 들었습니다
— 함민복, 「가을」 전문

먼저 이 시의 중심 내용을 산문으로 처리하면 다음과 같이 표현할 수 있을 것이다.

당신 생각을 하면서 잠이 들었습니다

---

13) Octavio Paz, 김홍근·김은중 옮김, 『활과 리라』, 솔출판사, 1998, 129쪽.

모든 시는 이런 산문적인 구절로 환원될 수 없지만 심상을 분석하기 위해 이 산문을 살펴보자. 이 산문에는 '잠이 들었다'는 표현에 시각적 심상이 들어 있다. 그리고 거기에 '당신 생각'을 하는 상황이 또다른 심상으로 등장하여 부가적으로 잠든 상황을 보완해 주고 있다. 이때 우리는 막연한 상태로나마 화자가 그리운 사람을 생각하며 뒤척이다 잠든 상황을 종합적인 심상으로 그려볼 수 있다. 이 산문에서처럼 시에서도 하나의 심상은 최소 단위로 고립되어 존재하지 않는다.

그러나 이 산문에는 산문적 심상만 존재할 뿐이다. 이 시를 시답게 하는 것은 '생각을 하다'를 '생각을 켜다'로 심상을 변환시킨 점에 있다. '생각을 켜다'라는 말은 일상적 문법에서는 오류지만 시에서는 시적 진리를 담고 있다. 어쨌거나 이 표현으로 '켜다'라는 감각적 정보가 추가되어 '잠이 들다'라는 시각적 심상과 서로 연합하여 전체의 의미를 구성한다. 파스는 이를 "다원적 현실의 통일성"[14] 이라 부른다.

시에서는 각각의 심상이 혼연일체가 되어 전체의 통일된 심상을 구성하는데, 이 시에서 그것은 구체적으로 어떤 것일까. 그것을 알기 위해서 우리는 왜 시인이 '당신 생각을 켜놓았다'고 했는지를 고민하게 되고 부가정보를 찾는다. 이때 '가을'이라는 제목이 중요한 단서를 제공한다.

이제 독자는 어느 가을, 보름달이 훤하게 비치는 창 아래 달을 보면서 사랑하는 사람을 그리워하다 잠든 시적 화자를 생각할 수 있을 것이다. 그리운 이를 생각하게 해주는 보름달은 불을 켜놓은 채 외롭게 혹은 충만하게 잠이 든 서정적 자아의 모습이다. 이 풍경에서 우리는 달, 잠든 화자, 달을 등불처럼 켜둔 행위 등을 분리해낼 수 없을 것이다. 모든 심상은 혼연일체가 되어 하

---

14) "이미지는 대립되거나 무관심하거나 혹은 서로 멀리 떨어져 있는 요소들을 가깝게 접근시키거나 결합시킨다. 다시 말해, 다원적 현실에 통일성을 부여한다." Octavio Paz, 위의 책, 130쪽.

나의 완결된 그림이 되었기 때문이다. 그래서 "줄리엣은 태양이다"라는 표현에서 '태양'만이 심상이냐, 아니면 이 은유 전체가 심상이냐 하는 논란은 의미가 없다.[15] 앞에서 살펴본 바처럼 시에서는 어떤 심상도 고립적으로 존재하지 않기 때문이다.

4) 심상의 유형

심상의 유형은 나누는 기준에 따라 다양한 방식이 있지만, 여기에서는 그 중 대표적인 것만 소개한다. 단 기존의 시론서에 많이 언급된 지각적(정신적), 비유적, 상징적 심상으로 나누는 것은 타당성이 없으므로 여기에서는 배제한다.[16]

첫째, 감각의 종류에 따라 나누는 방식이다. 즉 감각적 심상의 하위 유형을 나열하는 방식이다. 감각적 심상은 우리 마음속에 재생되는 여러 감각으로 구성된 심상을 말하는데, 흔히 감각정보가 정신적으로 재현된다는 의미에서 '정신적 심상mental image'이라 부르기도 한다. 여기에는 다양한 하위 유형이 있다. 시각적visual(바라보기, 즉 명암, 투명성, 색상, 동작), 청각적auditory(듣기), 후각적olfactory(냄새), 미각적gustatory(맛), 촉각적tactile(접촉, 즉 온도, 촉감), 기관적organic(심장박동, 맥박, 호흡, 소화작용), 근육 감각적kinesthetic(근육의 긴장

---

15) '줄리엣은 태양이다'에서 심상을 규정하는 것은 "하나의 심상은, 일종의 감각적 직접성과 현재성의 담지자인가, 또는 두 가지 다른 단어들의 결합 그리고 그 결합된 어휘들에 의해 형성된 관련성인가? 그것은 이해의 양식인가, 아니면 수사적 장치의 한 양식인가?"를 묻는 일로서 단순한 문제는 아니다. 그러나 시에서 이 질문은 분리할 수 없는 것이라는 점에서 우문에 불과하다고 할 수 있다. 이 예는 프레밍거 사전에서 가져온 것이다. Alex Preminger, 'image', 앞의 책, 557쪽.

16) 지각적(정신적) 심상은 우리의 마음속에 재생되는 감각적 심상을 말하고, 비유적 심상은 비유를 통해 나타나는 것을, 상징적 심상은 반복적으로 나타나는 것을 말한다. 그러나 이들이 서로 겹쳐 있는 부분이 많아 독립적 범주로 보기 힘들다. 이런 구분의 근거로 프린스턴 시학사전의 N. 프라이의 설명을 제시한다. 그러나 이후 새로운 새판본에는 이것이 다른 글로 교체되었는데, 거기에는 이런 구분을 심상의 유형으로 다루지 않고, 심상과 관련된 통시적인 연구 주제로 다루고 있다. Alex Preminger, 앞의 책, 'imagery' 항목 참조.

과 운동에 대한 인식) 심상 등이 그것이다.[17] 그리고 이런 심상이 복합적으로 이루어진 공감각적 심상synaesthetic imagery이 있다. 이것은 "하나의 감각으로부터 다른 감각으로, 예를 들면 소리로부터 색채로 이동해"[18]가는 것을 말한다. 다음 시에 공감각적 심상이 잘 드러나 있다.

모래밭처럼 찌던
시가를 벗어나,
질경꽃빛 구월의 기류를 건너면,

은피라미떼
은피라미떼처럼 반짝이는

아침 풀벌레 소리.
— 김종길, 「여울」 전문

공감각은 하나의 감각을 다른 감각으로 전이하는 것이다. 위의 시는 '풀벌레 소리'의 청각적 심상을 '반짝인다'고 표현하여 시각적 심상으로 전이시키고 있다. 간혹 "번쩍이는 평화"를 예로 들어 "감각이 관념과 결합하는 것도 공감각"[19]이라 하지만, 이것은 엄밀하게 말해서 공감각이라 부르기 어렵다. "관념(평화)에서 감각(번쩍이는)으로 옮겨가는 것"은 엄밀하게 말하여 감각의 전이가 아니기 때문이다.

둘째, 감각적 심상을 분류하는 방식이다. 웰렉과 워런은 감각적 심상을

---

17) Alex Preminger, 'imagery', 앞의 책, 560쪽.
18) R. Wellek & A. Warren, Theory of Literature, Penguin Books, 1976, 187쪽.
19) 김준오, 앞의 책, 171—172쪽.

분류하는 방식을 두 가지 소개하고 있다.[20] 문맥이 모호하지만 다음과 같이 해석할 수 있다. 하나는 '정적인 심상'과 '동적인 심상'으로 나누는 방식이다. 전자는 색채 심상과 같이 감각의 전이 없이 단독으로 성립하는 것을, 후자는 감각의 전이가 일어나는 공감각적 심상을 말한다.

다른 하나는 '연계 심상tied imagery'과 '자유 심상free imagery'이다.[21] 번역서에는 연결連結 심상, 유리遊離 심상으로 번역하고 있다. 그러나 엄격히 말하자면 이것은 심상의 유형이라 보기 힘들다. 전자는 글자를 보고 묵독할 때 생기는 시각적 감각과 연계되어 있는 청각적 심상(상상적 발음에서 생긴 것), 발음할 때의 발음 심상(실제 발음을 가정할 때 생기는 근육감각적 심상)을 말한다. 이것은 글자 자체의 시각적 감각과 밀접하게 연결되어 있는 심상들이다. 이에 반하여 후자는 시각적 심상처럼 독자가 각자 다양하게 반응하는 대부분의 심상을 가리킨다.

셋째, 심상의 기능에 따라 나누는 방식이다. 여기에는 김춘수가 구분한 '서술적 심상'과 '비유적 심상'이 있다.[22] 김춘수에 따르면 전자는 "심상 그 자체를 위한 심상"을 가리키고, 후자는 "관념을 말하기 위하여 도구로서 쓰여지는 심상"을 가리킨다. 전자가 순수한 데 반하여, 후자는 관념에 봉사하는 역할을 하기 때문에 불순한 것이 된다. 이 가운데 전자를 적극적으로 활용한 것이 '무의미시'라 할 수 있다.

---

20) R. Wellek & A. Warren, 앞의 책, 187쪽. 이 책은 E. G. Boring, Juhn Downey, Jean—Paul Sartre의 저서를 참조하고 있다.
21) I. A. Richards, 앞의 책, 161—168쪽 참조.
22) 김춘수, 『시론—시의 이해』, 송원문화사, 1971; 『김춘수전집2 시론』, 문장사, 1982, 243—251쪽.

2. 심상의 본질

1) 총체적 현존의 제시

전통적인 관점에서 볼 때, 심상은 사물의 본질에 대한 시인의 직관을 총체적으로 드러내는 핵심적인 매개이자 유일한 통로가 된다. 직관은 그 성질상 논리적이고 분석적인 산문적 진술에 담길 수 없기 때문에 직관의 덩어리 그대로 심상으로 표현될 수밖에 없다. 직관의 덩어리로서의 심상 속에서 대상은 본질 그대로 현현하게 된다. 옥타비오 파스는 이것을 "총체적인 현존"[23]이라 부른다.

옥타비오 파스에 의하면 실재에 대한 우리의 모든 해석들은 표현하고자 하는 것을 재창조하지 않고 그것을 표상하거나 묘사하는 데 그친다. 그가 말하는 실재에 대한 해석들이란 삼단논법, 묘사, 과학적 공식, 실천적인 수준의 논평 등 산문적이고 논리적인 접근에 대한 총칭이다. 이런 접근은 대상을 논리적으로 접근하기 때문에 대부분 대상의 진정한 본질을 놓친다는 것이다.

파스는 의자를 예로 들어 설명한다. 의자를 볼 때 우리는 순간적으로 의자의 색깔, 형태, 재료 따위를 지각한다. 서로 다른 층위에 속하는 특성이라는 점에서 이런 지각 내용은 분산적이고 모순적이라 할 수 있지만, 우리는 의자가 가구나 도구라는 것을 이해하는 데 방해받지 않는다.

그러나 이런 지각을 산문적 차원에서 묘사하려고 한다면 세부적으로 분석해야 한다. 먼저 의자의 형태를 그리고 그 다음에는 색깔, 그리고 의미에 이를 때까지 우리는 분석적이고도 논리적인 단계를 차례차례 밟아 나가야 한다. 그런데 이 끝도 없는 묘사적 과정에서 대상의 총체성은 점점 상실되어 간

---

23) Octavio Paz, 앞의 책, 143쪽.

다. "처음에 의자는 단지 형태였다가 나중에는 나무의 종류가 되고 마침내는 순수한 추상적 의미, '의자는 앉기 위해 사용하는 대상이다'가 된다."[24]

그러나 시에서는 전혀 상황이 달라진다. 파스의 말을 직접 들어보자.

> 시에서 의자는 느닷없이 우리의 주의를 자극하는 순간적이고 총체적인 현존이 된다. 시인은 의자를 묘사하지 않고 대신 우리 앞에 의자를 보여준다. 지각의 순간에서처럼, 의자는 그것의 모든 모순적인 성질들을 지닌 채 우리 앞에 주어지며, 그 순간의 정점에는 의미가 자리 잡는다. 이렇게 이미지는 지각의 순간을 되살려내며 독자로 하여금 언젠가 지각한 일이 있는 대상을 자신 안에서 되살려내도록 충동한다. (……) 한 번 걸러서 재현하는 것이 아니라 그대로 현시한다.[25]

시에서 의자는 모든 모순적인 층위의 정보들을 하나로 통합하여 "총체적인 현존"으로 제시된다. 분석적이고 논리적인 과정에서 상실된 의자의 본질이 시에서는 손상되지 않은 그대로 현시되는 것이다. 모순적인 성질들이 그대로 현시된다는 것은 대상의 물질성이 손상되지 않고 그 전체로서 온전히 현현한다는 의미로 읽힌다. 정확하게 말해서 시 속에서 의자는 재현representation되는 것이 아니라 그 총체적 존재로서 현현epiphany한다고 할 수 있다.

(가) 극장에 사무실에 학교에 어디에 어디에 있는 의자란 의자는
　　모두 네 발 달린 짐승이다 얼굴은 없고 아가리에는 발만 달린 의자는
　　흉측한 짐승이다 어둠에 몸을 숨길 줄 아는 감각과

24) Octavio Paz, 위의 책, 143쪽.
25) Octavio Paz, 위의 책, 143쪽.

햇빛을 두려워하지 않는 용맹을 지니고 온종일을

숨소리도 내지 않고 먹이가 앉기만을 기다리는

의자는 필시 맹수의 조건을 두루 갖춘 네 발 달린 짐승이다

이 짐승에게는 권태도 없고 죽음도 없다 아니 죽음은 있다

안락한 죽음 편안한 죽음만 있다

먹이들은 자신들의 엉덩이가 깨물린 줄도 모르고

편안히 앉았다가 툭툭 엉덩이를 털고 일어서려 한다

그러나 한 번 붙잡은 먹이는 좀체 놓아주려 하지 않는 근성을 먹이들

은 잘 모른다

이빨 자국이 아무리 선명해도 살이 짓이겨져도 알 수 없다

이 짐승은 혼자 있다고 해서 절대 외로워하는 법도 없다

떼를 지어 있어도 절대 떠들지 않는다 오직 먹이가 앉기만을 기다린다

그리곤 편안히 마비된다 서서히 안락사한다

제발 앉아 달라고 제발 혼자 앉아 달라고 호소하지 않는 의자는

누구보다 안락한 죽음만을 사랑하는 네 발 달린 짐승이다

　　― 김성용, 「의자」 전문

(나) 태초에

　　하느님이 의자를 만들 때

　　그 곁을 달려가던

　　말의 영혼을 불어 넣었다

　　목뼈를 곧게 펴고

　　먼 곳을 바라보는 자세에

　　안장을 얹은 것도

　　하느님의 전직인 목수였다

사람들이

목뼈에 등을 기대고 돌아앉을 때

의자는

혼이 떠난 사물에 지나지 않았다

아이들이

가끔씩 거꾸로 앉아 소리칠 때

온 몸을 부르르 떨며

의자에 깃든 말의 영혼은 눈을 뜬다

그때마다

어디선가 또각또각 말발굽 소리 들려온다

— 박현수, 「의자」 전문

　이 시들은 의자를 다루고 있다. 각각의 시에 나타난 의자의 모습은 상이
하다. (가)의 의자는 사나운 짐승으로, (나)의 의자는 말의 영혼이 깃든 존재로
그려진다. 이처럼 상이한 의자의 심상을 "총체적인 현존"이라 부를 수 있을까.
우리는 이 의자들을 분석과 논리를 통해 포착한 것이 아니라, 그 본질을 시인
의 직관으로 포착하였다고 볼 때 "총체적인 현존"이라 할 수 있다. 이 시에서
의자는 과학적 분석의 대상이 아니라 시적 직관의 대상이다. 시인이 보여주
는 구체적인 심상이 다르다고 하더라도 이 시들 속의 의자는 의자의 본질을
온전하게 담고 있다. 오히려 그런 상이한 심상을 통해 오히려 의자의 본질이
더욱 두드러진다는 점에서 그 현존은 더욱 실감나게 된다.
　의자의 본질, 그 총체적 현존이라는 것은 간단하게 산문적으로 규정될
수 없다. 규정을 내리는 순간, 의자는 총체적 현존을 상실한 사물이 되어버린
다. 여기에서 '의자는 네 발 달린 짐승이다'라는 단정은 산문적 규정이 아니다.

'네 발 달린 짐승'은 '나무 재질의 받침대가 네 개 있는 형태'에 대한 시적 번역 또한 아니다. 그것은 산문적 규정의 영원한 보류이면서 규정하지 않는 규정이다. 의자가 짐승일 때, 의자는 완전히 사물도 아니고 동시에 완전히 짐승도 아니다. 이미지는 그 불가분의 모순을 통해 의자를 독자에게 현현시킨다. 바로 여기에 의자의 "총체적 현존"이 있는 것이다. 파스가 말하는 바도 이것이다.

2) 실재 부재의 표지

시적 심상은 대상의 본질을 총체적으로 현현시키는 유일한 통로임에 틀림이 없다. 그러나 이것만이 심상의 본질의 전체 모습이라 볼 수 없다. 이제 달의 뒷면처럼 보이지 않던 심상의 전혀 다른 측면을 살펴보기로 하자.

경험론적으로, 주어진 지각이 없을 때 심상은 최초의 지각 때 각인되었던 것을 재형성할 수밖에 없다. 그런데 이때 그 심상은 최초의 것과는 다른 것이다. 이미 현존하지 않은 최초의 지각은 기억과 상상으로써 공간 속으로 편입되어 존재한다. 이것은 최초의 지각이 변형되었다는 것을 의미한다. 최초의 지각은 기억과 상상력 속에서 애초의 물질성을 점차 상실하고 새로운 형태로 활성화되기 시작한다.

같은 질감이나 같은 강도로 지각을 반복할 수 없다는 사실을 염두에 둔다면 심상은 애초에 부재의식이나 상실의식 속에서 생성되는 것이라 할 수 있다. 최초의 지각이 형성되면서 그 물질성이 상실되어 가는 것이다. 하나의 심상은 유동적인 기억 속에 있는 한 이러한 운명을 벗어날 수 없다. 이런 속성이 바로 심상의 또다른 본질이 아닐 수 없다.

이미지의 이러한 본질은, 낭만주의에 대해서 비판적으로 접근하는 폴 드 만에 의해서 깊이 천착된다.[26] 그는 낭만주의에서 자연 대상에 대한 심상이 압도적으로 많다는 사실을 환기하며 그 의미에 관심을 보인다. 그가 주목하는 것은 횔덜린의 시 「빵과 포도주」의 다음 구절이다.

……그러나 이제는 사랑하는 이의 이름을 부른다.
이젠 그것을 나타낼 단어가, 꽃처럼 피어나야 한다.

이 시는 신의 현존이 이루어질 시간에 대해서 노래하고 있는 횔덜린의 시 중 일부이다. 폴 드 만이 주목하는 부분은 '단어가 피어나야 한다'는 구절이다. 이 '피어나다entstehn(유래하다, 발원하다)'는 말은 꽃에 어울리는 표현이지만 여기에서는 '단어'에 사용되고 있다는 점이 특이하다. 그는 바로 이런 용법에 심상의 본질이 관여되어 있다고 보고 해체주의 특유의 자세히 읽기를 시도한다.

폴 드 만에 따르면, '피어나다'라는 어휘를 매개로 연결되어 있는 '꽃'과 '단어'는 사실상 다른 차원에 속하는 말이다. 먼저 '꽃'은 모방이나 유추와 같은 수사학적 장치의 도움 없이 스스로 땅에서 돋아나오는 자연 대상이다. 존재의 성립 기반을 외부에 두지 않고 그 자체에서 자족적으로 해결하는 존재인 것이다. 자연 대상으로서 꽃은 자신의 존재 그 이외에서 자신의 기원을 찾지 않는다. 그래서 꽃의 존재 상태에는 동요가 있을 수 없다. 또한 자연 대상인 꽃은 선험적인 원리의 육화로서 피어나는 것이다. '꽃처럼 피어난다'는 것은 선험적 원리의 자연스런 유출, 즉 현현으로 현존하게 된다는 의미이다.[27]

이와 달리 심상(여기에서는 '단어')은 존재의 안정성이 확보되지 않은 상

26) Paul de Man, "Intentional Structure of Image", *The Rhetoric of Romanticism*, Columbia University Press, 1984.
27) Paul de Man, 위의 책, 3—4쪽.

태이다. '단어'는 절대로 꽃처럼 피어날 수 없다. 그것은 자연적 실재와는 본질적으로 구분된 존재이기 때문에, 그 진술보다 먼저 존재하는 독립적인 실재를 가지지 않는다. 그래서 심상은 또다른 실재 속에서 자신의 기원의 양식을 찾아야 한다. 그것은 자연 대상의 본질적인 존재론적 우월성에 의존하고 있다. 그래서 심상은 자연 대상을 향한 향수에 의해 고무되고, 그 대상의 기원을 향한 향수로 확장될 수밖에 없다. 그런데 이와 같은 향수는 언제 존재하는가. 역설적이게도 그것은 바로 그것의 존재기반인 선험적인 현존이 망각될 때, 즉 신이 사라진 '궁핍한 시대'에만 존재할 수 있다. 그래서 "시적 이미지의 존재는 신의 부재를 나타내는 표지이며, 시적 이미저리의 의식적 사용은 이와 같은 부재의 승인에 대한 표지"[28]라 할 수 있다. E. 레비나스는 이를 "표상된 대상은, 이미지로 변신하는 단순한 사실을 통해 비대상으로 전환된다"[29]는 말로 표현한 바 있다.

시적 언어, 즉 심상은 대상의 존재론적 상태, 즉 실재에 보다 근접하려는 욕망에서 피어난다. 그러나 결과적으로 이런 욕망은 실패할 수밖에 없다. 심상은 어떤 실체를 지니고 존재할 수 없기에 결코 스스로의 기원이 될 수는 없는 것이다. 폴 드 만의 이런 논리를 알기 쉽게 적용할 수 있는 시로 다음 작품을 들 수 있다.

이것은 소리 없는 아우성.
저 푸른 해원을 향하여 흔드는
영원한 노스탤지어의 손수건.
순정은 물결같이 바람에 나부끼고

---

28) Paul de Man, 위의 책, 5쪽.
29) E. Levinas, "La réalité et son ombre"; 서동욱, 「시와 비진리」, 『세계의 문학』, 2009. 여름, 429쪽에서 재인용.

오로지 맑고 곧은 이념의 푯대 끝에

애수는 백로처럼 날개를 펴다.

아아 누구던가.

이렇게 슬프고도 애달픈 마음을

맨 처음 공중에 달 줄을 안 그는.

― 유치환, 「깃발」 전문

이 시에 나오는 깃발은 구체적 대상이지만, 그 지향하는 바는 폴 드 만의 심상과 같다. 여기에서 깃발이 '심상' 혹은 '단어'라면 '해원'은 그것이 최종적으로 기댈 수 있는 실재로서의 자연 대상이 된다. 깃발은 해원이라는 대상의 존재론적 상태에 근접하기 위하여 아우성을 하지만, 분명하게 실재하는 존재론적 한계(여기서는 '푯대'가 그 역할을 한다) 때문에 결코 거기에 도달하지 못한다. 바로 이때 '노스텔지어', 즉 향수가 발생한다. 향수는 깃발이 결코 해원에 도달할 수 없는 상태가 전제될 때에만 생길 수 있기 때문이다. 존재론적 대상에 도달하려는 심상의 욕망은 결국 실패하고 만다.

폴 드 만에 따르면 낭만주의적 사유나 낭만주의 시는 바로 이런 실패에 맹목적이다. 그것들은 대상에 대한 향수에 완전히 굴복한 결과 대상과 이미지, 상상력과 지각, 형상적이거나 구상적인 언어와 모방적이거나 축자적인 언어를 구별하는 데 실패한다. 이것이 바로 워즈워스, 괴테, 보들레르, 랭보 등에서 시작하여, H. 베르그송에서 그것의 시학적 형태가 암시되고 G. 바슐라르에서 명백해진 "매개되지 않은 비전"[30]의 시학이다.

폴 드 만의 이런 비판은 심상에 대한 비판이면서, 동시에 서정적 동일성에 대한 비판이다. 존재론적 근거를 전혀 지니고 있지 못한 심상이 마치 자연

30) Paul de Man, 위의 책, 7쪽.

대상인 것처럼 흉내 내고, 그리고 심상과 대상이 완전한 합일을 이루고 있다고 믿는 것은 일종의 환상에 불과하다는 것이다. 심상은 영원히 이룰 수 없는 존재에 대한 갈망일 뿐이다. 이런 논리에 따르면 위의 시에서 '깃발(심상 혹은 객체)'이 존재론적 간격을 초월하여 '마음(주체)'이 되는 것도 일종의 환상이라 할 수 있다.

그래서 심상은 그 실재 대상의 부재의 증거라 할 수 있다. 어떤 시에서 심상이 강렬하다는 것은 그 심상의 실재 대상의 부재가 그만큼 분명하다는 뜻이다. 이 뼈아픈 각성을 우리는 백석의 시에서 확인할 수 있다.

오늘 저녁 이 좁다란 방의 흰 바람벽에
어쩐지 쓸쓸한 것만이 오고 간다
이 흰 바람벽 위에
희미한 십오촉 전등이 지치운 불빛을 내어던지고
때글은 다 낡은 무명샤쯔가 어두운 그림자를 쉬이고
그리고 또 달디단 따끈한 감주나 한잔 먹고 싶다고 생각하는 내 가지가지 외로운 생각이 헤매인다
그런데 이것은 또 어인 일인가
이 흰 바람벽에
내 가난한 늙은 어머니가 있다
내 가난한 늙은 어머니가
이렇게 시퍼러둥둥하니 추운 날인데 차디찬 물에 손은 담그고 무이며 배추를 씻고 있다
또 내 사랑하는 사람이 있다
내 사랑하는 어여쁜 사람이
어늬 먼 앞대 조용한 개포가의 나즈막한 집에서

그의 지아비와 마조 앉어 대구국을 끓여놓고 저녁을 먹는다

벌써 어린것도 생겨서 옆에 끼고 저녁을 먹는다

그런데 또 이즈막하야 어늬 사이엔가

이 흰 바람벽엔

내 쓸쓸한 얼골을 쳐다보며

이러한 글자들이 지나간다

— 나는 이 세상에서 가난하고 외롭고 높고 쓸쓸하니 살어가도록 태어났다

그리고 이 세상을 살어가는데

내 가슴은 너무도 많이 뜨거운 것으로 호젓한 것으로 사랑으로 슬픔으로 가득 찬다

그리고 이번에는 나를 위로하는 듯이 나를 울력하는 듯이

눈질을 주며 주먹질을 하며 이런 글자들이 지나간다

— 하눌이 이 세상을 내일 적에 그가 가장 귀해하고 사랑하는 것들은 모두

가난하고 외롭고 쓸쓸하니 그리고 언제나 넘치는 사랑과 슬픔 속에 살도록 만드신 것이다

초생달과 바구지꽃과 짝새와 당나귀가 그러하듯이

그리고 또 '프랑시쓰 쨈'과 도연명과 '라이넬 마리아 릴케'가 그러하듯이

— 백석,「흰 바람벽이 있어」전문

지금 시인은 흰 바람벽을 보고 누워 있다. 그 바람벽에는 마치 영사막처럼 수없이 많은 심상들이 지나가고 있다. 그런데 그 심상들은 모두 부재하는 대상들이다. 그는 바람벽을 통하여 지금 그에게 부재한 대상들을 아프게 바라본다. 바람벽에 나타나는 대상은 가장 본질적인 존재들로서, 그가 가장 사

랑하는 사람들이다. 이는 부재 시에 그 상실감을 극도에 이르게 하는 존재들이다. 어머니와 사랑하는 사람은 고향의 이미지와 등가이다. 고향의 부재, 상실의식은 이렇게 어머니와 사랑하는 사람이 되어, "허깨비(이미지)"[31]가 되어 벽 위에 나타난다.

　건널 수 없을 정도로 깊은 부재의식 속에서 나온 심상은 연쇄적으로 자가 증식한다. 이미지가 이미지를 물고 이어지는 것이다. 사랑하는 사람이 나타나고, 그의 지아비가 나타나고, 그리고 어린 것도 생겨난다. 고향 이미지와 동일한 이러한 이미지들이 한참을 떠돌다 사라지면 그때는 '글자'가 그 심상들을 대신한다. 난데없는 이 '글자'란 무엇일까. 이것은 폴 드 만이 말한 바, 횔덜린의 '단어'와 등가의 것이다. 수많은 심상 다음에 등장한 이 '글자'라는 것도 사실상 심상과 동질의 것이다. 결코 실재 대상이 될 수 없는 것들이라는 점에서 심상과 '글자'는 대상의 부재를 알려주는 뼈아픈 표지이다. 그러니 그 '글자'들이 주는 '위로'라는 것도 객관적 실재로서의 세계에서 오는 것이 아니라 자신이 만들어낸 자기위안일 수밖에 없다.

　백석은 실재 부재의 표지로서 심상의 본질을 시적으로 보여준 대표적인 시인이다. 그의 시에 나타나는 명징한 심상들을 감싸고 있는 슬픔의 아우라는, 고향을 잃은 자로서 느끼는 시대적 슬픔의 아우라이자 동시에 실재에 도달하지 못하는 심상의 아우라이다. 이 두 아우라가 절묘하게 어울려서 그의 시는 감동적 울림을 가지는 것이다.

●

31) 김윤식, 「허무의 늪 건너기—백석론」, 『근대시와 인식』, 시와시학사, 1992, 150쪽. 백석 시에 핵심적인 이미지를 본질적인 면에서 접근한 사람은 김윤식 교수이다. 그는 백석에 있어서 시란 풍물의 정확한 인식일 뿐이라고 보며, 이런 점에서 이상에 있어서 기호론과 같은 방법론에 속하는 것으로 파악한다. 그리고 고향을 떠난 자의 외로움이 풍물을 순수한 감각으로 포착하게 한 것이라는 시각에서, 그 '외로움과 외로움 사이에 풍물이 놓인다면 세련된 이미지밖에 나올 것이 없다'고 한다. 그리고 그 외로움 때문에 백석은 '그가 좋아하는 허깨비(이미지)'를 불러내어 말을 거는 이야기체를 사용하게 되었다고 분석한다.

3. 심상의 기능

심상은 여러 가지 기능을 지니고 있다. 한 사전에서는 크게 다섯 가지로 정리하고 있다. ① 화자의 사유와 느낌들의 명료화와 객관화, ② 지각활동의 자극 및 객관화, ③ 시적 상황 속의 다양한 요소에 대한 작가의 평가 암시, ④ 독자의 기대의 환기 및 유도, ⑤ 독자의 주의력의 방향 제시 등이 그것이다.[32]

옥타비오 파스가 정리한 심상의 의의 또한 심상의 기능과 상통한다. 그가 말한 의의를 정리하면 다음과 같다. ① 진정성의 제시. (이미지는 세계에 대한 시인의 비전과 경험에 대한 진술한 표현으로서 심리학적 진리의 표현이다.) ② 그 자체로 유효한 객관적 실재의 구성. (현실과 독립된 자율적 세계, 즉 실존의 진실이라는 또다른 진리의 세계를 창조한다.) ③ 인간 존재의 의미 제시. (심상이 우리와 세계에 관해 말하면서 독자로 하여금 인간의 본질을 자각하게 한다.)[33]

김준오는 심상의 기능을 두 가지로 정리한다. 하나는 의미의 효과적 전달이다. 심상은 시인이 전달하고 싶은 관념이나 실제경험 또는 상상적 체험들을 미학적으로 그리고 호소력 있는 형태로 형상화시켜 주는 수단인 것이다. 다른 하나는 정서의 환기이다. 지시적 기능의 수단에 불과한 언어에 정서를 환기시켜 일상적이고 상투적인 사물을 낯설게 한다.[34] 홍문표는 ① 의미의 육화, ② 정서적 환기, ③ 이미지의 사물성 등을 주요한 기능으로 제시하기도 한다.[35]

이와 같이 제시된 심상의 여러 기능은 중복되는 것도 있고 보편적으로

32) Alex Preminger, 'imagery', 앞의 책, 565쪽.
33) Octavio Paz, 앞의 책, 141—142쪽.
34) 김준오, 앞의 책, 159—163쪽.
35) 홍문표, 『현대시학』, 양문각, 1995, 179—187쪽.

인정하기 힘든 것도 있다. 여기에서는 심상의 기능 중 본질적이라 할 수 있는
것을 두 가지로 정리하고자 한다.

1) 추상적 상태의 감각화

심상의 존재 이유는 무엇보다 추상적인 상태(생각, 상황 등)를 생생하게
만들어준다는 데 있다. 감각적 정보가 없는 추상적이고 관념적인 상태는 흥
미를 감소시킬 뿐만 아니라 설득력을 떨어트린다. 그러나 추상적인 상태에 감
각적 정보를 풍부하게 결합시킨다면, 즉 관념을 심상으로 전환시킨다면 말은
새로운 차원으로 태어나서 듣는 이에게 깊은 인상을 심어줄 것이다.

추상적인 상태를 감각적으로 전환시키는 심상의 기능은 T. S. 엘리엇이
말한 "사상을 장미꽃의 향기처럼 느끼"[36]는 일을 가리킨다. 시는 논리적이고
분석적인 상태로 존재하는 메마른 메시지(사상)를 심상을 통해 감각화함으로
써 생생하게 만든다. 엘리엇의 "객관적 상관물objective correlatives"이라는 말
도 결국 관념적인 사상을 감각적으로 구현해줄 어떤 심상을 가리킨다는 점에
서 같은 생각의 표현이라 할 수 있다.

> 공중空中이란 말
> 참 좋지요
> 중심이 비어서
> 새들이
> 꽉 찬
> 저곳
> 그대와

●

36) T. S. Eliot, 이경식 옮김, 『문예비평론』, 성창출판사, 1991, 212쪽.

그 안에서
방을 들이고
아이를 낳고
냄새를 피웠으면

공중이라는
말

뼛속이 비어서
하늘 끝까지
날아가는
새떼
— 박형준, 「저곳」전문

'공중'이라는 말의 사전적 의미는 '하늘과 땅 사이의 빈 곳'이라는 말이다. 완전한 관념어라 할 수 없지만 구체적 형상이 그려지지 않는다는 점에서 추상적인 상태를 나타내는 준관념어라 할 수 있다. 이 말은 '하늘'과 달리 우리에게 어떤 뚜렷한 감각적 정보를 제공해 주지 않는다. 시인은 이 '공중'이라는 관념적인 말을 여러 심상을 동원하여 추상적인 상태에서 구체적인 상태로 성공적으로 변환시킨다.

먼저 시인은 '공중'을 '중심이 비어서 새들이 가득 찬 곳'으로 바꾸어버린다. '중심이 비었다'는 말은 공중空中이라는 한자어를 우리말로 풀어놓은 것이지만, 문자 그대로 풀어놓은 것은 아니다. 이제 공중은 눈에 보이지 않는 막연한 공간이 아니라 새들이 가득 차 있는 의미와 감각이 풍부한 공간이 되었다. 그리고 시인은 공중에 사람 사는 냄새를 채우면서 감각성의 강도를 더욱 높인다. 그리고 마지막에는 새떼에게 그 심상을 전이시키면서 시를 마무리한다.

박형준의 「저곳」은 사상을 장미에 향기를 부여하는 방법, 즉 추상적 개념의 감각화를 간단하면서도 명쾌하게 보여주는 작품이라 할 수 있다. '자유'나 '혁명' 같은 관념적인 어휘를 자주 사용하는 김수영도 관념의 육화로서 심상을 자주 사용하는 시인이다.

푸른 하늘을 제압하는
노고지리가 자유로왔다고
부러워하던
어느 시인의 말은 수정되어야 한다

자유를 위해서
비상하여본 일이 있는
사람이면 알지
노고지리가
무엇을 보고
노래하는가를
어째서 자유에는
피의 냄새가 섞여있는가를
혁명은
왜 고독한 것인가를

혁명은
왜 고독해야 하는 것인가를

— 김수영, 「푸른 하늘을」 전문

이 시는 '자유', '혁명'이라는 관념을 심상의 감각성에 전적으로 의존하여 표현하고 있다. '자유'는 "푸른 하늘을 제압하는/ 노고지리"로 감각화되었다. 그래서 그 다음에 바로 "자유를 위해서/ 비상하여 본 일"을 이야기해도 비약이 되지 않는 것이다. '자유'라는 말은 이미 '노고지리'와 혼용되어 버린 상태이기 때문이다. 이후 '비상', '노래'와 같은 말이 등장하는 것은 더 이상 관념어 '자유'와 관련되는 것이 아니라 자유의 감각화로서의 '노고지리'와 관련되어 시의 울림이 더욱 커지게 된다. 추상적 개념의 감각화가 이처럼 성공적으로 이루어진 시를 보기도 쉽지 않을 것이다.

2) 자율적 세계의 구성

심상은 관념적인 차원의 구상화具象化에 많은 도움을 주는 것이 사실이다. 그러나 이런 경우 시인이 가지고 있는 관념이 중심에 놓이고 심상은 그것의 도구적 수단에 불과하게 된다. 심상이 관념의 보조적인 도구로 떨어진 셈이다. 그런데 심상 자체가 작가의 관념으로부터 비교적 자유로운 상태에서 독립적이고 자율적인 세계를 형성하는 경우가 있다. 이때 심상의 생성 원인은 주제나 관념 같은 것이 아니라 심상 자체의 환기력이다.

빨강 초록 보라 분홍 파랑 검정 한 줄 띄우고 다홍 청록 주황 보라. 모두가 양을 가지고 있는 건 아니다. 양은 없을 때만 있다. 양은 어떻게 웁니까. 메에 메에. 울음소리는 언제나 어리둥절하다. 머리를 두 줄로 가지런히 땋을 때마다 고산지대의 좁고 긴 들판이 떠오른다. 고산증. 희박한 공기. 깨어진 거울처럼 빛나는 라마의 두 눈. 나는 가만히 앉아서도 여행을 한다. 내 인식의 페이지는 언제나 나의 경험을 앞지른다. 페루 페루. 라마의 울음소리. 페루라고 입술을 달싹이면 내게 있었을지도 모를 고향이 생각난다. 고향이 생각날 때마다 페루가 떠오르지 않는다는 건 이상한 일이다. 아침마다 언니는 내 머리를 땋아 주었지. 머리카락은 땋아도 땋아도 끝이 없었지. 저주는 반복되는 실패에서 피어난다. 적어도 꽃은 아름답다. 적어도 나는 그렇게 생각한다. 간신히 생각하고 간신히 말한다. 하지만 나는 영영 스스로 머리를 땋지는 못할 거야. 당신은 페루 사람입니까. 아니오. 당신은 미국 사람입니까. 아니오. 당신은 한국 사람입니까. 아니오. 한국 사람은 아니지만 한국 사람입니다. 이상할 것도 없지만 역시 이상한 말이다. 히잉 히잉. 말이란 원래 그런 거지. 태초 이전부터 뜨거운 콧김을 내뿜으며 무의미하게 엉겨붙어 버린 거지. 자신의 목을 끌어안고 미쳐버린 채로 죽는 거지. 그렇게 이미 죽은 채로 하염없이 미끄러지는 거지. 단 한 번도 제대로 말해본 적이 없다는 사실이 안심된다. 우리는 서로가 누구인지 알지 못한다. 말하지 않는 방식으로 말하고 사랑하지 않는 방식으로 사랑한다. 길게 길게 심호흡을 하고 노을이 지면 불을 피우자. 고기를 굽고 죽지 않을 정도로만 술을 마시자. 그렇게 얼마간만 좀 널브러져 있자. 고향에 대해 생각하는 자의 비애는 잠시 접어두자. 페루는 고향이 없는 사람도 갈 수 있다. 스스로 머리를 땋을 수 없는 사람도 갈 수 있다. 양이 없는 사람도 갈 수 있다. 말이 없는 사람도 갈 수 있다. 비행기 없이도 갈 수 있다. 누구든 언제든 아무 의미 없이도 갈 수 있다.

— 이제니, 「페루」 전문

이 작품은 구체적인 어떤 관념이나 대상을 명료하게 드러내기 위해 심상을 사용하지 않는다. 심상은 관념과 무관하게 자신의 율법에 따라 자유롭고도 방만하게 번져 나간다. 이런 심상의 연쇄는 '페루'라는 단어에 의해 촉발된다. '페루'라는 말로부터 수많은 심상들이 꼬리에 꼬리를 물고 이어진다. 빨강,

초록, 보라 등의 색깔은 아마도 페루의 전통무늬이거나 옷감의 심상일 것이다. 이후의 양, 고산증, 라마, 머리땋기 등도 모두 페루와 연관된 심상이다. 그것이 이후에는 말들이 말馬로 건너뛰어 또다른 심상의 마을을 형성한다. 이런 연쇄적인 생성이 풍부한 가락을 형성하여 쾌감을 느끼게 한다.

이 시를 생성시키는 것은 어떤 관념이나 목적 혹은 의도 같은 것이 아니라, 페루라는 단어이다. 한 단어의 환기력이 이 시의 생성 법칙이다. 그리고 그 환기력에 이끌려 나온 심상들이 하나의 자율적 세계를 구성하고 있다. 이 시에서 작품 이전에 미리 주어진 어떤 의도나 관념 같은 것은 거의 지배력을 발휘하지 못하고 있다. 이처럼 심상 그 자체로도 하나의 독립적이고 자율적인 세계가 형성될 수 있음을 이 시가 잘 보여준다.

●
4. 심상의 피상성과 그 한계

이미지즘의 선구자 에즈라 파운드는 작가들이 심상을 장식으로 사용하여 온 점을 비판하며, "이미지즘의 요점은 심상을 장식으로 사용하지 않는다는 것"에 있으며, 심상은 그 자체가 하나의 독립된 언어라고 말하였다.[37] 심상을 장식으로 사용한다는 것은 그것을 어떤 특정한 관념이나 윤리 등을 지지하는 부차적 수단으로 이용함을 말한다. 그래서 그는 "시인은 이미지를 보거나 느끼기 때문에 사용해야지, 어떤 신념이나 어떤 윤리나 경제제도를 지지하기 위하여 그것을 사용할 수 있다고 생각하기 때문에 사용해서는 안 된다"[38]고 주장하였다. 파운드의 이런 언급은 심상 자체를 하나의 시적 요소로 독립

●
37) Ezra Pound, "Vorticism", edited by Richard Ellmann and Charles Feidelson, Jr., *The modern tradition*, Oxford University Press, 1965, 149쪽.
38) Ezra Pound, 위의 책, 148쪽.

시키는 중요한 발언이다.

이미지즘의 중심 강령인 '이미지스트 3원칙' 중의 첫 번째, "주관적이든 객관적이든, '사물'을 직접 다룰 것"[39]이라는 원칙 역시 관념의 음영 속에 들어가 있던 사물의 감각성에 독자적인 지위를 부여한 것이라 할 수 있다. 그 외에도 김춘수가 심상을 '서술적 심상'과 '비유적 심상'으로 나누면서 전자에 의미 부여한 것도 심상의 자율성을 강조한 예가 된다. 그 역시 이미지즘의 심상 개념을 바탕에 두고 있다고 할 수 있다.

이미지즘을 통해 심상은 비로소 시의 도구적이고 부차적인 요소에서 벗어나 독립적이고 자율적인 요소가 될 수 있었다. 그것은 심상이 그 자체로 하나의 시적 체계를 이루어 한 편의 완결된 세계를 형성할 수 있다는 믿음의 실현이다. 이미지즘에서 자율성을 획득한 이미지는 건조성dryness, 견고성 hardness, 명확성definiteness, 정밀성precision, 정확성exactness 등을 원칙으로 하여 체계적이고도 자율적인 구조물을 형성하였다.[40]

그러나 심상이 하나의 자율적 요소이자 독립된 체계로 격상될 때 그에 대한 비판도 만만치 않다. 그래서 파운드가 "이미지를 가지고 게임을 즐기는 하나의 이론가"[41]라는 평가를 받기도 하는 것이다. 이미지즘 이론에 따르면 심상을 다루는 시인은 태도나 정서, 관념과도 무관해야 된다. 반면 명쾌하고 견고한 심상이 강조되면 그것을 지탱하여 주는 어떤 관념이나 의미가 사상될 수밖에 없을 것이다. 즉 심상의 자율성은 의미나 가치의 희생을 바탕으로 할 수밖에 없다는 것이다.

그러나 시에서 심상은 복합적이고 통합적인 고차원적 감각 정보이기 때

---

39) S. K. Coffman, *Imagism*, Oklahoma University Press, 1951, 9쪽.
40) 전홍실, 『영미 모더니스트 시학』, 한신문화사, 1990, 70쪽.
41) Cleanth Brooks & Robert Penn Warren, *Understanding Poetry*, Holt, 1976, 72쪽.

문에, 동시에 심상 자체로 구성된 의미 구조 역시 지니고 있을 수밖에 없다. 그런데 이미지즘에서는 심상이 절대적인 존재가 되면서 의미의 요소가 사실상 제거되었다. 김기림이 김광균의 시를 통해 이미지즘을 포함한 근대문학 운동을 "철저한 미시적 사실주의"[42]로 파악한 것은 이미지즘의 이런 한계를 지적한 것으로 보인다. 김광균의 시는 관념이나 사상이 유보된 기술로서 심상을 다루는 이미지즘의 한계를 가장 잘 보여주고 있다.

김광균은 모더니즘의 시대를, 지도 원리로서의 시학이 없는 시대, 즉 "무시학 시대"라 부른다. 이런 시대에 시학이 보증해 주어야 할 사상성은 "형태의 사상성思想性"[43] 혹은 "감각의 사상성"[44]이라는 양태에 자족할 수밖에 없게 된다. 이것은 형태가 하나의 사상적 층위로 대체됨을 의미한다. 심상의 관점에서 볼 때 심상이 사상의 자리로 올라선다는 의미이다. 얼핏 들을 때 이 말은 심상의 가치를 상당히 고평한 것으로 들리지만 사상의 결핍을 심상으로 대체한다는 의미 그 이상은 아니다.

무시학無詩學 시대의 문학 조류로서의 이미지즘은 묘사에 대한 강렬한 집착을 보여준다. 그러나 이런 집착은 현실에 대한 반성적 시선을 괄호로 묶고 물질의 표면 위에 놓인 시선에 의미를 부여하려는 가치관을 반영한 것이다. 현실에 대한 반성적 시선이 거두어질 때 남는 것은 반성이 제거된 묘사일 수밖에 없다. 김광균의 시가 천편일률적으로 묘사의 방식을 고집하는 것은 바로 여기에 기인한다.

양철로 만든 달이 하나 수면 위에 떨어지고

42) 김기림, 『김기림 전집2』, 심설당, 1988, 69쪽.
43) 김광균, 「나의 시론—서정시의 문제」, 『인문평론』, 1940. 5; 김광균, 『김광균문집 와우산』, 범양사출판부, 1985, 60쪽.
44) 김광균, 「근대주의와 회화」, 『신천지』, 1946. 9, 157쪽.

부서지는 얼음 소리가

날카로운 호적呼笛같이 옷소매에 스며든다.(……)

여윈 추억의 가지가지엔

조각난 빙설氷雪이 눈부신 빛을 하다.

— 김광균, 「성호부근」 부분

시각적, 청각적 심상이 인상적인 이 시에는 "사물의식에 투철해지면 질수
록 시는 감각적이 된다"[45]는 지적대로 시인의 사물의식이 잘 드러나 있다. 화자
의 시선은 사물의 표면에 철저하게 머물러 있으며, 그 이면에 존재하는 어떤
의미나 사상을 통찰하고자 하는 강박관념으로부터 자유롭다. 그럴수록 심상
은 더욱 뚜렷하게 그 자체의 생동성과 즉물성을 드러낸다. 심상의 자율성이
하나의 독립적인 세계를 형성한 작품이라 할 수 있다.

그러나 바로 이 점은 이 시의 강점이자 극단화된 심상의 자율성이 가져
온 한계가 된다. 이런 묘사는 피상적이고도 평면적인 성격을 벗어날 수 없다.
그것은 심상이 표면적인 감각을 넘어서서 더 높은 차원으로 상승할 수 있는
가능성을 차단한다.

심상의 평면성을 극복하는 방법으로 김광균이 끌어들인 것이 공감각적 심상
이다. 공감각적 심상은 하나의 감각을 다른 감각으로 전환시켜 표현하는 것이다.
김광균은 "분수처럼 흩어지는 푸른 종소리"(「외인촌」), "피아노의 여운이/ 고요
한 물방울이 되어 푸른 하늘에 스러진다"(「산상정」), "고독한 半音을 떨어뜨리
며"(「소년사모」) 등의 공감각적 심상으로 입체적인 효과를 거두기도 한다. 김기

45) 김춘수, 「기질적 이미지스트—김광균과 30년대」, 『삼십년대의 모더니즘—김광균 시 연구논문집』, 범
양사출판부, 1987. 13쪽.

림은 이런 이미지 사용법을 "소리조차를 모양으로 번역하는 기이한 재주"[46]라 부르며 고평하였지만 이 역시 청각의 시각적 변환이라는 천편일률적인 수법을 벗어나지 못해 그 참신성은 상쇄되고 만다.

　김광균이 보여주는 심상의 자율성의 한계는 어떤 가능성과 연계된 의미나 가치를 물질적 효과로 환원시키려는 태도로부터 비롯된 것이다. "의식을 경험의 물질적 표면 위에 위치"[47]시키는 것은 심상을 관념의 도구로 사용하던 시인들에 대한 거부로서 그 나름의 문학사적 의미를 지니고 있다. 그러나 물질적 표면에 시선을 고착시키는 것이 심상을 효과적으로 드러내는 방식일 수는 없다. 그것은 오히려 심상의 통합적이고도 총체적인 성격을 위축시키는 것에 불과하다. 결국 이미지즘의 형태의 사상성은 "대상에 대한 지각과 연결된, 구원과 통찰, 그리고 공간적이고 심리적인 깊이의 고전적 환영을 사물의 표면에 작용하는 시선으로 대체하는 것"에 불과한 것임을 알 수 있다. 깊이로부터 벗어나 있는 이미지즘의 수사학은 그래서 R. 슐라이퍼가 말한 바처럼 "깊이 없음의 수사학the rhetoric of depthlessness"[48]이라 명명할 수 있을 것이다.

　이를 통해 우리는 김광균의 한계는 심상의 자율성의 한계이자 이미지즘의 한계라는 사실을 확인할 수 있다. 또한 여기에서 우리는 심상의 가능성이 어떤 방식으로 전개되어야 할지 짐작해볼 수도 있다.

---

46) 김기림, 「30년대 도미의 시단 동태」, 『김기림전집 2』, 심설당, 1988, 69쪽.

47) Ronald Schleifer, *Rhetoric and Death&The Language of Modernism and Postmodernism Discourse Theory*, Illinois University Press, 1990, 63쪽.

48) Ronald Schleifer, 위의 책, 61쪽.

- **확인 토론**

1. 다음 시에서 심상이 있는 행을 고르고, 그 이유를 정리해 보자.

    ① 왜 나는 조그마한 일에만 분개하는가

    ② 저 왕궁 대신에 왕궁의 음탕 대신에

    ③ 오십 원짜리 갈비가 기름덩어리만 나왔다고 분개하고

    ④ 옹졸하게 분개하고 설렁탕집 돼지 같은 주인년한테 욕을 하고

    ⑤ 옹졸하게 욕을 하고

    ⑥ 한번 정정당당하게

    ⑦ 붙잡혀간 소설가를 위해서

    ⑧ 언론의 자유를 요구하고 월남파병에 반대하는

    ⑨ 자유를 이행하지 못하고

    ⑩ 이십 원을 받으러 세 번씩 네 번씩

    ⑪ 찾아오는 야경꾼들만 증오하고 있는가

    —김수영, 「어느날 고궁을 나오면서」 부분

2. 다음 시는 심상의 개념 차이를 보여주는 예이다. 랜섬은 ①~⑥행에, 브룩스와 워렌은 ④~⑥행에만 심상이 있다고 본다. 그렇게 주장한 근거를 추측해 보자.

    The year's at the spring,   계절은 봄날

    And day's at the morn;   시간은 아침

Morning's at seven;	아침 중에도 일곱 시
The hillside's dewpearled;	언덕엔 진주 이슬
The lark's on the wing;	종달새는 날고
The snail's on the thorn:	달팽이는 가시나무에 있네
God's in His Heaven	하느님은 하늘에 계셔
All's right with the world!	온 세상이 좋네.

— Browning, 「Pippa's Song」

3. 다음은 『네루다의 우편배달부』라는 소설 중 네루다와 로사 부인의 대화이다. 로사 부인이 마리오가 사용한 심상이 촉각이라 생각한 이유에 대해 말해 보자.

"그렇다니까요! 처음엔 순수하게 나비 같은 미소 어쩌고 저쩌고 했죠. 하지만 다음번에는 벌써 딸에게 젖가슴이 두 줄기 불꽃 같다고 말했어요."

시인(네루다)이 캐물었다.

"그(마리오)가 사용한 이미지가 시각일까요, 아니면 촉각일까요?"

"촉각이죠. 지금은 마리오란 놈이 사라질 때까지 딸의 외출을 금하고 있어요."

— 안토니오 스카르메타, 『네루다의 우편배달부』

4. 다음 시에 나오는 감각적 심상을 있는 대로 지적하고, 정적 심상과 동적 심상으로 나누어 보자.

시퍼렇게 털 세운 대숲 한 덩어리가 크다.

저 어슬렁거리는 풍경은 사실 전국 어디에나 붙박힌 유적 같은 것이다. 그들은 왜 마을 뒤, 산 아래에다 대숲 우거지게 했을까 대숲 속은 아직 덜 마른 암흑이 축축하다.

꽉 다문 입, 마음의 그 깜깜한 짐승을 풀어놓았을까. 날 풀어놓고 싶어 하는 비밀이 지금 사방 눈앞에, 귀에 자자하다. 댓잎 자잘한 동작들이 소리들이 그렇듯 무수한 것인데, 울부짖음이란 본디 제 것이어서 잘디잘게 섭히거나 또 한 떼 새까맣게 끓어오르는 것.

아, 신생新生하는 바람의 몸, 바람의 성대가

하늘 쪽으로 몰리면서 폭포 같다.

무넘이 무넘이 시퍼렇게 넘어가곤 한다.

— 문인수, 「대숲」 전문

5. 다음 시를 예로 들어, 심상의 본질 중 '총체적 현존의 제시'를 설명해 보자.

동굴따라 꾸불꾸불 길게 누운 어둠 속에서

이 딱딱한 바위도 한때는 흘러다녔구나.

어둠 구석구석을 꼬리치레도롱뇽처럼 기어다녔구나.

얼마나 아름다웠을까, 고드름으로 수세미로 버섯으로

꽃으로 아이스크림으로 마음껏 녹았던 움직임들은.

한번도 머릿속에 들어가보지 못한 생각처럼

바위는 돌을 벗어나 유연하고도 자유로웠겠구나.

이제는 돌이킬 수 없는 형체가 되어

생각 속에 박힌 편견들처럼 튼튼해지고 말았구나

이제 저 부드러운 아이스크림은 깨어질지언정

다시는 움직여 꽃이 되지 못하리라.

물방울 떨어질 때마다 동그란 소리를 내며

퍼져 나가던 깊은 물은 그 물줄기들은

돌 속으로 들어가 돌과 섞이고 돌을 움직이더니

그 모습 그대로 영원히 돌이 되었구나.

— 김기택, 「종유석」 전문

6. 다음 자료를 사용하여, 심상의 본질 중 '실재 부재의 표지'를 설명해 보자.

시에 들어온 어떤 소재도 내 기억이 나도 모르게 조작한 것일 테니 내가 내 어머니를 썼다 해도 그분은 진정한 내 어머니의 모습, 살과 피를 가지고 이제는 많이 노쇠해진 내 어머니의 모습이 아니겠지요. 그럼에도 내가 내 어머니를 그려냈다면 내 감정과 내 욕망과 내 감각과 내 시간이 조작한 어머니일 것입니다. 그럼에도 내가 내 어머니를 완벽하게 그려내겠다고 시도한다면, 시 속에서 내가 내 어머니의 실체를 죽이게 될 것입니다. 내 어머니는 없고, 내가 덧칠한 어머니만 남게 되는 것입니다. 그럼에도 우리 시단은 그런 것을 요구하는 분위기입니다. 그런 시를 가르켜 '진정성이 있고 리얼한 시'라고 불러주길 즐깁니다.

— 김혜순, 대담 「고통에 들린다는 것, 사랑에 들린다는 것」

7. 다음 시를 예로 들어 심상의 두 가지 기능을 설명해 보자.

(가) 피아노에 앉은／ 여자의 두 손에서는

　　 끊임없이／ 열 마리씩／ 스무 마리씩／ 신선한 물고기가

　　 튀는 빛의 꼬리를 물고／ 쏟아진다.

　　 나는 바다로 가서／ 가장 신나게 시퍼런

　　 파도의 칼날 하나를／ 집어 들었다.

　　 — 전봉건, 「피아노」 전문

(나) 아아, 그리고 이 중심을 에워싸고

구경의 장미꽃,

활짝 피었다 진다. 이 공 굴리는

광대, 이 암술을 에워싸고, 바로 제게서 피어나는

꽃가루에 수정되어, 다시금 무료함의 헛열매를

맺도록 수태한, 자신의 권태를 의식조차 하지 못하는

이 암술, ─살짝 거짓 미소를 머금고

겉으로만 반짝이는 이 암술을 둘러싸고.

─릴케, 「두이노의 비가─제5비가」 부분

8. 음악성과 회화성의 대조에 대해 다음 논의를 바탕으로, 김광균 시에 나오는 공감각적 심상("분수처럼 흩어지는 푸른 종소리" 등)의 의미와 한계에 대하여 말해 보자.

생성하고 변화하는 것을 꺼리고, 따라서 그러한 것과 운명을 공유하는 것을 불쾌하게 생각하고 무기적인 기하학적인 예술을 고조한 T. E. 흄의 이론은 안으로 들어가 보면 사실은 동요 속에서 안정을 찾는 열렬한 현대 그것의 소리였다. 회화적인 사상파(이미지즘)는 그래서 흄의 이론의 온상에서 눈뜰 수 있었던 것이다. 음악적인 것, 그것은 비유적으로 사라져 가는 것, 불안한 것, 동요하는 것이다. 회화적인 적, 그것은 영속하는 것, 고정하는 것이다.

─ 김기림, 「30년대 도미의 시단 동태」, 『시론』

제7장 가락과 형식

1. 가락과 운율의 차이

'가락'은 리듬rhythm의 번역이다. 흔히 율동律動으로 번역하지만, 우리말 '가락'이 시의 은밀한 음악적 성격을 잘 드러내기 때문에 더 적절한 용어라 할 수 있다. 박목월이 자작시 「나그네」에 대한 해설에서 가락을 "음악적인 조화"[1]로 풀이하고 있는 것에서 보듯이 '가락'은 리듬의 의미를 더욱 포괄적이고 자연스럽게 담을 수 있는 용어다.

E. 벤브니스트에 따르면 리듬의 어원이 되는 류트모스rhuthmos라는 단어는 '흐르다'를 뜻하는 그리스어 'rhein'에서 파생되었다고 본다. 즉 리듬은 물결의 존재나 흐르는 형태처럼 비교적 자유로운 상태를 지칭하는 것이다.[2] '소리의 길이와 높낮이의 어울림'이라는 사전적 의미를 지닌 우리말 가락은 '소리, 노래, 말曰, 聽, 歌, 語' 등의 뜻을 지닌 어근 '갈'에서 왔다.[3] 말하는 것 중에 노래적인 요소가 있는 것이 나중에 현재의 가락으로 굳어진 것이다. 둘 다 균질적 반복이라는 강제성과 거리가 있다는 점에서 비슷하다.

가락, 즉 리듬은 운율韻律, rhyme and meter과 같은 말이 아니다. 운율이 반복성과 규칙성을 지닌 정형시적 특성이라면, 가락은 내면적인 흐름을 중시하는 자유시 혹은 산문시의 특성이라 할 수 있다. 벤브니스트의 연장선상에

1) 박목월, 『자작시 해설 보랏빛소묘』, 신홍출판사, 1958, 90쪽.
2) Lucie Bourassa, 조재룡 옮김, 『앙리 메쇼닉, 리듬의 시학을 위하여』, 인간사랑, 2007, 156쪽. 그 이전에는 '척도'(measure)나 '회귀적 운동'(recurring motion)으로 이해되었다.
3) 이 말은 "ᄀ르왈(曰)〈類合上14〉, 가르치다(敎)" 등에 남아 있다. "공자 가라사대"란 흔한 말 속에도 이 가락의 어근이 들어 있다. 『국어원사전』 참조.

서 파울러R. Fowler가 리듬을 "파도의 모양과 크기와 속도만큼이나 무한히 다양한 흐름"[4]으로 정의하고 이를 규칙적인 율격과 구별한 것은 타당하다 하겠다. 이처럼 가락은 "연속적으로 발생하는 사건에 있어서의 대립적인 변화"를 의미하는데, 율격은 이 가락에 "어떤 규칙성이 가해져서 유형화"[5]한 것이다. 이 가락이라는 용어는 운율과 같은 외형적인 규칙성을 지닌 요소를 포괄한다. 그러므로 가락은 두 가지 유형, 즉 ① 반복성과 규칙성을 지닌 '운율' 혹은 '정형적 가락'과 ② 반복성과 규칙성이 약하거나 없는 가락, 즉 '비정형적 가락'을 모두 가리키는 말이다.

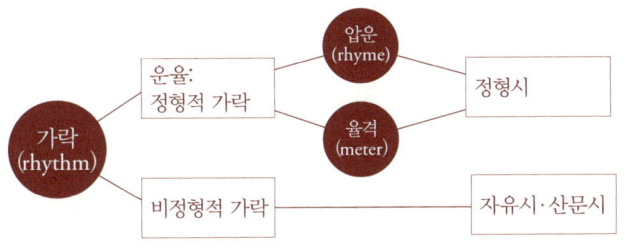

정형적 가락으로서 '운율韻律'은 두 가지 개념이 결합된 말이다. 운韻은 'rhyme', 즉 압운押韻의 번역이고, 율律은 'meter', 즉 율격律格의 번역이다. 압운은 소리가 동일한 위치에서 규칙적으로 반복하는 현상을 말한다. 이에 비하여 율격은 시행 전체를 이루고 있는 소리의 반복적이고 규칙적인 현상을 말한다. 압운과 율격의 차이는 다음 논의에 잘 정리되어 있다.

　　　운과 율이 시행에서 구현되는 소리의 현상이라는 점, 그리고 규칙성
　　과 반복성을 갖는다는 점에서 동일하다. 그러나 율격이 소리의 시간적

---

4) 김준오, 『시론(제4판)』, 삼지원, 2000, 135쪽에서 재인용.
5) 김대행, 『한국시가구조연구』, 삼영사, 1975, 22쪽.

질서 위에서 나타나는 거리의 반복임에 비해서 압운은 위치의 반복이라는 점에서 다르다.[6]

압운은 한 시행의 특정한 위치에서 동일한 음운적 자질이 반복할 때 생긴다. 압운이 있는지 없는지 파악할 때, 그리고 압운의 성격이 두운, 요운, 각운 어디에 속하는지를 알기 위해서는 반복되는 특정 소리가 어떤 위치에서 규칙적으로 나타나느냐를 살펴야 한다.

이에 비해 율격은 시행 전체의 반복적 요소를 점검할 때 그 특성이 명료하게 파악된다. 하나의 시행이 강약, 고저, 장단이라는 언어의 특성 중 어느 하나를 규칙적으로 반복함으로써 가락을 유지할 때 율격이 형성되는 것이다. 강약률, 고저율, 장단율 그리고 음보율이라는 것은 율격의 관점에서 말하는 것이다.

운율은 정형시나 그 전통을 잇고 있는 시에 흔히 나타나지만, 가락은 그런 외형적인 반복성과 규칙성이 드러나지 않는 현대의 자유시나 산문시에 주로 나타난다. 가락은 언어의 상징적 특성, 심상의 흐름과 충돌 등에서 느끼는 내면적 반응을 의미한다. 가락과 운율의 관계에 대해서는 O. 파스의 다음 언급이 도움이 된다.

리듬은 구와 떼어놓을 수 없다. 리듬은 조각난 말들로 이루어져 있지 않으며, 단순히 음격medida, 혹은 음절의 수, 강세, 그리고 휴지休止가 아니라 이미지이며 의미이다. (……) 반대로, 운율은 이미지와는 별개로 추상적인 음격이다. 운율이 요구하는 것은 단지 각각의 시행에 필요한 음절과 강세이다. (……) 운율은 리듬에서 생겨나서 리듬으로 돌아간다. 처음

6) 김대행, 「서: 운율론의 문제와 시각」, 김대행 편, 『운율』, 문학과지성사, 1984, 13쪽.

에 양자간의 경계는 희미하다. 시간이 지나면서 운율은 고정된 형태로 결정화結晶化된다. 광휘의 순간이지만 동시에 마비의 순간이기도 하다.[7]

파스의 언급이 암시하듯이 애초에 보편적으로 존재하는 것은 가락이었을 것이다. 이 가락은 "이미지이며 의미"이기 때문에 시 작품마다 가변성을 지닌다. 동일한 운율을 채용한 작품이라도 그 가락은 달라지는 것이다. 가락의 '결정화'로 나타난 것이 운율이다. 이를 바탕으로 고전적인 정형시가 성립되었다. 이후 그 결정화에 대한 반발로 가락이 부활하게 되었던 것이다. 그러므로 가락의 회복은 운율 이전의 자유시로의 복귀를 의미한다. 애초에 시는 원형적으로 자유시였기 때문이다.

●
2. 압운의 유형

압운rhyme은 시행에서 특정한 위치에서의 동일한 음운적 자질의 반복이다. 압운에는 두운, 요운, 각운 등이 있다. 우리 시에서 압운은 규범적인 강제력을 지닌 적이 없었다. 근대 이전의 한시漢詩에나 적용되는 외래적 규범이었다. 한시가 전면적으로 보급되던 시기에도 우리말로 이루어진 시가에서는 압운이 전혀 이루어지지 않았다. 그래서 지배층의 압운과 피지배층의 자유운이 이원적으로 존재하였다.

노인(이황 - 인용자)은 본래 음률을 모르며, 세속의 노래는 오히려 듣기 싫어했으나, 한가하게 살면서 병을 요양하는 여가에, 무릇 정성情性에서

●
7) Octavio Paz, 김홍근·김은중 옮김, 『활과 리라』, 솔출판사, 1998, 89쪽.

느껴지는 바가 있으면 번번이 시로 나타냈다. 그러나 오늘날의 시는 옛날의 시와 달라서, 읊기는 해도 노래 부를 수는 없으므로 노래 부르려고 하면 반드시 이속俚俗의 말로 엮어야 한다. 대개 국속國俗의 음절이 그렇지 않을 수 없기 때문이다.[8]

여기에서 말하는 '시'나 '음율'은 한시와 관련된 것이고, '세속의 노래', '국속의 음절'은 우리말로 된 노래와 관련된 것이다. 한시는 음률을 알아야 시를 쓸 수 있는데, 이때의 음률은 바로 압운과 관련된 규범을 말한다. 한시는 읊을 수는 있어도 노래할 수가 없어 효용론적 효과가 떨어진다. 그래서 이황은 효용론적인 효과가 더 큰 노래, 즉 시조를 지었다. 이황은 적절하게도 시조를 음률의 지배를 받지 않는 시형, 즉 압운이 없는 시형으로 파악하였다. 이처럼 압운은 주로 한시나 영시에서나 구현되는 것이라 우리 시에서 예를 찾기가 어렵지만, 가능한 예를 찾아 설명하기로 한다.

1) 두운

두운頭韻, alliteration은 단어의 초성이 자음일 때 이 자음을 반복하는 압운이다. 우리 시에서 두운을 말할 수 있는 예는 다음과 같은 것이 있다.

> (가) 말리지 못할 만치 몸부림치며
>   마치 천리 만리나 가고도 싶은
>   맘이라고나 하여 볼까.
>   ── 김소월, 「천리만리」 부분

8) 이황, 「도산십이곡발」, 조동일, 「한국문학사상사시론(제2판)」, 지식산업사, 1998, 184쪽에서 재인용.

(나) 밤하늘에 부딪친 번갯불이니

　　바위에 부서지는 바다를 간다.

　　—송욱, 「쥬리에트에게」 부분[9]

　　(가)는 '말리지, 못할, 몸부름, 마치, 만리, 맘' 등에서 'ㅁ'이 반복되어 두운을
형성하고 있다. (나)는 '밤하늘, 부딪친, 번갯불, 바위, 부서지는, 바다' 등의 'ㅂ'이
두운을 이루고 있다. 둘 다 두운의 좋은 예라 할 수 있지만, 김소월의 경우는 우
연이라 생각될 정도로 의도성이 잘 드러나지 않고 있어 하나의 규범으로서의
압운이라 보기 힘들다. 이에 비하여 송욱의 경우는 강세가 오는 첫 문장에 의
도적으로 동일 음운을 반복하고 있어 효과적인 두운이라 할 수 있다.

2) 요운, 혹은 중간운

　　요운腰韻, internal rhyme은 중간운이라고도 한다. 요운은 하나 이상의 압
운어가 시행 내에 있을 때 그 운을 말한다. 보통은 각운에 사용된 음운이 시
행 가운데 부분에 놓일 때를 말한다. 영시를 예로 들어보자.

I am the <u>daughter</u> of Earth and <u>Water</u>

And the nursling of the Sky;

I pass through the <u>pores</u> of the ocean and <u>shores</u>

I change, but <u>I</u> cannot <u>die</u>.

　　— P. B. Shelley, 「The Cloud」 부분

---

9) 이것은 앞에서 인용한 김소월의 「꿈 길」과 같이, 김대행의 「압운론」에 사용된 용례를 가져온 것이다. 김
대행, 「압운론」, 김대행 편, 앞의 책, 30쪽.

이 시 구절에서 2행을 제외한 시행에서 시행의 마지막에 사용된 각운이 시행 내부에 다시 사용되고 있다. 즉 1행에서는 'water'의 [ər] 음이 'daughter'에서 반복되고 있으며, 3행에서는 'shores'의 [ɔːrs] 음이 'pores'에서, 4행에서는 'die'의 [ai] 음이 'I'에서 반복되고 있다.

요운은 두운이나 각운이 사용되는 시적 환경에서 발견될 수 있다. 그래서 가락을 의도하여 각운이나 두운을 의식적으로 사용하는 경우가 극히 드문 우리 시에서 요운은 발견하기 힘들다.[10] 김억의 다음 시에 발견되는 요운은 아주 희귀한 경우라 할 수 있다.

밤이도다
봄이다.

밤만도 애달픈데
봄만도 생각인데.

날은 빠르다
봄은 가느다.

깊은 생각은 아득이는데
저 바람에 새가 슬피 운다.

10) 근래 서양의 랩송이 들어오면서 요운으로 볼 수 있는 것이 일상 속에서 의식적으로 사용되기도 한다. "그걸 '답신'으로 간주하는 너는 '봉신'/ 영혼, '소신'없는 관료들은 '간신'/ 국민, '업신'여기는 ○○는 '제정신?' 어느 신문 뉴스에 달린 댓글(2008. 6. 4)로 음절 단위에서 반복되긴 하지만 요운의 한 예라 할 수 있다. 댓글의 제목은 '운천아 나의 랩을 들어봐——!!!'이다.

검은 내 떠돈다

종소리 비긴다.

말도 없는 밤의 설음

소리 없는 봄의 가슴

꽃은 떨어진다.

님은 탄식한다.

— 김억, 「봄은 간다」 전문

이 작품은 1, 2연에 '밤'과 '봄'이라는 어휘를 배치함으로써 두운을 실현하고 있다. 그리고 6연에서는 '설음', '가슴'으로 시행을 끝내며 각운을 시도하고 있다. 전체적으로 가락의 형성을 의도적으로 겨냥한 작품이라 할 수 있다. 요운, 즉 중간운이 실현되고 있는 것은 각운이 실현되고 있는 6연이다. '설음', '가슴'에 사용된 각운 'ㅁ'음이 시행 내의 '밤', '봄'에서도 반복되고 있다.

3) 각운

압운 중에 가장 많이 사용되는 것이 각운脚韻, end rhyme이다. 각운은 시행의 마지막 음절의 중성과 종성이 다양한 방식으로 반복되는 압운을 말한다. 각운은 초성을 제외한 음성, 즉 중성과 종성만을 사용한다.

(가) 雨歇長堤草色多

　　送君南浦動悲歌

　　大同江水何時盡

　　別淚年年添綠波

(나) Whose woods these are I think I know.

His house is in the village though;

He will not see me stopping here

To watch his woods fill up with snow.

My little horse must think it queer

To stop without a farmhouse near

Between the woods and frozen lake

The darkest evening of the year.

— R. Frost, 'Stopping by Woods on a Snowy Evening' 부분

(가)는 한시의 법칙에 따라 1, 2, 4구의 마지막에 '多, 歌, 波'가 운자로 사용되었다. 우리식 발음으로 'ㅏ'음이 운자로 사용된 것이라 할 수 있다. (나)에서도 마찬가지로 각 연마다 한시와 동일하게 1, 2, 4구 마지막에 운자가 사용되고 있다. 첫 연만 살펴보면, 'know, though, snow'가 각운을 실현하고 있는 부분으로, 이것은 [ou] 즉, 우리 발음으로 '오우'가 운이 된 것이다.

우리 작품에서 예로 드는 다음과 같은 시는 진정한 의미에서 각운을 사용한 작품이라 할 수 없다.

물구슬의 봄 새벽 아득한 길

하늘이며 들 사이에 넓은 숲

젖은 향기 붉긋한 잎 위의 길

실그물의 바람 비쳐 젖은 숲

— 김소월, 「꿈길」 부분

시인이 각운을 의식하고 쓴 듯, 각 시행의 마지막 음운이 '길, 숲'으로 동일하게 끝나고 있다. 그러나 이것은 음운론적 동일성이 아니라 어휘론적 동일성, 음절 차원의 동일성에서 이루어지고 있다는 점에서 압운이라 할 수 없다. 동일한 어휘가 아니라 마지막 음운에서 초성을 제외한 다른 소리가 반복되어야 진정한 각운이라 할 수 있기 때문이다. 김소월이 이런 시를 시도한 것은 우리 시의 압운이 없기 때문일 수 있지만, 우리말의 특성상 이런 시도는 그다지 자연스럽지 않다. 우리 시 중에 압운의 법칙에 맞게 각운을 사용한 시는 개화기에 유행한 다음과 같은 '언문풍월'이다.

옷없다는말마오
뽕만많이심으고
나를힘써기르면
추운사람있겠소
—「누에」

연분일다저실올
귀만생긴네몰골
송송뚫어가는곳
두조각이한혼솔
—「바늘」

가을에는싫다가
여름에는왜찾나

차고더운이세상

너를조차알겠다

—「부채」[11]

『언문풍월』에 실린 이 작품은 각각의 시제에 1등으로 당선된 작품이다. 한시의 체제를 모방한 언문풍월이라 불리는 이 갈래는 기형적 장르이긴 하지만 각운의 형태를 제대로 보여주고 있다는 점에서 참고할 만하다. 그러나 언문풍월은 너무 작위적인 형식이 되어 오래 가지 못하였다. 내용과 형식의 조화가 갈래의 생명 유지에 얼마나 중요한가를 잘 보여주는 예가 된다.

우리말은 언어의 특성상 종결형 접미사가 제한적으로 사용된다는 특성 때문에 각운을 따로 설정하기 힘들다. 이것이 압운이 발달하지 않은 언어적 원인이라 할 수 있다. 그러나 압운이 없다는 것이 결코 결함이 될 수 없다. 김대행은 압운의 부재를 단점으로 여기고 「압운론」이라는 글에서 '압운 부재와 그 극복'이라는 절을 할애하여, "두운이나 중간운의 자운과 모운에 기대할 수 있는 음 상징, 강세 등의 기능을 개척하면 가능할 것으로 보인다"[12]고

詞藻

筱丹山人

만슈셩졀을츅ᄒᆞᆷ

희마다도라오니, 만슈셩졀이날이, 비노

라틱황폐하, 셩슈만셰무궁히   龍骨山人

ᄭᅥᆺ

깃부고도깃부니, 만슈셩졀오날이, 우리

셩쥬어진덕, 텬디ᄀᆞᆺ치무궁히

『태극학보』에 실린 언문풍월

11) 이종린 외 편, 『언문풍월』, 고금서해, 1917. 이 책은 현상 공모하여 1474 수의 언문풍월을 실어놓은 작품집이다. 언문풍월은 1901년에 등장하여 1917년에 소멸한 시험적이고 역사적인 갈래이다. 김영철, 『21세기 한국시의 지평』, 신구문화사, 2008, 334쪽.

12) 김대행, 「압운론」, 김대행 편, 『운율』, 문학과지성사, 1984, 39쪽.

대안을 제시하고 있다. 그러나 압운의 부재가 극복 대상이 될 필요가 없다는 점에서 이런 염려는 기우에 불과하다 하겠다.

　　오히려 우리의 시 전통에서 각운을 사용하는 것이 조롱의 대상이었다고 할 수 있다. 그만큼 각운은 일상적이거나 자연스러운 것이 아니기 때문이다. 이런 조롱은 「봉산탈춤」에 잘 나타나 있다.

　　생원 : 동생 한 구 지어보세.
　　서방 : 그럼 형님이 운자를 하나 내십시오.
　　생원 : '총'자 '못'잘세.
　　서방 : 아, 그 운자 벽자로군. (한참 낑낑거리다가) 형님, 한마디 들어보십시오. (영시조로) "집세기 앞총은 헌겊총하니 나막신 뒷축에 거멀못"이라.
　　말뚝이 : 샌님, 저도 한 수 지을 터이니 운자를 하나 불러주시오.
　　생원 : 제구삼년齊狗三年에 능풍월能風月이라더니, 네가 양반의 집에 몇 해를 있더니 거룩한 말을 다 하는구나. 우리는 두 자씩 불러 지었건마는 너는 단자單字로 불러줄 터이니 한 자씩이나 달고 지어보아라. 운자는 '강'자다.
　　말뚝이 : (곧 영시조로) 썩정 바자 구녕엔 개대강이요, 헌바지 구녕엔 좆대강이라.
　　생원 : 아, 그놈 문장이로구나. 운자를 대자마자 지어내는구나. 자알 지었다.[13]

　　여기에 나오는 각운은 모두 희화화에 사용되고 있다. '서방'이나 '말뚝이'의 시는 하나같이 민중이 사용하는 속된 우리말을 늘여놓는 데 사용되고 있

13) 이두현, 「한국가면극」, 한국가면연구학회, 1973, 318쪽.

다. 특히 '말뚝이'의 시는 욕설을 적극적으로 사용하여 각운의 권위를 마음껏 조롱한다. 이런 각운의 희화화는 각운이 사용되는 한시가 양반의 전유물이었기 때문에 나타난 것이기도 하지만, 각운 규정이 일상과 괴리된 소수만을 위한 문학 규율이라는 사실에 기인한 것이기도 하다. 서방에게는 벽자를, 말뚝이에게는 단자를 주는 것도 이 때문이다.

근대 이전의 한국인이 한시를 접하면서 오랫동안 압운에 친숙해졌음에도 불구하고 우리 시에 압운을 도입하지 않은 것은 그 나름대로의 이유가 있기 때문이다. 우리 시가 노래와 오랫동안 결부되어 있었기 때문이기도 하지만, 더 본질적으로는 우리 시의 가락 자체만으로도 정서와 사상을 드러내는 데 아무런 부족함이 없었기 때문이다.

●
3. 율격의 유형

율격律格, meter을 나누는 기준은 로츠의 논의에 기반을 두고 있다. 로츠는 율격을 '순수음절 율격pure syllabic metre'과 '복합음절 율격syllabic prosodic metre'으로 나눈다. 순수음절 율격은 음절수의 규칙에 의해서 만들어진 율격으로 음수율이라 부를 수 있다. 복합음절 율격이란 순수음절 율격에 음운의 제2차적인 특징, 예를 들어 소리의 강약이나 고저, 장단 등이 가미되어 만들어진 율격이다. 로츠는 이것을 다시 장단율durational metre, 강약률dynamic metre, 고저율tonal metre로 나눈다. 고대 그리스 라틴의 운문은 장단율이며, 독일어와 영어의 운문은 강약률이며, 고대 중국어의 운문은 고저율이 된다. 음의 장단, 고저, 강약이 없는 한국 및 이탈리아, 프랑스 등의 운문은 순수음절 율격이다.[14] 이를 도표로 정리하면 다음과 같다.

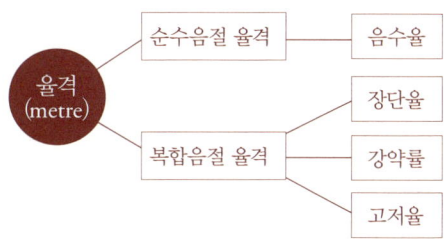

그러나 우리말의 특수성으로 인하여 로츠의 분류는 우리 시의 정형적 가락의 율격을 해명하는 데 부적절함이 있다. 우리말에는 장단 외에 강약, 고저 등이 존재하지 않기 때문이다. 물론 우리말에 장단, 고저, 강약이 모두 존재한다고 주장하는 논의도 있다.[15] 그러나 이는 객관적으로 증명할 수 없는 것이라 언중이 쉽게 받아들일 수 없으며 이에 따라 우리 시의 율격은 위의 어떤 율격에도 적합하지 않다고 할 수 있다. 율격에 관한 논란은 계속되로 있으나, 여기서는 간단하게 정리하기로 하자.

1) 순수음절 율격 : 음수율

우리말에서 소리의 고저나 강약, 장단이 핵심적인 것이라 보기 힘들기 때문에 우리 시가의 주요 율격은 주로 음수율에서 확인되고 있다. 음수율은 '자수율'이라 부르기도 하는데, 한 시행에서 동일한 글자 수를 반복적으로 사용하여 가락을 만들어내는 율격을 가리킨다. 시조나 가사 등의 정형시의 율

---

14) John Lotz, "Metric Typology", *Style in Language*, T. A. Seboek(ed), The M.I.T. Press, 1978, 140쪽; 로츠의 이론 정리는 오세영에 의한 것이다. 오세영, 「한국 시가 율격 재론」, 『한국근대문학론과 근대시』, 민음사, 1996, 67쪽.

15) 조지훈은 우리말 '말'을 예로 들어, 말(言)은 〈長, 低, 弱〉, 말(斗)은 〈中長, 中低, 中弱〉, 말(馬)는 〈短, 高, 强〉, 말(마을, 村)은 〈變短, 變高, 變强〉으로 본다. 그 외 다른 어휘를 이런 부류에 귀속시키고 있다. 조지훈, 『시의 이해』, 조지훈, 『시의 원리─조지훈 전집2』, 나남출판, 1996, 143─44쪽 참조.

격을 3·4조, 4·4조 등으로 부르는 것은 음수율의 관점에서이다.

> 벽상壁上에 칼이 울고 흉중胸中에 피가 뛴다
> 살 오른 두 팔뚝이 밤낮에 들먹인다
> 시절아 너 돌아오거든 왔소 말을 하여라
> ─ 지은이 모름

이 시조의 시행은 3행으로 나누어지며, 각 행은 정확하게 3·4조의 반복으로 이루어진다. 종장이 변화를 위해서 3·4조를 벗어나지만 이 시조는 전통적인 시조의 음수율, 즉 '3, 4, 3, 4/ 3, 4, 3, 4/ 3, 5, 4, 3'에 가장 근접한 형식이라 할 수 있다.

우리 시가의 특질을 음수율에서 찾은 것은 조윤제에 의해서이다.[16] 그러나 이때의 음수율은 규칙성이 약하다는 것이 문제가 된다. 우리 시의 음수율로 제시되는 3·4조, 4·4조가 실제 시가에서 정확하게 지켜지는 경우가 거의 없기 때문이다. 음수율은 자수의 정확한 반복이 가장 중요한 규범인데, 그것을 자주 범한다면 고정된 율격으로 볼 수 없다. 그래서 그에 대한 반론들이 이어졌다.

2) 복합음절 율격 : 장단율, 강약률, 고저율

장단율은 한 음의 소리가 지속되는 시간의 양을 대립적으로 반복하면서 가락을 생성하는 율격이다. 장단율에서는 장음과 단음이 가락을 형성하는 가장 중요한 자질이 된다. 음운의 장단은 우리말에서 가장 많이 나타나는 음운의 2차적 특징이기에 장단율이 우리 시의 기본 율격으로 주목받기도 하

---

16) 조윤제, 「時調의 字數考」, 『신흥』 4호, 1930.

였다.[17] 그러나 우리말에 장단이 있기는 하지만 시에서 이 음들이 규칙적으로 반복되는 경우가 없다는 점에서 타당성을 인정받지 못한다.

강약률은 영시에서처럼 강세가 있는 음절과 강세가 없는 음절이 규칙적으로 반복되면서 가락을 만드는 율격이다. 강약률에서 강세의 반복으로 이루어지는 시행의 기본 단위는 음보foot이다. 하나의 음보는 강한 음절과 약한 음절로 이루어져 있다. 이것은 강약, 약강, 약약강, 강약약 등의 네 개의 패턴으로 나타난다. 한때 강약률이 우리 시의 기본 율격으로 대두되기도 하였다.

(가) 아리랑/ 아리랑/ 아라리요/
　　아리랑/ 고개를/ 넘어간다/

(나) 울밑에선/ 봉선화야/ 네모양이/ 처량하다/

강약률을 주장하는 논의에 따르면 (가)는 '강약약형 3음보' 시행이고 (나)는 '강약약형 4음보' 시행이 된다.[18] 강약률의 근거는 우리말의 강세가 보통 첫 글자에 오기 때문이고, 또한 우리 음악의 대부분이 3박자 내지 4박자 계통의 가락이기 때문이다. 그러나 우리말에서 강약은 구체적 사실이 아니라 일종의 심리적 현상에 속하기 때문에 변별적 자질로 보기 힘들다.

고저율은 소리의 높낮이가 규칙적으로 반복되면서 가락을 형성하는 율격으로, 중국어처럼 성조를 지닌 언어에서 흔히 사용되는 율격이다. 우리의 경우 성조가 사용된 적이 있었던 중세에 고저율의 흔적이 있다. 「용비어천가」의 가사에 찍힌 방점이 바로 성조 사용의 표시가 된다. 그러나 이것은 중국의

17) 정광,「운율연구의 언어학적 접근」,「심상」, 1975. 7.
18) 정병욱,「고시가 운율론 서설」,「최현배선생화갑기념문집」, 정음사, 1954. 여기서는 김대행 편, 앞의 책, 61—62쪽에서 인용.

음을 모방한 것으로, 우리 시의 전반에 통용될 수는 없는 자질로 보는 것이 타당하다.

3) 특수한 율격으로서의 음보율

지금까지 음수율의 한계를 극복하기 위해 우리 시가의 기본 율격을 장단율, 강약률, 고저율의 관점에서 모두 다루었지만 적당한 것이 나타나지 않았다. 그래서 로츠의 분류에 나오지 않는 음보율이란 것이 등장하였다. 로츠는 음보율이라는 말을 사용하지 않았는데, 강약률이 음보율을 포함하고 있기 때문이다. 즉 음절의 강세가 변별적 자질이고 음보는 음절 강세의 강약이 이루어지는 기본 단위에 불과하므로 강약률이 더 적절한 개념이다. 그럼에도 우리 시가에서 음보율을 들고 나온 이유는 무엇일까.

우리 시에는 음절수가 규칙적으로 반복하지 않는 대신 음보 단위에서는 규칙적인 반복이 발견된다. 여기에도 몇 가지 방식이 있다. ① 음절수와 무관하게 음보의 반복만을 주목하는 방식,[19] ② 음보 내의 음절수를 동등하게 취급하는 방식,[20] ③ 한 시행 전체의 발음 총량을 동일하게 취급하는 방식이다.[21] 다음의 시를 두고 어떻게 다르게 보는지 알아보자.

산위에 올라서서 바라다보면
가로막힌 바다를 마주건너서
님계시는 마을이 내눈앞으로
꿈하늘 하늘같이 떠오릅니다.
— 김소월,「꿈하늘」전문

---

19) 조동일,「현대시에 나타난 전통적 율격의 계승」,『아세아학보』13집, 1976.
20) 성기옥,「한국시가율격의 기층체계」,『국문학연구』48집, 서울대학교, 1980.
21) 김대행,『우리 시의 틀』, 문학과비평사, 1989.

①에 따르면 이 시는 3음보가 된다. 이때 문제가 되는 것은 같은 음보 안의 글자 수가 동일해야 한다는 규정이다. 첫 행만을 살펴볼 때 위의 시는 '3·4·5/ 4·3·5' 등으로 앞부분의 음절수가 불규칙하다. 이런 변칙을 "행을 이루는 음보수는 고정적이면서 행을 이루는 음절수는 가변적인 것이 한국 시의 규칙"[22]이라는 주장을 내세워 무시하는 경우가 있다. 이에 따르면 이 시는 '뒤가 무거운 3음보'가 된다.

그러나 음보율이 강약률에 종속된 것이라면 이런 식으로 음절수의 불규칙성을 무시할 수 없다. 그래서 장음長音과 정음停音을 도입하여 음보 안의 음절수를 대등하게 조정하는 의견 ②가 등장하게 된다.[23]

산위에−/ 올라서서/ 바라다보면
가로막힌/ 바다를∨/ 마주건너서
님계시는/ 마을이∨/ 내눈앞으로
꿈하늘−/ 하늘같이/ 떠오릅니다.

위의 시에서 '−' 표시는 길게 읊는다는 표시, 즉 장음長音 표시이고, '∨'는 소리내지 않으면서 한 음절의 값을 한다는 정음停音 표시이다. 이런 표시를 통해 모든 시행은 4·4·5조로 대등하게 반복되는 정형율이 된다.

③의 입장에 서면 위의 시는 4음보가 된다. ③은 ②의 연장선상에 있지만, 장음 대신에 모라mora[24] 개념을 도입한 것과 한 시행의 총량을 정해놓았다는 점에서 차이가 난다.

●

22) 조동일, 앞의 글, 김대행 편, 앞의 책, 119쪽.
23) 성기옥, 앞의 글, 김대행 편, 앞의 책, 90—99쪽.
24) 모라는 음성 실현에 소요되는 시간적 길이를 말한다. 단모음은 1모라에 해당하며, 장모음은 2모라에 해당한다.

산위에-/ 올라서서/ 바라다/ 보면

　1 1 2 　/ 1 1 1 1 / 1 1 2/ 2 2

가로막힌/ 바다를 V/ 마주 V/ 건너서

　1 1 1 1 / 1 1 1 1/ 1 2 1 / 1 1 2 ²⁵⁾

　　여기서 숫자는 모라mora의 양이다. 그래서 한 음보는 그것이 2음절이거나 4음절이거나 상관없이, 각각의 음보는 4모라mora로 등장성을 지니게 된다. 이렇게 볼 때 우리 시가에서 3음보는 없으며, 4음보만 존재하게 된다.

　　그러나 음보율은 강약률에 종속될 때에만 가능한 용어이므로 강약률과 무관한 우리말의 특성을 고려할 때 이 용어는 부적절하다. "영시와 같은 강약률의 복합음절 율격이 아닌 소위 순수 음수율의 율격 체계에서는 음보가 있을 수 없"²⁶⁾기 때문이다. 이런 지적에 따르면 음보 대신 '마디'가 적절한 개념이 된다. 음보의 개념이 없는 음수율의 율격 체계라 하더라도 낭독의 어떤 단위나 매듭마디는 있기 때문이다. 그럴 경우 음보의 강제적인 규정을 따를 필요가 없다. 즉, 한 시행을 구성하는 마디들이 꼭 같은 음절수를 가질 필요가 없고 각 마디의 발음 시간도 동일할 필요가 없게 된다. 마디의 반복으로 율격이 생기므로 '마디 율격'이라는 용어가 사용된다. 그래서 논의는 다시 음수율로 돌아간다.

　　그러나 우리의 전통적인 가락을 음수율로 규정하는 것은 속단이다. 이 역시 서양에서 논한 가락 이론의 하나에 우리 가락을 종속시키는 일일 뿐이

25) 오세영, 위의 책, 64쪽에서 인용. 수치는 모라(mora)의 양임.
26) 오세영, 앞의 책, 67쪽. 음보 개념에 대한 비판과 대안으로서의 마디 개념은 김대행에 의해 제기된 바 있다. "종래에 흔히 음보라고 해 오던 것을 '마디'라고 바꾸어 부를 필요가 있다. 음보란 낭독에서 형성되는 주기성의 최소 단위를 가리키는 용어인데, 실상은 이 마디에서 주기성이 확보되지도 않거니와, 가창을 전제로 이루어진 고시가에서는 더욱이 음보적 성격이 발견되지 않는다." 김대행, 「시의 율격과 시가의 율격」, 「국어교육」 65호, 한국어교육학회, 1989, 87쪽.

다. 우리 가락의 본질은 최소한의 정형성, 규율되지 않은 규율에 있다. 최소한의 정형성은 일정한 마디의 반복으로서 세 마디나 네 마디를 반복하는 마디 율격을 말한다. 마디 안에는 서너 음절이 기본적으로 들어가지만, 이것 역시 최소한의 규정일 뿐이다. 한 마디에 한두어 자가 넘치거나 모자라도 아무런 문제가 되지 않는다. 그것은 읽는 속도나 가창 방식으로 극복하면 되기 때문이다. 이 최소한의 정형성, 규율되지 않은 규율을 인정할 때 우리 가락의 본질을 제대로 파악할 수 있다. 그러나 이런 본질을 담을 수 있는 이론이 없다는 점에서 우리 가락의 특성을 자연스럽게 말할 수 있는 가락론은 아직 나타나지 않았다고 할 수 있다.

●
4. 현대시의 가락

1) 최소한의 반복성

현대시에서 가락은 잠재적 형태로 나타난다. H. 리드는 이를 "시의 운율의 미묘한 불규칙성을 깨닫게 하는 배후의 유령"[27]이라 부른 바 있다. 현대시에서 '배후의 유령'으로서의 가락은 어떤 양상을 지니는지 알아보자.

일단 운율이 성립하려면 반복성과 규칙성을 지녀야 한다. 이런 규정에 대해 현대시의 대응은 두 가지 경우로 나타난다. 첫째는 규칙성을 버리고 반복성만 취하되 최소한으로 하는 경우이다. 둘째는 최소한의 반복성마저 포기하고 기표와 기의 차원의 미묘한 작용으로 대체하는 경우이다.

●
27) H. Read, English Prose Style, 59—60쪽; 김용직, 『현대시원론』, 학연사, 1988, 232쪽에서 재인용.

(1) 동일한 어구나 문장의 반복

최소한의 반복으로 가락을 만들어낸 경우는 어느 정도 퇴화된 상태로나마 운율의 형태를 유추해볼 수 있다. 가장 많이 사용되는 것이 동일한 어구나 문장의 반복이다. 현대시에서 가장 많이 사용하는 가락 생성 방식이다. 단순한 어구만 반복하는 경우도 있고 문장 전체를 동일하게 혹은 다소 변주하여 반복하는 경우도 있다. 다음 예는 동일한 어구를 반복하는 경우이다.

나 죽으면 부조돈 오마넌은 내야 도야 형, 요새 삼마넌짜리도 많던데 그래두 나한테는 형은 오마넌은 내야도야 알았지 하고 노가다 이아무개(47세)가 수화기 너머에서 홍시 냄새로 출렁거리는 봄밤이다.

어이, 이거 풀빵이여 풀빵 따끈할 때 먹어야 되는디, 시인 박아무개(47세)가 화통 삶는 소리를 지르며 점잖은 식장 복판까지 쳐들어와 비닐 봉다리를 쥐어주고는 우리 뽀뽀나 하자고, 뽀뽀를 한 번 하자고 꺼멓게 술에 탄 얼굴을 들이대는 봄밤이다.

좌간 우리는 시작과 끝을 분명히 해야여 자슥들아 하며 용봉탕 집 사장(51세)이 일단 애국가부터 불러제끼자, 하이고 우리집서 이렇게 훌륭한 노래 들어보기는 츰이네유 해싸며 푼수 주모(50세)가 빈 자리 남는 술까지 들고 와 연신 부어대는 봄밤이다.

십이마넌인데 십마넌만 내세유, 해서 그래두 되까유 하며 지갑들 뒤지다 결국 오마넌은 외상을 달아놓고, 그래도 딱 한잔만 더, 하고 검지를 세워 흔들며 포장마차로 소매를 서로 끄는 봄밤이다.

죽음마저 발갛게 열꽃이 피어

강아무개 김아무개 오아무개는 먼저 떠났고

차라리 저 남쪽 갯가 어디로 흘러가

칠칠치 못한 목련같이 나도 시부적시부적 떨어나갔으면 싶은

이래저래 한 오마넌은

더 있어야 쓰겠는 밤이다.

— 김사인, 「봄밤」 전문

　산문 형식에도 불구하고 각 연의 마지막에 '봄밤이다'라는 어구가 반복되면서 자연스러운 가락을 느끼게 하는 작품이다. 또한 이런 반복은 내용의 이질성도 자연스럽게 봉합하는 효과도 낸다. 이 시의 각 연은 직접적으로 연결되지 않는 파편화된 경험들로 구성되어 있지만 동일 어구가 반복적으로 사용되면서 그 간격과 이질성이 사라져버려 한 편의 완결된 시가 되었다. 또한 마지막 부분을 '밤이다'로 처리한 것은 단순한 반복의 변주라 할 수 있다.

　이와 달리 동일한 어휘나 어구를 다양하게 변주하여 반복함으로써 현란한 가락을 만드는 경우가 있다. 이것은 보통 실험적인 시에서 자주 사용된다. 대표적으로 이상의 다음 시가 있다.

　싸움하는사람은즉싸움하지아니하던사람이고 또싸움하는사람은싸움하지아니하는사람이었기도하니까　싸움하는사람이싸움하는구경을하고싶거든싸움하지아니하던사람이싸움하는것을구경하든지　싸움하지아니하는사람이싸움하는구경을하든지　싸움하지아니하던사람이나싸움하지아니하는사람이싸움하지아니하는것을구경하든지하였으면그만이다.

— 이상,「오감도 시제3호」전문

이 시는 내용상의 특별한 어떤 것을 전달하는 데 목적이 있지 않다. 오로지 '싸움하는 사람'이라는 어휘를 복잡하게 변주하여 시각적, 청각적 가락의 느낌을 주는 데 목적이 있다. 이 시의 어투를 빌리자면, 이런 작품을 즐기려는 사람은 내용이 곧 가락이니 내용을 가락으로 보든지 가락을 가락으로 보든지 하면 그만이다.

다음 예는 동일한 문장을 반복하는 경우이다. 이 경우에는 '수미상관'이란 이름을 붙인다. 시의 앞부분에 사용하였던 시행을 동일한 상태로나 혹은 유사한 형태로 마지막 부분에서 반복하는 것이다.

> 엄마야 누나야 강변 살자.
> 뜰에는 반짝이는 금모래빛,
> 뒷문 밖에는 갈잎의 노래,
> 엄마야 누나야 강변 살자.
> — 김소월,「엄마야 누나야」전문

수미상관은 작품의 완결성을 보장해 주며 가락을 느끼게 해준다는 점에서 장점을 지닌다. 그러나 내용상으로 더 진전될 수 있는 어떤 것을 서둘러 봉합해 버린 듯한 아쉬움을 주기도 한다. 이 작품에서도 강변의 풍경 제시를 둘러싸고 있는 앞뒤의 반복되는 시행은 그 자체의 회화성과 따스한 정서를 잘 싸안고 있지만 단순한 그림을 넘어선 어떤 것을 기대한 사람에게는 이런 봉쇄가 불만일 것이다.

(2) 문장의 점층적 반복

근래의 시는 문장을 그대로 사용하기보다는 변주를 통해 그 반복이 기계적으로 보이지 않게 하면서 가락을 만들어낸다. 즉 문장의 점층적 반복이 그것이다. 다음 시가 대표적인 예가 된다.

기침을 하자
젊은 시인이여 기침을 하자
눈 위에 대고 기침을 하자
눈더러 보라고 마음 놓고 마음 놓고
기침을 하자

눈은 살아 있다.
죽음을 잊어버린 영혼靈魂과 육체肉體를 위하여
눈은 새벽이 지나도록 살아 있다.

기침을 하자
젊은 시인이여 기침을 하자
눈을 바라보며
밤새도록 고인 가슴의 가래라도
마음껏 뱉자
— 김수영, 「눈」 전문

"기침을 하자"라는 최소한의 문장에 부가적인 요소가 하나씩 붙으면서 확장을 통해 반복되면서 가락이 형성된다. 동일한 문장을 확장하면서 의미도 강조하고 가락도 만드는 방법이다. 마지막에서 이 문장이 "가래라도/ 마음껏 뱉자'로 변주하면서 기계적 반복의 단조로움을 피하고 있다.

2) 내면화된 반복성

앙리 메쇼닉은 가락, 즉 리듬과 정형성은 무관하다고 본다. 그는 벤브니스트에 기대어 원래 '리듬—물결의 흐름'이라는 어원이 왜곡되어 '리듬—바다'라는 도식을 형성하였다고 본다. '리듬—바다'에서 "물결들의 다소간 규칙적인 운동", "표지의 규칙적인 회귀"라는 규칙성을 지닌 개념이 형성되었다는 것이다. 이런 왜곡된 개념이 주기성을 강조하면서 역사를 희생시켜왔다는 것이다.[28] 도식적 주기성, 반복적 규칙성을 거부하여 그 반복성이 내면화되었는 점에서 현대시의 가락은 메쇼닉의 리듬과 일맥상통한다.

반복성을 거부할 경우, 시에서 가락은 어떤 식으로 남아 있을 것인가. 여기에는 세 가지 경우가 있을 수 있다. 기표의 상징적 가치, 즉 뉘앙스에 주목하는 경우와 기표 그 자체의 음향에 주목하는 경우, 그리고 마지막으로 심상의 흐름과 충돌이 그것이다.

(1) 기표의 상징적 가치

기표의 상징적 가치에 주목하는 경우이다. 기표의 상징적 가치란 기표의 음성적 측면으로부터 생성되는 뉘앙스나 심상 같은 상징적인 느낌을 말한다. 조향은 현대시의 가락에 대해 쓴 글에서 이런 기표를 "상징으로서의 음"[29]이라 부른 바 있다. 이에 따르면 상징으로서의 음은 정형률처럼 음의 외적 리듬을 중시하는 것이 아니라, 음이 상징하는 감각과 감정의 미가 "유동적인 몽롱한 분위기에 의해 상징적인 형태를 만드는 것"[30]이다. P. 발레리에서 비롯하여 H. 브레몽, A. 랭보 등을 거쳐 형성된 순수시론과 그 이전의 상징주의가 이런

---

28) Lucie Bourassa, 앞의 책, 158쪽.
29) 조향, 「CORTI씨 기관 계외」, 『국어국문학』 9, 국어국문학회, 1954. 4. 조향, 『조향전집2』, 열음사, 1994. 252쪽.
30) 조향, 위의 책, 252쪽.

경향의 기원이 된다. 규칙적이며 외적 형식을 강요하는 외형률에서의 음은 이제 내부적, 질적인 면의 뉘앙스로 전환하게 된 것이다.

자유시가 말하는 내면율 혹은 내재율의 출발도 이런 음의 존재에 있다.[31] 외형률을 파기한 보들레르와 상징시파들이 찾아낸 새로운 대안으로서의 이 "음질적 내용률"[32]은 시를 이해와 해석의 대상이 아니라 미해味解하고 느끼는 대상으로 규정한다. 상징주의에서 언어를 "개념적으로 이지적으로 쓰지 않고 암시적으로 음악적으로" 사용한 것도 이와 관련된다. 다음에 제시한 베를렌의 시 「시론」이 이런 지향을 잘 설명해 준다.

> 음악, 음악 모든 것 제껴두고 먼저 음악이어라.
> 그러기 위해선 나누기 어려운 것을 고르리라.
> 무척 아슴푸레한, 꺼질락말락한 것을.
> 진정 거기엔 손으로 헤아릴 수도 놓을 수도 없는 것이 있어라. (……)

> 좋은 말을 고르려면 무심히 하라.
> 말을 차라리 업신여기어라. (……)
> 우리는 색채를 구하지 않는다. 뉘앙스를 구하노라.
> 뉘앙스, 참으로 그 밖엔 아무것도 없어라.[33]

1920년대 상징주의에서도 자주 인용된 바 있는 이 시는 프랑스 상징주의의 시론과 신조를 단적으로 표현한 작품이다. 이 시에서 중시되는 것은 음악

---

31) 내재율에 대한 명칭은 황석우에 따르면 내용률, 내재율, 내면율, 내률(內律), 심율(心律) 등으로 불린다. 황석우, 「조선시단의 발족점과 자유시」, 『매일신보』, 1919. 11. 10.
32) 조향, 앞의 책, 257쪽.
33) Paul—Marie Verlaine, "Art Poetique"; 조향, 위의 책, 253쪽.

적 분위기일 뿐이다. '말을 업신여기라'는 표현은 기의를 무시하라는 의미이다. 기의에 대한 이런 거부는 '언어의 순수화' 전략과 맞물려 있다. 상징주의자들이 추구한 언어의 순수화는 결국 순수언어의 좌표를 음악적 영역에다 설정한 것이며, 이에 따라 가락에서 빚어지는 몽롱하고 유동적인 분위기가 시의 전부가 되었던 것이다. 기존의 관념들에 의해 혼탁해진 언어를 순수하게 만들기 위해서 '말의 뜻', 즉 의미의 세계를 추방시킨 결과 상징으로서의 음이 주요한 시적 요소로 등장하게 된 것이다.

우리나라에는 음악성에 초점을 맞춘 모범적인 상징주의 시가 거의 없다. 오히려 김영랑 같은 경우가 이런 경향을 가장 성공적으로 보여준 시인이라 할 수 있다.

내 가슴 속에 가늘한 내음
애끈히 떠도는 내음
저녁 해 고요히 지는 제
머ㄴ 산허리에 슬리는 보랏빛

오! 그 수심 뜬 보랏빛
내가 잃은 마음의 그림자
한 이틀 정열에 뚝뚝 떨어진 모란의
깃든 향취가 이 가슴 놓고 갔을 줄이야.

얼결에 여윈 봄 흐르는 마음
헛되이 찾으려 허덕이는 날
뻘 위에 철—석 갯물이 놓이듯
얼컥 니—는 훗근한 내음

아! 훗근한 내음 내키다 마—는

서어한 가슴에 그늘이 도—나니

수심 뜨고 애끈하고 고요하기

산허리에 슬리는 저녁 보랏빛

　　— 김영랑, 「가늘한 내음」 전문

이 시가 전달하고자 하는 구체적인 메시지는 뚜렷하게 잡히지 않는다. 정확하게 지시할 수 없는 미묘한 마음의 상태를 노래하고 있는 작품이라고 그저 짐작할 뿐이다. 마음의 구체적 상태는 드러나지 않고 '가늘한 내음', '산허리에 슬리는 보랏빛' 등의 어휘가 풍기는 몽롱하고 애상적인 뉘앙스만 가득하다. 베를렌의 "뉘앙스, 참으로 그 밖엔 아무것도 없"는 경지가 잘 나타난 시라 할 수 있다. 그러나 조향은 '상징으로서의 음'을 강조한 상징주의를 "시의 영토를 음악에다 넘겨준 별스레 명예롭지도 못한 계보"라고 비판하며, "이런 방법론을 아직도 금과옥조처럼 생각하고 있다는 것은 현대시인으로서의 명예가 될 수는 없다"고 평가한다.[34]

(2) 기표 그 자체의 음향

다음으로, 기표 그 자체의 음향에 주목하는 경우이다. 이것은 기표의 음상音相이나 음색 같은 것에서 가락의 요소를 발견하는 것이다. 음상이나 음색은 시의 내용과도 밀접하게 연관되어 시의 분위기와 가락을 미묘하게 조정하는 청각 형태이다. 조향은 이런 시적 청각 형태를 "음향의 포에지"라 불렀다. 이 말은 "음향이 주는 이메지의 문제", 즉 "음원音源에서 발음된 음현상音現象이 피발음자(듣는 사람)에게 어떤 수동적 청각영상을 주느냐?에 관한 문

---

34) 조향, 앞의 책, 254쪽.

제"[35]와 연관된다. 이때의 음향(파열음, 마찰음)은 우리의 뇌리에 즉각적으로 형성하는 현대적인 청각영상을 말하는 것이다.

조향에 따르면, 청각 형태로 볼 때 시는 규칙적인 진동에서 일어나는 "악음樂音"과 연계된 가락으로 구성된 것과 "불규칙적인 진동에서 일어나는 음파"인 "조음噪音"으로 구성된 것으로 나누어진다. 전자는 고전시의 외형률과 상징주의 시의 내면율을 포함하고, 후자는 모더니즘시의 실험적 음향을 포함한다. 모더니즘에 있어서 음향에 불과한 소음이 기존의 규칙적인 리듬을 거부하며 새로운 시적 청각 형태의 대안으로 등장한 것이다.

이런 탈리듬적인 경향이 현대시의 주조가 되어 왔다. 음향 중심적인 시의 전범은 스티븐 스펜더의 「급행열차Express」가 잘 보여준다.

> After the first powerful plain manifesto
> The black statement of pistons, without more fuss
> But gliding like a queen, she leaves the station.

위의 시는 스티븐 스펜더의 「Express」라는 시의 첫 3행이다. 김○○ 씨의 말을 빌릴 필요도 없이, 널려 있는 파열음 P, K, Q, T, 마찰음 F, S 등에서 울려오는 음향은 마악 정거장을 떠나기 시작한 "급행열차"의 역동적인 검은 모습 혹은 "검은 진술The black statement"의 이메지를 효과시키는 데에 적절하다.[36]

위의 인용문처럼 현대의 시는 음향이 내용과 조화를 이루면서 가락을

---

35) 조향, 위의 책, 255쪽.
36) 조향, 위의 책, 274쪽.

만들어낸다. S.H.스펜더의 시에서처럼 파열음, 마찰음이 정거장을 출발하는 급행열차의 역동적인 심상과 자연스럽게 연계될 때 바람직한 운율이 탄생하는 것이다. 이것이 바로 조향이 생각하는 "시대가 요구하는 새로운 운"[37]일 것이다.

(3) 심상의 흐름과 충돌

마지막으로, 심상의 흐름과 충돌 역시 가락을 형성한다. 현대시는 외형적으로 드러나는 반복성과 규칙성으로부터 자유로워지면서 가락이 내면화하였다.

> 감자 껍질을 벗겨봐 특히 자주감자 껍질을 벗겨봐 감자의 살이 금방 보랏빛으로 멍드는 걸 보신 적 있지 속살에 공기가 닿으면 무슨 화학변화가 아니라 공기의 속살이 보랏빛이라는 걸 금방 알게 되실 거야 감자가 온몸으로 가르쳐 주지 공기는 늘 온몸이 멍들어 있다는 걸 알게 되지 제일 되게 타박상을 받는 타박상의 일등—等, 공기의 젖가슴이 가장 심해 그 타박의 소리를 어느 한밤 화성 근처 보통리 저수지에서 들은 적 있어 밤 이슥토록 떼로 내려앉았다가 무엇의 습격을 받았는지 일시에 하늘로 치솟아 오르던, 세상을 들어 올리던 청둥오리 떼의 공기, 일만 평으로 멍드는 소리를 들은 적 있어 폭탄 터졌어 그밤 그순간 내 사랑도 일만 평으로 멍들었어 그 소리의 힘으로 나 여기까지 왔지 알고 보면 파탄이 힘이야 멍을 힘이라고 말할 수밖에 없어 나를 감자 껍질로 한번 벗겨봐 힘에 부치시걸랑 나의 멍을 덜어가셔 보탬이 될 거야 이젠 겁나지 않아 끝내 너를 살해할 수 없도록 나를 접은 공기, 공기는 내 사랑!

---

37) 조향, 「실험이 없는 세대」, 위의 책, 45쪽.

— 정진규, 「공기는 내 사랑」 전문

이 산문시는 언어적으로 다소 반복적인 요소를 보여주긴 하지만 그 반복이 두드러지진 않는다. 그럼에도 유장한 시적 가락이 잘 느껴진다. 그것은 '감자 껍질-멍-공기' 등으로 발전해 나가는 심상의 흐름이 시의 내용과 맞물리면서 미묘한 가락을 형성해낸 것이라 할 수 있다. 감자 껍질에서 시작된 자줏빛 심상은 멍의 심상으로, 그것은 다시 공기의 속살, 청둥오리 떼의 공기로 연쇄적으로 진행되면서 심상의 흐름과 연쇄가 훌륭한 가락을 만들어낸 것이다. 시적 통찰과 잘 어울린 심상의 가락이라 할 수 있다.

이와 달리 모더니즘 계열의 실험적인 작품은 심상의 흐름을 의도적으로 끊으면서 새로운 가락을 만들어내기도 한다. 심상과 심상의 전위차電位差[38]를 충분하게 고려하여, 낯선 심상들을 의도적으로 충돌시킬 때 앞에서 본 서정적인 가락과 전혀 다른 차원의 가락이 형성되는 것이다. 이처럼 현대시는 심상의 흐름과 충돌을 통해 내적인 가락을 형성한다. 다음 시가 대표적이다.

낡은 아코오뎡은 대화를 관뒀습니다

— 여보세요?

폰폰따리아
마주르카
디이젤-엔진에 피는 들국화

---

[38] "한 줄기의 특수한 광채가 발휘되는 곳은 어떤 점에 있어서는 우연적인 두 단어가 접근되는 점에서이며 우리는 이 《이미지의 광채》에 대하여 지극히 민감하다. 이미지의 가치는 이렇게 해서 얻어진 불꽃의 아름다움에 의하여 좌우되는 것이며, 따라서 그것은 두 개의 전도체 사이에서 발생되는 전위차의 작용이라고도 할 수 있다." André Breton, 「제1차 선언」, Tristan Tzara 외, 송재영 옮김, 『다다 / 쉬르레알리슴 선언』, 문학과지성사, 1987, 144쪽.

─ 왜 그러십니까?

모래밭에서
수화기
여인의 허벅지
　　낙지 까아만 그림자
─ 조향, 「바다의 층계」 부분

이 작품은 여러 상충되는 심상들을 서로 충돌시키면서 그 사이에 전위차로 인한 새로운 가락을 형성하고 있다. 의미에 대한 부담을 덜어내면서 오히려 전면적으로 심상의 흐름에 온몸을 맡긴 형태라 할 수 있다.

반복성을 떠났으면서도 내적으로 더욱 증폭되는 현대시의 가락은 현대 시인들의 꿈이었다. 보들레르가 산문시집 서문에서 다음과 같이 고백하지 않았던가.

　　우리들 중 누가 한창 야심만만한 시절, 이같은 꿈을 꾸어보지 않은 자가 있겠습니까? 리듬과 각운이 없으면서도 충분히 음악적이며, 영혼의 서정적 움직임과 상념의 물결침과 의식의 경련에 걸맞을 만큼 충분히 유연하면서 동시에 거칠은 어떤 시적 산문의 기적의 꿈을 말이요.[39]

외형적으로 나타나는 정형적 요소로서의 가락이나 운은 없지만, 영혼과 꿈과 의식의 출렁거림과 어울리는 가락을 보들레르는 "시적 산문(산문시)의 기적"이라 부른다. 물질적, 음성적 울림이 아니라 영혼이나 의식의 울림이

39) Charles—Pierre Baudelaire, 윤영애 옮김, 「아르젠느 우세에게(서문)」, 『파리의 우울』, 민음사, 1979, 19쪽.

라는 이 내적인 울림, 이것이 바로 현대시가 꿈꾸는 새로운 가락이다. 현대시는 그 기적을 향해 지금도 전진해 가고 있다.

●
5. 시형, 가락의 시각화

초기 근대시가 청각적인 노래를 시각적인 시로 재편하면서 가락을 대체한 것은 띄어쓰기, 행갈이 등이다. 행갈이는 음성적 휴지의 시각화로 고안된 것이다. 이는 띄어쓰기의 도입이라는 역사적 순간에 빚지고 있다.[40] 띄어쓰기는 말하기의 무의식적 흐름에 가한 의식적 분절이다. 말하기의 연속성은 띄어쓰기가 나타나기 전까지 자연스러운 현상이고 분절의 대상으로 의심된 적이 없다. 마치 물소리나 바람소리처럼 잘라질 수 없는 소리의 덩이였다. 띄어쓰기는 이 흐름을 분절함으로써 의미도 분절해낸다. 음성 단위의 분절은 의미를 드러낸다. 형식이 내용을 압도하는 것이다. 청각의 정형성이 약화되는 것도 이 때문이다. 의미와 호흡단위의 연계도 여기서 드러난다.

고전소설의 띄어쓰기 결여는 구술의 기록이기 때문이다. 거기에 구두점이 있다 해도 이는 호흡의 그림자에 불과하다. 초기의 띄어쓰기는 비록 인쇄 매체로 나타난다 하더라도 인쇄 시대의 재현이라 할 수 없다. 의미의 덩어리가 세분화되지 않고 호흡에 종속되어 있다. 여전히 음성구술 시대에 속하여 인쇄 매체의 독자성이 아직 발견되지 않은 것이다. 근대시는 인쇄 매체의 시각화 이후의 일이다. 상징주의나 모더니즘도 그 이후의 일이다.

개화기 시(특히 가사)는 기계적 띄어쓰기를 채용하고 있다. 벽돌을 쌓아

●
40) 개화기 시가에서 띄어쓰기가 처음 나타나는 것은 1902년 11월, 『제국신문』의 「시사단설」이다. 김영철, 앞의 책, 80쪽.

놓는 것처럼 정형적이다. 가끔씩 '황제'라는 어휘의 어두 배치는 절대군주제의 시각화이다. 벽돌형의 최고 형태가 가사이다. 개화기에 가사가 절대적인 지위를 지닌 것도 청각에 대한 향수가 시각과 만난 탓이다. 가사는 호흡의 우세를 드러내며 의미는 호흡에 종속된다. 끊어 읽기와 의미상의 나눔이 일치하지 않음은 호흡의 절대적인 지위를 보여준다. 벽돌의 붕괴는 서서히 이루어진다. 행의 길이가 동일하지 않게 되면서 변형이 생긴다.

띄어쓰기가 시적 차원에 적극적으로 도입되면서 행갈이가 나타나고 근대의 시형이 나타난다. 띄어쓰기는 행갈이의 선구적 형태인 것이다. 행갈이는 근대시에서 서서히 소멸해가는 가락의 존재 양상을 보여준다. 호흡 단위가 행 단위로 처리되면서 시각적 형태와 의미상의 변화가 나타난다. 행갈이는 기존 휴지부의 시각적인 대체이다.

행갈이는 산문을 시로 전환하는 중요한 수단이다. 행갈이는 산문적 진술을 시적 발화로 변화시키며 독자로 하여금 시에 반응할 준비를 하게 만드는 시의 일차적 표지이다.

나는
오늘도 버스를 타고 먼지의 도시로 간다
나는 오늘도
버스를 타고 먼지의 도시로 간다
나는 오늘도 버스를
타고 먼지의 도시로 간다
나는 오늘도 버스를 타고
먼지의 도시로 간다
나는 오늘도 버스를 타고 먼지의
도시로 간다

나는 오늘도 버스를 타고 먼지의 도시로

간다

나는 오늘도 버스를 타고 먼지의 도시로 간다

— 이가림, 「오랑캐꽃7—물거품의 나날」 전문41

이 작품에는 단 하나의 문장만이 나온다. "나는 오늘도 버스를 타고 먼지의 도시로 간다"는 진술이 행갈이를 하면서 7번 반복되고 있다. 산문에서는 이것이 동일한 문장일 수 있지만, 시에서는 행갈이를 달리할 때마다 전혀 다른 문장이 된다.

(가) 나는

　　　오늘도 버스를 타고 먼지의 도시로 간다

(나) 나는 오늘도

　　　버스를 타고 먼지의 도시로 간다

(가)와 (나)는 동일한 문장이다. 그러나 이런 시행으로 배치되면서 강조점과 시행의 형태에서 완전히 다른 면모를 보여준다. 이로부터 의미잉여가 발생하는데, 그것이 두 문장을 다른 문장으로 만든다. (가)는 '오늘'을 앞세우면서 시간적 요소에 주목하게 만들고, (나)는 '버스'에 주목하게 한다. 그리고 형태상으로 (가)는 길이의 불균형으로 뭔가 불편한 정서를 담아낸다. 그리고 먼지의 도시로 가는 그 길의 지루함과 힘겨움을 나타내기도 한다. (나)는 상대적으로 안정된 형태를 보여주며, 정서에 있어서도 적당히 편안한 느낌을 준다. 이처럼

41) 오성호, 『서정시의 이론』, 실천문학사, 2006, 159쪽에서 재인용.

시에서 행갈이는 여러 요소들을 생성시키며 의미의 변화를 가져온다.

그리고 행갈이는 문장의 흐름에 대한 상투적인 기대를 의도적으로 거역함으로써 인식의 충격을 겨냥한다.

> 펄럭하고 문이 열렸다.
> 하루 종일 나의 등 뒤에서
> 펄럭펄럭 문이 열리는 것은
> 불안한 일이었다.
> 라는 것은
> 찢어진 봉창문 같은 나의 생활이
> 펄럭거리기 때문이다.
> 펄럭하고 문이 열렸다.
> 또한 꽝하고 닫겼다.
> 라는 것은
> 자식들이 어리기 때문이다.
> ─ 박목월, 「문」 부분

처음 두 문장까지 읽으면, 읽기의 습관상 독서가 일차적으로 완료된다. 시행의 배치나 문장부호로 볼 때 이 부분은 두 문장으로 완결된 문장이기 때문이다. 특히 첫 문장("펄럭하고 문이 열렸다.")이 짧게 완료되어 두 번째 문장도 역시 의심없이 종료된 것으로 보인다. 그러나 바로 그 다음에 "라는 것은"이 한 행으로 들어서면서 지금까지 읽으며 형성되었던 의미나 기대 같은 것이 여지없이 무너져 내린다. 그래서 "봉창문 같은 나의 생활"의 불안정성이 더욱 강조된다. 이런 기법은 인식상의 충격을 의도적으로 노린 것으로, 성공적이라 할 수 있다. 행갈이가 이 의도를 충분하게 충족시킨 것이다.

의미상 적절하게 분절되지 않은 지점에서 부자연스럽게 행해지는 행갈이는 행걸침, 즉 앙장브망enjambement이라 부른다. 행걸침은 현대 자유시의 특징이다. 흥미롭게도 황석우가 일찍이 이를 지적하고 있다.

자유시의 발상지는 더 말할 것도 없이 피彼 불란서입니다. 자유시 이전의 재在한 서시西詩는 음수 체재 등에 관한 복잡한, 괴난怪難한 법칙에 지배되었었습니다. 피 알렉산드리안조의 12철음의 법칙과 같음은 그 현저한 예입니다. 이것은 '일행一行 일단락제'이라는 좋은 법칙이었습니다. 이 법칙에서는 일행에 포包하는 의미는 차행次行에 급及치 않음을 그 원칙으로 하였습니다. 곧 그 행행이 각각 '의미독립'을 보保치 않으면 아니 되었습니다. 이런 부자유의 외적 전제율專制律이 시인의 자유분방의 정상情想을 구속 압박하여왔습니다. 근경 우리의 흔히 듣는 '안잔부민'이란 어語는 이 시대의 토산어품土産語品입니다. 곧 피 법칙에 반反한 시는 '안잔부민'이라고 호呼하였기 때문입니다. 이 전제시형에 반항하여 입立한 자가 곧 자유시입니다.[42]

이 글을 통해 행걸침은 프랑스 알렉상드리안조의 '1행 1단락제'를 위반한 행갈이임을 알 수 있다. 또한 의도적인 행걸침은 자유시를 위한 투쟁으로 인식될 수 있음도 짐작할 수 있다. 변격적인 시행으로서의 행걸침은 이와 같은 문학사상을 깔고 있는 것이다.

특수한 행갈이로서의 행걸침의 의미는 이보다 더 나아간다. 행걸침은 의미와 호흡의 불균형을 의도적으로 구현한 경우에 속한다. 행걸침은 호흡 단

---

42) 황석우, 「조선시단의 발족점과 자유시」, 『매일신보』, 1919. 11. 30; 장도준, 「한국 현대시의 자유율 의식의 형성에 대한 연구」, 『현대문학의 연구』 21호(한국문학연구학회, 2003)에서 재인용. 표기는 현대 맞춤법에 맞추었음.

위가 인위적인 활자 배치에 의하여 소멸해가고 있음을 보여준다. 그래서 행걸침이 청각 위주의 정형성에 대한 부정으로 읽히는 것은 당연하다. 이런 청각과의 거리두기는 모더니즘 문학, 특히 아방가르드 문학에 이르러서는 절정에 달한다.

행갈이는 다양한 시적 형태를 창출한다는 점에서도 새로운 의미를 지닌다. 각 시행에서 발생하는 행갈이의 변화가 최종적으로 도달하는 곳이 바로 시형이기 때문이다. 행갈이 방식에 따라 시형도 변화한다. 현대시에 있어서 행갈이에 대한 관심이 현대시의 가락에 대한 의식을 보여준 것이라 한다면, 행갈이에 기인하는 시형 자체도 가락의 한 형식이라 할 수 있다. 가락과 관련해서 시형을 다루는 까닭이 여기에 있다.

1. 다음을 읽고 두 작품에서 느껴지는 가락의 차이에 대하여 설명해 보자.

> **(가)** 해야 솟아라. 해야 솟아라. 말갛게 씻은 얼굴 고운 해야 솟아라. 산 넘어 산 넘어서 어둠을 살라 먹고, 산 넘어서 밤새도록 어둠을 살라 먹고, 이글이글 앳된 얼굴 고운 해야 솟아라.
>
> 달밤이 싫여, 달밤이 싫여, 눈물 같은 골짜기에 달밤이 싫여, 아무도 없는 뜰에 달밤이 나는 싫여……,
> ― 박두진, 「해」 부분

> **(나)** 달 호텔에서 지구를 보면 우편엽서 한 장 같다. 나뭇잎 한 장 같다. 혹 불면 날아가버릴 것 같은, 연약하기 짝이 없는 저 별이 아직은 은하계의 오아시스인 모양이다. 지구 여관에 깃들여 잠을 청하는 사람들이 만원이다. 방이 없어 떠나는 새·나무·파도·두꺼비·호랑이·표범·돌고래·청개구리·콩새·사탕단풍나무·바람꽃·무지개·우렁이·가재·반딧불이…… 많기도 하다. 달 호텔 테라스에서 턱을 괴고 쳐다본 지구는 쓸 수 있는 말만 적을 수 있는 엽서 한 잎 같다.
> ― 박용하, 「지구」 전문

2. 다음을 참조하여, 우리 문화에서 기본적인 가락(리듬)은 무엇일지 생각해 보자.

> 모든 문화의 밑바탕에는 종교적, 미학적 혹은 철학적 창조로 표현되기에 앞서서 리듬으로 나타나는 생명에 대한 기본적 태도가 깔려 있다. 아즈텍인들에게는

사박자 리듬이며 히브리인들에게는 이원적 리듬이다. 서구의 근대 문명은 삼박자 리듬으로 충만되어 있다.

— 옥타비오 파스,『활과 리라』

3. 다음 시에서 압운이 된 부분을 찾아보고, 그 효과에 대하여 평가해 보자.

강물은 맑고 평탄한데
강으로 오는 님의 노래
東에 해나고 西에는비
비오다 말고 해가나네.

十里長林은 곳곳이 풀
근처몇집은 집집이술
오다가다도 들려주소
앉아보아도 좋은그늘.

— 김소월,「대수풀 노래」부분

4. 다음을 참고로 하여, 우리 시에 압운이 발달하지 않은 이유를 몇 가지로 나누어 설명해 보자.

압운이 철저히 지켜졌던 한시를 노상 가까이했으면서도 우리 시가의 압운이 기능을 발휘하지 못한 까닭은 무엇인가? 그 원인으로서 언어 체계상의 이유, 시가 형태상의 이유, 시가 음영 방법상의 이유 – 이렇게 세 가지 측면의 고찰이 가능하다.

— 김대행,「압운론」

5. 김소월의 다음 시구에 대하여 "시행 안에서 동질의 음성반복에 의한 자연스러운 중간운(요운)의 효과"(조창환)라는 평가가 있다. 다음 구절에서 중간운을 찾고, 이 평가에 대한 자신의 생각을 말해 보자.

① 말리지 못할 만치 몸부림하며
   마치 천리만리나 가고도 싶은
   맘이라고나 하여 볼까(「천리만리」)
② 봄에 부는 바람, 바람 부는 봄(「바람과 봄」)
③ 산에서 우는 적은 새요/ 꽃이 좋아/ 산에서/ 사노라네(「산유화」)
④ 비가 온다/ 오누나/ 오는 비는/ 올지라도 한닷새 왔으면 좋지(「왕십리」)

6. 다음은 어느 논문에서 제시된 자료이다. 이 자료를 통해 우리 율격에 대한 어떤 주장이 비판될 수 있는지 생각해 보자.

음절수 \ 어휘	가 행	거 행
1 음절	6%	4.6%
2 음절	37%	44.4%
3 음절	43%	43%
4 음절 이상	14%	8%

『우리말사전』의 '가'와 '거'행의 순우리말 음절수

위의 표에서 2음절과 3음절이 압도적으로 많이 나타나 있거니와 이 2음절이나 3음절로 된 어휘는 응당 체언에는 조사가 붙고, 용언에는 활용형이 붙어서 실제로 운용되는 음조에는 3음절, 4음절의 음수가 압도적으로 많을 것은 당연한 귀결이

겠고, 따라서 시가에서도 3음절 또는 4음절의 음절수가 그 음 단위를 지배할 것도 당연한 귀결이라 아니할 수 없겠다. … 이무영의 소설 「제1과 제1장」의 첫머리의 산문을 조사하여 보았다. 이 문장 중에 나타나 있는 어휘의 음절수의 경향을 백분율로 따져보면 3음절로 된 어휘가 42%, 4음절로 된 어휘가 33%, 둘을 합하면 실로 75%라는 지배적인 경향성을 보여주고 있다.

— 정병욱, 「고시가 운율론 서설」

7. 어느 언어학자가 아무런 의미가 없는 두 개의 단어 [taketa]와 [naluma]를 다음의 두 그림과 각각 짝지어보라고 한 결과, 대부분의 사람들이 [taketa]와 B를, [naluma]와 A를 짝짓게 된다고 한다(Norman C. Stageberg & Wallace L. Anderson). 이 연구결과가 가락과 관련하여 어떤 시사점을 주는지 시 작품을 예로 들어 설명해 보자.

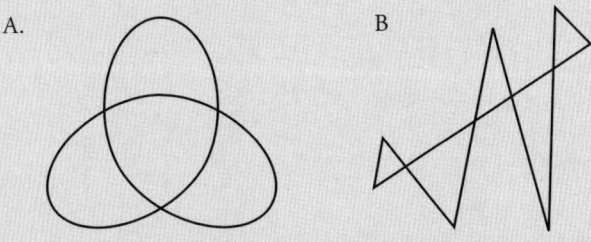

8 김춘수는 "행의 기능을 잘 이해하고 만들어진" 시의 모범으로 다음 시를 제시하며, 이 시 1연의 "눈이/ 오는데"와 5연의 "눈이 오는데"의 행갈이 효과의 차이를 설명한다. 그 차이가 어떤 것일지 생각해 보자.

눈이
오는데
옛날의 나즉한 종이 우는데

아아// 여기는/ 명동

성니코라이 사원 가까이

하얀/ 돌층계에 앉아서

추억의 조용한 그네 위에 앉아서

눈이 오는데

눈 속에

돌층계가 잠드는데

　　　　　　　　— 박목월, 「폐원」 부분

9. 다음은 행갈이를 지닌 자유시를 산문처럼 적은 것이다. 이 시에 가장 어울
리게 행갈이를 하여 적절한 시형이 되도록 만들어보자.

배고픈 소가 쓰윽 혓바닥을 휘어 서걱서걱 옥수수 대궁을 씹어 먹을 듯

　　— 함민복, 「초승달」 전문

10. 다음 시의 마지막 구절 "바닥이 깊고도/ 높다"는 처음에 하나의 행("바닥
이 깊고도 높다")으로 구성되어 있던 것을 수정한 것이다. 어떤 행갈이가 더 효
과적인지 말해 보자.

자기 안에 발 담그는 것들을

물에 젖게 하는 법이 없다

모난 돌멩이라고

모난 파문으로 대답하지 않는다

검은 돌멩이라고

검은 파문으로 대답하지 않는다

산이고 구름이고

물가에 늘어선 나무며 나는 새까지

겹쳐서 들어가도

어느 것 하나 상처입지 않는다

바람은

쉴 새 없이 넘어가는

수면 위의 줄글을 다 읽기는 하는 건지

하늘이 들어와도 넘치지 않는다

바닥이 깊고도

높다

— 권정우, 「저수지」 전문

제8장 화자와 어조

1. 어조의 발생 구조

시에서 어조語調,tone란 "소재나 청자, 혹은 때에 따라서는 자기 자신에 대한 화자의 태도"를 가리킨다. 여기에서 태도attitude란 언어에 스며들어 있는, 어떤 대상에 대한 미묘하고도 복합적인 정서적 반응에 대한 비유이다. 동일한 말이라도 어조에 따라 다양한 의미를 지닐 수 있다. 브룩스와 워렌이 예를 들고 있듯이, "그래 정말이야.Yes, indeed"라는 말도 어조의 변화를 통해 열정적이거나 정중한 동의에서 거만한 거절까지 다양한 의미를 지닐 수 있다.

이 어조는 '화자의 태도'라는 점에서 화자와 밀접한 관련을 지니고 있다. 그래서 어조를 다룰 때 반드시 화자와 함께 이야기하여야 한다. 물론 어조는 텍스트의 모든 요소와 연계되어 있지만 가장 핵심적인 것이 화자임에는 틀림없다. 어조와 화자의 밀접한 관계를 S.채트먼의 다음 도표를 통해 설명할 수 있다.[2]

실제 시인→ 함축적 시인→(화자)→(청자)→함축적 독자 → 실제 독자

---

1) Cleanth Brooks & R. P. Warren, *Understanding Poetry*, New York: Holt, Rinehart and Winston, 1976, 112쪽.
2) S. Chatman, 한용환 옮김, 『이야기와 담론』, 고려원, 1990, 179쪽. 용어 통일을 위해 채트먼의 번역상의 용어를 다소 수정한다. 원 번역은 다음과 같다. "real author(실제 작가) → implied author(내포작가) → narrator(화자) → narratee(수화자) → implied reader(내포독자) → real reader(실제 독자)".

이 도표의 문제점이 지적되기도 하지만,[3] 작품의 소통 모델로 무리가 없다. 이 도표에서 네모는 작품을 의미한다. 여기에서 '함축적 시인'은 독자가 시를 읽으면서 상상으로 구성한, 화자의 배경에 있는 시인이다. 이것은 화자를 통해 재구성된 시인이라 할 수 있다. 함축적 시인은 시인과 동일한 존재일 수도 있고 아닐 수도 있다.

> 누님이 와서 이마 맡에 앉고
> 외로운 파스 하이드라지드병瓶 속에
> 들어 있는 정서情緒를 보고 있다.
> 뜨락의 목련이 쪼개어지고 있다.
> 한 번의 긴 숨이 창 너머 하늘로 삭아가 버린다.
> 오늘, 슬픈 하루의 오후에도
> 늑골에서 두근거리는 신神이
> 어딘가의 머나먼 곳으로 간다.
> 지금은 거울에 담겨진 기도와
> 소름조차 말라버린 얼굴
> 모든 것은 이렇게 두려웁고나
> 기침은 누님의 간음,
> 한 겨를의 실크빛 연애에도
> 나의 시달리는 홑이불의 일요일을
> 누님이 그렇게 보고 있다.

3) 리몬—케넌은 이 도표에서 '함축적 작가'의 역할과 '화자', '피화자'의 선택성을 문제 삼고 있다. S. Rimmon—Kenan, 최상규 옮김, 『소설의 시학』, 문학과지성사, 1985, 129—133쪽. 그뿐 아니라 이 도표의 문제점은 함축적 작가나 함축적 독자를 정의하는 시점이 통일되어 있지 않다는 데 있다. 이 두 존재의 성격은 독자의 입장에서 규정될 때와 작가의 입장에서 규정될 때 달라진다. 필자는 편의상 독자의 관점으로 통일한다.

언제나 오는 것은 없고 떠나는 것뿐

누님이 치마 끝을 매만지며

화장 얼굴의 땀을 닦아 내린다.

― 고은, 「폐결핵 1」 전문

이 시의 화자 '나'는 지금 병을 앓고 있다. 늑골의 두근거림, 기침, 파스 하이드라지드병, 홑이불의 일요일 등이 그것을 알려준다. 제목이 폐결핵인 것으로 보아 이 화자는 지금 폐결핵을 앓고 누워 있는 것으로 보인다. 누님은 이 화자의 머리맡에 앉아 걱정스런 눈빛으로 동생을 내려다보고 있다. 이것이 독자가 읽은 시적 상황이다. 이 시를 통해 독자는 이 시인에게는 자신을 걱정해 주는 다정한 누나가 있고 폐결핵을 앓은 적이 있는 어떤 사람일 것이라고 상상한다. 이 상상 속의 시인이 바로 함축적 시인이다.

김현은 이 작품과 그리고 다른 시 속에 자주 등장하는 누이의 심상에 주목하여 고은 시의 비밀을 '누이 콤플렉스'라는 개념으로 접근하였다. 그러나 이후에 고은 시인이 자신에게는 누이가 없다고 밝혀 충격을 받았다. 시인은 "자신의 여성 취향은 다른 시인들의 여성주의적인 시편들에서 추체험한 것"[4]이라 밝혔다. 이처럼 함축적 시인이 곧 실제 시인이 아닌 경우가 더 많다. 함축적 시인은 화자의 효과 중 하나라 할 수 있다.

반면에 '함축적 독자'는 시 속에 전제되어 있는 독자로서, 실제 독자가 독서에 참여하면서 가정하는 독자이다. 즉 독자에 의해 생성된, 화자의 목소리를 듣고 있는 어떤 가상의 독자이다.[5] 그것은 시 속에 등장하거나 암시되는 하

---

4) 김승희, 「파란과 신명의 축제」, 『고은 문학앨범』, 웅진출판사, 1993, 103쪽.

5) "책을 읽으며 거실에 앉아 있는 실체로서의 나 혹은 당신이 아니라 서사물 그 자체에 의해 전제되는 수용자", "내가 소설의 관계 속에 들어감에 따라, 나는 또 하나의 자아를 추가한다. 즉 나는 내포독자(함축적 독자―인용자)가 된다." S. Chatman, 앞의 책, 177쪽, 178쪽.

나의 인물로서의 청자가 아니다. "청자로서의 등장인물은 함축적 작가가 실제 독자에게 함축적 독자의 역할을 어떻게 수행할 것인가를 알려주고, 어떠한 세계관을 채택할 것인가를 알려주는 하나의 장치일 뿐"[6]이다.

앞의 시에서 화자는 폐결핵을 앓고 있는 어떤 사람이다. 이 화자가 자신과 누나의 이야기를 할 때 청자는 작품 속에 구체적인 인물로 등장하지 않는다. 독자는 시를 읽으면서 이 등장하지 않는 청자와 실제 독자로서의 자신 사이에 어떤 독자를 가정하게 된다. 이 독자가 함축적 독자이다. 이 시에서는 폐결핵 이야기를 진지하게 듣고 그 속에서 슬픔과 고독 같은 정서를 사실적으로 받아들이고 동화되는 어떤 독자이다. 그것이 이 작품에서 요구하는 함축적 독자의 역할이다. 그러나 이 함축적 독자는 실제 독자와 유사할 수도 있고 아닐 수도 있다. 실제 독자가 그런 슬픔에 동화되기를 거부할 수도 있기 때문이다. 김현 같은 비평가는 실제 독자로서의 자신을 작품 속에 암시된 함축적 독자와 동일시한 경우라 할 수 있다.

마지막으로 '화자'와 '청자(원문에는 피화자narratee)'는 시인이 자신의 발화를 가장 설득력 있게 제시하기 위해 설정한 이상적인 존재이다. 화자는 '작품의 주체'(무카로프스키)라 하기도 하는데, 특히 시에서는 '서정적 주체'니 '서정적 주인공'이라 부르기도 한다.[7] 화자는 실제 시인이 발화를 가장 적절하게 운용될 수 있도록 발화에 가장 적합한 존재로서 내세운 이상적인 발신자이며, 청자는 내용의 수준이나 정서, 수사학의 수준 등을 가장 잘 수용할 수 있도록 내세운 이상적인 수신자이다.

어머니 좀 들어 주서요

6) S. Chatman, 앞의 책, 178쪽.
7) '서정적 주인공'은 북한에서 사용하는 용어이다. 김준오, 앞의 책, 280쪽; Jürgen Link, 고규진 외 옮김, 『기호와 문학』, 민음사, 1994, 465쪽.

저 황혼의 이야기를
숲 사이에 어둠이 엿보아 들고
개천 물소리도 더 한층 가늘어졌습니다.
나무 나무들도 다 기도를 드릴 때입니다.

어머니 좀 들어 주서요
손잡고 귀 기울여 주서요
저 담 아래 밤나무에
아람 떨어지는 소리가 들립니다.
'뚝' 하고 땅으로 떨어집니다
우주가 새 아들 낳았다고 기별합니다
등불을 켜가지고 오서요
새 손님 맞으러 공손히 걸어 가십시다.
— 조명희, 「경이」전문

여기에서 화자는 자연과 교감하며 자연에 대한 경외심을 지니고 자연의 신비에 경탄하는 존재이다. 잘 익은 알밤(아람)이 떨어지는 소리를 우주가 새 아들을 낳았음을 알리는 기별로 보는 명상적이고 신비주의적인 존재로 성격이 규정되어 있다. 자연과의 교감을 가장 잘 이해하는 이상적인 화자라 할 수 있다.

청자는 어머니이다. 어머니는 화자보다 인생을 더 많이 산 사람으로서 자연과의 교감이나 신비를 더 잘 아는 존재일 수 있다. 한편 어머니는 화자의 가장 친근한 존재로서 자연의 미묘한 신비에 대한 아들의 이야기에 적극적인 관심과 애정을 지니고 들어줄 수 있는 존재라는 점에서 가장 이상적인 청자라 할 수 있다.

화자와 청자는 현상적이든 잠재적이든 항상 가정된 존재라는 점이 중요하다. 이 점이 일반적인 의사소통 상황과 다른 점이다. 일상적인 발화에는 화자 대신 발신자가, 그리고 청자 대신 수신자가 직접 등장하게 된다. 그러나 시 텍스트에서는 실제의 발신자와 수신자는 존재하지 않기 때문에 작품 표면의 등장 여부와 무관하게 화자와 청자가 중요하다. 화자에 비하여 청자는 시에서 거의 형식적인 존재에 불과한 경우가 많다.

어조는 채트먼 도표에서 화자와 가장 밀접한 관련을 지닌다. 화자의 말을 매개로 느낄 수 있는 분위기나 느낌이 바로 어조이기 때문이다. 어조는 청자에 의해서만 유발되는 것이 아니라, 이야기 속에 나오는 대상에 기인하기도 한다. 그러나 청자와 대상의 성격이 결과적으로 화자의 태도 속에 모두 수용되어 있다는 점에서 어조는 결국 화자의 문제라 할 수 있다.

의사소통의 상황이라면 어조는 화자의 몸짓, 표정에서도 유추되어 더 풍부하게 이해될 수 있지만 텍스트에서는 언어적 표현으로만 가능하다. 그것도 화자의 일방적인 발언으로서만 가능한 것이다. 그래서 시에서 구체적인 발화 상황은 독립적이지 않고 화자의 발언에 절대적으로 종속되어 있다. 더욱이 시는 독백의 경향이 강하기 때문에 시에서 어조가 중요한 요소가 된다.

어조를 파악하려면 화자의 발언을 통한 발화상황을 이해하는 것이 필수적이다. 흔히 어조를 결정하는 요소로 종결어미를 강조하지만[8] 화자의 구체적 발화 상황 없이 그것은 의미를 지니지 못한다. 동일한 문장이라 하더라도 발화 상황에 따라 전혀 다른 의미를 지닐 수 있기 때문이다. 앞의 시를 예로 들면, 이시의 첫 행 "어머니 좀 들어 주서요"의 어조의 성격은 그 행 자체로서는 결정 불가능하다. 이후에 전개되는 화자의 발화 상황에서 아들이 어머니에게 강권하는 상황이라면 강요하는 어조가 되고, 부탁하는 상황이라면

8) 조태일, 『알기쉬운 시창작 강의』, 나남출판, 1990, 301—302쪽.

요청하는 어조가 될 것이기 때문이다. 또 들어주기 싫어하는 청자에게 애원하는 어조일 수도 있다. 이 작품에서는 황혼의 이야기에 귀 기울여보라는 부드러운 권유의 어조라 할 수 있다. 이처럼 시에서 어조는 화자와 밀접하게 연계되어 있다.

●

2. '화자=시인'의 전통과 화자의 기원

전통적으로 시론에서 화자, 즉 말하는이는 그다지 중요한 요소가 아니었다. 최근까지 화자는 시의 본질적 부분으로 인식되지 않았던 것이다. 화자가 시의 중요한 요소로 평가되지 않은 까닭은 두 가지로 정리할 수 있다.

첫째, 우리의 시문학 전통에서 '화자=시인'이라는 등식이 오랫동안 자연스럽게 받아들여져 왔기 때문이다. 이전의 시인과 독자들에 있어서 시에 등장하는 '나' 혹은 작품에 숨어 있는 '나'는 시인 자신과 절대적으로 동일시되었다. 그래서 시인 이외에 따로 '말하는이'로서 화자가 인식되지 않았다. 전통적인 인식에서 독자가 상정한 함축적 시인은 실제 시인 그 자체였던 것이다.

'화자=시인'이라는 전통적인 인식은 문학을 허구적인 작품으로 인식하지 않았기 때문이다. 물론 전기소설傳奇小說과 같은 허구적인 작품도 있지만 이때에는 누구든 그 허구성을 쉽게 알 수 있는 상황을 설정함으로써 그것이 실제와 혼동되지 않도록 장치를 해놓았다. 사실적이지 않은 이야기를 할 때 꿈을 설정하거나, 우의적으로 표현한 것이 대표적이다. 다음 사설시조가 좋은 예가 된다.

두터비 파리를 물고 두엄 위에 치달아 앉아
건넛산 바라보니 백송골白松鶻이 떠 있거늘 가슴이 끔찍하여 풀떡 뛰어

내닫다가 두엄 아래 자빠지거고

모쳐라, 날랜 낼시만정 에헐질 번하괘라

작자 미상의 이 작품에서 "마침, 날랜 나이기에 망정이지 (다른 놈 같았으면) 어혈질 뻔하였구나"라는 의미를 지닌 종장에 '나'가 등장하지만, 이때 '나'는 화자가 아니다. 화자는 우의寓意, 즉 알레고리 속에 등장하는 등장인물 두꺼비이다. 독자는 이 화자를 시인이라 보지 않는다. 두꺼비의 발화가 우의라는 비유의 틀 속에 들어감으로써 허구성이 처음부터 청자에게 인지되도록 설정되었기 때문이다. 시인은 이 상황을 우의적으로 완결된 틀 속에 연출함으로써 자신의 의도를 더욱 강조한 것이다.

고전적인 시대에 허구성이 공공연하게 드러나는 몽유록夢遊錄이나 우의 문학 외에는 사실상 허구성이 작품의 중요한 특성이 된 적이 없었다. 조선 후기의 실학자 이덕무가 처음에 소설을 즐겨 읽다가 소설에서 그려진 것이 사실이 아님을 안 후에 소설을 싫어하게 되었다는 경험의 토로에서 이를 알 수 있다.[9] 소설의 내용을 허구로 인식하기 힘든 것은 그 당시의 문학관으로 볼 때 자연스러운 것이다. 허구성의 인식은 개화기의 신소설 작가인 이해조가 등장하면서부터 가능한 것이라 할 수 있다.[10] 이런 전통이 '화자=시인'의 등식을 강화해 왔던 것이다. 따라서 이런 전통에서 어조는 시인의 직접적인 목소리로 간주될 수밖에 없었다.

둘째, 우리 시에서 '나'의 사용이 지극히 절제되어 있기 때문이다. 이는 일

●

9) 이덕무는 「청장관전서」에서 소설에 대해 다음과 같이 말한 바 있다. "내가 어렸을 때 소설 10여 종을 보았는데 모두 남녀의 풍경을 다룬 것이며 말씨도 길에서 흔히 들을 수 있는 그런 비속한 것이었다. 한때는 재미가 있었으나 실제로 그런 일들이 없었던 것을 안 연후에는 증오하는 마음이 점차 생겨서 별반 재미를 느끼지 못하였다." 조남현, 「소설원론」, 고려원, 1982, 27쪽에서 재인용.
10) 이해조는 「화(花)의 혈(血)」이란 신소설 후기에서 허구성을 '빙공착영(憑空捉影)'으로 불렀다. 조남현, 위의 책, 37쪽.

상 언어에서 '나'를 생략하는 관습과 연관되어 있다. 이런 연관성 때문에 '화자
=시인'의 등식이 처음부터 당연시되었으며, 이로 인하여 그런 등식이 더욱 강
화되어 왔다고 할 수 있다. 그래서 우리 전통시에서 발화자로서 '나'가 나타나
는 것을 찾기란 어렵다. 짧은 형태의 고전시가에서는 더욱 심하다.

> (가) 눈 마자 휘어진 대를 뉘라서 굽다턴고
>   굽을 절節이면 눈 속에 푸를소냐
>   아마도 세한고절歲寒孤節은 너뿐인가 하노라
>   ― 원천석

> (나) 방 안에 켰는 촛불 눌과 이별하였관대
>   겉으로 눈물지고 속 타는 줄 모르는고
>   저 촛불 나와 같아서 속 타는 줄 모르도다
>   ― 이개

> (다) 동짓달 기나긴 밤을 한 허리에 베어 내어
>   춘풍 이불 아래 서리서리 넣었다가
>   어른님 오신 날 밤이어든 굽이굽이 펴리라
>   ― 황진이

이 작품들 중에서 구체적으로 화자가 등장하는 것은 (나)밖에 없다. (가)
와 (다)에서는 '나'가 등장하지 않는다. 그런데 고전시가뿐 아니라 현대시에서
도 후자와 같은 시가 대부분이다. 오히려 (나)처럼 발화자가 시에 등장하는 작
품이 예외적인 경우에 속한다.

중요한 것은 (가), (다)와 같은 시에서 '나'의 부재가 곧 시인의 부재를 뜻

하는 것은 아니라는 사실이다. 더 정확하게 말해서 이 시에서 '나'는 부재한 것이 아니라 생략된 것이다. (다)에서 사랑하는 님이 오실 때 동짓달의 긴 시간을 펴겠다는 뜻을 밝힌 주체는 허구적인 존재가 아니라 시인 자신이 분명하다. 우리의 언어 관습에서 '나'의 생략이 보편적이기 때문에 우리는 그 주체를 밝히는 기표가 시에 등장하지 않아도 이 시의 화자가 시인임을 의심하지 않는다.

그래서 이런 시를 설명할 때 '이 시의 화자는 님에 대한 그리움을 불가능한 상황을 설정하여 성공적으로 형상화하고 있다'는 식으로 말하는 것이 부자연스럽다. '이 시의 화자는'이 아니라 '이 시의 시인은'이라는 말이 더 적절한 것이다.

지금까지 살펴본 두 가지 이유 때문에 우리 시에서 화자는 시의 본질적인 요소가 되지 않았다. 그래서 다양한 화자를 제시하여 시적 기교를 풍부하게 하려는 노력이 거의 없었다. 우리 시론에서 '화자'라는 말이 의미 있게 된 것은 '화자=시인'이라는 등식이 깨어지기 시작하면서부터이다. 화자와 시인을 동일시하던 전통이 근대적 문학 개념의 이입과 더불어 소멸하면서 비로소 화자가 어조와 더불어 시의 중요한 요소로 등장하였던 것이다. 즉 실제 시인과 실제 독자 사이에 놓인 텍스트가 하나의 독립적이고 자율적인 공간이 될 때 화자가 비로소 발견된 것이다.

화자가 인식된 시점은 구체적으로 언제일까. 화자가 시인으로부터 독립한 것은 근대에 들어서이다. 소설 연구사에 있어 서양에서 화자와 관련된 시점에 대한 연구가 1세기 전쯤이라 하니, 화자에 대한 인식도 이와 비슷하게 근대에 들어서 인식되었던 것으로 보인다.[11] 더 구체적으로는 1920년대가 아닐까 추측해볼 수 있다. 이런 추측은 이재선이 한국소설의 서술자의 관점 문제

11) 조남현, 위의 책, 227쪽 참조.

로 우리 소설의 전개를 개관한 논문에서 어느 정도 증명될 수 있다. 그는 우리 소설에 나타나는 소설을 서술자 주관적 3인칭 소설, 1인칭 소설, 서술자 퇴행적 3인칭 소설 등으로 나누고 이조李朝 소설에서는 처음 것이, 1920년에는 나머지 두 개가 우세했다고 본다. 이를 통해 그는 "우리의 소설사적 발달과정은 단순한 본래의 이야기die eigentlich Erzahlung에서 장면적 이야기Die szenische Erzahlung 및 자기고백적인 1인칭 소설로의 전개라고 할 것이라고 볼 수 있다"[12]고 정리한다.

소설에서 1인칭 화자나 객관적인 3인칭 관찰자 시점이 나타나게 된 것이 시에서 '화자=시인'의 등식이 깨어지기 시작한 시점과 맞물리는 시간이라 할 수 있다. 이 시간은 곧 미적 자율성이 구체적으로 자각되기 시작한 시점과 겹친다. 이 시기에 동인지 문학이 왕성하게 전개된 것도 이런 사실과 밀접한 관련을 지닌다.[13] 미적 자율성이 강조되면서 '화자=시인'의 등식으로부터 자유로워짐에 따라 시인과 무관한 다양한 화자를 자유롭게 설정할 수 있었으며, 화자는 실제 시인의 역할에서 벗어나 다양한 어조를 드러낼 수 있게 되었다.

3. '시적 화자'의 모호성

시에서 화자는 주로 1인칭 화자나 그에 가까운 성격을 지닌 불특정 화자가 등장하기 때문에 소설에서처럼 화자의 성격이 뚜렷하게 드러나지 않는다. 또한 소설에서처럼 그 진술이 충분하게 서술되지 않는다는 점도 시에서 화자의 성격을 모호하게 한다. 시가 짧은 형식으로 순간적인 상황을 제시하기 때

---

12) 이재선, 『한국단편소설연구』, 일조각, 1977, 182쪽; 조남현, 위의 책, 234쪽에서 재인용.
13) 우리나라 시론에서 이것이 인식된 것은 아마도 1980년대 김준오의 『시론』 이후로 보인다.

문에 화자의 구체적 특징을 파악하기도 힘들다. 시에서 중요한 것은 화자가 아니라 화자의 발언, 거의 독백조에 가까운 발언의 내용과 형식이다. 여기에 주어를 생략하는 언어 관습도 화자의 모호성에 일조를 하는 셈이다. 다음 시를 통해 시에서의 화자의 모호성을 살펴보자.

얇은 사紗 하이얀 고깔은
고이 접어서 나빌레라.

파르라니 깎은 머리
박사薄紗 고깔에 감추오고

두 볼에 흐르는 빛이
정작으로 고와서 서러워라.

빈 대臺에 황촉黃燭불이 말없이 녹는 밤에
오동梧桐잎 잎새마다 달이 지는데,

소매는 길어서 하늘은 넓고
돌아설 듯 날아가며 사뿐히 접어 올린 외씨보선이여!

까만 눈동자 살포시 들어
먼 하늘 한 개 별빛에 모두오고,

복사꽃 고운 뺨에 아롱질 듯 두 방울이야
세사世事에 시달려도 번뇌煩惱는 별빛이라.

휘어져 감기우고 다시 접어 뻗는 손이

깊은 마음 속 거룩한 합장合掌인 양하고

이 밤사 귀또리도 지새우는 삼경三更인데

얇은 사紗 하이얀 고깔은 고이 접어서 나빌레라.

— 조지훈, 「승무」 전문

이 작품의 화자는 지금 작품 속에 있는가, 아니면 작품 밖에 있는가? 작품 안에 있다면 1인칭 화자이고 밖에 있다면 3인칭 화자일 터인데, 그것을 어떻게 확정지을 수 있는가. 그래서 이 시를 다룰 때 화자에 대한 해석이 엇갈리는 것이다. 먼저 1인칭 화자라 한다면 작품 속에 '나'가 등장하거나 생략되어 있다고 보는 쪽이다. 그렇다면 다음 구절은 '나'가 생략된 것으로 보아야 한다.

두 볼에 흐르는 빛이

정작으로 고와서 (나는) 서러워라.

이렇게 본다면 「승무」는 1인칭 화자가 등장하는 작품이다. 서러워하는 이나 '나비일레라'라고 추정하는 이는 시 속에 잠재적으로 존재하고 있는 '나'로서 1인칭 화자가 된다. 텍스트 속의 '나'가 승무를 바라보고 그 풍경과 거기에서 느끼는 정서, 그리고 자신의 의미부여를 표현하고 있는 것이다. 그래서 시의 화자와 시점을 1인칭 관찰자 시점으로 해석하는 경우도 생기는 것이다.[14]

14) 어느 문학 교과서(7차) 지도서에 실린 "1인칭 관찰자"라는 규정이 그것이다. 권영민, 『문학(상)』 교사용 지도서, 지학사. 277쪽.

그러나 이 시의 화자를 3인칭 화자로 보는 경우도 있다. 시에서 명시적으로 화자를 말하는 경우는 드물다. 그래서 다음과 같이 해설하는 경우는 희귀한 경우에 속한다.

> 작품의 표면에 등장하지 않는 시적 화자는 어느 깊은 가을밤, 한 젊은 비구니가 달빛 내려 비치는 오동나무 아래서 자신의 세속적 번뇌를 이겨내기 위해 '승무'라는 춤을 추고 있는 모습을 관찰자로서 지켜보고 있다.[15]

화자가 작품의 표면에 등장하지 않는다거나 관찰자로서 지켜본다는 것은 이 작품의 화자를 3인칭 관찰자로 본다는 것이다.[16] 그렇다면 앞에 든 구절(두 볼에 흐르는 빛이/ 정작으로 고와서 서러워라)은 3인칭 화자의 개입이 이루어진 것으로 볼 수 있다.

이런 혼란이 일어나는 것은 시의 화자를 소설적인 관점에서 접근하여 구체적으로 규명하려는 시도 때문에 생긴다. 시는 소설과 달리 충분한 진술을 하지 않아 화자의 성격을 단정하기 힘들다. 여기에 주어를 생략하는 습관이 곁들어져 이 혼란이 더 커진다. 여기에 바로 시의 고유한 특징이 있다. 그래서 이것은 장르의 특징이지 장르적 결함은 아니다.

그래서 대부분의 경우는 이런 혼란을 피하기 위해 '화자'라는 용어 대신 '시인'이라는 말을 사용한다.[17] 이것은 화자라는 관점을 시에 적극적으로 받아

---

15) 양승국양승준, 『한국현대시 500선 중』, 월인, 2004, 99쪽.
16) 최근의 수능 언어영역 문제(2010 수능 언어영역 문제 홀수형 33번)에서 이 시를 다룬 해설지문에 "승무는 무녀(巫女)를 무대공간의 중심에 배치하여 관객이 이를 바라보는 상황을 보여주고 있다."고 한 것도 이와 관련된다.
17) 이승훈처럼 "화자 혹은 시인"이라고 하여, 화자를 사용하더라도 1인칭, 3인칭을 말하지 않고, 거의 시인과 동격으로 사용하는 경우도 여기에 속한다. 이승훈, 『한국 현대시 새롭게 읽기』, 세계사, 1996, 177쪽.

들이지 않는 경우이다.

여인이 계속해 보이고 있는 춤은, 시의 전후반 각 부분을 통해 슬픔/승화, 밤/새벽, 고깔(육신)/나비 등과 같이 몇 쌍의 이미지들의 대립으로 구현되고 있으며, 이 대립에서 시인의 태도는 한결같이 전자에서부터 후자로 기울어져 있는 것으로 나타나고 있다.[18]

해설자는 어조와 연관되어 있는 "시인의 태도"라는 말을 사용하고 있다. 화자 대신 '시인'이라는 말을 사용하여 화자의 구체적 성격에서 오는 혼란을 비켜가고 있는 것이다. 이때 '시인'이라는 용어는 1인칭 화자를 의미할 수도 있고, 3인칭 화자를 의미할 수도 있다. 그 구별 없이도 혼란이 생기지 않는 것은 그런 화자가 모두 시인을 가리킨다고 볼 수 있기 때문이다. "화자=시인"의 전통을 유지하고 있는 경우라 할 수 있다. '화자'를 대신하는 '시인'이라는 용어는 이처럼 함축적 시인과 실제 시인을 동일시하는 전통을 반영하고 있다.

그러나 "화자=시인"으로 보는 관점은 시의 구체적인 분석에 한계를 지닐 수 있다는 점에서 시에서 '화자'라는 개념을 완전히 배제해서도 안 된다. 그 한계를 보여주는 것이 다음과 같은 평가이다.

이 시에는 이상하게도 사람의 냄새가 없다. 분명히 춤을 추는 사람은 있는데, 그것은 사람이 아니라 인형이라는 느낌을 준다. 이 시인 스스로 무대에서 춤을 추는 모습을 보고서 이 시를 썼다고 고백하고 있기는 하지만, 그렇다면 무대에서 춤을 추는 사람의 숨결이라도 있어야 할 텐데

18) 서준섭, 「조지훈의 「승무」: 불교적 소재의 시적 변용과 그 의미」, 정한모·김재홍 편, 『한국대표시평설』, 문학세계사, 1983, 256쪽.

그것마저 없다. 지나친 언어의 기교가 오히려 사람을 지워버렸다는 느낌을 준다.[19]

위의 글에서는 「승무」에 사람 냄새가 나지 않는 이유를 "언어의 지나친 기교" 때문이라고 하고 있다. 이 기교는 다른 말로 "지나치게 장식적이고 인공적"[20]인 기법으로 해석된다. 이는 이 시의 특별한 어휘 사용과 세부적 묘사 중심의 전개와 관련이 있다. 이는 아마도 다음과 같은 시에 대한 비판으로 적절할 것이다.

하이얀 모색募色 속에 피어 있는
산협촌山峽村의 고독한 그림 속으로
파–란 역등驛燈을 달은 마차가 한 대 잠기어 가고,
바다를 향한 산마룻길에
우두커니 서 있는 전신주 위엔
지나가던 구름이 하나 새빨간 노을에 젖어 있었다.

바람에 불리우는 작은 집들이 창을 내리고,
갈대밭에 묻히인 돌다리 아래선
작은 시내가 물방울을 굴리고

안개 자욱–한 화원지花園地의 벤치 위엔
한낮에 소녀들이 남기고 간

19) 신경림·정희성, 『한국현대시의 이해』, 진문출판사, 1981, 234쪽.
20) 신경림·정희성, 위의 책, 233쪽.

가벼운 웃음과 시들은 꽃다발이 흩어져 있었다.

외인묘지의 어두운 수풀 뒤엔
밤새도록 가느다란 별빛이 내리고,

공백空白한 하늘에 걸려 있는 촌락의 시계가
여윈 손길을 저어 열 시를 가리키면
날카로운 고탑古塔같이 언덕 위에 솟아 있는
퇴색한 성교당聖敎堂의 지붕 위에선

분수처럼 흩어지는 푸른 종소리.
— 김광균, 「외인촌」 전문

이 시는 외국인 마을의 풍경을 시각적으로 제시하는 상당히 기교적인 작품이라 할 수 있다. 이렇듯 대상에 대한 묘사를 위주로 하는 이미지즘 시에서는 거의 화자가 전면에 등장하지 않는다. 구체적인 화자는 객관적인 풍경 뒤편으로 물러나 있다. 따라서 개인의 판단과 정서가 개입되지 않게 되어 사람 냄새가 나지 않을 수밖에 없다.

그러나 언어를 장식적·인공적으로 사용하여 기교를 부린다고 해서 모든 시에 사람의 냄새가 사라지는 것은 아니라는 점에서 앞의 비판은 한계가 있다. 「승무」의 한계를 정확하게 지적하려면 '화자'라는 개념이 필요하다. 시인이 객관적인 관찰자적 화자를 내세워 냉정하고도 객관적인 어조로 미적 거리를 유지하고 있기 때문에 사람의 냄새가 나지 않는다고 한다면, 이 비판은 더욱 설득력을 지닐 것이다.

지금까지 살펴보았듯이, 시에서 화자는 절대적인 요소라 할 수 없다. 다만 시의 본질적인 요소 중의 하나인 어조를 설명하는 데 필요한 개념으로 다루는 것이 가장 현명한 방식이라 할 수 있다. 서사 갈래와 달리 독백성이 강한 시에서 화자의 역할은 그만큼 제한적이기 때문이다.

4. 화자의 유형과 어조의 변화

1) 화자의 유형

화자는 여러 유형으로 나눌 수 있지만 엘리엇이 논한 세 가지 유형이 적절하다고 할 수 있다. 엘리엇의 「시의 세 가지 목소리」라는 글에 따르면 제1의 목소리는 시인이 자신에게 말하는 경우로서, 서정시에서 흔히 볼 수 있는 독백적인 어조가 강한 목소리이다. 제2의 목소리는 시인이 청중에게 말하는 경우로서, 교훈 전달이나 풍자 등 목적성이 강한 어조를 지니게 된다. 제3의 목소리는 제3의 화자, 즉 퍼소나persona를 통해 발화하는 방식으로, 화자의 설정에 따라 다양한 어조가 가능하다. 엘리엇이 말한 이 '목소리'는 곧 화자를 함축하고 있는데, 제1의 목소리는 1인칭 화자의 독백조, 제2 목소리는 1인칭 대화조(더 정확히 말하자면 연설조), 제3 목소리는 또다른 인물 설정을 통한 다양한 인칭의 다양한 어조를 말한다.[21]

이를 화자의 문제와 연결시키면 제1의 목소리는 자신에게 혼잣말을 하는 독백적 화자, 제2의 목소리는 타자의 존재를 인식하고 있는 대타적 화자,

---

21) T. S. Eliot, 이창배 옮김, 「시의 세 가지 목소리」, 『T. S. 엘리엇 문학비평』, 동국대학교 출판부, 1999. 그가 말하는 제3의 목소리는 주로 극시에 해당하는 개념이다. 그는 "모든 시에서 하나 이상의 목소리가 들린다"(130쪽)고 본다. 존 혼 휠록은 여기에다 제4의 목소리를 하나 더 덧붙인다. 이것은 "시인의 목소리가 아니라 무의식적인 예지의 순간에, 모든 자아를 포함하는 더 오래되고 더 현명한 어떤 자아가 시인을 통하여 말하는 음성"으로, "보다 더 비개성적인 음성"이다. J. H. Wheelock, 박병희 역주, 『시란 무엇인가』, UUP(울산대학교출판부), 2000, 35쪽.

제3의 목소리는 등장인물, 즉 퍼소나를 통해서 그에 걸맞은 행동과 대사를 하는 극적 화자에 해당한다. 이 화자들은 그에 독특한 목소리, 즉 어조를 지니게 마련이다.

고향에 고향에 돌아와도
그리던 고향은 아니러뇨.

산꿩이 알을 품고
뻐꾸기 제철에 울건만,

마음은 제 고향 지니지 않고
머언 항구로 떠도는 구름.

오늘도 뫼끝에 홀로 오르니
흰점 꽃이 인정스레 웃고,

어린 시절에 불던 풀피리 소리 아니 나고
메마른 입술에 쓰디쓰다.

고향에 고향에 돌아와도
그리던 하늘만이 높푸르구나.
― 정지용, 「고향」 전문

이 시의 화자는 어떤 청자를 대상으로 하지 않고 자신의 심경을 풀어낸다는 점에서 독백적 화자이다. 이런 화자는 실제 시인의 목소리와 가장 가깝다. 고향은 변함없는데 오히려 자신의 마음이 "머언 항구로 떠도는 구름"이 되어 고향에 동화되지 못함을 한탄하는 화자는 시인과 동일시된다. 이 화자의 느낌이 잔잔한 슬픔을 담은 애상적 어조에 담겨 있다.

우리 모두 화살이 되어
온몸으로 가자.
허공 뚫고
온몸으로 가자.
가서는 돌아오지 말자.
박혀서 박힌 아픔과 함께 썩어서 돌아오지 말자.

우리 모두 숨 끊고 활시위를 떠나자.
몇 십 년 동안 가진 것,
몇 십 년 동안 누린 것,
몇 십 년 동안 쌓은 것,
행복이라던가
뭣이라던가
그런 것 다 넝마로 버리고
화살이 되어 온몸으로 가자.
― 고은, 「화살」 부분

이 시의 화자는 '우리'라고 부를 수 있는 가상의 청자를 향하여 자신의 뜻에 동조하기를 바라는 대타적 화자이다. 시에서 '너' 혹은 '청년'과 같은 청자를 내세워도 완전한 타자의 느낌이 들지 않는다. 시에서 청자 자체가 중요한 것이 아니라 그 청자에게로 향하고 있는 자신의 정서와 의지가 더 중요하기 때문이다. 그래서 이 시에서는 '우리'라는 1인칭 복수형을 자주 사용한다. '우리'라는 말은 청자와 자신이 동일한 목표를 지니고 있어 당위적인 자신의 뜻을 함께 할 것이라는 확신을 담고 있다. 이런 점에서 이 시의 발언은 고백적인 느낌을 지니지만 청자를 강하게 전제한다는 점에서 대사회적 발언으로 읽힌다. 이에 따라 강력한 의지를 지닌 화자에 어울리는 의지적인 어조가 사용되고 있다.

아베요 아베요
내 눈이 티눈인 걸
아베도 알지러요.
등잔불도 없는 제상에
축문 당한기요.
눌러 눌러
소금에 밥이나마 많이 묵고 가이소.
윤사월 보릿고개
아베도 알지러요.
간고등어 한손이믄
아베 소원 풀어드리련만
저승길 배고플라요
소금에 밥이나마 많이 묵고 가이소
*
여보게 만술 아비
니 정성이 엄청다.
인정보다 귀한 것 있을락꼬.
망령도 감응하여, 되돌아가는 저승길에

니 정성 느껴느껴 세상에는 굵은 밤이슬이 온다.

— 박목월, 「만술 아비의 축문」 전문

이 시의 화자는 우리 시에 드물게 보이는 극적 화자이다. 이 시는 '만술 아비'와 망령이 된 '아베'의 대화를 보여준다. 축문을 읽는 만술 아비가 등장하는 앞부분은 시인과 전혀 무관한 목소리가 생생하게 독립적으로 살아 있는 부분이다. 만술 아비가 자신의 목소리로 축문을 읽고 있는 풍경이 절실하게 다가온다. 이에 비하여 아베의 목소리는 왠지 시인의 목소리와 많이 겹쳐 있다. 특히 마지막 두 행은 시인의 목소리라 해야 할 것이다. 사투리를 거의 사용하지 않은 것에서 그것이 확인된다. 어조가 달라지기 때문에 화자의 변화가 있음을 느낄 수 있다.

극적 화자는 '퍼소나'를 내세움으로써 독백적 화자와 달리 '화자=시인'의 등식을 고의적으로 깨뜨려 시적 흥미를 유발한다. 특별한 화자에 그에 어울리는 배역을 맡겨 시공간적 배경, 분위기와 어조 등을 조율한다는 점에서, 이런 유형의 시를 '배역시'라 부르기도 한다.

아직은 미명이다. 강진의 하늘 강진의 벌판 새벽이 당도하길 기다리며 죽로차를 달이는 치운 계절, 학연아 남해바다를 건너 우두봉牛頭峰을 넘어오다 우우 소울음으로 몰아치는 하늬바람에 문풍지에 숨겨둔 내 귀 하나 부질없이 부질없이 서울의 기별이 그립고, 흑산도로 끌려가신 약전 형님의 안부가 그립다. 저희들끼리 풀리며 쓸리어가는 얼음장 밑 찬 물소리에도 열 손톱들이 젖어 흐느끼고 깊은 어둠의 끝을 헤치다 손톱마저 다 닳아 스러지는 적소謫所의 밤이여, 강진의 밤은 너무 깊고 어둡구나. 목포, 해남, 광주 더 멀리 나간 마음들이 지친 봉두난발을 끌고 와 이 악문 찬 물소리와 함께 흘러가고 아득하여라, 정말 아득하여라. 처음도

끝도 찾을 수 없는 미명의 저편은 나의 눈물인가 무덤인가 등잔불 밝혀
도 등뼈 자옥히 깎고 가는 바람소리 머리 풀어 온 강진 벌판이 우는 것
같구나.

— 정일근, 「유배지에서 보내는 정약용의 편지」 부분

이 시의 화자 '나'는 실제 시인과 무관한, 역사적인 인물 정약용이다. 실제
로 학연은 정약용의 아들이며, 약전은 정약용의 형이다. 화자를 통해 독자는
조선시대 유배지 강진으로 간 정약용의 시공간과 그의 정서 속에 쉽게 빠져
들게 된다. 비애와 설움과 그리움 등이 배어나오는 어조가 이런 공감을 더욱
절실하게 만들고 있다.

2) 화자의 변화와 어조

어조는 화자의 설정에 절대적으로 의존하고 있기 때문에 화자가 바뀌면
당연히 어조도 바뀐다. 동일한 내용이라도 앞에서 분류한 세 가지 유형의 화
자가 발화할 경우 어조는 완전하게 달라진다. 같은 시인의 작품이라 해서 동
일한 어조를 사용하는 것이 아님도 짐작할 수 있다. 작품마다 화자가 달라지
고 그에 따라 어조의 변화도 동반된다고 보는 것이 타당하다.

동일한 상황을 화자를 다르게 할 때 어조가 어떻게 달라지는가 하는 점
은, 다음 두 편의 시를 비교해 보면 잘 알 수 있다.

거미새끼 하나 방바닥에 나린 것을 나는 아무 생각 없이 문밖으로 쓸
어버린다
차디찬 밤이다

언제인가 새끼거미 쓸려나간 곳에 큰거미가 왔다

나는 가슴이 짜릿한다

나는 또 큰거미를 쓸어 문밖으로 버리며

찬 밖이라도 새끼 있는 데로 가라고 하며 서러워한다

이렇게 해서 아린 가슴이 싹기도 전이다

어데서 좁쌀알만 한 알에서 가제 깨인 듯한 발이 채 서지도 못한 무척 작은 새끼거미가 이번엔 큰거미 없어진 곳으로 와서 아물거린다

나는 가슴이 메이는 듯하다

내 손에 오르기라도 하라고 나는 손을 내어미나 분명히 울고불고 할 이 작은 것은 나를 무서우이 달아나버리며 나를 서럽게 한다

나는 이 작은 것을 고히 보드러운 종이에 받어 또 문밖으로 버리며

이것의 엄마와 누나나 형이 가까이 이것의 걱정을 하며 있다가 쉬이 만나기나 했으면 좋으련만 하고 슬퍼한다

— 백석,「수라修羅」전문

이 시의 화자는 독백적 화자로서, 시인과 거의 동일시될 수 있는 존재로 보인다. 화자는 방바닥에 내려온 거미 한 마리를 아무 생각 없이 밖으로 쓸어버리고 나서, 이후 거미의 가족들을 차례로 밖으로 내보내게 된 상황을 가슴 아파한다. 자신이 거미의 가족을 이산의 상태로 만들었다는 죄책감이 제목 '수라'에 나타나 있다. '수라'는 싸움과 분열을 가져오는 신의 이름이기 때문이다. 이 시의 어조는 죄책감과 슬픔이 담긴 연민의 어조라 할 수 있다. 그런데 화자를 다른 존재로 바꿀 경우 어조는 상당히 달라진다.

천신만고 끝에 우리 네 식구는 문지방을 넘었다

아버지를 잃은 우리는 어떤 방에 들어갔다

아뜩했다 흐린 백열등 하나 천정 가운데 달랑 걸려 있어

밖에서 들어오는 바람에 간혹 줄이 흔들렸다

우리는 등을 쳐다보면서 삿자리를 건너가고 있었다
건너편에 뜯어진 벽지의 황토가 보였다 우리는 그리로
건너가고 윙 추억 같은 풍음이 들려왔다
귓속의 머리카락 같은 대롱에서 바람이 슬픈 소리를 냈다

모든 것은 이렇게 소리를 내며 지나갔다

인간들에게 어떤 시절이 지나가고 있는지는 모르겠지만
그 방에 늙은 학생같이 생긴 한 남자가
검은 책을 보고 있었다 우리는 그 남자의 바로
책 표지 밑을 지나가고 있었다

머리를 뒤로 넘긴 것 같은 조금 수척한 남자가 멈칫했다
앞에 가던 형아가 보였던 모양이다 남자는
형아를 쓸어서 밖으로 버리고 다시 책을 보기 시작했다
모친은 그 앞을 가로질러 나아갔다 아들이
사라진 지점에서 어미는 두리번거리고 서 있었다

그때 남자가 모친을 쓸어 받아 문을 열고 한데로 버렸다
먼지처럼 날아갔다 남자는
뒤따라가는 아우에게 얇은 종이를 갖다 대는 참이었다

마치 입에 물라는 듯이
아우는 종이 위로 올라섰다 순간 남자는
문을 열고 아우를 밖으로 내다 버렸다

나는 뒤에서 앙 하고 소리치며 울었다 그 울음이
들릴 리가 만무했지만
그때 남자가 무언가 골똘한 생각에 빠진 것 같았다

혈육들은 그 후 어떻게 됐는지 알 길이 없다
바람 소리만 그날 밤새도록 어디론가 불어 갔다 어둠 속
삿자리 밑에서 나는 그를 가만히 쳐다보았다
알 수 없는 생각이 스쳐 지나갔다 스쳐 지나가는 생각이
슬프다는 생각조차 없었다

이것이 우리 가족의 긴 미래사였다
남자는 단지 거미를 죽이지 않고 내다 버렸지만
그날 밤 나는 찢어진 벽지 속 황토 흙 속으로 들어갔다
— 고형렬,「거미의 생에 가 보았는가」전문

　여기에서 화자는 어린 거미로서의 '나', 즉 극적 화자이다. 이산가족의 상황을 직접 목도한 과정을 극적 화자의 눈으로 독자에게 전해주고 있다. 맨먼저 형아가, 그다음에 모친이, 그리고 아우가 모두 한데로 쓸려나가는 것을 보고 화자는 소리치며 울었다. 그리고 이 화자는 혈육들과 헤어져 다시 가족들을 만나지 못하고, 찢어진 황토 흙 속으로 들어갔다. 이때 백석 시의 독백적 화자인 '나'는 "늙은 학생같이 생긴 한 남자"로 등장한다. 거미가 화자가 되면서

이 남자는 관찰의 대상이 되었다. 이런 화자의 변화는 연민의 어조에서 인간의 무책임한 행동을 비난하는 비판적 어조로의 변화를 가져왔다. 그것은 화자가 바뀌면서 발화 상황이 완전하게 달라졌기 때문이다. 이런 예에서 우리는 화자와 어조는 밀접하게 연계되어, 화자의 변화가 곧 어조의 변화를 수반한다는 사실을 이해할 수 있다.

5. 어조의 유형

어조는 수많은 경우의 수를 지녀 완전한 분류가 불가능할 정도이다. 편의적으로 대상에 따라 나누는 방법이 있을 수 있다. 어조가 화자의 태도를 반영한 것이라면, 이 태도는 지향성을 지닌다. 즉 무엇에 대한 태도인 것이다. 그무엇, 바로 그 대상에 따라 어조의 유형도 달라질 수 있다. 그 대상은 크게 화자, 청자, 그리고 화제 속에 나오는 대상이다. 그렇다면 어조도 화자 중심적, 청자 중심적, (화제 속의) 대상 중심적 어조로 나눌 수 있다.

화자 중심적 어조는 정체성의 성격에 따라, 화자의 감정의 강도에 따라 다양한 어조를 하위 항목으로 둔다. 정체성의 성격에 따라 여성적, 남성적, 유아적, 중성적 어조 등이 있을 수 있다. 이 가운데 중성적 어조는 신문기사처럼 주관이 철저하게 배제된 어조를 말한다. 또한 정서의 강도에 따라 격정적, 열정적, 비관적, 자학적, 단호한, 우유부단한 어조 등이 있을 수 있다.

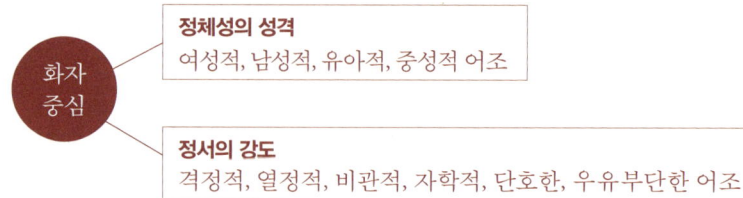

화자 중심

정체성의 성격
여성적, 남성적, 유아적, 중성적 어조

정서의 강도
격정적, 열정적, 비관적, 자학적, 단호한, 우유부단한 어조

청자 중심적 어조는 청자의 존재 여부, 청자에 대한 영향력의 강도에 따라 다양한 어조를 하위 항목으로 둘 수 있다. 청자의 존재 여부에 따라 독백적, 대화적, 연설적 어조 등이 나뉘고, 청자에 대한 영향력의 강도에 따라 명령적, 청유적, 애원적, 탄원적, 호소적, 적극적, 소극적 어조 등으로 나뉠 수 있다.

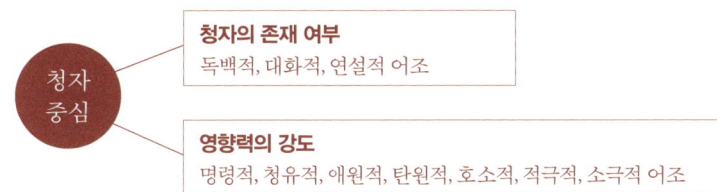

마지막으로 대상 중심적 어조는 화제 속에 나오는 대상에 대한 화자의 태도를 말하는데, 이 대상에는 객관적인 사물뿐만 아니라 세계 같은 것도 포함한다. 따라서 세계관에 따른 어조가 여기에 포함된다. 대상 중심적 어조는 긍정적 태도, 부정적 태도, 중성적 태도로 나누어질 수 있다. 긍정적 태도에는 낙관적, 찬양적, 우호적 어조 등이, 부정적 태도에는 염세적, 절망적, 풍자적, 냉소적, 해학적, 비판적 어조 등이 포함된다. 그 중간의 중성적 태도로서 관조적, 유보적, 객관적 어조 등이 포함된다.

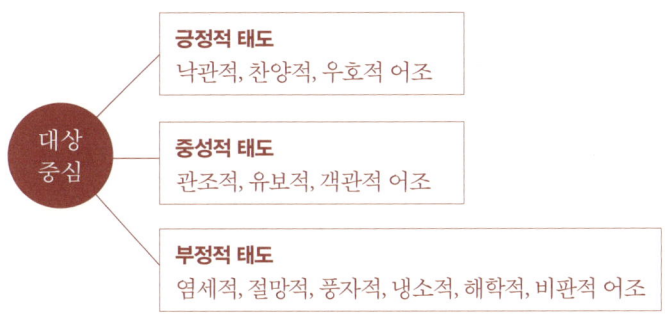

이런 어조들은 하나의 작품에 여러 형태로 드러난다. 초점을 어디에 두

느냐에 따라 여러 어조들이 거론될 수 있기 때문이다. 다음 작품을 예로 들어보자.

스물여덟 어느 날
한 자칭 맑스주의자가 새로운 조직 결성에 함께 하지 않겠냐고 찾아왔다
얘기 말엽에 그가 물었다
그런데 송 동지는 어느 대학 출신이요? 웃으며
나는 고졸이며, 소년원 출신에
노동자 출신이라고 이야기해 주었다
순간 열정적이던 그의 두 눈동자 위로
싸늘하고 비릿한 유리막 하나가 쳐지는 것을 보았다
허둥대며 그가 말했다
조국해방전선에 함께 하게 된 것을
영광으로 생각하라고.
미안하지만 난 그 영광과 함께 하지 않았다

십수 년이 지나 요 근래
다시 또 한 부류의 사람들이 자꾸 내게
어느 조직에 가입되어 있느냐고 묻는다
나는 다시 숨김없이 대답한다
나는 저 들에 가입되어 있다고
저 바다물결에 밀리고 있으며
저 꽃잎 앞에서 날마다 흔들리고
이 푸르른 나무에 물들어 있으며
저 바람에 선동당하고 있다고

없는 이들의 무너진 담벼락에 기대 있고
걷어 채인 좌판, 목 잘린 구두
아직 태어나지 못해 아메바처럼 기고 있는
비천한 모든 이들의 말 속에 소속되어 있다고
대답한다. 수많은 파문을 자신 안에 새기고도
말없는 저 강물에게 지도받고 있다고.
— 송경동, 「사소한 물음들에 답함」 전문

이 시의 화자는 시에 밝혀져 있듯이 고졸에, 소년원 출신에, 노동자인 실제 시인과 동일시되는 독백적 화자이다. 이 시의 어조는 전반적으로 자신의 굳건한 입장을 조용하고 담담하게 밝히는 단호한 어조라 할 수 있다. 그런데 초점을 어디에 두느냐에 따라 다른 어조도 읽어낼 수 있다. 먼저 화자 중심으로 본다면 정체성의 면에서 남성적 어조이면서, 정서의 강도에 있어서는 단호한 어조이다. 청자 중심으로 본다면 따로 청자를 설정하지 않았으므로 독백적 어조이면서, 영향력의 강도에 있어서는 청자에게 자신의 의지를 강요하지 않는다는 점에서 소극적 어조이다. 대상 중심으로 본다면 그 대상은 조직에 가입하라는 사람인데, 화자는 이에 대해 부정적인 태도를 보여주어 비판적 어조라 할 수 있다.

이처럼 하나의 시에는 초점에 따라 다양한 어조를 발견할 수 있다. 그러나 한 편의 시에 담겨 있는 여러 심상 중에 지배적인 심상이 있는 것처럼, 여러 어조 중에 지배적인 어조가 있을 수 있다. 위의 시에서 지배적인 어조는 단호한 어조라 할 수 있다.

1. 채트먼은 자신의 도표를 설명하면서 다음과 같이 주장하였다. 밑줄 친 부분에 대한 자신의 견해를 정리해 보자.

> 함축적 작가의 상대 개념은 '함축적 독자'—책을 읽으며 거실에 앉아 있는 실체로서의 나, 혹은 당신이 아니라 서사물 그 자체에 의해 전제되는 수용자—다. 함축적 작가와 함축적 독자는 언제나 존재한다. <u>화자가 있을 수도, 있지 않을 수도 있는 것과 마찬가지로 청자도 있을 수도 있지 않을 수도 있다.</u>
> ― 채트먼, 『이야기와 담론』

2. 다음 글을 읽고 ① 서정시에서 '주인공'이라는 말이 가능한지, ② 서정시의 '가장 위력 있는 특질'이 타당한지에 대해 설명해 보자.

> 이 시(김동환의 「눈이 내리느니」—인용자)의 주인공이 '우리'로 되었음을 우선 주목하기로 하자. 서정시에서의 주인공이라니, 한갓 화자일 뿐이 아닌가, 혹은 서정시에서 화자를 들먹이는 것조차 어불성설이라 주장하는 사람도, 그런 유파도 물론 있을 수 있으리라.
> 이와 다른 자리에 서면, 서정시야말로 주인공의 설정이 요청되는 장르로 파악될 것이다. 서정시의 기본적인, 가장 위력 있는 특질의 하나는, 기실 서정시의 주인공으로서 시인 자신인 나를 독자는 '자기'라고 느끼는 점에 있다.
> ― 김윤식, 「문학장르와 인류사의 이념」, 『한국근대문학사상사』

3. 다음 시에 나오는 화자의 유형(독백적, 대타적, 극적 화자)을 구체적으로 밝히고,

그 이유를 설명해 보자.

> 낙엽은 폴란드 망명 정부의 지폐
>
> 포화에 이지러진
>
> 도룬 시의 가을 하늘을 생각케 한다.
>
> 길은 한 줄기 구겨진 넥타이처럼 풀어져
>
> 일광日光의 폭포 속으로 사라지고
>
> 조그만 담배 연기를 내뿜으며
>
> 새로 두 시의 급행열차가 들을 달린다.
>
> 포플라 나무의 근골筋骨 사이로
>
> 공장의 지붕은 흰 이빨을 드러낸 채
>
> 한 가닥 구부러진 철책이 바람에 나부끼고
>
> 그 위에 셀로판지로 만든 구름이 하나.
>
> 자욱한 풀벌레 소리 발길로 차며
>
> 호올로 황량한 생각 버릴 곳 없어
>
> 허공에 띄우는 돌팔매 하나
>
> 기울어진 풍경의 장막 저 쪽에
>
> 고독한 반원半圓을 긋고 잠기어 간다.
>
> ― 김광균,「추일서정」전문

4. 다음은 우리 시조와 그것을 영역한 시이다. 이 두 작품을 비교하여 화자의
특징을 정리하고, 어조가 어떻게 달라졌는지 설명해 보자.

> (가) 흥망이 유수有數하니 만월대도 추초秋草로다.
>
> 오백 년 왕업王業이 목적牧笛에 부쳐시니

석양에 지나는 객客이 눈물계워 하노라.

　　　―원천석

(나) Rise and fall is a destiny turning;

　　　The palace site is overgrown with weeds.

　　　Only a shepherd's innocent pipe

　　　Echoes the royal works of five hundred years.

　　　stranger, keep back your tears

　　　In the setting sun.

　　　―Translated by Peter H. Lee

5. 다음은 동일한 내용이지만 서로 다른 화자가 등장하는 작품이다. 화자의
변화로 어조가 어떻게 달라졌는지 설명해 보자.

(가) 1947년 봄

　　심야深夜

　　황해도 해주海州의 바다

　　이남以南과 이북以北의 경계선 용당포

　　사공은 조심조심 노를 저어가고 있었다.

　　울음을 터뜨린 한 영아嬰兒를 삼킨 곳.

　　스무 몇 해나 지나서도 누구나 그 수심水深을 모른다.

　　　― 김종삼,「민간인」전문

(나)　그러니께 시방 그 때가 1947년 봄이었지라. 밤에 칠흑만치로 컴컴항께, 암껏

도 보이지 않았어라. 글씨, 황해도 해주 바다 말이지 그곳이 긍께 용당포, 쩌그 이남과 이북의 경계선이지라

　　나는 그 띠 고냥이 맨드로 살곰살곰 놀르 젓는디 아 글씨 아새끼가 저그 애미애비 죽는 줄도 모르고 말이시 참말로 간이 쩍 달라붙응께 별수 있나 누구라도 그랬을꺼여

　　아직 대갈도 덜 여문 아그를 던져뿌렸제 그 물이 어찌나 깊든지 말여… 말하면 뭐햐 벌써 이십년 전 일잉께로 다 잊어뿌렸지, 다 잊어뿌렸응께 묻지 말드라고.

— 학생 작품(정문정)

6. 다음 시에 나타나는 다양한 어조를, '화자 중심적 어조', '청자 중심적 어조', '대상 중심적 어조'로 나누어서 설명해 보자.

　　마른, 밥, 알을 입에 문 여자가, 204호에서, 죽은 쌀벌레처럼 웅크린 채, 발견, 되었다, 죽음의 내, 외부가 공개되었다, 쌀도, 가족도, 유서도, 없었다, 죽음의, 원, 인과 결, 과만 남았다, 수사기록에는 그녀의 몸에서, 감춰 두었던 울음이, 벌레처럼 기어 나왔다고 쓰여 있다, 형사와, 의료진과, 앰뷸런스와, 동사무소 직원이, 그녀를 죽음, 안쪽으로 밀어 넣었다, 그녀가 이승에서, 단순하게, 떨어져 나갔다, 이승의 반대편으로 앰뷸런스가, 떠나고, 형사와, 동사무소, 직원이, 가정식, 백반을, 들며, 소주를 마신다, 골목의 소음들을 한 모금에 꿀, 꺽, 삼킨다, 식당 주인이, 파, 닥, 파, 닥, 부채를, 부치고, 있다,

— 서안나, 「어떤 울음」 전문

7. 시론에서 다루고 있는 다양한 어조를 찾아 정리하고, 그것을 가장 잘 분류할 수 있는 기준은 무엇인지 자신의 독창적인 의견을 제시해 보자.

제3부
이념과 표현

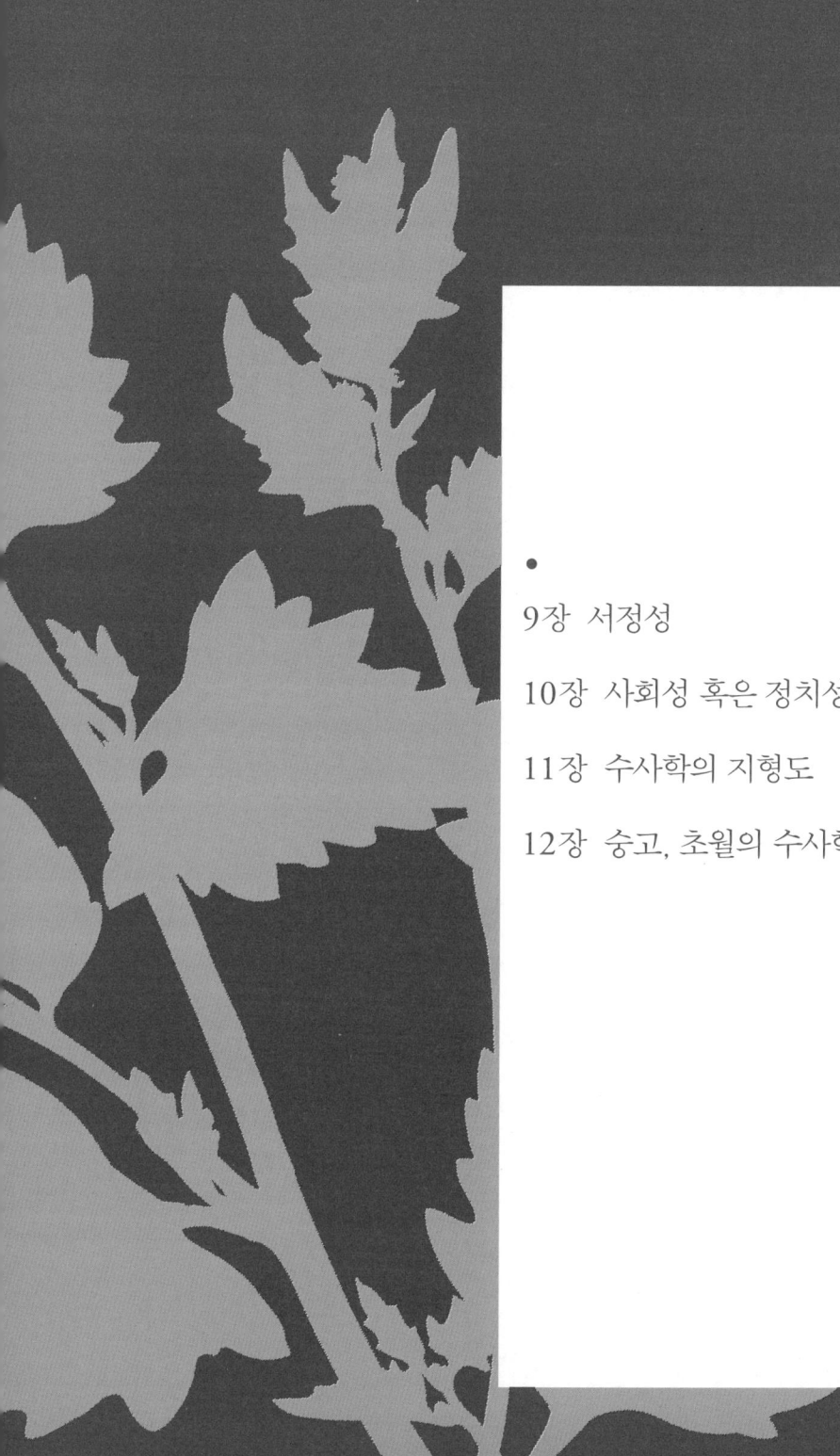

제9장 서정성

1. 서정성의 의미

서정성은 한마디로 '세계와 자아의 동일성'을 말한다. 이 개념의 보편적인 성격 때문에 서정성이 무엇이냐에 대한 질문은 시란 무엇이냐 하는 질문과 동등한 것으로 취급되어 왔다. 그러나 서정성은 시의 하위범주인 서정시의 본질로서 시의 일반적인 특성으로 다루는 데는 한계를 지닌다. 다만 서정시가 시문학에서 차지하는 위치 때문에 시의 핵심 개념으로 다루지 않을 수 없다.

서정성의 개념을 근대적인 관점에서 처음 언급한 최남선은 시조옹호론에서 "자연自然하고 인사人事하고의 교착交錯과, 환경環境하고 감정感情하고의 감응感應이 문학(또 시)의 기반"[1]이 된다고 하였다. 문학과 지역적 특수성의 연계를 강조하기 위해 사용한 말이지만, '교착과 감응'은 최남선이 파악한 서정성의 또다른 용어라 할 수 있다. 이때 '자연'과 '환경'은 '객체'의 다른 이름이고, '인사'와 '감정'은 '주체'의 다른 이름이다. '교착'은 자연과 사람의 영향관계를 나타내는 말이고, '감응'은 환경과 감정의 심리적 상호작용을 말한 것이다. 그는 이 서정성이 바로 문학과 시의 기반이라고 보았다.

서정성의 문제는 궁극적으로 주체와 객체의 관계 문제이다. 그 관계를 가장 간단하게 요약한 것이 "세계의 자아화"[2]와 "자아와 세계의 동일성"[3]일 것이다. 그 외 주목할 만한 논의는 전통시학적 입장에서 서정성을 "자아와 세계 간

---

1) 최남선, 「조선국민문학으로의 시조」, 『조선문단』 16, 1926. 5, 5쪽.
2) 조동일, 『한국소설의 이론』, 지식산업사, 1977, 101쪽.
3) 김준오, 『시론(제4판)』, 삼지원, 2000, 34쪽.

에 서정적 공동선을 추구하는 것"[4], "세계와 자아의 소통가능성에 기반을 두고 있는 마법성"[5], 자연과의 교섭을 통한 우주의 마음의 표현,[6] "생명(주체, 나)과 생명(객체, 너 그리고 또 나)이 틈과 구멍 속에 감응하여 일어나는 율동"[7]으로 정리한 것이 있다. 그 외에도 서정성을 아도르노적 미메시스를 의미하는 것으로 규정하고,[8] "대상에 대한 착취적인 관계가 아니라, 대상과의 공존을 통해서 우주적인 삶을 형성케 하는 형이상학의 복권"[9]과 연결시킨 논의, 그리고 비판적이고 회의적인 관점에서 "오인誤認을 바탕으로 성립된 이데올로기적 환상"[10]으로 규정한 논의 등이 있다.

주체·객체의 관계 설정에 따라 서정성을 규정한 논의에 있어서 가장 일반적인 것은 김준오의 동일성 시론일 것이다. 그는 '시=서정시'의 등식을 신뢰하며 서정시의 특성을 지속적으로 탐구한 바 있다. "자아와 세계의 동일성"으로 요약되는 동일성 시론은 다음 구절에 간단명료하게 정리되어 있다.

자아와 세계, 곧 인간과 사물 사이에는 간격이 없다. 자아와 세계는 서로 동화되어 어떤 것이 인간이고 어떤 것이 사물이라는 구별이 없이 미적 전체로 통일되어 있다. 그러므로 서정시는 극과 서사와 달리 자아와 세계 사이의 거리를 두지 않는다. '거리의 서정적 결핍lyric lack of distance'이 서정시의 본질이다.[11]

●

4) 최승호, 「전통서정시론의 시대적 변천」, 『서정시의 이데올로기와 수사학』, 국학자료원, 2002, 85쪽.
5) 박현수, 「서정시의 본질과 한계」, 『황금책갈피』, 예옥, 2006, 123쪽.
6) 구모룡, 『제유의 시학』, 좋은날, 2000, 41쪽.
7) 이성희, 「노장시학을 위한 시론」, 『21세기 문학의 유기론적 대안』, 새미, 2000, 98쪽.
8) 아도르노에 따르면 '동일성'이란 말은 철학사적으로 세 가지 의미를 지니는데, 첫째, 개인적 의식의 통일성, 둘째, 논리적 보편성으로서의 사유, 셋째, 인식론적으로 주체와 객체의 일치를 의미한다. 서정성 논의의 동일성은 마지막의 의미로 사용된다. T. W. Adorno, 홍승용 옮김, 『부정변증법』, 한길사, 1999, 217쪽.
9) 김석준, 「포스트모던 시대의 서정시에 대한 고찰」, 『한국시학연구』 4, 한국시학회, 2001. 5, 32쪽.
10) 박현수, 「서정성, 착각으로서의 동일성」, 『황금책갈피』, 예옥, 2006, 110쪽.
11) 김준오, 앞의 책, 36쪽.

김준오는 서정성의 특성을 "자아와 세계의 동일성", 즉 "자아와 세계의 일체감"으로 정리하고, "거리의 서정적 결핍"으로 표현하기도 한다. 이는 자아와 세계, 즉 주체와 객체의 실존적인 구별이 무화되는 상태를 가리킨다. 주체와 객체의 완전한 동화로 존재의 개별성이 사라지고 미적 전체 속에서 새로운 차원의 혼융일체가 이루어지는 것이다.

이처럼 서정성의 핵심은 자아와 세계의 동일시이다. 제주도 서사무가「천지왕 본풀이」에는 이 서정성의 원형이 잘 보존되어 있다.

천지의 혼돈이 아직 완전히 바로잡힌 것은 아니었다. 하늘에는 해도 둘, 달도 둘이 떠 있으므로, 낮에는 만민 백성들이 더워 죽게 마련이고, 밤에는 추워 죽게 마련이었다. 그뿐 아니라, 이때는 모든 초목이나 새·짐승들이 말을 하고, 귀신과 인간의 구별이 없어 사람 불러 귀신이 대답하고, 귀신 불러 사람이 대답하는, 그야말로 혼잡한 판국이었다.[12]

후대적 시각에 의해 다소 부정적인 시선으로 윤색되고 있지만 이것이 가장 리얼한 서정성의 원형이라 할 수 있다. 초목과 새, 짐승, 귀신, 인간이 모두 대등한 상태에 놓여 있으며, 동일한 말로 서로가 의사소통할 수 있다. 많은 언어학자가 꿈꾸었던 인류 공용어의 차원을 넘어 인간과 사물, 짐승이 공유하는 만물 공용어에 대한 이 신화는 세계와 주체의 구별 자체가 무화되는 순간을 기록하고 있다. 이는 서정성이 최고도로 발현되어 있는 세계가 아닐 수 없다. 거기에서 세계와 자아 사이의 균열은 인정되지 않는다. 이 원형적 시간은 바로 레쓰코브의「알렉산드리아의 보석」에 나오는 "한때 지구의 품 안에 있던 돌과 천공에 떠 있던 별들이 아직도 인간의 운명에 관여하던 시대", "그것들

---

12) 현용준,『제주도 신화』, 서문당, 1976, 12쪽.

이 인간들과 얘기하던 시대", 바로 "저 좋던 옛날"[13]이다. 이처럼 서정성의 세계는 라캉의 상상계처럼 분별지가 관여하지 않는 곳이다. 그 세계는 말 그대로 상상계 그 자체이다. 이 세계를 루카치는 이렇게 서정적으로 표현하고 있다.

> 별이 빛나는 창공을 보고, 갈 수가 있고 또 가야만 하는 길의 지도를 읽을 수 있었던 시대는 얼마나 행복했던가? 그리고 별빛이 그 길을 훤히 밝혀주던 시대는 얼마나 행복했던가? 이런 시대에 있어서 모든 것은 새로우면서 친숙하며, 또 모험으로 가득 차 있으면서도 결국은 자신의 소유로 되는 것이다. 그리고 세계는 무한히 광대하지만 마치 자기 집에 있는 것처럼 아늑한데, 왜냐하면 영혼 속에서 타오르는 불꽃은 별들이 발하고 있는 빛과 본질적으로 동일하기 때문이다.[14]

서정성은 자아와 대상 사이의 거리가 무화되는 서정적인 순간에 발생한다. 이런 서정성의 세계는 루카치가 말하는 총체성의 세계와 맞물려 있다. "영혼 속에서 타오르는 불꽃은 별들이 발하고 있는 빛과 본질적으로 동일하다"고 믿는 이 순간, 즉 자아와 대상 사이의 총체성이 확보된 순간이 바로 서정적 순간이라 할 수 있다. 그러나 이 순간은 명백하게 존재하는 자아와 세계의 실존적인 차이를 초월한다는 점에서 현실적·과학적인 순간과 구별되는 마법적인 순간이다. 그것은 마법성이 "인간과 자연의 일체감, 존재하는 모든 것들이 동일하다는 인식"[15]을 반영하고 있기 때문이다. 이런 서정성을 잘 보여주는 전

---

13) Walter Benjamin, 반성완 옮김, 『발터벤야민의 문예이론』, 민음사, 1983, 180쪽.
14) G. Lukács, 반성완 옮김, 『소설의 이론』, 심설당, 1985, 29쪽.
15) Ernst Fischer, 김성기 옮김, 『예술이란 무엇인가』, 돌베개, 1984, 54쪽. 리처즈는 마법성을 가능하게 하는 세계관을 '마법적 세계관(the magical view of the world)'이라 부르고 있다. 근대에 들어 마법적 세계관은 과학적 세계관으로 변화되었는데, 이 변화를 그는 '자연의 중립화'라 부른다. I. A. Richards, 이국자 옮김, 『시와 과학』, 이삭, 1983, 44—52쪽.

형적인 작품으로 이성선의 다음 시를 들 수 있다.

　　나뭇잎 하나가

　　아무 기척도 없이 어깨에
　　툭 내려앉는다

　　내 몸에 우주가 손을 얹었다

　　너무 가볍다
　　—이성선,「미시령 노을」전문

　　이 시에서 "나뭇잎 하나"는 시적 직관 속에서 "우주"와 등가가 된다. 세계와 시적 자아 사이에는 어떤 간격이나 거리도 존재하지 않는다. 이 세계에서는 어떤 논리적 설명도 불필요하다. 논리라는 것이 서정시의 세계에서만큼 구차해지는 곳도 없다. 2연과 3연 사이의 허공으로 복잡한 인과 논리가 흩어져 버리고 일순간에 나뭇잎과 우주, 그리고 우주가 손을 얹는 자아는 합일의 상태에 도달한다. 그러니 나뭇잎 하나가 어깨에 내려앉는 것이 "내 몸에 우주가 손을 얹"은 행위가 되는 이유를 묻는 것은 우문이 아닐 수 없다. 다음 시는 이런 서정성의 순간을 자연이 아니라 일상 속에서 구현해 낸다.

　　부엌의 불빛은
　　어머니 무릎처럼 따뜻하다.

　　저녁은 팥죽 한 그릇처럼

조용히 끓고,
접시에 놓인 불빛을
고양이는 다정히 핥는다.

수돗물을 틀면
쏴아— 불빛이 쏟아진다.

부엌의 불빛 아래 엎드려
아이는 오늘의 숙제를 끝내고,
때로는 어머니의 눈물,
그 눈물이 등유가 되어
부엌의 불빛을 꺼지지 않게 한다.

불빛을 삼킨 개가
하늘을 향해 짖어대면
하늘엔
올해의 가장 아름다운 첫별이
태어난다.
— 이준관, 「부엌의 불빛」 전문

이 시에서 부엌의 불빛은 '지금 여기'의 세계를, 사물과 인간이 소통하는 "저 좋던 시대"로 만든다. 그 과정은 추호의 망설임도 없이 순식간에 일어난다. 모든 것은 불빛 속에서 생명을 나눈 존재들로 다시 태어난다. 고양이, 수돗물, 숙제하는 아이도 그 속에서 조화와 평강을 누린다. 그리고 천공에 떠 있는 "올해의 가장 아름다운 첫별"은 불빛을 삼킨 개의 짖음에 대한 응답으로 태어난다. 불빛을 통하여 지상의 부름에 천상이 응답한다. 이 세계 속에서는 어느 것도 고립되어 있지 않고 생명의 연대 속에 존재한다. 이 불빛이야말로 서정성의 본질이라 할 수 있다.

●

2. 독백주의적 서정성

앞에서 본 서정성에 대한 논의, 특히 김준오의 논의는 주체와 객체가 동등한 상태의 서정성이라 보기 힘들다. '세계와 자아의 동일성'은 주·객이 어느 쪽에 치우침이 없이 공존하며 상호 동화된 상태를 말하는데, 그의 동일성은 어느 한쪽으로 기울어진 동일성이다.

> 자아와 세계가 구분되지 않을 만큼 동화되어 있듯이 서정시에 있어서 대상(세계)은 자립적 의의를 갖지 못하고 주관(자아)에 종속된다.[16]

그는 서정시의 객체는 자립적 의의를 갖지 못하고 주관에 종속된다고 하였는데, 이는 주체가 객체를 일방적으로 포괄해 버리는 상태를 의미한다. 여기에는 객체를 압도하는 주체라는 일종의 위계질서가 개입되어 있다. 앞부분에서 다룬 평등한 상호공존과 전혀 다른, 어느 한쪽이 다른 쪽을 복속시키는 종속 상태인 것이다. 그렇다면 그의 동일성은 주체가 객체를 주관적으로 포섭해 버리는 심리학적 현상이라 할 수 있다. 따라서 객체는 주객 혼융의 행복한 상태에서 떨어져 나와 피동적인 대상으로 소외되는 동시에 주체의 심리적 현상 속에서 그 존재 가치를 상실해 버린다.

●

16) 김준오, 앞의 책, 36쪽.

현재 우리의 서정성 논의는 람핑의 규정에 따른다면 김준오가 보여준 바처럼 '주관성 이론'의 그늘 아래 있다고 할 수 있다. '주관성 이론'이란 '주체와 객체의 혼융', 즉 '내면성'의 관점에서 서정성의 특성을 규정하는 이론이다. 람핑은 헤겔의 규정을 바탕으로 주관성 이론의 중심 개념을 "모든 객관적인 것과 현실적인 것이 주관적인 표상과 감각으로 변환되는 것을 뜻하는 내면성 Innerlichkeit"[17]으로 요약한다. 즉 내면성이란 객체가 그 자체의 독립적 성격을 상실하여 주체의 심리학적 과정과 인식 작용 속에 무화되어 버리는 상황을 나타내는 것이다. 이것이 주관성 이론이라 명명되는 이유는 주체와 객체의 관계에서 주체에만 과도한 의미를 부여하고 그 관계를 주체의 내면적 사건으로 처리하기 때문이다.

주관성은 주체가 외부세계와 단절되어 내적 자아 혹은 내면세계에 침잠한 상태를 의미한다. 객체와 단절된 상태이기 때문에 시적 발화는 "주체가 스스로 말하는 것", 즉 독백이 될 수밖에 없다.[18] 이 때문에 서정시에서 주·객의 설정은 무의미해진다. 아도르노의 지적대로 헤겔의 규정에 있어서 객체는 "주관에 압도된 객관"[19]일 뿐이기 때문이다.

우리의 서정성 논의도 전반적으로 주관성 이론의 틀을 벗어나지 못하고 있다. 대부분의 논의는 김준오처럼 서정성을 자아의 심리적 현상으로 축소시키며 주체와 객체를 일방적인 종속관계에 둔다. 이런 류의 서정성을 '독백주의적 서정성' 혹은 '나르시스적 서정성'이라 부를 수 있다. 이런 관점은 객체를 수동적인 것으로 간주하고 주체의 고립적인 활성화만을 강조한다는 점에서 문

---

17) Dieter Lamping, 장영태 옮김, 『서정시: 이론과 역사』, 문학과지성사, 1994, 186쪽.
18) 서정시를 독백으로 규정한 최초의 논의는 J. S. 밀의 「시란 무엇인가」(1833)이다. 여기에서 밀은 시를 '엿듣는 발화'로 규정한다. N. 프라이도 이 견해를 지지하고 있다. Northrop Frye, 임철규 옮김, 『비평의 해부』, 한길사, 1982, 348쪽 참조.
19) 김주연, 「아도르노의 문학이론」, T. W. Adorno, 김주연 옮김, 『아도르노의 문학이론』, 민음사, 1985, 178쪽.

제를 지닌다. 주체는 객체의 존재 여부와 무관하게 자신의 입장에서 객체를 탈영토화하고 재영토화해 버린다. 이때 객체는 주체의 연장延長에 불과하다. 세계의 자아화는 주체가 주체에게 던지는 폐쇄적인 독백에 그치고 마는 것이다. 주체 중심의 단일 관점에 의해 타자로서의 객체를 억압하는 이 상황은 바흐친이 비판한 바 있는 '독백주의'의 부정적 상황과 동일하다.

'독백주의적 서정성'에 대립되는 개념으로 '상호주체적 서정성'을 설정할 수 있다. 전자는 주체와 객체의 관계가 일방향적이고도 폐쇄적인 구조를 지니는 경우를, 후자는 그 관계가 능동적이고도 대등한 의사소통적 구조를 보여주는 경우를 가리킨다. 이 두 서정성은 에리히 프롬의 존재 양식과 소유 양식에 상응된다. 에리히 프롬은 두 양식을 대조시키기 위해 시 두 편을 인용한다.

> (가) 갈라진 벼랑에 핀 한 송이 꽃.
> 나는 너를 틈 사이에서 뽑아 따낸다.
> 나는 너를 이처럼 뿌리채 내 손에 들고 있다.
> 작은 꽃 한 송이,
> 그러나 내가 너를, 뿌리와 너의 모든 것을, 그 모두를
> 이해할 수만 있다면
> 신과 인간이 무엇인지를
> 이해할 수 있으련만.

> (나) 가만히 살펴보니
> 냉이꽃 한 송이가 피어 있다
> 울타리 옆에!

(가)는 A.테니슨의 시이고, (나)는 마쓰오 바쇼의 하이쿠이다. 프롬에 의하면 (가)는 자연을 이해하기 위해 꽃을 소유하고자 하는 소유 양식을 보여주는 예가 되고, (나)는 "단순히 꽃을 볼 뿐만 아니라 그것과 하나가"[20] 되는 상태, 즉 존재 양식을 보여주는 예가 된다. (나)는 대상을 바라보면서 그 존재 자체와 일체가 되는 상태에 도달하는 대등한 관계로 볼 수 있다. (가) 또한 대상을 '너'로 호칭한다는 점에서 단순한 주체와 객체의 관계가 아니라, 일종의 서정적 상태에 놓인 관계라 할 수 있다. 그러나 대등한 관계가 아니라 주체에 철저하게 종속된 객체의 상태, 즉 종속적인 관계를 보여준다. 바로 이런 것이 독백주의적 서정성을 보여주는 극단적인 예라 할 수 있다. 이것은 독백주의적 서정성이 서구적 인간중심주의와 밀접한 관련이 있음을 보여주는 사례가 된다.

독백주의적 서정성의 한계가 곧 주관성 이론의 한계라 할 때, 한 가지 의문이 생긴다. 지금까지 상호주체성 이론보다 주관성 이론이 성행하게 된 이유는 무엇일까. 그것은 상호주체성 이론에서 객체의 자율성과 능동성을 인정하는 데에 학문적 부담이 있었기 때문일 것이다. 주관성 이론은 심리학이라는 학문에 기대어 공식적으로 옹호할 수 있다. 즉 주체의 인식 효과로 설정할 경우 학적 체계 내에서 서정성 논의가 가능해진다는 것이다. 이에 비하여 후자는 학문적 범주를 벗어나는 탈논리적인 혐의가 짙기에 아무래도 학적 체계로 끌어오기에 부담스러울 수밖에 없다.

김준오의 한계도 여기에 기인한다. 그는 객체와 주체의 상호작용을 완전히 부정하지도 않지만 그렇다고 완전히 승인하지도 않는다. 바로 이 지점이 근대과학의 위력 앞에 시학의 무기력함이 드러나는 부분이다. 과학적으로 검증할 수 있거나 혹은 검증할 유사한 방식을 지니고 있는 것만이 학문의 대상이 될 수 있기에 주관성 이론이 그동안 많은 학자들의 동의를 얻고 있었다고

20) Erich Fromm, 김진홍 옮김, 『소유냐 삶이냐』, 홍성사, 1978, 36쪽.

할 수 있다.

이런 점에서 주관성 이론은 심리학에 기대어 서정성을 해명하려는, 근대 과학의 권위에 위축된 이론이다. 따라서 모든 문제가 심리학의 후광을 업고 심리과정의 문제로 환원되고 객체는 주관의 연장으로 변모되었던 것이다. 그러나 정확하게 말하자면 심리학 역시 과학적으로 검증된 학문의 한 분야라고 단언할 수 없다. 많은 논쟁에서 드러났듯이 심리학은 일종의 가설에 불과하기 때문이다. 이처럼 주관성 이론의 한계는 19세기 과학주의의 한계와 맞물려 있다.

3. 상호주체적 서정성

상호주체적 서정성을 잘 해명하고 있는 시학적 논리는 E.슈타이거의 논의라 할 수 있다.[21] 김준오가 사용하고 있는 '거리의 서정적 결핍'이라는 개념도 슈타이거의 용어를 원용한 것이다.[22] 하이데거의 영향력 안에 놓여 있는 슈타이거는 주체와 객체의 이분법에 동의하지 않는다. 그래서 서정시에 있어서 주체·객체를 언급하거나 이 두 개념간의 차이나 간격을 암시하는 어떤 용어도 거부한다. 피셔의 다음 구절에 대한 그의 평가를 통해 이 문제를 구체적으로 다루어보자.

21) 슈타이거 관련 논의는 기존 번역본(Emil Steiger, 이유영 외 옮김, 『시학의 근본개념』, 삼중당, 1978)에 의미가 모호한 부분이 많으므로 영역본을 따르기로 한다. 따라서 본고에서 슈타이거의 저서를 인용할 때 사용하는 쪽수는 전부 영역본의 해당 부분을 가리킨다. 그러나 번역의 적절성이 의심되지만 이미 널리 유포된 중심 개념들(예를 들어 회감, 정조, 상면관계 등)은 그대로 사용하기로 한다.
22) 영역본에는 "the lack of distance"라는 표현이 나온다. Emil Staiger, *Basic Concept of Poetics*, translated by Janette C. Hudson and Luanne T. Frank, Pennsylvania State University Press, 1991, 79쪽.

(가)　서사시에서처럼 주체가 객체에 종속되어 있는 주·객의 단순한 종
　　　합은 예술의 본질을 만족시킬 수 없다. 그래서 더 높은 단계가 요청되
　　　는데, 그것은 세계가 본질적으로 스스로를 주체 속으로 융화시키며,
　　　또한 세계는 주체에 의해 충만하게 된다.

(나)　감정에는 주체와 객체의 명쾌한 교체가 없다. 그런 교체는 잠과 깨
　　　어남과 같은 인식과 유사할 터이지만, (감정 속에서) 주체는 자체 속에
　　　침잠하여 외부세계와의 대립 관계를 상실한다.[23]

　　슈타이거는 (가)에 대해서는 "통찰의 불꽃"이 있다며 높이 평가하고, 이 통
찰이 주체성 개념의 등장으로 무화됨을 안타까워한다. (나)에 대해서는 주체
가 자기 내면에 침잠함으로써 외부세계와 대립 관계를 상실한다는 말을 부정
적으로 언급하며 서정시에는 주체와 객체의 구분이 없다고 주장한다. 즉 "서정
시의 주체는 정체성을 의식적으로 유지하는 '목적격 나moi'의 의미가 아니라,
정체성을 유지하지 못하고 매순간 흐트러지는 '주격 나je'의 의미이기 때문이
다."(81쪽) 즉 서정시에는 고정된 주체가 없다는 말이다. 그렇다면 (가)에 등장
하는 주체와 객체(세계)는 무엇인가.
　　여기에 슈타이거 서정성의 핵심이 관여되어 있다. 상반된 평가에 있어서
단지 주체·객체의 설정 여부가 기준이 된 것 같지는 않다. 그 기준은 상호주
체성과 관련되어 있다. (가)는 세계가 주체 속으로 융화되고 동시에 세계가 주
체에 의해 충만하게 되는 관계를 보여준다. 이때 주체와 객체는 어느 한쪽이
다른 쪽에 복속되는 종속적 관계 속에 있는 것이 아니라 서로가 서로에게 영
향을 미치는 상호주체적인 관계 속에 있게 된다. 이에 비하여 (나)에는 유아독

---

23) 두 인용문은 피셔의 『미학』에서 인용한 것이다. Emil Staiger, 위의 책, 80쪽.

존적이고 고립적인 주체만 존재한다. 주체는 객체와 단절함으로써 대립관계를 청산한다고 생각한다. 그러나 이는 주체로부터 소외된 객체와 고립된 채로 자가발전하는 주체의 불균등한 관계, 즉 일방적이고 독백적인 주체 우위의 관계에 불과하다.

슈타이거가 (가)에서 "통찰의 불꽃"을 읽어낸 것은 상호주체적인 서정성을 바람직한 것으로 생각하고 있다는 뜻이다. 상호주체적 서정성에서 주체와 객체의 구별은 무화된다. 거기에는 고정된 주체가 있을 수 없고 그렇기에 당연히 그 주체가 인식해야 될 객체도 있을 수 없다. 이는 상호 융합되어 주체와 객체를 구분할 분별심 자체가 없는 상태를 의미한다. 그가 'Stimmung'을 언급하는 것도 이 때문이다. '정조情調'로 번역되는 이 말은 사실 번역 불가능한 애매한 용어이다.[24] 객체나 주체, 혹은 외면과 내면에 동시에 사용되는 이 말은 주체·객체의 이분법이 무화된 상태와 절묘하게 맞아떨어진다고 할 수 있다. 이 어휘의 의미를 이해할 때 "이 상태 속에 있는 모든 것은 하나의 객체가 아니라 하나의 상태condition이다. 상태성은 서정시에서의 인간과 자연의 존재 양식이다"라는 말이 명쾌하게 이해된다. 이런 상태를 표현하는 말이 바로 '회감Erinnerung; Interiorization'[25]이다.

회감은 "주체와 객체의 간격 부재the absence of distance between subject and object"를 의미하기도 하고, 서정적 융화Ineinander; interpenetration를 의미하기도 한다. 이 개념은 내면이니 주체성이니 하는 용어와 무관하다. 왜냐하면 회감이란 것은 '주체 속으로 세계의 완전한 융화'를 의미하는 것이 아니라 "그 둘

---

24) 영역자는 이 말에 다음과 같은 각주를 달고 있다. "독일어 'Stimmung'는 내적 상태(기분 mood)와 외적 컨디션(분위기 atmosphere)을 동시에 의미한다."(81쪽) 따라서 우리말 번역 '정조'는 기분이라는 즉 내적 심리상태만을 의미하므로 부적절한 셈이다.

25) 이 말은 주로 '회상'으로 번역되었으나 번역본(Steiger, E., 이유영 외 옮김, 『시학의 근본개념』, 삼중당, 1978)에서 '회감(回感)'으로 번역하면서 고정되었다. 카이저는 이 개념에 불필요한 시간적 의미가 들어가 있기 때문에 이 말 대신 '내면화'라는 말을 사용한다. Wolfgang Kayser, 김윤섭 옮김, 『언어예술작품론』, 대방출판사, 1982, 521쪽.

의 부단한 융화a perpetual interpenetration of the two"를 뜻하기 때문이다. 앞에서 검토한 상호주체적 서정성의 진면목이 명쾌하게 드러나는 부분이다. 주체와 객체가 대등한 위치에서 상호 소통의 방식을 유지하는 것이 "그 둘의 부단한 융화"가 의미하는 바이다. '주체→객체'의 일방통행만이 가능한 독백주의적 서정성이 아니라 양자의 쌍방향적 의사소통이 가능한 상호주체적 서정성을 요약적으로 보여주는 대목이다. 그래서 이어지는 "시인이 자연을 회감하고 이와 마찬가지로 자연이 시인을 회감한다고 말할 수 있을 것"(82쪽)이라는 말은 이제 사족이라 할 수 있을 것이다.

서정주의 다음 시에서 상호주체적 서정성을 발견할 수 있다. 여기에 나오는 연쇄적 정체성이 바로 상호주체적 정체성이라 할 수 있다.

언제든가 나는 한 송이의 모란꽃으로 피어 있었다.
한 예쁜 처녀가 옆에서 나와 마주 보고 살았다.

그 뒤 어느날
모란 꽃잎은 떨어져 누워
메말라서 재가 되었다가
곧 흙하고 한 세상이 되었다.
그게 이내 처녀도 죽어서
그 언저리의 흙 속에 묻혔다.
그것이 또 억수의 비가 와서
모란꽃이 사위어 된 흙 속의 재들을
강물로 쓸고 내려가던 때,
땅 속에 괴어있던 처녀의 피도 따라서
강으로 흘렀다.

그래, 그 모란꽃의 사윈 재가 강물에서
어느 물고기의 배로 들어가
그 혈육에 자리했을 때,
처녀의 피가 흘러가서 된 물살은
그 고기 가까이서 출렁이게 되고,
그 고기를,—그 좋아서 뛰던 고기를
어느 하늘가의 물새가 와 채어 먹은 뒤엔
처녀도 이내 햇볕을 따라 하늘로 날아올라서
그 새의 날개 곁을 스쳐 다니는 구름이 되었다.

그러나 그 새는 그 뒤 또 어느날
사냥꾼이 쏜 화살에 맞아서,
구름이 아무리 하늘에 머물게 할래야
머물지 못하고 땅에 떨어지기에
어쩔 수 없이 구름은 또 소나기 마음을 내 소나기로 쏟아져서
그 죽은 샐 사 간 집 뜰에 퍼부었다.
그랬더니, 그 집 두 양주가 그 새고길 저녁상에 먹어 소화하고,
이어 한 영아를 낳아 양육하고 있기에,
뜰에 내린 소나기도
거기 묻힌 모란 씨를 물리어 움트게 하고
그 꽃대를 타고 또 올라오고 있었다.

그래, 이 마당에
현생의 모란꽃이 제일 좋게 핀 날,
처녀와 모란꽃은 또 한번 마주보고 있다만,

허나 벌써 처녀는 모란꽃 속에 있고
전날의 모란꽃이 내가 되어 보고 있는 것이다.

　　　　　　　　　　　　　　　　　　　—서정주, 「인연설화조」 전문

이 시에서 모란꽃인 '나'와 대상인 '처녀'는 애초에는 독립적인 존재처럼
보인다. 그러나 이들 존재는 그 뒤 변형을 거쳐 전혀 다른 존재가 된다. '나'는
'모란'이었다가 시들어 '재'가 되고, 강물에 쓸려 물고기의 배에 들어가 '물고기'
가 되고, 그 물고기를 먹은 '물새'가 되고, 그 물새를 먹은 '부부'가 되고, 그 부부
가 낳은 '영아'가 되어 결국에는 '처녀'가 되는 것이다. 마찬가지로 애초의 처녀
도 수많은 변형을 거듭하여 '나'의 근처에 있다가 마침내 '모란'이 된다. 결국 애
초에 독립적으로 존재하던 이 주체는 변형을 거듭하여 마지막에는 '나'와 '처녀'
로 그 주체가 서로 바뀌게 된다. 즉 '나'가 처녀가 되고 처녀는 '나(모란꽃)'가 되
는 것이다.

이 시에서 주체와 객체는 무한유전無限流轉을 계속하는 연쇄적 작용을
통해, 각각의 독립적 자질을 상실하고 상호주체적으로 존재한다. 이런 사유에
서 주체와 객체는 이미 독립적인 존재가 아니다. 언제든지 주체는 객체가 될
수 있기 때문이다. 슈타이거가 말한 바 "정체성을 유지하지 못하고 매순간 흐
트러지는 '주격 나$_{je}$'"로서의 주체인 것이다. 이런 주체는 객체를 독립적인 대
상으로 보는 것이 아니라 또다른 주체로 인식하게 된다. 이를 현대철학에서는
상호주관성이라 부르기도 한다.

상호주관성은 우리 시대의 가장 중요한 철학적 개념들 중의 하나로 간
주된다. 상호주관성은 후설이 선험적 자아에 의존하고 있는 자신의 초기
현상학의 유아론적 한계를 극복하기 위해 도입하였다. (……) 상호주관성
의 구조는 주체—주체(S—S)의 관계로 표시된다. 주체철학의 주체—객

체(S—O) 패러다임에서 상호주관성의 S—S 관계로의 패러다임 전환은 이들에게 "질적인 도약" 혹은 과거와의 "혁명적인 단절"로 간주된다.[26]

위의 논지를 빌리자면 독백주의적 서정성론은 "주체—객체(S—O) 패러다임"에 입각한 논의이다. 주체·객체라는 대립쌍은 하나는 인식 주체로, 다른 하나는 인식 대상으로 설정되기 때문에 인식 능력이나 능동성이 한쪽에만 부여되어 있다. 그렇기 때문에 인식의 방향은 주체에서 객체로 일방통행적으로 이루어질 수밖에 없다. 상호주체적 서정성은 주관성 이론의 유아론적 한계를 극복하기 위해 대두된 이론으로서, "주체—주체S—S 패러다임"에 입각한 논의라 할 수 있다. 여기의 주체·객체를 인간뿐 아니라 모든 존재에 적용되는 것이라 본다면 S—S 관계는 객체의 역할에 적극적인 의미를 부여해준 경우가 된다. 이 관계에서 객체는 주체의 인식 대상에 그치는 것이 아니라 스스로 능동성을 지닌 주체로 승격된다. 객체에 주체와 동등한 권리가 주어진 것이다. S—S 관계가 전제되어야만 상호주체적 서정성이 작동할 수 있다. 즉 시인이 자연을 회감하고 이와 마찬가지로 자연이 시인을 회감하는 상황이 논리적으로 가능해지는 것이다.

물론 상호주체적 서정성에 대한 비판이 없는 것은 아니다. 상호주체적 서정성을 암시하는 '나—너 관계I–You relations'를 일종의 환각으로 다루는 시각이 그것이다. 해체주의 비평가 폴 드 만의 논의가 전형적인 예가 된다. 서정성을 비판적으로 평가하는 그는 서정시의 본질을 돈호법apostrophe, 의인법prosopopoeia, 의인화anthropomorphism 등에서 찾는다. 조나단 컬러가 간략하게 정리하고 있듯이 "서정시는 돈호법이나 의인법이라는 비유들에 의존하고 있으며, 이 비유들은 서정시와 목소리를 연계시키고 나—너 관계를 가정하고

<hr />

26) 정대성,「하바마스 철학에서 상호주관성 개념의 의미」,『해석학 연구』17, 2006, 192쪽.

전경화함으로써 의인화를 산출시킨다."[27] 폴 드 만은 의인법, 돈호법이 주체와 객체의 순간적인 합일을 보여주는 서정시의 지배적인 비유로 본다. 그러나 이 와 같은 '의사 인간화'의 수사학은 일종의 기만conceit으로 평가되는데, 그에 따르면 이 "기만을 통해서 인간 의식이 자연 세계로 투사되고 전이된다."[28] 의 인화를 기만으로 보는 것은 서정시의 '나—너 관계'를 주체의 환각에 의해 발 생하는 상상의 관계로 파악하는 관점으로, 이 속에서 '너'의 실재성은 부정된 다. 그가 말하는 "현상성의 부정the denial of phenomenality"[29]은 곧 '너'의 부정 이라 할 수 있다. 이는 '나—너 관계'라는 상호주체적 상태를 인정하면서도 객 체를 주체의 심리적 현상 속에 국한시키는 논의로서, 심리주의의 또다른 판 본이라 할 수 있다.[30] 이 포스트모던한 비판은 서정성을 근원적으로 문제삼고 있다는 점에서 의의를 지니고 있지만 여전히 심리주의의 틀을 벗어나지 못하 고 있다는 점에서 근원적인 한계점을 지닌다.

●

4. 실천적 서정성

상호주체적 서정성은 그 자체에 멈추지 않고 '실천적 서정성'이 될 때 비 로소 구체적인 의미를 지니고 완성된다. 근대인인 우리는 이 세계를 서정성을 상실한 세계로 본다. H.G. 가다머가 말한 바처럼 근대성이 "신성의 상실이나,

●

27) Jonathan Culler, "Reading Lyric", *Yale French Studies* 69, Yale University Press, 1985, 100쪽..
28) Paul de Man, "Wordsworth and the Victorians", *The Rhetoric of Romanticism*, Columbia University Press, 1984, 89쪽.
29) 폴 드 만은 "서정성은 자신의 실존을 위해 전적으로 현상성의 부정에 의존한다"고 본다. Paul de Man, "Anthropomorphism and Trope in Lyric", *The Rhetoric of Romanticism*, Columbia University Press, 1984, 259쪽.
30) 서정성을 일종의 이데올로기적 환상으로 보는 관점도 여기에 해당한다. 박현수, 「서정성, 착각으로서 의 동일성」, 『황금책갈피』, 예옥, 2006, 105—111쪽. 여기에 서정성을 '이상적 관념'으로 파악하는 논의도 포 함될 수 있을 것이다. 이 논리에 의하면 언어의 본질상 주객의 일치는 일종의 환각에 불과한 것이 된다. 김 용희, 「생태주의 시와 시적 감응력」, 『순결과 숨결』, 문학동네, 2006 참조.

시적 경험이라는 어떤 유형의 상실, 그리고 근원적으로 본질적인 것과의 접촉을 잃어버린 세속적 역사주의에 의한 신성의 대체"라면 이는 한마디로 '서정성의 상실'로 요약될 수 있다. 우리가 맞이하고 있는 이 시기가 가다머적 의미의 근대라면 서정시의 영토가 존재하지 않는 것이 당연하다. 다음 시는 이 단절을 잘 기록하고 있다.

> 천오백년 내지 일천년 전에는
> 금강산에 오르는 젊은이들을 위해
> 별은, 그 발밑에 내려와서 길을 쓸고 있었다.
> 그러나 송학宋學 이후, 그것은 다시 올라가서
> 추켜든 손보다 더 높은 데 자리하더니,
> 개화 일본인들이 와서 이 손과 별 사이를 허무로 도벽해 놓았다.
> 그것을 나는 단신으로 측근側近하여
> 내 체내의 광맥을 통해, 십이지장까지 이끌어갔으나
> 거기 끊어진 곳이 있었던가.
> 오늘 새벽에도 별은 또 거기서 일탈한다. 일탈했다가는 또 내려와 관류하고, 관류하다간 또 거기 가서 일탈한다.
> 장을 또 꿰매야겠다.
> ― 서정주, 「한국성사략韓國星史略」 전문

이 시는 서정성의 본질에 대해 언급하는 메타시적 성격을 지닌다. 따라서 이 시의 제목 '한국성사략'의 뜻은 '간략하게 정리한 한국의 별의 역사'이지만 '간략하게 정리한 한국의 서정성의 역사'를 비유하기도 한다. 이 서정성의 역사는 또한 서정시의 역사와 동일한 것이라 할 수 있다. 이 시에 묘사된 바처

럼 별이 인간의 발밑에 내려와 길을 쓸어주고 있는 세계,[31] 주체와 대상이 동
일한 차원에서 혼융일체가 되어 있는 세계는 서정성의 세계이다. 여기에서는
자아와 대상 사이의 총체성이 확보되어 있어 그 둘 사이의 차별성은 애초부
터 존재하지 않는다. 그러나 이 작품에 대하여, 시인 자신이 영매가 되어버린
작품이며 이성이나 현실감각을 완전히 무시한 작품, 더 나아가 "광인의 잠꼬
대이며 넌센스, 헛소리, 일종의 참어讖語"[32]라 혹평한 것은 근대성의 세계에서
그다지 낯선 일은 아닐 것이다.

이런 시대에 서정시를 쓰는 시인은 크게 두 종류로 구별된다. 하나는 서
정성을 믿고 그런 믿음을 바탕으로 창작행위를 하는 시인이며, 다른 하나는
서정성을 가끔 믿으며 회의적인 시선으로 서정시 주변을 맴돌며 창작하는 시
인이다. 이 둘 외에 다른 서정시인은 존재하지 않는다. 그들은 다른 영역에 속
하기 때문이다.

그러나 이 두 부류의 서정시인 모두 서정성에 대한 확신을 수사학에 가
두고 있다는 점에서 동일하다. 그것은 우리 시대가 '근대' 혹은 '근대 이후'이
기 때문이다. 모든 초월적인 요소는 새마을운동이 극에 달하던 시대의 서낭
당이나 당집처럼 파괴되었다. 근대 교육의 목표는 이해조의 신소설 제목처럼
"구마검驅魔劍"의 획득에 있다. 마귀를 쫓아내는 이 검에 의해 근대의 반대축
에 서 있던 전근대의 모든 요소들은 추풍낙엽처럼 떨어져 나갔다. 그 낙엽 속
에 초월성 혹은 서정성도 있었다.

근대성에 의해 부정된 서정을 확신을 가지고 신뢰하기는 사회구조적으
로 위험한 일이자 꺼림칙한 일일 수밖에 없다. 그런 세계관을 대놓고 떠들어
댄다면 문학의 변방에 놓일 수밖에 없기 때문이다. 이성선의 「미시령 노을」이

31) 향가에 나오는 혜성은 '길쓸별', 즉 사람이 다니는 길을 쓸어주는 별이라는 이름으로 읽힌다.
32) 김종길, 「시와 이성—서정주 사백의 '내 시정신의 현황'을 읽고」, 『문학춘추』, 1964. 8.

우리 시의 주류로 들어오기 힘든 것도 이 까닭이다.

서정시가 수사학에 갇히게 된 까닭이 여기에 있다. 자아와 세계의 행복한 만남은 이제 시론서나 서정시를 가르치는 강의실에서만 일시적으로 유효한 개념이다. 강의실 문을 벗어나는 순간 그것은 우리가 한때 재미삼아 공유했던 농담에 불과한 것이 된다. 시인 역시 시를 쓸 때에만 이것의 존재를 믿거나 믿는 척한다. 그래서 시의 한 구절 한 구절을 늘리는 일은 서정성이라는 공인된 기만의 연장에 불과하다. 이런 서정성은 일종의 환각 상태에 불과할 것이다. 그렇다면 서정성이란 향정신성 물질의 변형에 불과한 것이 아닌가. 그러나 옥타비오 파스는 이 서정성이 미혹의 차원이 아니라 본다.

> 인간과 세계, 의식과 존재, 존재와 실존의 최종적인 동일성은 인간의 가장 오래된 믿음이며 과학과 종교, 주술과 시의 뿌리이다. 우리의 모든 활동은 오래된 오솔길, 즉 양쪽 세계를 소통시키는 잃어버린 통로를 발견하는 것이다.[33]

그렇다면 구체적으로 이 잃어버린 통로를 발견하는 길은 무엇인가. 그 길은 서정성을 수사학에서 해방시켜 일상성으로 환원시키는 일에 있다. 자아와 세계의 동일성이 회복되려면 동물과 식물 그리고 사물까지 인간과 동등한 차원이 있음을 인정해야 할 것이다. 그래서 사물과 자아 사이에 눈에 보이지 않는 차원의 연계가 이루어지고 있으며 이를 통하여 주체가 넘나들 수 있음을 믿어야 할 것이다. 벤야민이 아우라에 대한 경험을 "인간사회에서 흔히 볼 수 있는 반응형식을, 무생물 내지 자연적 대상과 인간 사이에 존재하는 관계에

---

33) Octavio Paz, 김홍근·김은중 옮김, 『활과 리라』, 솔출판사, 1998, 137쪽.

옮겨놓는 데 있는 것"[34]이라 한 것은 이런 논리에 의해서이다.

실천적 서정성은 관념적인 차원의 문제가 아닌, 현실에서 작동하는 논리로 인정되어야 한다. 그것은 생활의 곳곳에 바탕 원리로 깔려 있어야 하며, 실정법의 차원에 반영되어야 한다. 천성산 터널공사 금지 가처분 신청건에서 그 방향을 짐작해볼 수 있다. 이 사건이 각하 및 기각결정으로 마무리된 이유는 이 사건의 신청인인 '꼬리치레 도롱뇽'에게 '당사자 능력'이 인정되지 않는다는 데 있다. 법원은 "도롱뇽은 천성산 일원에 서식하고 있는 도롱뇽목 도롱뇽과에 속하는 양서류로서, 이 자연물인 도롱뇽 또는 그를 포함한 자연 그 자체에 대하여는 현행법의 해석상 그 당사자 능력을 인정할 만한 근거를 찾을 수 없다"고 판단한 것이다.

이 판결은 현행법과 그 바탕에 깔린 법철학의 한계를 명백히 보여주는 사례가 된다. 강고한 인간중심주의의 족쇄가 인간의 파멸을 재촉하는 현상이라 할 수 있다. 그러나 이 지구에 편재한 수많은 위기를 해결하기 위해서는 실천적 서정성이 강력하게 요청되고, 그것의 한 형태가 이에 바탕을 둔 새로운 법철학의 성립일 것이다. 그리하여 나뭇잎 하나, 물방울 하나까지 소송 주체로 인정될 때 많은 문제들의 근원적 해결이 가능해질 것이다.

---

34) 벤야민이 아우라(Aura)의 경험과 관련하여 "우리가 시선을 주고 있는 자나 시선을 받고 있다고 느끼는 자는 우리에게 시선을 되돌려 준다. 우리가 어떤 현상의 아우라를 경험한다는 것은 시선을 되돌려 줄 수 있는 능력을 그 현상에 부여하는 것을 뜻한다."고 말한 바 있다. Walter Benjamin, 반성완 옮김, 「보들레르의 몇 가지 모티브에 관해서」, 『발터 벤야민의 문예이론』, 민음사, 1983, 158쪽.

1. 다음 시에서 서정성, 즉 '세계와 자아의 동일성'이 어떻게 나타나고 있는지
말해 보자.

  죽은 꽃나무를 뽑아낸 일뿐인데

  그리고 꽃나무가 있던 자리를 바라본 일뿐인데

  목이 말라 사이다를 한 컵 마시고는

  다시 그 자리를 바라본 일뿐인데

  잘못 꾼 꿈이 있었나?

  인젠 꽃이름도 잘 생각나지 않는 잔상殘像들

  지나가는 바람이 잠시

  손금을 펴보던 모습이었을 뿐인데

  인제는 다시 안 올 길이었긴 하여도

  그런 길이었긴 하여도

  이런 날은 아픔이 낫는 것도 섭섭하겠네.

  — 장석남,「왼쪽 가슴 아래께에 온 통증」전문

2. 다음 (가), (나) 작품에서 주체와 객체의 관계가 어떻게 드러나고 있는지 설
명해 보자.

(가) 사랑하는 사람이여

당신과 난 이렇게 멀리 떨어져 있는데도

당신은 내 아픈 눈동자 속으로 내 안에 들어와

나는 당신이 하고 싶은 말을 하고 / 당신이 먹고 싶은 것을 먹고

당신이 가라는 곳으로 가 / 당신의 모습으로 앉아 있다오

사랑이 깊으면 아픔도 깊어 / 나는 당신이 아픈 곳에 손을 대고

당신과 함께 웃지

— 방민호, 「빙의」 전문

(나) 밤이 자기의 심정처럼 / 켜고 있는 가등街燈

붉고 따뜻한 가등의 정감을 / 흐르게 하는 안개

젖은 안개의 혀와 / 가등의 하염없는 혀가

서로의 가장 작은 소리까지도 / 빨아들이고 있는

눈물겨운 욕정의 친화.

— 정현종, 「교감」 전문

3. 다음 글에서 시(표현)와 대상의 관계를 어떻게 바라보고 있는지 살펴보고, 이런 관점이 지닌 의미를 서정성의 문제와 연관시켜 설명해 보자.

그리하여, 내가 이 강둑의 한 지점에서 루아르 강에 대한 글을 쓸 때면, 나의 시선과 나의 정신을 끊임없이 그곳에 담가야 하리라. 또한 그것이 표현 위에서 마를 적마다, 다시 강물에 담가야 할 것이다.

대상의 가장 큰 권리, 즉 모든 시에 대항할 수 있는, 절대 불가침의 권리를 인정해줄 것⋯⋯. 그 어떠한 시도, 시의 대상 쪽의 최소한의 호소 내지는 대상 자신의

권리 침해에 대한 불평 없이는 이루어질 수 없기 때문에.

언제나 대상이 훨씬 더 중요하고 흥미로우며, 더 많은 능력을 (많은 권리를) 가지고 있다. 그것은 나에 대해 그 어떠한 의무도 가지고 있지 않으며, 그것에 대해 모든 의무를 지고 있는 것은 바로 나 자신이다.

— 프랑시스 퐁주, 「루아르 강둑」 부분

4. 바흐친의 다음 구절은 시의 서정성을 '독백주의적 서정성'으로 파악하는 관점으로 볼 수 있다. 이런 관점에 대한 자신의 의견을 정리해 보자.

시적 작품 속의 언어는 의심의 여지나 반박의 가능성이 없이 모든 것을 포괄하는 어떤 것으로 구체화된다. 시인은 모든 것을 주어진 언어의 눈을 통해 보고 이해하고 사고하며, 그는 표현을 위해 어떤 다른 언어의 도움도 필요로 하지 않는다. 시적 장르의 언어는 그 외부에서는 다른 아무것도 존재하지 않고 필요하지도 않은 프톨레마이오스적 일원론의 세계이다.

— 미하일 바흐친, 『장편소설과 민중언어』

5. 다음 시의 밑줄 친 부분은 '독백주의적 서정성'과 '상호주체적 서정성' 중 어디에 속하는지 말하고, 그 이유를 설명해 보자.

꽃은 피는 대로 보고/ 사랑은 주신 대로 부르다가
세상에 가득한 물건조차/ 한아름 꽉 안아보지 못해서
전신을 다 담아도/ 한 편篇에 2천원 아니면 3천원
가치와 값이 다르건만/ 더 손을 내밀지 못하는 천직天職. (중략)

신이 안 나면 보는 척도 안 하다가

쌀알만 한 빛이라도 영원처럼 품고

<u>나무와 같이 서면 나무가 되고</u>
<u>돌과 같이 앉으면 돌이 되고</u>
흐르는 냇물에 흘러서
자국은 있는데
타는 놀에 가고 없다.
— 김광섭, 「시인」 부분

6. 다음 시에서 다루고 있는 소재는 '실천적 서정성'의 구체적인 사례라고 볼
수 있다. 이 사례가 지닌 의미에 대하여 말해 보자.

호두나무 한 그루를 베더라도

　　　밭 귀퉁이의 늙은 호두나무 한 그루가 썩어 가자 호두나무 신령께 고유

　　　제를 지내고 삼가 베었다는 내 가까운 정우락 선생의 이야기를 들은 날

　　　은 바람 한 줌에도 신령이 묻어나던 날이었다

호두나무 한 그루를 벨 때에도
호두나무 신령께 / 글을 지어 고하며 제를 올리는 일은
어느 아득한 마음이 전해준 것일까
풀 한 포기 / 돌멩이 하나에도
무릎 꿇어 말 걸던 저 넉넉한 대화법은
어느 아득한 날부터 전해온 것일까

눈 밝은 사람들만 살던 / 저 옛날엔

모든 이가 지니고 다니던 환한 마음자리

하여, / 호두나무 가지가 움켜쥐었던 저 하늘이

이제 텅 비었다 말하지 않으리

초록 햇살 모여 / 초록 점박이 호두알 맺던 그 자리마다

복류천처럼 / 숨어 흐르던, 저 끊이지 않은 마음

주렁주렁 열리리니 / 고무공처럼 탱탱하게 영글어

신령님 주머니 속에 / 보드득 보드득

호두알 부비는 소리로 살아오리니

— 박현수, 「호두나무 한 그루를 베더라도」 전문

7. 다음 시는 서정성의 문제가 현실과 연결되어 있다는 사실을 지적한 작품으로 볼 수 있다. 어떤 점에서 그런지 말해 보자.

할머니께서 밭에 콩을 심으실 때 / 한 구멍에 세 알씩 심어

날짐승 들짐승 몫도 챙기셨다고요?

그래요, 그건 이야기 시절의 이야기지요

할머니 가신 뒤에 배곯은 / 산꿩이 내려와 세 알 다 쪼아 먹고

멧돼지가 와서 밭을 통째 뒤집고 / 메뚜기가 떼로 덤비고 까치가 떼로 날고

깔따구와 여치가 떼로 습격하고

사람들이 떼를 지어 한 일과 / 사람들이 싹쓸이로 한 일을

저들은 거꾸로 그렇게 합니다

할머니 이야기엔 그들도 함께 둘러앉을 자리가 있었습니다

두꺼비도 까치도 온갖 미물들도 둘러앉고

산신도 용왕도 집안의 업의 눈치도 살피고

짐승들이 들을까 알곡들이 삐칠까

나무가 속상해할까 소곤소곤 입조심 하느라

이야기 속에 그들 자리가 있었습니다

할머니 가신 뒤로 세상의 이야기는

사람끼리만 사람의 말로만 떠들고 있습니다

세상은 많은 이야기들을 나날이 만들고

나날이 많은 이야기의 길을 내고 있지만

말이 모자라고 소통이 모자란다 합니다

할머니 가신 뒤에

빙 둘러 앉았던 자리 여기저기 숭숭 빠져

이야기가 빙 돌아오다 길을 잃은 것 같습니다

— 백무산, 「사람들끼리만」 전문

8. 상호주체적 서정성의 이론적 근거가 될 만한 생각이나 구체적 사례에 대해
조사하여 정리해 보자.

제10장 사회성 혹은 정치성

1. 시의 사회성 혹은 정치성의 가능성

유종호는 민중을 대하는 자세를 기준으로 "사랑이냐, 혐오냐, 혹은 그 조화라고 하는 곤란한 가능성이냐"라는 세 가지 유형 속에 모든 작가들을 분류할 수 있다고 하였다. 이때 민중이라는 상당히 모호한 개념이 문제가 되겠지만, 이는 특정한 사람만을 뜻하는 것이 아니라는 점에서 사회·정치적 현실로 대체해도 무방하다.

첫 번째 유형의 전형은 '민중에의 신앙과 박애의 정신'을 앞세우고, 예술의 사회적 기능과 영향력을 강조한 만년의 L.N.톨스토이다. 『예술이란 무엇인가』에서 만년의 톨스토이는 민중주의적 예술관을 앞세워 자신의 대작 『전쟁과 평화』, 『안나 카레니나』를 부정한 바 있다. 이런 유형에서도 문학의 중요성을 강조하지만, 그것은 사회적 기능 측면에서만 유효하다.

두 번째 유형의 대표는 인간과 사회에 대한 혐오를 보이며, 이에 비례하여 예술에 대한 신앙과 미에 대한 오만한 경도를 보여주었던 G.플로베르이다. 그는 "바늘을 만드는 데 전생애를 보내는 맨체스터 주민과 같은 사람들에게 무슨 기대를 걸 수 있단 말인가?", "민중은 영원한 미성년자이고 언제든지 말석을 차지할 것이다"와 같은 말로 민중 혐오를 표현한 바 있다. 이런 민중 혐오는 미적 자율성을 옹호하는 쪽으로 기울게 된다.

---

1) 유종호, 「사랑이냐 혐오냐—작가·사회·현실」, 『사상계』, 1963; 『비순수의 선언—유종호 전집1』, 민음사, 1995, 410쪽.

그리고 일종의 절충형이라 할 수 있는 마지막 유형은 '범인凡人에 대한 사랑과 통속에의 향수'를 은밀하게 지닌 토마스 만이 대표적이다. 그는 통속에 대한 향수가 시인을 만든다고 믿었고, 범인의 행복을 동경한다고 밝혔다. 그가 파시즘을 은밀하게 비판한 「마리오와 마술사」를 쓰고, "현대에 있어 인간의 운명은 정치적 언어 속에서 그 의미를 제시한다"고 한 것도 이런 태도와 관련되어 있을 것이다. 이런 절충론의 성격도 초점을 어디에 두느냐에 따라 성격이 달라지겠지만, 많은 논자들이 이런 입장을 지지하고 있다는 점에서 무시할 수 없는 입장이라 할 수 있다.

문학과 사회성 혹은 정치성의 관계를 다루는 이 논의에서 특징적인 점은 그 예를 주로 소설 분야에서 찾고 있다는 점이다.[2] 그것은 시보다 소설이 이런 문제를 다루는 데 편리하기 때문이다. 유종호가 다른 글에서 인용한 발레리의 다음과 같은 말이 그 근거가 될 것이다.

시의 세계는 본질적으로 폐쇄되어 있어 그 자체로서 완결되어 있으며 언어의 원망이나 우연의 순수한 조작임에 반하여, 소설의 세계는 가령 환상소설이라 할지라도 현실세계에 긴밀히 결부되어 있다.[3]

여기에서 말하는 현실은 유종호의 지적대로 "우리 인간들이 생활을 영위해 나가는 구체적인 장소인 역사적 사회적 일상적인 현실"[4]을 가리킨다. 발레리는 시의 세계가 본질적으로 폐쇄성과 완결성을 지니고 있어 현실세계와 결부되지 않는다고 하였다. 시의 갈래적 특징으로 볼 때 시의 사회성을 논하

---

2) 여기에서는 사회성과 정치성이라는 개념을 동일하게 본다. 사회성은 문학의 사회적 기능과 효능과 관련된 말이다. 그런데 이것은 대사회적 행위가 지닌 정치적 기능과 무관하지 않다. 이 둘은 모두 공동체적 감각, 연대의 감각이라는 점을 공유하고 있다.
3) 유종호, 「비순수의 선언」, 앞의 책, 60쪽.
4) 유종호, 위의 책, 60쪽.

는 것은 부적절하다는 뜻이다. 바로 이런 사실 때문에 문학의 정치성을 논하는 글들이 대부분 서사문학에 치우쳐 있는 것이다. H.M.엔첸스베르거도 이 점을 지적하고 있다.

> 다행히도 마르크스도 루카치도 시에 대해서는 언급하지 않았다. 그로써 우리가 어떤 수고를 덜 수 있게 되었는지는 오직 추측할 수 있을 따름이다. 즉 정통 문학사회학이 줄거리를 매개로 하여 하나의 소설이나 희곡의 핵심부 속으로 반쯤은 들어가볼 수 있는 반면에 시는 처음부터 그러한 접근을 허용하지 않는다. 언어를 통한 접근 이외의 다른 접근은 불가능한 것이다. 루카치가 시를 무시하는 것도 그 때문이다.[5]

정통 문학사회학이 시를 무시한 것은, 정치성과 연계된 줄거리라는 매개가 있는 서사문학과 달리 시는 그런 매개가 없기 때문이다. 그래서 오로지 언어 그 자체를 통해서만 시의 핵심으로 가야 하는데, 외적 차원에서 정치의 문제를 다루는 문학사회학은 이런 통로를 마련하지 못 한다는 것이다. 다음 논의도 이와 유사하다.

> 미학적 구조나 장르적 특성을 감안해서 비평을 전개시킬 경우 문학의 정치 기능 우선주의는 필연적으로 약화될 수밖에 없다. 그런 까닭에 이념전달이나 정치적 선전 선동이 중시되는 비평에서는 의도적으로 시의 장르적 특성에 대한 언급은 가능한 배제하기 마련이다. 문제는 장르적 특성에 대한 의식 없이 무차별적으로 모든 문학에서 정치적 기능을 강조할 때 산문과 달리 시는 결정적으로 그 본질이 훼손될 수밖에 없다

5) H. M. Enzensberger, 「시와 정치」, 징현종 외 편, 『시의 이해』, 민음사, 1983, 387쪽.

는 사실이다. 문학의 정치적 기능 즉 이념 전달이나 선전 선동은 언어의 전달적 기능에 의해서만 가능한데 시는 이와 달리 언어의 존재론적 기능으로 존립하기 때문이다.[6]

여기서도 문학과 정치의 관계를 다루는 비평이 시의 갈래적 특성을 의도적으로 제외시킨다는 점을 지적하고 있다. 그리고 시와 정치의 관계를 도식적으로 연계시킬 때, 시의 존립기반인 '언어의 존재론적 기능'이 왜곡되어 결과적으로 시의 본질이 훼손될 수밖에 없다고 비판한다. 시와 정치 논의에서 시의 갈래적 특성과 시적 언어의 특수성을 고려하고 있다는 점에서 오세영과 엔첸스베르거의 논의는 유사하다.

과연 시에서 정치성을 말하는 것은 어려운 것인가. "시의 정치적 측면이 시 자체 속에 내재되어 있음"[7]을 믿는 엔첸스버거의 입장에서 볼 때, 정치성이 뚜렷하게 드러나는 애국가류의 시는 시가 아니고 정치 삐라에 불과한 것이다. 시의 정치성이 시 자체에 내재되어 있다면 우리는 정치성을 어떻게 발견해야 할까. 그가 정통 문학사회학의 한계를 보여주는 예로 든 다음 시를 가지고 이 문제를 생각해 보자.

나는 길가에 앉아 있고.
운전기사는 바퀴를 갈아 끼우고 있다.
내가 떠나온 곳을 나는 좋아하지 않는다.
내가 가야 할 곳을 나는 좋아하지 않는다.
바퀴 갈아 끼우는 것을

---

6) 오세영, 「한국의 근·현대시와 정치」, 『한국시학연구』 22, 한국시학회, 2008. 8. 23—24쪽.
7) H. M. Enzensberger, 앞의 책, 385쪽.

왜 나는 초조하게 바라보고 있는가?
— 브레히트, 「바퀴 갈아 끼우기」 전문[8]

이 시의 해설에 따르면 이 작품은 B. 브레히트가 공산주의에 일말의 희망을 품고 동독으로 가서 쓴 것이다. 그러나 1953년에 동베를린에서 인민 봉기가 일어나 동독 정부가 억압조치를 취하자 그는 이를 비판하기 위해 이 시를 썼다고 한다. 그렇다면 바퀴 갈아 끼우는 것은 인민 봉기를 통해 정부를 갈아치우는 행위를 의미한다.[9] 그러나 이 시의 표면에는 그 어떤 사회·정치적 단서가 없다. 바로 이 때문에 엔첸스베르거는 다음과 같이 말한다.

조국에 대해서도, 정체政體에 대해서도 더 이상 얘기되고 있지는 않은 여섯 행, 이데올로기적 혹평가들의 흥분도 이 여섯 행 앞에서는 멈추어 버리고 만다. 그들 역시 '바퀴 갈기'를 초조하게 바라보고 있다. (……) 만약 정치가 인간들이 역사 속에서 스스로 만들어내는 사회제도에의 관여를 의미하는 것이라면, 「바퀴 갈아 끼우기」는 언급할 만한 모든 시와 마찬가지로 정치적 성격을 갖는다. 만약 권력을 갖고 있는 자들의 목적을 위해 그 권력을 사용하는 것을 정치라고 한다면, 브레히트의 텍스트, 즉 시는 정치와는 아무런 관계도 없다. 이 시는 정치가 그것을 마음대로 할 수 없다는 것을 모범적으로 말해 주고 있으니, 그 점이 이 시의 정치적 내용인 것이다.[10]

시의 정치성을 정치의 성격으로 미루고 있는 이 논의는, 시와 정치의 직

8) Bertolt Brecht, 김광규 옮김, 『살아남은 자의 슬픔』, 한마당, 1991, 140쪽.
9) 김광규, 위의 책, 159쪽.
10) H. M. Enzensberger, 앞의 책, 390쪽.

접적인 관계를 논하는 '이데올로기적 혹평가들'의 주장을 비판하고 있다. 시와 정치의 관계를 외면적으로만 파악하는 속류 사회주의자들의 주장에 따르면 이 시는 정치시가 아니다. 바로 이 지점에서 그들 주장의 핵심이 흔들리고, 따라서 그들이 초조해지는 것이다. 그렇다면 엔첸스베르거는 이 시를 정치시라 보는 것일까. 그는 명쾌하게 밝히고 있지 않다. "명백하고 직선적인 명제들을 가지고는 이 애매한 테마를 완전하게 논의할 수 없다"[11]는 사실만 확인하고 있기 때문이다.

작품 자체만을 볼 때, 브레히트의 작품이 사회·정치적 현실을 담고 있다고 말할 수 없다. 작품의 배경과 창작 의도를 알지 못한다면, 우리는 이 작품을 정치와 연계시킬 수 없어 정치적 현실이 배제된 시, 즉 여행 중의 에피소드를 다룬 시 정도로 이해할 것이다. 그럴 경우 이 시는 잘된 작품이라 하기 어렵다. 이 시의 생명은 사회·정치적 현실을 시적 의장을 통해 간결하게 제시한 데 있기 때문이다. 바로 이런 점 때문에 시의 정치성이 적극적으로 개진되기 힘든 것이다.

엔첸스베르거처럼 시에서 정치성을 간접적· 암시적으로 다루는 논의는 한계가 많다. 엔첸스베르거가 "정치가 인간들이 역사 속에서 스스로 만들어내는 사회제도에의 관여를 의미하는 것이라면, 「바퀴 갈아 끼우기」는 언급할 만한 모든 시와 마찬가지로 정치적 성격을 갖는다"라고 했듯이, 모든 시 속에 이미 정치성이 내재해 있는 것이라면 정치성을 달리 말할 필요가 없을 것이다.

우리가 시와 관련해서 정치성을 말하는 것은, 시에서 그것이 저절로 내재된 어떤 것, 즉 시 자체에 육화된 것으로 보는 데 선뜻 동의할 수 없기 때문이다. 또한 시의 정치성을 특수한 어떤 것으로 다루는 것도 금물이다. 그렇게 되면 시의 정치성은 소설이나 희곡의 정치성과 전혀 이질적인 것으로 고립된다.

●

11) H. M. Enzensberger, 위의 책, 391쪽.

이 고립된 '시만의 정치성'은 진정한 의미의 정치성이 아니다. 갈래상의 특징에 따라 내용이 달라지는 정치성은 존재 가치가 없다. 시와 산문에 공통된 정치성, 보편적 정치성을 말해야 시의 정치성도 가치를 지닌다.

다른 문학 갈래와 마찬가지로 시도 정치성을 지닌다. 그리고 그 정치성은 다른 갈래의 정치성과 하등 다를 바 없다. 그렇다면 이때 시는 어떤 방식으로 정치성을 표현하는가가 문제의 관건이 된다. 그 점을 우리는 문학·정치 담론을 점검한 후에 다시 다루어볼 것이다.

2. 정치주의 : 정치행위로서의 시적 행위

앞에서 살펴본 유종호의 논의는 단순한 분류가 아니라 문학과 정치의 관계를 바라보는 관점을 드러내는 담론이다. 이런 문학·정치담론은 문학과 정치가 상관관계에 있다는 점을 전제로 한다. 그러나 상관관계를 전제하더라도 문학과 정치를 동등한 입장에서 다루는 것은 원론적으로 불가능하다. 상관관계는 본질의 교집합에서 찾아야 한다는 점에서 도식주의적 결합은 무의미하기 때문이다. 그렇다면 문제되는 것이 그 교집합의 질료가 어느 쪽에 더 본질적인가 하는 점이다. 이 점을 고려할 때 문학·정치 담론은 크게 두 가지 층위로 나뉠 수 있다. 하나는 문학의 본질을 확장하여 그 속에서 정치의 속성을 찾는 입장이며, 다른 하나는 정치의 본질을 확장하여 그에 따라 문학의 속성을 규정하는 입장이다. 전자를 문학주의라 부른다면 후자를 정치주의라 부를 수 있다.

이런 관점에서 볼 때 앞에서 살펴본 유종호의 분류도 결국 정치주의와 문학주의라는 이분법, 즉 문학의 사회적 기능을 강조하는 쪽과 문학의 자율성을 신뢰하는 쪽으로 나누는 간결한 방식으로 귀결될 것이다. 문학의 사회성 혹은 정치성을 다루는 문제는 결국 이 두 가지 유형으로 압축될 수밖에 없다. 유종호가 은근하게 신뢰를 보내고 있는 절충적인 마지막 유형은 결국 문학의 사회성을 강조하는 일종의 정치주의라 할 수 있다.

먼저 정치주의부터 살펴보자. 정치주의는 정치의 함의를 아주 근원적이고도 미시적인 차원에까지 확장시키는 방식이다. 가장 좋은 예는 공자가 될 것이다. 어떤 사람이 공자에게 왜 정치를 하지 않느냐 질문하자 공자는 다음과 같이 대답하였다.

> 서경에 효에 대해서 말하기를, '오로지 효를 실천하며, 형제간에 우애롭게 지내어 정치에 베푼다' 하였으니, 이 또한 정치를 하는 것이니, 어찌하여 벼슬해서 정치하는 것만을 정치라 부를 수 있겠는가?[12]

여기서 정치는 관직에 올라 행정적 차원에서 자신의 의사를 펴는 것, 즉 정사政事를 의미한다. 이는 곧 정치의 일반적인 의미와 크게 다를 바 없다. 즉 인간이 사회를 영위하는 데 필요한 일반적 사회 규칙의 보존 및 수행이 그것이다. 공동체의 감각을 통해 대사회적 규칙을 수행하는 것이 정치임을 공자가 이미 알고 있음에도 불구하고, 그는 정치의 의미를 무한하게 확장하여 일상 행위의 차원에 적용하고 있다. 정치에 있어서 필수적인 요소인 사회적 차원의 행위를 개인적 차원으로 대체한 것이다. 이때 정치는 공동체적 감각, 즉 대사회적 실천이 없어도 가능한 것이 된다. 이는 정치의 의미를 가장 미소한 지점까지 내려 보냄으로써 정치의 범주를 엄청나게 확장한 경우라 할 수 있다.

정치주의 쪽에 서 있는 논자들은 이처럼 정치의 속성을 전방위적으로 확장시킨다. 정치인류학의 논의를 원용하여, 정치를 '권력 관계'와 관련된 행위로

---

12) 『논어』, 「위정(爲政)」, "書云孝乎 '惟孝 友于兄弟, 施於有政.' 是亦爲政, 奚其爲爲政."

해석한 김홍규의 논의도 여기에 속한다.

> 그러므로, 정치와 절연된 삶이나 사회적 활동이란 그 자체가 자기모순
> 이다. 개인이건 집단이건 간에 공동체적 삶의 장場에 속해 있는 한 그 내
> 부의 권력관계에 참여·기권·소외 등 갖가지 양상으로 관련될 수는 있지
> 만 정치와 절연된(무관한) 삶은 없다. 스스로에게 주어진 사회적 위치를
> 승인 또는 거부하고 타인들과 자의든 타의든 모종의 관련을 맺으면서 이
> 루어지는 우리의 생활과정은 곧 정치적 자리잡음과 선택 및 결단으로서
> 의 삶이다.[13]

공동체적 삶의 장 속에 인간이 속해 있는 한, 정치가 삶의 본질적 양상
일 수밖에 없다는 주장이다. 이때 정치는 공자와 마찬가지로 일상의 모든 것
을 포괄하는 전방위적 개념이 된다. 이렇게 한다면 문학적 행위는 따로 말하
지 않아도 정치적 행위가 되는 셈이다.

이번에는 이처럼 우회하지 않고 문학과 정치의 문제를 다루는 정치주의
를 살펴보자. 이런 입장의 대표적인 논자가 프레드릭 제임슨이다. 그의 유명한
개념인 '정치적 무의식'이 이런 입장의 핵심이다. 주지하다시피 "프로이트 이
론을 역사화하는"[14] 것, 즉 심리주의를 사회적 차원으로 전유하는 것이 제임
슨의 주안점이다. 프로이트의 꿈의 해석이 개인의 무의식에 주목하듯, 제임슨
의 텍스트 해석은 텍스트의 무의식에 주목한다. 텍스트는 문학과 정치의 접
점이기 때문이다. 이때 정치적인 국면은 텍스트의 무의식의 차원에 이미 주어
져 있으나 전략적으로 억압되거나 왜곡된다. 그럼에도 정치적 흔적은 텍스트

●

13) 김홍규, 「정치와 문학」, 『창작과 비평』 38, 1975. 겨울, 187쪽.
14) William C. Dowling, 곽원석 옮김, 『『정치적 무의식』을 위한 서설』, 월인, 2000, 143쪽.

에서 완전하게 지울 수 없다. 즉 "언어를 사회적으로 사용하는 모든 경우, 그 밑바닥에는 언제나 표현되지 않은 현실이 잠재하고 있다"[15]는 것이다. 그러므로 "문학비평가의 임무는 작자의 상징적 서술행위에 있어 그의 '정치적 무의식'에 의해 억압된 역사의 실제적 모순을 텍스트의 전략적 분석을 통해 '고고학적으로' 복원하는 것"[16]이 된다.

하나의 텍스트는 본질적으로 정치적 차원을 함유하고 있기 때문에 정치적인 것과 비정치적인 것의 구분은 일종의 죄악에 불과하다. 그래서 그는 "사회적이고 정치적인 문화적 텍스트와 그렇지 않은 문화적 텍스트에 대한 편리한 구분은 단순한 오류보다 더 나쁜 무엇, 즉 현대적 삶의 물신화와 사유화의 징후이자 강화"[17]라고 비판하며, 바로 이런 구분이 우리 사고를 억압하고 마비시킨다고 한다. 그는 다음과 같은 결론을 제시한다.

그런 억압으로부터 유일한 효과적인 해방은 사회적이거나 역사적이지 않은 것은 아무 것도 없다는, 실로 모든 것은 "최종적인 분석에 있어서는" 정치적이라는 인식과 더불어 출발한다. (……) 정치적 무의식에 대한 주장은 그런 최종적인 분석을 떠안으며, 문화적 산물이란 결국 사회적으로 상징적인 행위라는 것을 드러내는 것으로 이끄는 복합적인 경로를 탐구하는 것이다.[18]

최종적인 분석에 있어서는 모든 것이 정치적이라는 인식은 텍스트의 해석에도 관여한다. 그는 성서해석학, 노드롭 프라이 등의 비평 모형을 참조변

---

15) William C. Dowling, 위의 책, 154쪽.
16) 여홍상, 「제임슨의 서술이론 : 『정치적 무의식』을 중심으로」, 『실천문학』 23, 실천문학사, 1991. 여름, 392쪽.
17) Fredric Jameson, *The political unconscious*, Ithaca, NY: Cornell UP, 1981, 20쪽.
18) Fredric Jameson, 위의 책, 20쪽.

형하여 해석의 세 가지 지평을 제시한다. 첫 번째 지평은 가시적으로 드러나는 정치적 차원에서 해석하는 단계이다. 이는 우리가 흔히 말하는 문학작품의 역사적 맥락과 상통한다. 두 번째 지평은 텍스트를 마르크스적 관점, 즉 지배계급과 노동계급 사이의 계급투쟁으로 재구성하는 단계이다. 마지막 세 번째 지평은 이런 재구성을 바탕으로 텍스트를 자본주의라는 생산양식의 차원에서 읽는 단계이다. 제임슨의 이런 인식은 제임슨이 마르크시즘에 근거를 두고 있기 때문에 가능하다. 그는 스스로 "나의 입장은 오직 마르크시즘만이, 여기서 논의된 역사주의의 딜레마에 대한 철학적으로 논리정연하고 이데올로기적으로 설득력이 있는 해법을 제시할 수 있다는 것"[19]임을 강조하고 있다.

문학·정치 담론에서 제임슨의 논의가 중요한 것은 그가 사회·정치적 차원에서 작동되는 정치의 개념을 손상시키지 않고 문학 텍스트 내부에서 발견하였다는 점에 있다. 이때 정치는 문학 외부의 타자로 존재하며 문학의 성격을 규정하는 절대적 존재가 된다. 그는 자신이 마르크시스트임을 부정하지 않고 따라서 마르크시즘의 정치라는 구체적 개념을 보존하였던 것이다.

바로 이 점이 앞의 공자나 김흥규의 삶의 본질로서의 정치성과 구별되는 중요한 점이다. 공자나 김흥규의 정치는 추상화되고 비현실적인 것이다. 그래서 정치가 문학과 우회적으로 연계되었을 때, 우리는 이때의 정치가 우리가 알고 있는 개념과 같은 것인지 의아해진다. 이 단계에서 정치적 차원이 지닌 구체성, 즉 대사회적 감각이 사라져버렸기 때문이다. 이에 비해 제임슨의 정치는 구체적이고 실제적인 것이다. 계급투쟁이라는 구체적인 정치성을 그대로 간직하고 있기 때문이다. 다음의 논의도 그런 구체성을 지닌다.

---

19) Fredric Jameson, 위의 책, 19쪽.

현실을 인식하고 개괄하고 형상화하는 것이 문학이다. 그런데 이 현실이라는 것은 추상적 일반적 현실일 수는 없는 것이며 언제나 그 시대의 정치적 경제적 제 관계 속에서 빚어진 구체적 역사적 현실인 것이다. (……) 결국 역사적 사회적 제 관계의 반영으로써 이루어진 문학 작품은 그 시대의 사회 및 계급심리의 표현인 것이며 그런 점에 있어서 그것은 또한 당파성을 처음부터 내포하고 있는 것이다.[20]

여기에서 말하는 "구체적 역사적 현실"이 우리가 말한 바로 그 정치적 현실이라 할 수 있다. 문학 작품의 정치성은 이처럼 구체적인 것으로 이해할 필요가 있다. 문학 작품으로서 시 역시 이런 정치성을 지닌 것으로서 의미를 지니게 된다. 구체적인 사회·정치적 현실을 염두에 둘 때, 시를 쓰거나 읽는 행위는 그 자체로 정치행위가 된다.

3. 문학주의 : 미적 자율성의 정치적 기능

문학주의는 개념의 포획방식에 있어서 정치주의와 유사하다. 문학주의역시 철저하게 문학 담론 내에서 문학의 모든 가능성을 타진하며, 필요하다면 문학의 요소에 새로운 항목을 설정해 기입하고자 한다. 당연히 정치의 국면도 문학의 자질 속에서 찾아낸다. 이때 정치는 문학 외부의 타자로 존재하지 않고 문학 내부에 근원적으로 존재하는 것으로 취급된다. 더 정확하게 말하자면 정치성은 문학의 기본적 자질이 된다. 이런 입장을 보여주는 전형적인논자가 최근 우리 담론에 전방위적 영향력을 끼친 J. 랑시에르다.

---

20) 김명수, 「예술성의 문제와 문학대중화」, 『신천지』, 1949. 2, 171—172쪽.

랑시에르가 규정하는 미학의 본질은 감성, 혹은 감각적인 것의 분배이다. 그는 이것을 '감성의 분할'이라 부르고, 다음과 같이 설명한다.

> 어떤 공통적인 것의 존재 그리고 그 안에 각각의 몫들과 자리들을 규정하는 경계설정들을 동시에 보여주는 이 감각적 확실성의 체계를 나는 감성의 분할이라고 부른다. 감성의 분할은 따라서 분할된 공통적인 것과 배타적 몫들을 동시에 결정짓는다. 몫들과 자리들의 이러한 분배는 어떤 공통적인 것이 참여에 소용되는 방식 자체 그리고 개인들이 이 분할에 참여하는 방식 자체를 결정하는, 공간들, 시간들 그리고 활동 형태들의 어떤 분할에 의거한다.[21]

랑시에르가 말하는 '공통적인 것'은 공동체적 감각과 관련되어 있다. 이것은 그가 개인적인 영역을 벗어나서 더 포괄적인 지대를 겨냥하고 미학 혹은 문학의 가능성을 검토하고 있음을 알려준다. 이 '공통적인 것'은 당연히 정치의 핵심이다. 그래서 이런 규정 자체는 미학이 본질적으로 정치와 상동관계에 있다는 결론과 맞닿아 있다. 그래서 그는 "예술의 실천들의 가시성의 형태들, 그것들이 점유하는 장소, 그것들이 공통적인 것의 견지에서 '행하는' 것에 대한 질문을 우리가 제시할 수 있는 것은 바로 이 본래의 미학으로부터다"[22] 라고 단언할 수 있었던 것이다.

공통적인 것의 존재와 그 내부의 경계설정을 보여주는 '감각적 확실성의 체계'란 무엇인가. 그에 있어서 공통적인 것이 존재한다는 사실과 그 속에 존재하는 경계설정의 문제는 정치와 관련된 현실적이고도 수행적인 차원의 문

21) Jacques Rancière, 오윤성 옮김, 『감성의 분할』, 도서출판b, 2008, 13—14쪽.
22) acques Rancière, 위의 책, 15쪽.

제가 아니다. 그것은 감각의 차원에 존재하는 확실하고도 보편타당한 어떤 것이다. '감성의 분할'은 사회·정치적 몫들의 분할이 아니다. 그래서 이 개념은 오히려 미학의 가능성을 탈정치화시키는 혐의가 짙다. 엘리엇이 '시의 사회적 기능'이 전민족의 언어와 감수성에 영향을 끼치는 것이라 한 말과 그리 다를 바 없다.[23] 그렇기 때문에 감각 혹은 감성을 정치와 근본적으로 동일한 것으로 보는 것은 미학의 가능성을 너무 과대평가한 것이다.

중요한 것은, 미학/정치의 관계의 문제가 제기되는 것은 바로 공동체의 공통적인 것에 대한 감각적 경계설정의 수준, 그 가시성과 그 편제의 형태들의 수준, 바로 이 수준에서라는 것이다. 사회 해석의 낭만주의적 문학 형태들로부터, 꿈에 대한 상징주의 시학 또는 예술의 다다이즘적 또는 구성주의적 제거를 거쳐, 퍼포먼스와 설치의 현대적 방식들에 이르기까지, 우리가 예술가들의 정치적 개입들을 생각할 수 있는 것은 바로 여기서부터다.[24]

예술가들의 정치적 개입이 가능한 것이 "공동체의 공통적인 것에 대한 감각적 경계설정의 수준, 그 가시성과 그 편제의 형태들의 수준"이라면 정치의 실정적인 차원은 왜소하기 그지없다. 이는 문학의 가능성을 높이기 위해 정치의 구체적인 차원을 무력화하거나 중화시키는 전략이라 할 수 있다.

랑시에르가 '정치'라는 개념을 재조정하는 것도 이 때문이다. 즉 기존의 정치 개념에 비추어볼 때, 우리가 느끼는 의구심이 해소될 가능성이 없기 때문이다. 미학 내에 정치적 요소가 선재하고 있다고 주장하기 위해서 '정치' 개념

---

23) T. S. Eliot, 「시의 사회적 기능」, 정현종 외 편, 『시의 이해』, 민음사, 1983 참조.
24) acques Rancière, 앞의 책, 22—23쪽.

의 재조정은 필수적이다. 그래서 랑시에르는 정치의 개념을 '치안police'과 '정치적인 것'으로 구분한다. 우리가 일반적으로 말하는 정치, 즉 "당들 간의 권력투쟁과 이 권력의 행사"[25]를 그는 '치안'이라 부른다. 또한 현실적으로 존재하지 않는 이상적 상태의 정치를 '정치적인 것'이라 명명한다. '정치적인 것'은 감성 분할의 범주와 실천과정에서 생기는 "불화 논리를 치안 논리에 대립시키는 해방이라는 무질서적 과정"[26]이다. 즉 공통적인 것을 작동시키는 규정들에 의해 배제된 것, 즉 보이지 않는 것을 보이게 하는 활동을 의미한다. 그에 따르면 문학이 본질적으로 관여해야 할 차원의 정치는 바로 '치안'이 아니라 '정치적인 것'이다.

문학과 정치라는 이항대립에 놓인 명백하고 구체적인 의미의 정치를 이런 식으로 의미 변경해 버릴 때, 문학이 지닌 현실적이고 실천적인 가치는 상당히 내재화된다. 이 내재화는 사실상 정치의 소멸이다. 김환태는 이런 내재화를 다른 방식으로 말하고 있다.

> 정치나 사회나 사상이 한 문예작품에 담길 때에는 그는 벌써 제 스스로의 법칙을 포기하고, 문학 그것의 법칙 앞에 굴복하고 있는 것이다. (……) 따라서 각 문화 영역은 모두 상호관련하고 있으면서도 또한 독립한 일면을 가지는 것이며, 일반적으로 볼 때에는 다 동등한 가치를 가지는 것이다. 그것들은 언제나 딴 영역을 자기 속에 소화하고 포용하여 그 우위를 주장하고 있는 것이다.[27]

이 글은 정치와 문학의 상호관련성을 언급하고 있지만, 결국 문학의 자

---

25) Jacques Rancière, 양창렬 옮김, 『정치적인 것의 가장 자리에서』, 길, 2008, 15쪽.
26) Jacques Rancière, 『감성의 분할』, 126쪽. 용어 해설 항목에서 가져온 것임.
27) 김환태, 「비평문학의 확립을 위하여」, 『김환태 전집』, 현대문학사, 1972, 55쪽.

율성을 더 높이 사고 있다. 문학작품이 정치를 "자기 속에 소화하고 포용하여 그 우위를 주장하고 있는 것"이므로 문학 작품에서 정치는 내면화되어 소멸한 것이다. 랑시에르가 정치의 의미를 변경하는 것과 그다지 다르지 않다. 이는 또한 "모든 문학적 활동은 사회적 활동"[28]이라는 매개없는 단언에서도 반복된다.

이런 자족적 문학주의의 관점에 설 때, 문학은 정치성을 내면화한 것으로 된다. 그래서 정치의 구체성은 사라지고 만다. 앞에서 다룬 엔첸스베르거의 한계도 여기에 있음을 이미 지적한 바 있다. 이와 같은 자족적 문학주의에 바탕을 둘 때, "시의 정치성은 추구의 대상이 아니라 시로 있음으로써 사후적 확인을 요구하는 또 하나의 가능한 해석"이라거나 "시여, 해석은 자율의 뒤에 있으니, 너는, 충분히, 전적으로 자율이어도 좋다, 아니 자율이어야 한다! 이 선언은 결코 정치를 등지지 않는다"[29]는 안이하고도 간편한 주장이 나올 수 있다. 또한 "매체혼합과 장르혼합을 비롯해 다양한 방식으로 정치적 상상력을 작동시키는 모더니즘이야말로 오늘날 예술적 아방가르드를 자임하는 예술가들에게 열려 있는 길"[30]이라는 주장은 좀더 신중하지만 그래서 더 모호하다.

이런 주장은 모두 문학과 정치의 관계를 너무 손쉽게 문학의 영역 속에 해소시켜 버린다는 점에서 문제를 지닌다. 그래서 시적 행위 자체가 하나의 정치 행위로서 평가된다. 결과적으로 정치주의와 비슷한 자리에 도달한 것처럼 보이지만, 정치의 성격이 전혀 다르다는 점에서 완전히 다른 자리라 할 수 있다.

●

28) 김현, 「문학과 사회」, 『예술과 사회』, 민음사, 1979, 19쪽.
29) 강계숙, 「'시의 정치성'을 말할 때 물어야 할 것들」, 『문학과 사회』, 2009. 가을, 388—9쪽.
30) 진은영, 「감각적인 것의 분배」, 『창작과 비평』, 2008. 겨울, 83쪽.

4. 시의 정치성의 세 가지 조건

그렇다면 시에 있어서 정치성은 어떤 성격 혹은 어떤 조건을 지니는 것이 바람직할까. C.M.바우라가 정치시를 다음과 같이 정의한 것이 우리 논의에 도움이 된다.

> 정치시의 본질은 다수의 인간과 관계가 있고, 즉각적이고 개인적인 체험으로서가 아니라 주로 풍문에 의해 알려지고 간략하면서도 종종 추상적인 형식으로 표현된 일들로서 파악되는 그러한 사건을 다루는 데 있다. (……) 정치적 시인은 상상적인 과거를 구축하는 것이 아니라 거대한 현재를 붙들고 이것을 해석하려 든다. [31]

이 정의에는 시의 정치성의 중요한 두 가지 조건이 나타나 있다. 하나는 정치성의 대상이 '다수의 인간과 관계가 있는 현실적인 사건'이라는 점이다. 이 사건이 구체적 역사적 사실이 아니라 추상적이라는 것은 설명이 필요하다. 고대 그리스 시인들은 정치시를 쓸 때 "견해와 흥미를 같이 하는 대중을 위해 쓰여진다는 시인의 확신"을 가지고 있었다. 그것은 그들이 "모든 시련과 모든 논의, 모든 고난을 함께 나누는 작은 도시국가에 속했기 때문이다." 그런데 광대한 국가의 일원으로서의 현대의 시인은 자신의 국가를 추상적으로 파악할 수밖에 없다. 당연히 사건도 자신이 직접 보고 겪은 것이기보다는 남에게서 들은 것이거나 매스컴 기관을 통해 얻은 것이다. 그래서 사건을 추상적이라고 본 것이다. 그러나 앞에서 다룬 정치적인 것의 성격이 모두 이렇다는 점을 감

---

31) C. M. Bowra, 김남일 옮김, 『시와 정치』, 전예원, 1983, 15—16쪽.

안하면 오히려 이것을 "구체적 역사적 현실"로서의 사회·정치적 현실이라 할 수 있다. 즉, 여기에서 다루는 시의 정치성은 공동체적 감각을 지닌 구체적 역사적 현실을 지칭함을 알 수 있다.

다른 하나는 정치성의 내용은 현재에 대한 해석이라는 것이다. 시의 정치성은 현재의 문제에 집요하게 시선을 고정시키고 자신의 해석을 기입해야 한다. 따라서 과거의 문제를 상상적으로 다루는 것은 정치성의 본질과 거리가 있다고 할 수 있다. 물론 그것도 깊이 따지면 현실의 정치적 감각에서 비롯된 것일 수 있지만, 정치성의 바람직한 형식은 아니다. 시의 정치성은 철저하게 현실의 문제에 대한 해석이어야 한다. 그리고 이 해석은 표현으로 나타나기도 하고, 소재 선택 자체에 포함되기도 한다.

그리고 여기에 정치성의 세 번째 조건을 덧붙일 필요가 있다. 그것은 정치성의 표현 방식, 즉 정치적 의도의 명시성을 말한다. 이를 바탕으로 다른 조건들이 손쉽게 성립되기 때문에 사실상 이것이 가장 중요한 조건이라 할 수 있다. 시의 정치성은 정치적 의도가 명시적으로 드러날 때 인정될 수 있다. 이 명시성은 내용상, 발표 상황상의 명시성을 모두 포괄한다. 앞에서 다룬 브레히트의 시는 그 당시의 모든 사람들에게 정치적 의도를 명시적으로 보여주었다는 점에서 아무 유보 없이 정치시라 할 수 있다. 시 자체에 구체적인 표현은 없지만 발표 상황(인민 봉기 직후)이나 사회비판적인 시를 발표해온 바 있는 개인적 이력이 정치적 의도의 명시성을 확보해 준다. 정치가 시적 형식 속에 내재해 있다는 관점에 설 경우 이런 외적 요소들이 너무 쉽게 무시되어 버린다. 그래서 시와 정치의 관계를 모호하게 만드는 것이다.

지금까지 자세하게 다룬 시의 정치성의 조건을 간단하게 정리하면 다음과 같다.

첫째, 정치성의 대상으로 '다수의 인간과 관계가 있는 현실적인 사건'

을 다루어야 한다.

　둘째, 정치성의 내용은 현재에 대한 해석이어야 한다.

　셋째, 정치성의 표현 방식에 있어서 정치적 의도를 명시적으로 드러내어야 한다.

　정치성의 이런 성격은 바우라가 그의 책에 인용·분석하고 있는 심훈의 다음 시에 잘 드러난다.

　　그날이 오면, 그날이 오면은
　　삼각산이 일어나 더덩실 춤이라도 추고
　　한강물이 뒤집혀 용솟음칠 그날이
　　이 목숨이 끊기기 전에 와 주기만 할 양이면
　　나는 밤하늘에 날으는 까마귀와 같이
　　종로의 인경을 머리로 들이받아 울리오리다.
　　두개골은 깨어져 산산조각이 나도
　　기뻐서 죽사오매 오히려 무슨 한이 남으오리까

　　그날이 와서 오오 그날이 와서
　　육조六曹 앞 넓은 길을 울며 뛰며 뒹굴어도
　　그래도 넘치는 기쁨에 가슴이 미어질 듯하거든
　　드는 칼로 이 몸의 가죽이라도 벗겨서
　　커다란 북을 만들어 둘쳐메고는
　　여러분의 행렬에 앞장을 서오리다.
　　우렁찬 그 소리를 한 번이라도 듣기만 하면
　　그 자리에 꺼꾸러져도 눈을 감겠소이다.

― 심훈, 「그날이 오면」 전문

　먼저 첫번째 조건, 즉 정치성의 대상으로 이 작품은 '다수의 인간과 관계가 있는 현실적인 사건'으로서 "장래에 다가올 대규모의, 그러나 아직 명확하지 않은 해방"[32], 즉 한국의 해방을 다루고 있다. 단 이 시는 '해방'이라는 말을 사용하지 않고 대신 '그날'이라는 말을 쓰고 있지만, 내용상 그 사건을 충분하게 짐작할 수 있도록 표현하였다.

　두 번째 조건, 정치성의 내용이 현재에 대한 해석이어야 한다는 점도 충족시킨다. 현재 식민지적 구속이 소멸되어야 할 악이라는 해석이 그것이다. 이는 해방이 되면 자신을 희생해서라도 그 기쁨을 표현하겠다는 고조된 감정과 "유머러스한 과장"[33]에서 반복적으로 드러난다.

　마지막 조건, 정치성의 표현방식이 명시적이어야 한다는 점 역시 잘 충족된다. 시의 의도를 작품에 명시적으로 드러내고 있으며,[34] 발표 상황 역시 이를 보증한다. 심훈이 1932년경에 묶은 시집 준비용 원고 속에, 인쇄매체에 발표된 이 작품이 포함되어 있다. 구체적인 사항은 확인되지 않지만, 이 작품은 1932년 이전 어떤 지면에 발표된 것이 확실하다. 당시에 이 작품이 발표되는 순간, 이 시의 '그날'이 전혀 암시적이거나 상징적이지 않고 명시적이었음을, 즉 거의 직설적인 수준에서 수용되었을 것임은 의심의 여지가 없다.

　이 기준으로 시의 정치성을 마무리짓기 전에 "반정치의 정치"[35]를 수행하는 '부정적인 정치의식의 반영시'라는 개념을 검토하여야 한다. 오세영은

●

32) C. M. Bowra, 위의 책, 155쪽.
33) C. M. Bowra, 위의 책, 156쪽.
34) 바우라는 이를 다음과 같이 표현한다. "그가 예견하는 것은 한국의 해방이며 국토와 주민 모두가 쇠사슬에서 풀려나는 일이다. 그는 이것을 계급과 배경의 여하에 불구하고 모든 동포가 이해할 수 있는 이미지로 형성한다." C. M. Bowra, 위의 책, 156쪽.
35) 오세영, 앞의 글, 19쪽.

이 개념을 다음과 같이 설명하고 있다.

> 그 자체로서는 어디에도 정치의식이 반영되어 있지 않지만, 그리하여 정치나 사회로부터 초월해 있는 것처럼 보이지만 이 정치의식의 배제가 역설적으로 정치를 전제하고 있다고 생각되는 시들을 가리키는 용어이다. 말하자면 비정치가 정치의식이 되는 시의 경우라 할 수 있다.[36]

즉 시인이 의도적으로 정치의식을 배제한 작품도 역시 정치의 영역에 속한다는 것, 다시 말하면 "정치의 영향, 정치에의 구속 아래서만 그 해석이 가능하다"[37]는 것이다. 그에 따르면 문단비평에서 현실 도피의 시라고 부르는 대부분의 작품, 즉 서정주, 박목월, 김춘수의 작품이 여기에 속한다. 박목월의 「청노루」를 예로 들어 구체적으로 살펴보자.

> 머언 산 청운사靑雲寺
> 낡은 기와집,
>
> 산은 자하산紫霞山
> 봄눈 녹으면,
>
> 느릅나무
> 속소잎 피어 가는 열두 구비를

●

36) 오세영, 위의 글, 18쪽.
37) 오세영, 위의 글, 18쪽.

청노루

맑은 눈에

도는
구름.

— 박목월, 「청노루」 전문

소위 순수시의 전형이라 할 이 작품에는 당대 사회나 정치에 대한 어떤 암시도, 또 그렇게 해석할 근거도 없다. 그럼에도 시인의 의식이 정치를 전제하고 창작되었음을 박목월의 산문을 통해 보여준다. 그것은 『보랏빛 소묘』라는 자작시 해설서에 나오는 창작 의도를 밝힌 글이다. 거기에서 박목월은 "한국의 천지에는 어디에나 일본 치하의 불안하고 바라진 땅"이어서, "나 혼자의 깊숙한 산과 냇물과 호수와 봉우리와 절이 있는 '마음의 자연', 지도를 간직했던 것"[38]이라 했다. 즉 "감당할 수 없는 당대의 가혹한 현실을 그가 참여나 저항 대신 '반정치의 정치'라는 역설을 통해 모면코자 했다"[39]는 것이다.

그러나 이런 "반정치의 정치"를 수행하고 있는 시는 엄밀하게 말해서 정치성을 지니고 있다고 보기 힘들다. 이 작품은 먼저, 정치성의 대상으로서 '다수의 인간과 관계가 있는 현실적인 사건'을 다루지 않고 있다. 산수화와 같은 비현실적이고 환상적인 자연이 그 대상일 뿐이다. 이 대상의 보이지 않는 이면 혹은 대칭축의 반대편을 이 시에서 읽는 것은 과도한 혹은 과장된 독서일 뿐이다.

둘째, 정치성의 내용으로서 현재에 대한 해석 역시 불투명하다. 이미 현

---

38) 오세영, 위의 글, 19쪽.
39) 오세영, 위의 글, 19쪽.

실은 대칭축의 보이지 않은 반대편에 존재하기 때문에 그에 대한 해석은 이 작품에 존재하지 않는다. 이 작품에 나타난 것은 평화로움, 환상성이다. 이 장면의 대칭면으로서 "불안하고 바라진" 현실을 염두에 두고 이 작품에서 현재에 대한 해석을 읽어내는 것은 정치성의 내재화에 대한 부자연스러운 독법일 뿐이다.

셋째, 정치성의 표현 방식에 있어서 정치적 의도를 명시적으로 드러내지 못 하고 있다. 명시적으로 드러나는 것은 오로지 자작시 해설에 밝힌 의도뿐으로, 시 해설로써 이 작품의 정치성이 확보될 수는 없다. 작품 발표 훨씬 이후에 발표된 의도의 진실성 여부도 확인할 수 없거니와, 대부분의 이런 의도 표명은 소급적 의미 부여에 불과한 경우가 많기 때문이다.

최소한의 정치적 의미를 부여하자면, 이 작품이 억압적인 사회·정치적 현실 속에 고통 받는 사람들에게 다소 감성적 위안을 주었다는 사실일 것이다. 그것이 지닌 의미를 결코 과소평가할 수 없다. 그러나 그것을 이 작품의 정치성이라 불러서는 안 된다. 사회·정치의 구체적인 국면에서 작용하는 정치성만이 진정한 정치성이기 때문이다.

우리가 정치성을 다룰 때 주의해야 할 점이 있다. 정치성은 시가 지향하는 여러 가치 혹은 특성 중의 하나일 뿐이다. 이것이 가치 판단의 기준이 될 수는 없다. 정치성이 드러났다고 해서 더 좋은 작품일 수도 없을 뿐만 아니라, 정치성이 드러나지 않았다고 해서 나쁜 작품일 수도 없다. 「청노루」는 정치성을 드러내지 않지만 좋은 작품임에는 틀림없다. 시가 지향하는 미학성의 가치를 획득하고 있기 때문이다.

5. 시의 정치성의 예, 정지용의 「도굴」

시의 정치성은 앞에서 자세하게 설명한 세 가지 조건을 충족시킬 때 비로소 확보될 수 있다. 그러나 우리가 면밀하게 고찰하지 못할 경우 혹은 세 번째 조건을 파악할 수 없는 시공간에 놓여 있을 때, 실제 정치성을 지닌 작품을 인식하지 못할 수도 있다. 그 좋은 예가 정지용의 「도굴」이다.[40]

백일치성끝에 산삼은 이내 나서지 않았다 자작나무 화투ㅅ불에 확근 비추우자 도라지 더덕 취쌌 틈에서 산삼순은 몸짓을 흔들었다 심캐기늙은이는 엽초葉草 순쓰래기 피어 물은채 돌을 벼고 그날밤에사 산삼이 담속 불거진 가슴팍이에 앙징스럽게 후췌后貰감어리처럼 당홍치마를 두르고 안기는 꿈을 꾸고 났다 모태ㅅ불 이운듯 다시 살어난다 경관의 한쪽 찌그린 눈과 빠안한 먼 불 사이에 총견냥이 조옥 섰다 별도 없이 검은 밤에 화약불이 당홍 물감처럼 곻았다 다람쥐가 도로로 말려 달어났다.

— 정지용, 「도굴」 전문[41]

이 작품은 정지용이 스스로 중요한 작품으로 인정하였음에도 불구하고 시집 『백록담』1941에서 누락된 작품이다. 그는 『문장』의 「신작 정지용시집」이라는 특집에 다른 9편의 작품과 함께 「도굴」을 실었는데, 그 소시집의 표제로 「도굴」이라는 제목을 내세웠다. 이렇게 애착을 보였던 시를 시집에 싣지 않은 이유는 무엇일까. 바로 이 의문에 대한 대답이 작품 해석과 연계되어 있다.

40) 이 작품에 대한 자세한 해석에 대해서는 박현수, 「미학주의의 현실적 응전력 — 정지용의 「도굴」론」(「어문학」 100, 한국어문학회, 2008. 6.) 참조.
41) 정지용, 「도굴」, 『문장』 3권1호, 1941. 1.

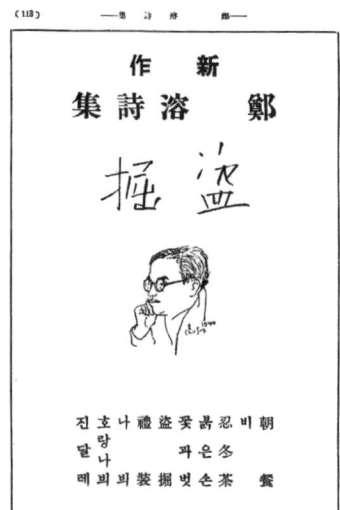

지금까지는 이 작품의 누락 원인을 현실에 대한 비판을 담은 작품이라는 점에서 찾았으나, 구체적인 근거를 밝히지는 못했다. 또한 제목과 내용이 어긋난다는 점을 들어(즉 도굴로 총살당하는 경우가 없으므로) 이 작품을 몽상을 다룬 작품으로 해석한 후, 작품의 완성도가 낮아서 스스로 시집에서 누락시켰다고 보기도 한다.

이런 논란을 끝내기 위해서 우리는 이 작품의 배경(창작 의도가 아니라!)을 알 필요가 있다. 이 작품은 정지용이 금강산을 여행한 후에 금강산에서 얻어들은 이야기를 소재로 취한 작품으로 보인다. 구체적인 배경은 일단 '도굴'이

『문장』(1941. 1)에 실린 『신작 정지용시집』 표지. 「도굴」이 표제작으로 되어 있다. '도굴' 글씨는 정지용의 친필로 보인다. 이름을 복자로 처리한 영인본을 인용하여 이름의 가운데 글자가 지워져 있다.

라는 말을 실마리로 삼아 유추할 수 있다. 우리가 아는 도굴은 보통 무덤을 파서 문화재를 훔치는 것이다. 그러나 1930년대에는 광물을 몰래 캐내는 것도 도굴이라고 했다. 오늘날의 사전에도 두 가지 뜻이 모두 들어 있다. 금강산과 도굴이 연결되는 사건은 당대에 유명한 '금강산 중석 도굴 사건'이다. 당시 신문기사를 바탕으로 이 사건의 개요를 정리하면 다음과 같다.

만주사변 이후 일제가 전쟁에 몰입하면서 전쟁무기 제조에 필요한 중석과 같은 특수 광물의 수요가 급증했다. 이에 따라 특수 광물의 시세가 폭등하자 이런 광물이 많이 매장되어 있는 금강산으로 도굴꾼들이 몰리게 되었다. 금강산의 중석을 노린 도굴범들의 무차별적인 도굴로 경관이 훼손되고 도굴범들의 실화失火로 금강산에 크고 작은 화재가 발생하여 수목의 피해가 잇

따르게 되었다.

『동아일보』와 같은 국내 언론의 보호 대책 요구가 거세지고 언론의 대대적인 보도로 민심이 동요하기 시작하자, 일제는 여론에 떠밀려 사건을 빨리 마무리짓기 위해 대규모의 경찰력을 투입하였다. 1938년 9월부터 본격적으로 도굴범 소탕작전을 시작한 일제는 1939년 말까지 16개월 동안 5000명의 경찰관과 2000명의 경방단警防團을 투입하였다.[42]

정지용의 「도굴」은 이런 금강산 도굴 사건을 배경으로 한 작품이다. 중석 도굴꾼 검거에 파견된 수많은 일제 경찰들은 실적을 올리기 위해 또는 사건을 빨리 마무리 짓기 위해 무리한 검거활동을 했을 가능성이 높다. 그들은 험한 산중에서 열악한 여건 속에 잠복근무를 하는 상황에서 도굴꾼을 향해 총격을 가하는 일도 불사하였다. 그런 중에 「도굴」에 등장하는 사건이 발생한 것이다. 즉 심마니 노인이 불을 밝히고 자는 중에, 일제 경찰은 그 노인을 중석 도굴범으로 오인하여 총을 쏘아 사살한 것이다.

심마니 노인이 피워놓은 불이 도굴꾼의 불로 의심받을 만하다는 것은 당시 기사에서 확인된다. 도굴 단속이 심해지자 중석 도굴이 주로 밤에 이루어졌는데, 이때 "관솔이나 등으로 불 삼아 캐는 것이 통례가 되었"[43]던 것이다. 이 상황에서 노인의 화톳불은 도굴범의 관솔불로 오인되기 쉬웠다. 험한 산중이라 경관들은 가까이 접근해서 도굴범을 체포하기가 쉽지 않으므로 총을 쏘아 위협하거나 사살했을 경우를 쉽게 예상할 수 있다. 1934년 관련 기사에는 다음과 같은 내용이 있다.

지나간 30일 고성경찰서에서는 사복 경관대 5, 6인이 동관의 장전경찰

42) 『동아일보』, 1940. 2. 12.
43) 『동아일보』, 1938. 7. 21.

관 주재소의 응원을 얻어 신북면 선불동 중석 도굴현장을 사면으로 포위하여 시위방총을 하며 습격하여 도굴자 10여인을 체포하여 방금 장전 경찰관 주재소 도변渡邊 경부보警部補가 엄중한 취조를 하고 있는 중인데 불원간 송국할 터이라 한다.[44]

이 기사에는 도굴범 체포 방식이 어느 정도 암시되어 있다. 그 방식은 도굴범을 체포하기 위해 사면으로 포위하고 "시위방총을 하며 습격하"는 것이다. "시위방총"한다는 것은 범인을 겁주기 위해 시위용으로 총을 쏜다는 의미이다. 시위용으로 쏘는 총은 상황이 긴박할 때 사살용으로 사용될 수 있다. 오인 사격으로 인한 심마니 노인의 사망은 이렇게 발생한 것이다.

그러나 「도굴」의 소재가 된 이 사건이 신문에 보도되었을 가능성은 극히 낮다. 신문에 보도하려 하였다가 기사가 압수되어 삭제된 경우도 있을 수 있다.[45] 그래서 이 사건은 신문기사를 통해 알기보다는 금강산 기행 중에 현지 사람들로부터 전해 들었을 가능성이 높다. 어떤 경우든 정지용의 「도굴」이 금강산 중석 도굴 사건과 연계되어 있음은 움직일 수 없는 사실이다.

시 속의 심마니 노인은 당시의 정황을 대수롭지 않게 생각하고 생업이었던 심마니 일을 나선 가난한 사람이었을 것이다. 노인은 조급해진 일제 경찰의 희생양에 불과했다. 그러나 노인의 죽음은 직접적으로 드러나지 않는다. 시에서 묘사는 노인의 죽음 직전에 끝이 난다. 오인 사격은 "별도 없이 검은 밤에 화약불이 당홍 물감처럼 곻았다"는 비유적 표현으로 처리되었다. 그 총에 노인이 어디를 맞아 어떻게 죽었는지, 그 사건이 어떻게 처리되었는지는 알 수 없다. 죽음 직전에 묘사가 멈춤으로써 문제적인 순간은 은폐 혹은 유보

●

44) 『동아일보』, 1934. 11. 3.
45) 실제로 일제 경찰에 의해 작성된 『조선출판경찰월보』 1938년 9월분에는 "금강산 중석 도굴사건 관련 기사"를 검열하여 경고조치한 기사가 있다.

된다. 정지용은 시 속에서 문제적인 사건을 미학화하여 직접적인 노출을 제어하고 있다. 이 때문에 "곻았다"는 표현은 반어적 효과를 지닌다고 할 수 있다. 바로 이런 시적 특성 때문에 시의 정치성을 다루는 것이 미묘하고도 난해한 작업에 속한다.

지금까지의 설명을 바탕으로 하여, 정지용의 「도굴」이 지닌 정치성을 검토해 보자. 결론적으로 말해 이 작품은 시의 정치성이 지녀야 할 세 가지 조건을 잘 갖추고 있다. 첫째, 정치성의 대상으로 '다수의 인간과 관계가 있는 현실적인 사건'으로서, '금강산 중석 도굴 사건에서 생긴 심마니 노인 오인 사살'이라는 민감한 사건을 다루고 있다. 이것은 일제의 총격에 의한 민간인 사망이라는 민감한 사회·정치적 사건이다.

둘째, '현재에 대한 해석'이라는 정치성의 내용 역시 충족된다. 식민지 상황에서 일제 경찰의 오인 사격으로 민간인이 숨진 사건을 다룬 것 자체가 현실에 대한 비판적 해석을 담고 있는 것이다. 시인은 그것을 아주 미학적으로, 그리고 객관적 시선으로 담담하게 제시하여 일제의 검열을 어느 정도 피해 갔다. 또한 이런 시선 때문에 그 사건의 비극성이 더 강조되었다.

셋째, '정치적 의도의 명시성'이라는 정치성의 표현 방식 역시 잘 충족되고 있다. 「도굴」이 발표된 1941년 1월은 금강산 도굴사건이 완료되어 가던 시점으로, 많은 사람들은 몇 년에 걸친 보도를 통해 이 사건을 분명하게 인식하고 있었다. 정지용이 이 작품을 발표했을 때 독자들은 이 작품의 구체적인 내용은 몰라도 대충 어떤 사건을 말하는지는 짐작했을 가능성이 높다. 「도굴」이 구체적인 내용을 미학적 장치로 은폐하고 있긴 하지만 그 대상만큼은 그다지 모호하지 않았다는 뜻이다. 시 속에 등장하는 '경관', '화약불', 죽음을 암시하는 표현 등이 비록 미학적으로 처리되었어도 구체적 배경을 알 때 이런 은폐는 금방 인지되기 때문이다.

이처럼 「도굴」은 일제 경찰의 민간인 오인 사격이라는 비극적 사건을 다루면서 일제의 식민지 정책을 비판한 시로서, 정치성을 잘 갖추고 있는 작품이라 할 수 있다. 그래서 이 작품에 대해, 미학주의적인 작품임에도 불구하고 일제강점기의 정지용 시 중 드물게 현실비판적 측면을 보여주는 시라는 평가를 내릴 수 있다. 또한 당시의 민감한 사건을 다루고 있는 이 작품이 검열이 심해진 1941년에 발행된 『백록담』에서 누락된 것은 오히려 자연스러운 일이라 할 수 있다.

정치성을 지닌 이 작품이 그동안 제대로 평가되지 못한 것은, 정치적 의도의 명시성을 보여주는 발표 상황으로부터 우리가 너무 떨어져 시의 현실 맥락을 제대로 인식하지 못했기 때문이다. 또한 미학성으로 그 정치성을 교묘하게 감싸고 있기 때문이기도 하다. 그럼에도 이 작품은 정치성의 조건을 훌륭하게 충족시키고 있다. 이 점에서 박목월의 「청노루」와 완전히 다른 지점에 놓인 작품이라 할 수 있다. 이 작품은 미학성과 정치성을 고루 갖춘 작품으로 주목할 가치를 지니고 있다.

1. 다음 글에서 말하는 '태도의 엄청난 차이'가 무엇인지 밝히고, 이 차이가 소설과 시 갈래의 정치성과 어떤 관계를 지니는지 설명해 보자.

> 우리는 산문소설과 플로베르와 시인 말라르메를 한편 생각해 봅시다. 모파상이 문하생으로 수업을 시작했을 당시, 플로베르가 준 첫 숙제는 자기 집 앞에 있는 병영 정문 앞에 의자를 갖다 놓고 앉아서 진종일 출입하는 병사들을 관찰하고 묘사하라는 것이었습니다. 그러나 말라르메는 문이 닫힌 밀폐된 서재 안에서 사전을 뒤적이면서 수만 개의 어휘를 한 자 한 자 두고두고 음미했다고 하지 않습니까. 그 태도의 엄청난 차이를 생각해 보십시오. 모파상에게 중요한 것은 표현 도구로서의 언어보다도 먼저 병사의 동태와 자기의 관찰이었습니다. 그러나 말라르메에게는 우선 언어였습니다.
>
> ― 유종호, 「비순수의 선언」, 『비순수의 선언』

2. 다음은 신채호의 시론으로 알려진 「천희당시화」의 일부이다. 여기에 나타난 주장이 정치주의와 문학주의 중 어디에 속하는지 말하고, 그 이유를 정리해 보자.

> 시詩란 자者는 국민언어의 정화精華라. 고로 강무强武훈 국민은 기其 시부터 강무호며 문약文弱훈 국민은 기其 시부터 문약 나니 일국一國의 성쇠치란盛衰治亂은 대저 기 국國 시예셔 가험可驗할지오. 우又 기 국國의 문약을 회回호야 강무에 입入코즈 홀진대 불가불 기 문약훈 국시부터 개량홀지라.
>
> ― 신채호, 「천희당시화」

3. 다음 글에서 말하는 문학과 정치의 관계가 어떤 것인지 평가해 보자.

> 정치라는 힘이 참 큰 것을 안다. 그것이 젊은 우리 제너레이션 살에 스며서 절
> 절하거니와 그렇다고 펜과 원고지를 내던지면 제물에 정치가가 되는 줄 알았다가
> 는 잘못이 있다.
>
> 문학이 남아 일생의 업으로 삼기에 좀 흡족하지 못하다고 보는 눈을 아주 책망
> 할 수 있거나 말거나 펜과 원고지를 버리고 일로 정치로 달리는 문학자는 우습다.
> 정치인들 이따위 헐렝이를 환영할 까닭이 있을 리 만무다.
>
> 문학자가 정치에 참견한다거나 정치를 선행시키는 문학운동들이 범한 오류의
> 이론이 뭐 적확히 지적되었다고 할 수는 아직 없겠지. 그러나 정치가 목적으로 삼
> 아지는 문학을 문학의 제일의第一義로 녀기는 관습이 제법 안 유행하게 되어가는
> 감이 있는 것을 부정하기 어려우리라.
>
> ─ 이상, 「문학과 정치」

4. 다음 글에 나오는 '진정한 시인이란 선천적인 혁명가'라는 말의 의미가 무
엇인지 생각해 보자.

> 결론부터 말하자. 시의 '뉴 프런티어'란 시가 필요 없는 곳이다.
>
> 이렇게 말하면 벌써 예민한 독자들은 유토피아를 설정하고 나온다고 냉소할지
> 도 모른다. 그러나 시 무용론은 시인의 최고 혐오인 동시에 최고의 목표이기도 한
> 것이다. 그리고 진지한 시인은 언제나 이 양극의 마찰 사이에 몸을 놓고 균형을 취
> 하려고 애를 쓴다. 여기에 정치가에게 허용되지 않는 시인만의 모럴과 프라이드가
> 있다. 그가 사랑하는 것은 '불가능'이다. 연애에 있어서나 정치에 있어서나 마찬가
> 지. 말하자면 진정한 시인이란 선천적인 혁명가인 것이다.
>
> ─ 김수영, 「시의 '뉴 프런티어」

5. 다음은 엘리엇의 「시의 사회적 기능」이라는 글 중의 일부이다. 다음에서 말하는 '시의 사회적 기능'에 대해서 평가해 보자.

　　지금까지 나는 다만 시의 영향이 미칠 수 있다고 생각되는 궁극점을 시사하였을 뿐이다. 그런데 그것은 긴 과정을 거쳐서 시의 영향이 언어의 감수성과, 그리고 한 사회의 모든 구성원의 생활, 그 지역사회의 모든 구성원, 그 민족 전체에 대해서 (그들이 시를 읽고 즐기거나 않거나, 그들의 위대한 시인의 이름조차 알고 있거나 않거나 상관없이) 변동을 일으키고 있는 것이라는 말로써 가장 잘 표현할 수 있는 것이다. (……) 그런데 이것이 바로 내가 가장 광범한 의미에서 시의 사회적 기능이라고 생각하는 것이다. 즉 그것은 시가 얼마나 우수하고 강력한가에 따라서 그만큼 전민족의 언어와 감수성에 영향을 끼치게 되는 것이다.
　　— 엘리엇, 「시의 사회적 기능」, 『시의 이해』

6. 다음 글에 나타난 시가 정치와 만나는 방식이 어떤 것인지 정리하고, 그에 대하여 평가를 해보자.

　　우리는 건전한 상식을 가진 시민으로서 촛불집회에 나간다. 정치적 신념으로서 진보적 정당을 지지하고 보수여당을 비판할 수 있다. 하지만 그것으로 아직 '정치적인 시'를 쓸 수 없다. 시 외부에 완성되어 있는(이미 알려져 있는) 정치적 메시지의 반복이나 그 감성적 보완에 그친다면 말이다. (……) 랑씨에르의 문장을 바꾸어 말하자면, 어떤 방식으로든 정치에는 제 미학이 있고, 시에는 자신만의 정치가 있다. 당연하게도 이 말은 시가 현실정치적인 주제를 다룰 수 없다거나 문학과 정치가 혼용될 수 없다는 뜻이 아니다. 시는 정치의식의 표층적인 발화를 넘어서서 시로써 갈 수 있는 심층의 '정치'에 닿아야 한다.
　　— 이장욱, 「시, 정치 그리고 성애학」

7. 다음은 자신의 시(「산양」)를 현실도피적이라고 평가하는 데 대하여 반박한
시인의 글이다. 시를 찾아 읽고, 이 글의 타당성에 대하여 평가해 보자.

또 산으로 간다, 산을 읊는다 하면 깊이 생각해 보지도 않고 대뜸 현실도피로
몰아치는 그 비평 태도다. 내가 보기에 이런 안이한 태도는 현대문학의 비평 초기
단계에서 우리 것을 매도하기 위한 손쉬운 그러나 아주 어리석은 무기로 잘못 쓰
이던, 선입관이다.

그렇다. 현실도피, 그것이 가능한 곳이 지상 어디에 있단 말인가? 도시는 현실,
산은 꿈, 거리는 참여, 산은 도피. 아직도 이 간단한 공식이 통하는가? (……)

이 시(「산양」)는 '산양, 노루, 사슴, 별같이 사는 사람'을 '맹수, 노루 사슴으로 식
사하는 사람, 땅냄새 맡는 투기꾼, 굴뚝총신(공장굴뚝)으로 연기 뿜어대는 환경오
염분자들'과 대립시켜, 참 삶이 무엇인가를, 이런 시대에 고결한 삶이 얼마나 소중
한가, 정신적 높이가 얼마나 필요한가를 간접적으로 일깨워 보고자 한 작품이다.
— 이성선, 「선입관으로부터의 해방」

8. 시의 정치성의 조건을 고려하여, 다음 시의 정치성을 평가해 보자.

공중에 떠다니는 / 저기 저 새요
네 몸에는 털 있고 깃이 있지.

밭에는 밭곡식 / 논에는 물벼
눌하게 익어서 수그러졌네!

초산楚山지나 적유령狄踰嶺 / 넘어선다.
짐 실은 저 나귀는 너 왜 넘니?

— 김소월, 「옷과 밥과 자유」, 『동아일보』, 1925.1.1.

9. 다음의 (가)와 (나)는 박남수의 「마을」을 상반된 입장에서 평가한 글이다. 시의 정치성을 고려할 때 이 중 어떤 입장이 설득력이 있는지 말하고, 그 이유를 설명해 보자.

외로운 마을이
나긋나긋 오수午睡에 조을고

넓은 하늘에
솔개미 바람개비처럼 도는 날······

뜰 안 암탉이
제 그림자 쫓고
눈알 또락또락 겁을 삼킨다.
— 박남수, 「마을」 전문

(가) 이 시는 시골 마을의 평화롭고 조용한 한낮의 정경을 환유적으로 묘사한 한 폭의 서경화다. 하늘에서 바람개비처럼 빙빙 도는 '솔개미'나, 뜰 안에서 제 그림자를 쫓으며 또락또락 겁을 삼키듯 눈알을 굴리고 있는 '암탉'의 이미지는 너무도 자연 그대로의 향토적 정경을 평면적으로 보여주고 있어서, 현실의 살육이나 공포감에 대한 상징성은 거의 없는 편이다.
— 문덕수, 「박남수론」, 『박남수전집 2』

(나) 이 시에 노래된 전원은 외견상 매우 한가로운 전원 풍경인 것 같다. 졸음에

겨운 마을이나 하늘에 뜬 솔개미(솔개), 거의 정지된 시간의 한가로움을 느끼게 한다. 그러나, 이 시의 마지막 연은 전반부의 정적인 느낌을 일순에 뒤바꿔 놓는다. 즉 뜰 안의 암탉이 제 그림자를 하늘에 뜬 솔개미의 그림자로 알고 '눈알 또락또락 겁을 삼키'는 것이다. 암탉으로선 절대절명의 위기인 것이다. 이 작품은 1930년대 말의 불안한 시대상황을 표현한 것으로 보인다. 박남수 자신도 자기 시가 사회적 관심의 소산임을 밝힌 바 있다.

— 이건청, 「박남수 시의 전원 성격」, 『박남수전집 2』

제11장 수사학의 지형도

1. 수사학의 다양한 분류

우리 시대의 수사학은 비유법 혹은 표현기법과 동일시된다. "근래의 이론에서는 비유법과 수사학을 거의 구분하지 않"[1]는다는 언급은 이를 지적한 말이다.

원래 서양에서 말하는 수사학은 '말을 잘하는 기술', 즉 웅변술을 뜻한다. 이것은 크게 다섯 영역으로 구성되어 있다. 논거발견술inventio, 논거배열술dispositio, 표현술elocutio, 기억술memoria, 연기술actio이 그것이다. 논거발견술은 자신의 주장을 효과적으로 뒷받침해줄 논거들을 수집하는 기술을 말하고, 논거배열술은 수집한 논거들을 적합한 순서에 따라 구성하는 기술을 말한다. 표현술은 논거들을 바탕으로 자신의 주장을 효과적으로 언어화하는 기술, 즉 논거와 논증으로 이루어진 뼈대에 살을 붙여 풍부하게 형상화하는 기술을 말한다. 기억술은 청중에게 발표하기 위해 자신의 주장을 요령 있게 암기하는 기술이며, 연기술은 자신의 주장을 효과적으로 전달하기 위한 행동 요령이다.[2]

이 중 시와 직접적인 관련을 지닌 것은 표현술이다. 표현술에는 문체文體, style와 문채文彩, figure, 전의轉意, trope 등 문학과 관련된 표현법이 모두 포함된다. 문체는 말투라는 의미로서, 생각을 표현하는 방식이다. 문체는 단순한

[1] Jonathan Culler, 「수사학, 시학, 시」, 박인기 편역, 『현대시론의 전개』, 지식산업사, 2001, 390쪽.
[2] Olivier Reboul, 박인철 옮김, 『수사학』, 한길사, 1999, 제2장; 박성창, 『수사학』, 문학과지성사, 2000, 제2장 4절 참조.

문체, 중간적 문체, 고상한 문체로 나누어진다.

　말무늬, 혹은 무늬로 번역되기도 하는 문채는 운동선수나 무용수의 정해진 몸동작이라는 말에서 왔는데,[3] 문체의 표현수단으로서 언어의 구성 형태를 의미한다. 이것이 오늘날 우리가 말하는 수사법이다. 무늬(문채)는 크게 언어무늬(언어문채), 사유무늬(사유문채)로 나뉘고, 언어무늬는 다시, 형태무늬, 구문무늬, 의미무늬로 나뉜다.

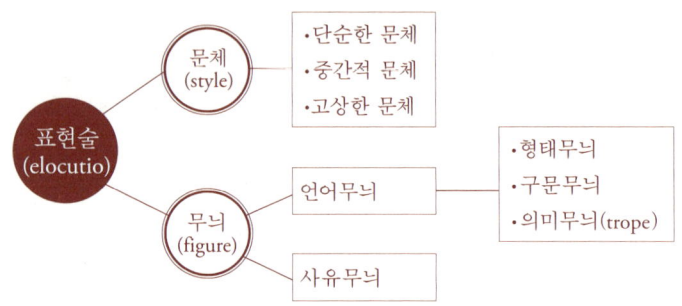

　기존에 수많은 무늬(문채), 즉 수사법을 분류하려는 시도가 있어 왔다. 박항식은 이 분류의 역사를 다음과 같이 간단하게 축약하고 있다.

　사조(무늬 - 인용자)의 분류는 십인십색이다. 우선 퀸틸리안은 사상思想상의 사조Figures of thought; 설의법, 영탄법, 활유법, 돈호법, 직유법, 언어상의 사조Verbal figures; 점층법, 생략법, 대우법 등 2종으로 분류했었고, 그 외의 학자들은 문자상 어원상 조직상 수사상Figures of orthography, Etymology, Syntax, Rhetoric의 4종과, 유사 연상 대조Resemblance, Association, Contrast의 3방면과, 지력적 정서적 의지적Intellectual, Emotional, Volitional의 3종

●

3) 라틴어로 figura는 그리스어의 schema를 옮긴 것으로, 체육 언어에서 차용된 것이다. Olivier Reboul, 위의 책, 51쪽. 양태종은 문채를 말무늬, 무늬로 옮기고, 문채의 종류를 늘림무늬, 줄임무늬, 옮김무늬, 갈음무늬 등으로 표현한다. 양태종, 『수사학 이야기』, 동아대학교출판부, 1999.

과, 환상 배열 모순Imagery, Arrangement, Contradiction의 3종과, 비유법 화성법化成法 포치법布置法 표출법의 4종과, 결체結體 농화朧化 증의增義 존여存餘 융회融會 기경奇警 순감順感 변성變性의 8방면에서 모든 사조를 여러 가지 방향에서 해석하려고 하였다.

본저는 이것을 비유, 조화造化, 생략, 중의重義, 인용, 반복, 대조, 정화情化, 환형換形, 반전, 통서적統敍的 수식의 12수식으로 분류하였다.[4]

여기에 두 가지 덧붙일 분류가 있는데, 하나는 뮤 그룹의 분류법이다. 뮤 그룹에 따르면 무늬는 표현면에서 ① 어형변환, ② 구성변환, 내용면에서 ③ 어의변환, ④ 논리변환으로 4분 된다. ①은 형태론적, ②는 통사론적(열거, 병렬, 대칭, 생략법 등), ③은 의미론적(직유, 은유, 환유, 제유 등), ④는 논리학적 측면(과장, 반복, 대조, 반어, 역설법 등)에서 접근한 것이다.[5]

또다른 하나는 김기종의 것이다.[6] 그는 수사법을 그것 이루어지는 수단에 따라 네 가지 범주로 분류한다. ① 말소리수법, ② 어휘적 수법, ③ 토수법, ④ 문장론적 수법이 그것이다. 말소리수법은 형태무늬에 해당하고, 어휘적 수법, 문장론적 수법은 각각 의미무늬, 구문무늬에 해당한다. 이중 토수법은 '조선어 토'의 특성을 이용하여 만든 명칭으로 주목할 만하다. 이것은 "조선어 토의 작용을 이용하여 만든 수법"으로 "주로 음악적인 운율을 조성하며 내용을 감격적으로 전달한다."[7]

•
4) 박항식, 『수사학』, 현대문학사, 1976, 24―25쪽.
5) Jacques Dubois 외, 용경식 옮김, 『일반수사학』, 한길사, 1989 참조.
6) 김기종, 『조선어수사학』, 료녕인민출판사, 1983.
7) 김기종, 위의 책, 309쪽. '토'는 한문을 읽을 때 한문의 구절 끝에 붙여 읽는 우리말 부분이다. 여기에는 조사나 각종 어미 등이 포함된다. 김기종은 '격토, 도움토, 복수토, 종결토, 접속토, 규정토' 등을 말하고 있다. 김기종, 위의 책, 311쪽. 토수법에는 토반복법, 무접속토법, 토생략법이 포함된다.

2. 교육현장에서 사용되는 3분법

본격적인 수사학 서적에는 보이지 않는 3분법이 교육현장에서는 일반화되어 있다. 그것은 비유법, 강조법, 변화법 세 부류로 많은 수사학적 개념, 즉 수사법을 나누는 방식이다.

이런 3분법이 우리나라에 처음 보이는 것은 『문장강화』[8]라는 책에서이다. 이후 이 책은 박목월의 단독저서로 다시 발행되는데, 여러 판을 거듭할 정도로 인기가 있었다. 이 책에서 사용하는 3분법은 교육계에 전방위적으로 보급되어 이후 작문교과서나 대학교재에 반영되었다.[9]

이 책에는 강조, 비유, 변화로 나누는 기준을 "장章에 매력, 힘, 미美를 작용하는" 것에서 찾는다. "'강조'는 문장의 뜻을 강하게 높이는 것이며, '비유'는 한 가지를 다른 것에 견주는 것이며, '변화'는 문장에 변화를 주는 것"[10]이다. 그리고 각각의 분류 항목에서는 강조 7개, 비유 8개, 변화 6개 등, 총 21종의 표현기법을 예로 들고 있다.

강조: 과장, 반복, 영탄, 미화, 열거, 점층, 대조.

비유: 직유, 은유, 대유, 풍유, 의인, 사성寫聲, 시자示姿, 중의.

변화: 설의, 도치, 경구警句, 아이러니, 인용, 생략.

---

8) 박목월·윤백, 『문장강화』, 계몽사, 4286(1953). 이후 이 책은 『신판 문장강화』로 제목을 바꾸어 박목월 단독저서로 나온다. 문장表현기법 부분에 다소 차이가 있다. 그리고 이후 수정판 『문장의 기술』(현암사, 1970)로 이어진다.

9) 정명수, 「표현력 교육의 수사학적 방법에 대한 연구」, 서울대 사범대 석사논문, 1983, 46쪽. 여기에 인용된 작문교과서는 손동인, 『인문계고등학교 작문』(지림출판사, 1980)이며, 대학교재는 『대학작문』(연세대출판부, 1979)이다.

10) 박목월, 『신판 문장강화』, 계몽사, 1955(3판), 241쪽.

상위범주	하위범주
비유법 표현 대상을 생생하게 표현하기 위해 다른 대상에 빗대어 표현하는 방법	직유법: '—처럼', '—같은'으로 유사성 지시 은유법: 'A=B' 형식으로 동일성 표현 상징법: 보조관념에 여러 개의 원관념 존재 의인법: 사물, 동물을 사람처럼 표현 활유법: 사물을 동물처럼 표현 풍유법: 우화법. 우의법. 비유로 윤리적 의미 전달 대유법(제유, 환유): 연관성 있는 대상으로 표현 중의법: 하나의 말에 여러 의미 표현 의성법: 소리를 흉내 의태법: 모양을 흉내
강조법 표현을 더욱 인상 깊게 하기 위해 내용을 두드러지게 표현하는 방법	과장법: 실제보다 크거나 작게 표현 영탄법: 감탄사나 감탄형 어미로 감정 표현 반복법: 유사한 표현을 반복적으로 사용 점층법: 의미를 점차 강하게 하는 표현 점강법: 의미를 점차 약하게 하는 표현 연쇄법: 동일한 말로 두 문장을 연결 미화법: 긍정적으로 표현 열거법: 유사한 말을 늘어놓는 표현 억양법: 반대되는 말 사용하여 한쪽 의미 강조 대조법: 반대되는 말을 배치하여 차이점 강조
변화법 글이 단조롭게 되는 것을 피하기 위해 사용하는 방법	도치법: 문장 성분의 위치 바꿈 설의법: 쉬운 사실을 의문문으로 표현 문답법: 스스로 묻고 대답하는 표현 대구법: 형식이 유사한 구절을 병행 인용법: 설득에 도움이 되는 말을 옮김 반어법: 표현과 의미가 반대되는 표현 역설법: 모순되는 두 말을 한 문맥 안에서 사용 생략법: 불필요한 내용을 줄임 돈호법: 어떤 대상을 부름 현재법: 과거나 미래 상황을 현재 시점으로 표현

현재 교육현장에서 사용되고 있는 3분법. 『한국의 언어와 문학』(경북대출판부, 2009)

여기의 '사성', '시자'는 요즘에 주로 사용하는 '의성', '의태'를 의미한다. '경구'가 하나의 표현기법으로 들어간 것은 특이한 경우로 요즘에는 거의 사용하지 않는다.

이런 3분법은 서양에서는 찾아볼 수 없는 것으로, 일본에서 들어온 것이다. 바로 하토리 요시카服部嘉香의 『현대작문신강現代作文新講』[11]이 그 원류다. 하토리는 이 분류가 자신의 생각에서 나온 것임을 밝히고, "가장 단순하며, 온당한 것"[12]임을 강조하고 있다. 그는 다음과 같이 '사자詞姿', 즉 표현기법을 분류하고 있다.

이중에서 우리에게 익숙하지 않은 용어라 설명이 필요한 것이 있다. 비유법의 사성법寫聲法, 시자법示姿法, 사유법詞喩法, 변화법의 피육법皮肉法이 그것이다. 하토리의 설명에 따르면 사성법, 사자법, 사유법은 각각 의성법, 의태법, 중의법을 말한다. 피육법은 "독이 있는 경구법"으로서 상대를 직접적으로 공격하는 표현법이다. 이것의 대표적인 예가 반어법이다.

분류 방식이나 예로 들고 있는 수사법의 명칭을 볼 때, 박목월의 3분법은 일본의 『현대작문신강』을 참고한 것이 확실하다. 이것이 교육현장에 널리 사

11) 服部嘉香, 『現代作文新講』, 早稻田大學出版社, 1933.
12) 服部嘉香, 위의 책, 230쪽.

용되고 있는 이유는 그 분류의 단순함과 분명함 때문일 것이다. 어차피 모든 분류에 다소의 결함이 있다면 가장 단순하면서도 그다지 모호함이 적은 분류가 가장 좋은 것이라 할 수 있다.

이 3분법의 가장 큰 문제는 강조법의 명칭이 모호하다는 것이다. 하토리는 강조법을 "서술에 강함을 주고, 표현을 눈에 띄게 하는 기교로서, 문자상, 어구상, 전체적인 표현방법에 사용된다"[13]고 하고 있다. 서술에 강함을 주고, 표현을 눈에 띄게 하는 기교는 비유법이나 변화법에도 적용될 수 있다. 비유법이나 변화법도 서술을 강조하고 표현을 주목하게 만들기 때문이다. 학생들이 학습 시에 헷갈리는 것도 이런 용어 때문이다.

또한 구문무늬에 속하는 수사법들이 여기에서는 강조법과 변화법으로 나뉘면서 그 구분의 적절성이 문제가 될 수밖에 없다. 가령 구문무늬에 속하는 생략법, 도치법, 대구법(대조법), 반복법 등을 앞의 세 개는 변화법에, 나머지 한 개(반복법)는 강조법에 넣는다. 구문무늬를 이렇게 이분하는 것이 타당한지 생각해볼 필요가 있다. 앞으로 구체적인 검토가 필요한 부분이다.

●
3. 은유와 환유: 범주의 감각

수사법 중에는 대조되는 성격을 지녀 늘 두 개념을 한 벌의 짝패로 엮어서 설명하는 것들이 있다. 그런 것들은 수사법 중에서도 빈도나 중요성에 있어서 주목할 만한 위치에 놓인 것들이 대부분이다. 여기에서는 그 중에서 은유–환유, 상징–우의, 반어–역설을 짝패의 수사학으로 다루고자 한다.

가장 먼저 놓이는 것이 은유와 환유의 짝패이다. 이 한 쌍의 수사학은 그

●
13) 服部嘉香, 위의 책, 266쪽.

이전에도 어느 정도 다루어졌지만, 야콥슨에 의해 더욱 확산되었다. 은유와 환유는 어휘와 어휘의 대체라는 점에서 공통점을 지니지만 '비유기의'와 '비유기표'가[14] 속한 범주의 관계에 있어서 차이가 난다. 은유는 비유기의와 비유기표가 각각 이질적인 범주에 속하고, 환유는 하나의 범주에 속한다.

1) 야콥슨, 은유와 환유의 이분법

은유metaphor는 문채론의 하위 개념이지만 모든 비유의 대표로서[15], 리챠즈가 파악한 바대로 수사학을 넘어서서 "사고의 무소부재한 원리"[16]로까지 인식될 정도로 인식론의 문제와 직접 연결되는 중요한 비유이기도 하다. 잘 알다시피 은유는 유사성을 바탕으로 해서 하나의 대상, 즉 비유기의를 다른 대상, 즉 비유기표로 대체하는 의미무늬다. 이때 비유기의와 비유기표는 각각 이질적 범주에 속한다. 은유는 보통 휠라이트의 논의에 기대어 치환은유epiphor, 병치은유diaphor로 나누기도 한다. 치환은유는 전통적인 의미의 은유로, 하나의 대상을 다른 대상으로 대체하는 비유, 즉 "비교를 통한 의미의 탐색과 확대 작용"을 말한다. 이에 비하여 병치은유는 "병치와 합성에 의한 새로운 의미의 창조"[17]를 말한다.[18]

---

14) 비유기의와 비유기표는 기존의 원관념과 보조관념에 해당하는 용어이다. 이를 부르는 적절한 명칭이 없으며 학자마다 달리 부르고 있다. 본의(tenor)와 매체(vehicle)(I. A. 리처즈); 일차적 주제와 이차적 주제(막스 블랙); 시작어휘(Initial word)와 결과어휘(Resultion word)(뮤 그룹) 등이 있다. 비유기의와 비유기표는 '비유되는 것'과 '비유하는 것'의 의역이다. '돛'으로 '배'를 나타낼 경우 '돛'은 비유기표, '배'는 비유기의가 된다.
15) 이런 시각은 메타포를 비유로 번역하거나, 은유를 일상적인 직서법과 대조시키는 논의에 전제되어 있다. 김우종, 「은유법논고」, 현대문학, 1957. 3. 236쪽 참조.
16) 정원용, 『은유와 환유』, 신지서원, 1996, 11쪽.
17) Philip Wheelwright, 김태옥 옮김, 『은유와 실재』, 1982, 69쪽.
18) 그러나 정확히 말해서 이것은 은유의 종류라기보다 은유의 두 작용을 명명한 것이기에 은유의 종류로 보기 힘들다. 휠라이트의 용어를 '치환은유', '병치은유'로 의역한 이는 김준오인데, 은유라는 개념을 부가함으로써 은유의 한 종류인 것처럼 오해되게 만들었다. 오히려 '치환비교', '병치비교'가 적절할 수 있다. 김태옥은 치환은유를 외유(外喩), 병치은유를 교유(交喩)로 번역하였는데, 어색한 번역이지만 원저자의 의도는 적절하게 반영되었다 할 수 있다. 김준오, 『시론(제4판)』, 삼지원, 2000, 183쪽; Philip Wheelwright, 위의 책, '제4장 은유의 양면작용' 참조.

이에 비하여 환유metonymy는 하나의 대상을 그 대상과 연계된, 즉 인접되어 있는 다른 대상으로 표현하는 방법이다. 환유는 같은 범주 내에서 현실원리에 입각하여 비유기표와 비유기의의 관계를 설정한다. 빨간 모자를 쓴 사람을 '빨간 모자'로 부르거나, 한국정부를 '청와대'로 부르는 경우, 탄생과 죽음을 '요람'과 '무덤'으로 표현하는 경우는 모두 현실적 경험을 바탕으로 유추할수 있는 것이다.

퀸틸리안은 비유기표와 비유기의의 관계에 주목하여 환유를 다음과 같이 구분하고 있다. 즉 ① 내용물과 내용을 담는 용기의 관계(나는 한 잔을 마셨다) ② 행위, 생산물, 혹은 소유물에 대한 행위인의 관계(워즈워드를 읽다) ③ 결과에 대한 원인의 관계 ④ 특성이나 산물 대신에 장소나 시간의 관계(피의 십년, 나는 부르고뉴─부르고뉴 지방에서 나는 포도주─를 마실 것이다) ⑤ 소유자나사용자 대신에 관련된 사물의 관계(왕에 대한 왕관). 어떤 경우든 현실적 경험을 바탕으로 형성되고 있다는 점에서 환유는 현실성의 비유라 할 수 있다.

R. O. 야콥슨은 이런 기본적인 은유, 환유 개념을 대폭 확장하여 시론에 상당한 영향력을 끼쳤다. 야콥슨은 실어증 환자를 관찰하면서 그 증상이크게 두 가지 유형으로 분류된다는 것을 발견하였다. 하나는 문장의 골격은갖추고 있지만 어떤 대상을 지칭하는 낱말을 정확하게 사용하지 못하는 유형이다. 가령 이런 환자에게 나침반을 보여주었을 때 그 환자는 '나침반'이나이와 유사한 단어, 예를 들어 지남침指南針, 침반針盤, 나침의羅針儀, 콤파스compass 등의 어휘를 대지 못한다. "네, 그것은, 거 뭐드라. 나는 그것이 어떤 유의 물건인지 알고 있습니다. 그러나 전문 용어는 생각나지 않는군요. 그렇습니다…… 방향…… 방향을 나타내는…… 자석이 북쪽을 가리키지요"와 같이 말을 늘어놓을 뿐 정확한 명칭을 제시하지 못한다. 대상을 지칭하는 낱말이나 그와 유사한 다른 낱말을 선택하고 대체하는 능력을 상실한 경우라 할수 있다.

다른 하나는 낱말들을 정확한 문장으로 구성하지 못하고 낱개의 낱말들만 나열하는 유형이다. 마치 유아처럼 한 단어로 된 말만 한다. 낱말과 낱말의 문법적인 관계가 형성되지 못하여 순수한 문법적 기능을 지닌 낱말들, 예를 들어 접속사, 전치사, 대명사, 관사가 먼저 사라지고 전보문과 같은 문장이 남는다. 이것은 어휘를 선택하고 대체하는 능력은 있지만 어휘들을 결합하는 능력을 상실한 경우이다. 야콥슨은 전자를 유사성 장애, 후자를 인접성 장애라고 부른다.

야콥슨은 이런 실어증의 분석을 통해 언어의 두 가지 속성을 규명하고, 이를 두 가지의 수사학적 극점, 즉 은유와 환유에 연계시킨다. 그에 따르면 모든 언어 기호는 두 가지 양식의 배합으로 이루어지는데, 하나는 '결합'이고 다른 하나는 '선택'이다. 결합은 기호와 기호끼리 하나의 구성체를 이루어 하나의 문장이나 그보다 상위의 문단을 형성하는 방식을 말한다. 선택은 여러 선택 대안 중에서 하나를 고르는 것인데, 이것은 서로 유사한 것을 서로 대체한다는 의미도 지닌다. 그래서 정상적인 언어 능력은 결합(구성 능력)과 선택(대체 능력)을 정상적으로 사용할 수 있음을 뜻한다.

인접성 장애 환자와 유사성 장애 환자는 같은 낱말에 대하여 서로 다른 반응을 한다. 가령 '오두막집'이라는 자극에 대하여 결합 능력이 손상된 인접성 장애 환자는 '초라한 작은집', '통나무집', '은신처' 등을 떠올리는 반면, 선택 능력이 손상된 유사성 장애 환자는 '불타버렸다', '초가지붕', '짚', '가난' 등을 떠올린다. 이는 곧 인접성 장애 환자에게는 유사성을 인식하는 능력, 즉 선택 능력이 살아 있음을 의미하고, 유사성 장애 환자에게는 인접성을 인식하는 능력, 즉 결합 능력이 살아 있음을 의미한다.

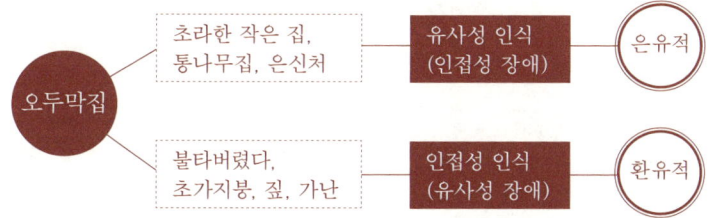

야콥슨은 언어 능력상의 선택(유사성)과 결합(인접성)의 원리라는 두 가지 대응되는 개념으로부터 우리의 인지 능력이나 개념 형성 방식 등도 이와 마찬가지로 두 가지 극이 존재함을 유추해냈다. 다시 말해 야콥슨에게 있어서 유사성의 원리는 대체를 위주로 하는 선택의 원리이며, 이것은 계열체 paradigme와 관련된다. 반면에 인접성의 원리는 주어, 서술어 등의 통사적 원리에 대응되는 조합의 원리이며, 이는 통합체syntagme와 관련된다. 앞에서 보았듯이 야콥슨은 이를 수사학적인 개념인 은유와 환유에 각각 대응시켰다.[19] 그리고 이것은 수사학의 문제가 아니라 모든 것을 나누는 궁극적인 기준이 되기도 한다.

문학에서 은유(유사성)와 환유(인접성)는 갈래에 따라 어느 한쪽이 주도적으로 나타날 수 있다. 시는 은유가 지배적이고, 소설은 환유가 지배적이다. 그러나 같은 시라 해도 세부적으로 들어가면 달라질 수 있다. 즉 서정시에는 은유가 지배적이고, 영웅 서사시에는 환유가 지배적인 것이다. 그리고 예술 유파도 이런 관점에서 접근할 수 있다. 낭만주의, 상징주의는 은유가 압도적인 유파라면, 사실주의는 환유가 압도적인 유파라 할 수 있다. 회화에 있어서 입체파가 환유적이라면, 초현실주의는 은유적이라 할 수 있다.

야콥슨은 이를 통하여 시적 기능을 설명하기도 한다. 그는 "시적 기능은

19) Roman Jakobson, 「언어의 두 양상과 실어증의 두 유형」, 신문수 편역, 문학 속의 언어학, 문학과 지성사, 1989, 111쪽.

등가성의 원리를 선택의 축에서 배열의 축으로 투사한다."[20]고 한다. 즉 선택의 유사성과 배열의 인접성을 등가로 다루는 것, 즉 은유와 환유를 중첩되게 하는 것이 시적 기능이라는 것이다.

2) 현실원리의 수사학, 환유

근래에 들어 환유가 중요하게 취급되는 것은 환유의 우연성 때문이다. 은유가 근원적으로 주어진 유사성을 바탕으로 하고 있기 때문에, 은유에서 비유기의와 비유기표의 관계는 필연적이다. 그에 반하여 환유에서 그 관계는 현실적으로 형성된 우연에 크게 빚지고 있다.

고개 떨구고 가다가 다보탑을 주었다
국보 20호를 줍는 횡재를 했다
석존釋尊이 영취산에서 법화경을 설할 때
땅속에서 솟아나 찬탄했다는 다보탑을

두발 닿은 여기가 영취산 어디인가
어깨 치고 지나간 행인 중에 석존이 계시는가
고개를 떨구면 세상은 아무데나 불국정토 되는가

정신 차려 다시 보면 빠알간 구리동전
꺾어진 목고개로 주저앉고 싶은 때는
쓸모 있는 듯 별 쓸모없는 10원짜리
그렇게 살아왔다가는 그렇게 살아가라는가

●
20) Roman Jakobson, 위의 책, 61쪽.

— 유안진, 「다보탑을 줍다」 전문

이 시에서 비유기표 '다보탑'의 비유기의는 '10원짜리 동전'이다. 10원짜리 동전 대신에 다보탑이 사용된 것은 우리 동전에 다보탑 그림이 새겨져 있다는 현실적인 사실 때문이다. 그래서 같은 현실원리 속에 있는 이는 누구나 환유를 쉽게 이해할 수 있다. 환유가 은유에 비하여 깊이가 없다고 하는 것은 이런 특성 때문이다.

만일 현재 유통되는 동전에 다보탑이 아니라 석가탑이 그려져 있었다면 이 시의 표현은 '석가탑을 주었다'로 바뀔 것이다. 이처럼 환유는 현실원리에 입각해 있기 때문에 비유기표와 비유기의의 관계는 내적 필연성이 아니라 외적 우연성에 의해 결정된다. 철저하게 경험에 의존해 있기 때문에 경험의 우연성, 일시성으로부터 자유로울 수 없다. 환유를 두고 "초월적 의미에 대한 어떠한 표준도 없이 사건들이 일어나는 그런 세계를 명료화한다."[21]고 한 언급은 이를 두고 한 말이다. 이합 핫산이 '탈창조, 해체, 표층, 차연, 흔적' 등과 더불어 '환유'를 같은 항목으로 처리한 것도 같은 이유에서이다.[22]

환유의 우연성을 강조하여 기표의 불확정성, 즉 미끄러짐과 욕망의 문제를 제기한 사람은 J. 라캉이다. 그는 『에크리』에서 환유 공식을 다음과 같이 제시한다.

$$f(S \cdots S') \cong S(—)s^{23}$$

•

21) Ronald Schleifer, *Rhetoric and Death–The Language of Modernism and Postmodernism Discourse Theory*, Illinois University Press, 1990, 9쪽. 슐라이퍼가 환유를 정의하는 어휘는 우연성(5쪽), 언어의 물질성(6쪽), 부정적인 물질성(7쪽), 의미의 공백(8쪽), 표면의 수사학적 놀이(69쪽) 등이다.

22) Ihab Hassan, "Postface 1982: Toward a Concept of Postmodernism"; 김욱동 편, 『포스트모더니즘의 이해』, 문학과 지성사, 1990, 69~70쪽.

23) S는 기표, s는 기의를 가리키고, (S⋯⋯S')는 같은 층위에서의 두 기표들—즉 환유—간의 관계를, f)S는 관계의 기능을, 말줄임표(⋯⋯)는 기표의 결핍을 가리키는 생략을 뜻한다. ≅는 양쪽 수식의 일치(congruence)를, 그리고 (—)는 기표 기의간의 의미의 불가능성을 말한다.

환유 공식에서 환유적 부정성이라는 결핍의 문제는 두 기표 S와 S' 사이에 놓인 말줄임표(……)로 나타나는데, 이는 라캉의 설명대로 "기표가 대상 관계 속에 존재 결핍을 배치하는 생략"[24]을 뜻한다. 이 도식이 의미하는 것은 기표의 생략 과정 속에 의미가 전혀 발생하지 않는다는 것이 아니라, S'가 잠재적이기 때문에[25], 기표가 기의에 정확히 도달하지 못한다는 것이다. 환유에서는 기표와 기표의 대체, 즉 단어와 단어word-to-word[26]의 대체가 끝없이 이루어지는데 이것은 욕망의 과정과 유사하다. 라캉이 환유를 욕망이라 한 것은 바로 이런 의미에서이다. 이것을 서정주의 다음 시를 통해 설명할 수 있다.

나보고 명절날 신으라고 아버지가 사다 주신 내 신발을 나는 먼 바다로 흘러내리는 개울물에서 장난하고 놀다가 그만 떠내려 보내 버리고 말았습니다. 아마 이 신발은 벌써 변산 콧등 밑의 개 안을 벗어나서 이 세상의 온갖 바닷가를 내 대신 굽이치며 돌아다니고 있을 것입니다.

아버지는 이어서 그것 대신의 신발을 또 한 켤레 사다가 신겨 주시긴 했습니다만, 그러나 이것은 어디까지나 대용품일 뿐, 그 대용품을 신고 명절을 맞이해야 했었습니다.

그래, 내가 스스로 내 신발을 사 신게 된 뒤에도 예순이 다 된 지금까지 나는 아직 대용품으로 신발을 사 신는 습관을 고치지 못한 고대로 있습니다.

— 서정주, 「신발」 전문

●

24) Jacques Lacan, trans. by Alan Sheridan, *Écrits: A Selection*, Norton, 1977, 164쪽.
25) Jacques Lacan, 앞의 책, 178쪽, 각주 29 참조. 각주에서 라캉은 "S'를 의미 효과의 생산적 용어를 지시한다. 우리는 그것이 환유에서는 잠재적이고 은유에서는 현현적임을 알 수 있다."고 하였다. 잠재적이라는 것은 기표의 연쇄가 멈추지 않아 하나의 기표로 확정되지 않음을 말하므로, 김종주의 지적대로 '예기적'이라 할 수 있다. 김종주, 『라깡 정신분석과 문학평론』, 하나의학사, 1996, 116쪽 참조.
26) Jacques Lacan, 앞의 책, 156쪽.

라캉에서 환유의 기의는 욕망의 진정한 대상이다. 이 시에서 그것은 잃어버린 신발이다. 그러나 이에 대한 욕망은 현실적으로 이루어질 수 없다. 어릴 적에 잃어버린 신발은 다시 찾을 수 없기 때문이다. 그것은 이제 신화에 속하게 되어, 지금 그것을 다시 찾는다고 해도 어릴 적에 형성한 욕망의 대상이 이미 아니므로 그 욕망을 충족시킬 수 없다. 그렇기 때문에 그 신발이 아닌 다른 모든 신발은 '대용품'에 불과하다. '진정한' 신발에 대한 갈망으로 계속 사게 되는 대용품 신발들이 기표의 미끄러짐이다. 이것을 라캉의 공식에 대입하면 다음과 같이 된다.

f(새 신발……새 신발')≅새 신발(─)잃어버린 신발

앞의 시 「다보탑을 줍다」의 경우 다보탑의 진짜 기의는 "국보 20호"나 "석존釋尊이 영취산에서 법화경을 설할 때/ 땅속에서 솟아나 찬탄했다는 다보탑"이다. 2연을 보면 후자가 진정한 대상이다. 전설 속의 다보탑을 화자가 가질 수 없다는 점에서, 이것은 도달할 수 없는 기의일 뿐이다. 화자의 진짜 욕망의 대상은 불국정토와 같은 유토피아를 의미하는 다보탑임에 틀림없다. 그러나 화자가 주운 것은 "쓸모 있는 듯 별 쓸모없는 10원짜리"일 뿐이다. 이것이 대용품일 뿐인 기표이다. 시인은 진정한 다보탑에 도달하기 위해 다른 대용품을 무수하게 추구할 것이다. 그때마다 기표들은 미끄러져 갈 것이고 그 욕망은 계속 데리다적 의미에서 '차연差延'될 것이다.

환유의 우연성이 욕망의 미끄러짐까지 간 것은 일종의 비약이긴 하지만, 프로이트의 꿈의 두 원리, 즉 응축과 치환을 각각 은유, 환유로 보는 라캉의 입장을 이해하면 어느 정도 수긍할 수도 있다. 중요한 것은 근대의 환유가 새로운 의미 부여를 통해 이전과 전혀 다른 수사학이 되었으며, 그것이 현실의 새로운 요구를 해결해 주고 있다는 사실일 것이다.

3. 상징과 우의 : 기의의 성격

상징과 우의도 시론에서 자주 등장하는 짝패의 수사학이다. 그러나 상징이 신비함을 지니고 있는 데 반하여 우의가 교훈적이고 신비함이 부족하기 때문에, 상징과 무한함을 선호하는 낭만주의 시대 이후에 우의는 멸시를 받아왔다.

상징과 우의는 추상적인 관념을 구체적인 형상을 통하여 전달한다는 점에서, 또한 비유기표만 제시되고 비유기의는 생략되어 있다는 점에서 유사하다. 그러나 비유기의의 성격이 다르다는 점에서 대조적이다. 상징에서 비유기표가 가리키는바 의미, 즉 비유기의는 하나의 단일한 의미로 환원되지 않고 계속 열려 있다. 반면에 우의에서 비유기의는 단일한 의미로 드러난다. 즉 상징은 '열린 기의', 우의는 '닫힌 기의'라는 점에서 차이가 난다.

이런 특성 때문에 세상의 모든 사물의 확정적 정신적 의미를 믿었던 과거에는 우의를 즐겨 사용했지만 복잡해진 현대사회에서는 막연하고 불확실하고 암시적인 것에 가치를 느껴 상징을 즐겨 사용한다는 주장도 가능하게 된다.[27]

1) 상징

상징symbol은 유사성을 바탕으로 하고 있다는 점에서 은유의 이형태라 할 수 있다.[28] 상징을 뜻하는 그리스어 'symbolon(두 개로 쪼개어진 것을 하나로 맞추다)', 히브리어 'mashal', 독일어 'sinnbild'는 모두 어원적으로 두 개의 반쪽, 즉 기호와 의미의 결합을 의미한다고 한다.[29] 독일어 표기에서 'Bild'는

---

27) 이것은 이상섭의 논의(『문학비평용어사전』)를 빌린 김준오의 주장이다. 이상섭의 논의는 알레고리적 상징에 대한 것이었다. 김준오, 앞의 책, 205쪽.
28) 그러나 비유기표만 제시되고 비유기의는 생략된다는 점에서 환유와 닮은 점도 있다. 올리비에 르불은 인접성에 주목하여 상징의 발생에 환유가 중요한 역할을 한다고 본다. Olivier Reboul, 앞의 책, 65~66쪽.
29) Gilbert Durand, 진형준 옮김, 『상징적 상상력』, 문학과지성사, 1983, 18쪽, 주13) 참조.

의미하는 것, 즉 구체적이고도 실재화된 기호적 부분이고 표상으로 제시되는 쪽이며, 'Sinn'은 상징되는 의미적 부분이다. 이 두 가지의 결합에서 상징이 성립한다.

그래서 상징은 "가시적인 것이 연상작용에 의하여 형이상학적인 것을 의미하는 일종의 표현 방식"[30]이라 정의된다. 즉 상징은 구체적인 대상을 통하여 추상적이고 관념적인 어떤 것을 지시하는 것이다. 가장 쉬운 예는 '평화'를 대신하여 '비둘기'를 사용하는 경우이다. '비둘기'라는 가시적인 비유기표를 통해 '평화'라는 비가시적이고 추상적인 비유기의를 표현하는 것이 상징이라는 것이다.

비유기표와 비유기의가 동시에 나타나는 은유와 달리, 상징에서는 비유기의가 나타나지 않는다. 이 때문에 은유는 비유기의가 한정적인데 비하여, 상징에서 비유기의는 다양하게 열려 있는 것이다. 즉 비유기표와 비유기의의 관계가 은유에서는 '1:1'의 관계에 있다면, 상징은 '1:다多'의 관계에 있는 것이다.

> 비둘기…. 오오, 비둘기야 비둘기…. 내려오라. 뭇사람 어깨 위에…. 피로 물든 거리 위에…. 눈물 젖은 마을 위에…. 까맣게 가믈거려, 내려앉는 꽃잎처럼…. 눈이 고은, 깃이 고은, 샛빨간 발이 고은, 오오, 오라 비둘기…. 꾸룩 구, 구, 내려오라 비둘기….
> ─ 박두진, 「비둘기」 부분

이 작품에서 비둘기는 '피로 물든 거리'에 내려오는 존재로 설정되었다는 점에서 상징적인 존재로 보아야 한다. 따라서 비둘기라는 구체적인 대상이 의미하는 바는 비가시적이고도 관념적인 '평화'라 짐작할 수 있다. 비둘기의 비

---

30) Northrop Frye, 김용직 편, 『상징』, 문학과지성사, 1988, 11쪽.

유기의가 평화라는 것은 관습에 의해 인정되는 것이지만, 시인은 그것을 문맥에 적절하게 배치함으로써 창의적으로 만들고 있다.

상징은 흔히 개인적 상징, 관습적 상징(혹은 대중적 상징), 그리고 원형적 상징(혹은 자연적 상징) 등으로 나누기도 한다. 그러나 앞의 두 개가 상징을 생산하고 수용하는 주체의 다수와 관련되어 있는 반면에 마지막 것은 상징에 사용되는 비유기표의 속성과 관련되어 있다는 점에서 구분의 기준이 모호하다. 그 기준을 이해하는 데 휠라이트의 논의가 도움이 된다.

휠라이트는 상징의 창조성에 초점을 맞추어 협의 상징steno-symbols과 긴장 상징tensive symbols으로 나누고, 전자를 지시가 명확한 상투적인 의미 작용, 후자를 의미가 규정적이지 않는 생동적인 의미 작용으로 구별하였다. 흥미로운 것은 그가 긴장 상징의 관점에서 암시력과 환기력의 범위에 따라 상징을 단계별로 구성하여 다섯 개의 유형으로 나눈 것이다.

① 한 특정 시에서 주도적 이미지 기능을 완수한다. ② 한 특정 시인에 의해서 의미심장한 개인 상징으로 반복 사용되고 개발된다. ③ 여러 시인에게 통용됨으로써, 그리하여 새로운 시적 문맥에서 새로운 생명력으로 섞이고 자극되어 문학적 활력(전승적 활력)을 개발한다. ④ 한 특정 문화권 전체나 한 특정 종교인 전체에 의미가 통용될 수 있다. ⑤ 끝으로 문화적 차용이나 역사의 영향 밖에서 인류 전체 혹은 그 대부분에게 거의 동일한 의미를 지니는 경향이 있다는 점에서 원형성을 가질 때다.[31]

①은 '개별작품의 상징'으로, "문학적 혹은 문화적으로 아무 계보에도 속하지 않으며 관련 시 밖에서는 작용력이 없는 상징들"(100쪽)을 가리킨다. ②

---

31) Philip Wheelwright, 앞의 책, 100쪽.

는 '개인상징'으로, "한 시인의 상상적 삶과 그의 실제 생활에 대하여 지속적인 활기를 불어 넣고 타당성을 가질 뿐 아니라 시 작품 속에서 다양한 형태를 취하며 수시로 반복해 나타나는 상징"(104쪽)을 말한다. ③은 '전승적 활력ancestral vitality 상징'으로 "한 시인이 어떤 고전 문헌에서 찾아내어 개인적으로 창작활동에 차용하는 상징"(107쪽)을 말한다. ④는 '문화권적 상징', ⑤는 '원형상징'을 가리킨다. 이런 유형의 문제는 그 단계가 발생론적인 것으로 오해될 수도 있다는 데 있지만, 암시력과 환기력의 범위라는 단일 기준으로 나눈 것은 적절하다고 할 수 있다. 이 다섯 유형을 줄이면 앞에서 든 세 가지 유형으로 압축될 수 있다. 개인상징은 그 범위가 가장 좁고, 원형상징은 그 범위가 가장 넓다. 문화권적 상징(관습적 상징)은 그 사이에 놓인다.

2) 우의

알레고리allegory, 즉 우의는 표현과 의미의 불일치를 바탕으로 하는 수사학이다. 표면적으로 하나의 완결된 담론이 독립적으로 존재하지만, 전달하고자 하는 주제는 그 이면에 따로 숨어 있는 표현을 말한다. 이 점에서 우의는 반어와 유사한 면을 지니고 있으며, 은유나 상징과 다르다.[32] 다음 작품을 예로 들어 우의의 특징을 정리해보자.

점잖은 고래는 섬마냥 해상에 떠서 한나절 분수를 뿜는다. 허식虛飾한 신사. 풍류로운 시인이여! 고래는 분수를 중단할 때마다 어족魚族들을 입 안에 요리하였다.

— 오장환, 「경鯨」 전문

---

32) 은유와 우의, 반어의 차이는 Olivier Reboul, 앞의 책, 82–85쪽 참조.

나는 길가에 앉아 있고.

운전기사는 바퀴를 갈아 끼우고 있다.

내가 떠나온 곳을 나는 좋아하지 않는다.

내가 가야 할 곳을 나는 좋아하지 않는다.

바퀴 갈아 끼우는 것을

왜 나는 초조하게 바라보고 있는가?

— 브레히트, 「바퀴 갈아 끼우기」 전문

　　첫째, 은유나 상징은 단어 차원에서 이루어지는 데 반하여, 우의는 문장이나 그 이상의 차원에서 이루어진다. 또한 그 담론은 하나의 완결된 체계를 이룬다. 오장환과 브레히트의 시에서 '고래'나 '바퀴'라는 어휘 하나만으로 비유가 형성되지 않는다. 그 어휘를 둘러선 어떤 이야기 구조가 형성되어 있고, 또한 그것이 표면적으로 완결되어 있어야 우의라 할 수 있다.

　　둘째, 은유는 표현에서 직접적으로 추출되는 표면적인 의미 한 가지만 지니지만, 우의는 글자 그대로의 표면적 의미와 시인의 의도가 담겨 있는 이면적인 의미 두 가지를 지닌다. 오장환이나 브레히트의 시에서 고래의 생태나 바퀴 갈아 끼는 장면은 표면적 의미에 불과하다. 시인이 말하고자 하는 바는 다른 곳에 있다. 오장환 시에서 점잖고 여유로운 행위를 하면서 물고기를 잡아먹는 고래는 '허식한 신사'라는 표현에 암시되듯이 위선적이고 교활한 존재로 읽힌다. 그래서 표면적 의미와 다른 이면적 의미가 드러난다. 발표 상황을 고려할 때 그것은 겉으로 유화 정책을 실행하면서 이면적으로 억압과 폭력을 자행하는 일본제국주의의 이중적인 속성에 대한 비판이다.[33] 그리고 브

33) 오장환의 「경」은 일본의 북천동언의 시와 영향관계에 있으며, 두 작품 모두 일본제국주의를 비판한 작품이다. 더 자세한 것은 박현수, 「한국 모더니즘 시학」, 신구문화사, 2007, 85–87쪽 참조.

레히트의 시에서 바퀴를 갈아 끼는 행위는 인민 봉기를 통해 정부를 갈아치우는 행위를 의미한다. 이런 해석이 일단 인정되면 다른 방식으로 이해될 가능성이 없다는 점에서 상징의 열린 기의에 비하여 우의의 비유기의는 닫힌 기의라 할 수 있다.

셋째, 은유와 달리 우의는 어떤 진리를 나타낸다. 은유는 참과 거짓과 무관하게 사용되지만, 우의는 참과 거짓의 분별 기준을 지니고 있으며 작가의 진리에 대한 판단을 전제로 한다. 오장환의 시는 일본제국주의의 위선적 정책에 대한 자신의 판단이 깔려 있고, 브레히트의 시에는 인민 봉기를 통해 정부를 갈아치우는 행위에 대한 자신의 의견이 반영되어 있다. 시인의 진리에 대한 판단, 즉 옳고 그름에 대한 윤리의식이 담겨 있다는 것이다. 그래서 우의는 현실 비판의식과 밀접한 관련을 지닌다.

벤야민은 우의에 보이는 "형상적인 존재와 의미작용 사이에 가로놓여 있는 심연"[34], 즉 비유기표와 비유기의 사이의 간극을 강조하여 그로부터 우의의 세계관을 추출한다. 즉 상징과 달리 우의에서는 비유기표와 비유기의의 유기적 합일이 거부되고, 비유기표만 파편적으로 존재한다. 그래서 우의는 비극적 세계관을 지닌다. 즉, "상징에서 몰락의 정화와 더불어 자연의 변용된 표정이 구원의 빛 속에서 순간적으로 드러난다면, 우의에서는 역사의 '죽은 표정'이 응고된 원原 풍경으로서 관조자의 눈앞에 펼쳐진다."[35] 이처럼 벤야민은 구원의 가능성이 부재하는 세계의 수사학으로서 우의에 주목하였다.

한편 폴 드 만은 우의에 시간성의 속성을 부여한다. 우의에서 기호는 의미로 환원되지 않고 그 이전에 존재하는 기호를 지칭하게 되므로, 근원적으로 시간성을 내포하는 수사학이 된다는 것이다.[36] 그래서 우의가 전통적 토포

34) Walter Benjamin, 조만영 옮김, 『독일 비애극의 원천』, 새물결, 2008, 216쪽.
35) Walter Benjamin, 위의 책, 217쪽.
36) 신광현, 「시간/주체/언어」, 『현대비평과 이론』 10, 한신문화사, 1995, 146쪽.

스topos[37]로부터 선택된다는 점을 강조하거나, 이와 관련하여 "전통적이고 상속적인 유형학a traditional and inherited typology"[38]이라는 용어를 사용하는 것이다. 그는 우의에 내재하는 이런 시간적 관계가 의미의 반투명성을 산출하는 근원적 조건이라고 가정한다. 이런 시간성 때문에 "언어는 자신이 진술하려고 하는 것을 정확히 재현하지 못 하고 다양한 비유어 때문에 의미를 우회하는 것"[39]으로 본다. 시간성으로 인해 의미 전달이 불투명해진다는 것이다. 즉 현재 사용된 기호가 선행 기호의 의미를 그대로 순수하게 재현해내지 못한다는 것이다. 그에게 있어서 언어의 의미란 특정한 기호에 각인되어 있는 것—즉 현존의 상태로 있는 것—이 아니라, 끊임없이 생성되고 지워지는 일종의 흔적에 불과한 것이기 때문이다.[40] 벤야민도 우의에서 시간성이 본질적인 것으로 보았다. 그러나 이때의 시간성은 상징이 구현하는 합일의 순간성과 구별되는 것으로서, 우의의 비유기표와 비유기의 사이에 개입하는 시간성이다. 이에 비하여 폴 드 만은 선행 기호와의 거리를 시간성으로 규정한다. 그러나 폴 드 만의 시간성은 우의의 본질적 속성이라 할 수 없다. 그것은 인유라는 수사법에 적절한 것으로 보인다.

●

4. 반어와 역설 : 이중성의 층위

●

37) 토포스는 원래 '장소' '지역'을 뜻하는 그리스어로, 후속 텍스트들의 창작을 위한 원천으로 사용되는 어떤 텍스트의 관습적인 표현이나 구절을 말한다. Paul de Man, *Allegories of Reading*, Yale University Press, 1979, 203쪽. 토포스에 관한 자세한 논의는 박현수, 「토포스의 힘과 창조성 고찰—정지용, 이상의 시를 중심으로」, 『모더니즘과 포스트모더니즘의 수사학—이상문학연구』, 소명출판, 2003 참조.
38) Paul de Man, 위의 책, 206쪽.
39) Paul de Man, 위의 책, 1979, 106쪽.
40) 장경렬, 「수사적 언어와 해체구성의 논리」, 『문학과 사회』 18, 1992. 여름, 704–705쪽.

반어와 역설도 자주 등장하는 짝패 수사학이다. 특히 문학작품의 형식적 측면에 주목하는 영미 신비평의 영향으로 이 무늬들이 주목받게 되었다. 그러나 신비평에서 이 둘의 구별을 모호하게 함으로써 혼란도 파급되었다.[41]

반어와 역설이 같은 짝패로 묶이는 것은 반어와 역설이 모두 상반된 것이 핵심적인 요소를 이루는 이중성을 가진다는 데 있다.[42] 반어가 표현과 상반되는 내용, 표면적 화자(일상적 자아)와 상반되는 이면적 화자(반성적 자아)라는 이중성을 지니고, 역설은 표현 자체에 상반된 두 요소의 공존이라는 이중성을 지니고 있다. 전자는 비유기표와 비유기의의 관계에서 발생하는 이중성이고, 후자는 비유기표에서 발생하는 이중성이다.[43]

1) 반어

아이러니irony, 즉 반어는 전통적으로 '이것을 말하면서 저것을 의미하는 것', '칭찬을 통한 비난 또는 비난을 통한 칭찬'을 의미하였다. 아이러니라는 말은 그리스어 'eironeia'에서 파생된 개념으로서, 고대 그리스 희극의 주인공의 이름인 '에이론eiron'에서 왔다. 이 희극에는 겸손하고 총명한 주인공 에이론과 허세를 부리는 알라존alazon이 등장하여 논쟁을 한다. 겉으로 보기에 어리석고 무능하게 보이는 약자인 에이론이, 똑똑한척 하지만 사실은 어리석은 강자인 알라존을 꺾으면서 관객에게 즐거움을 준다. 겉으로는 무지하게 보이지만 내면적으로 총명한 에이런의 이중적 성격이 반어의 본질이다. 즉 반어는

---

41) 그 혼란은 신비평가들, 특히 클리언즈 브룩스가 명확한 개념 규정 없이 내용상 역설과 반어를 같은 의미로 사용하였다는 점, 신비평가의 시에 대한 태도가 리챠즈의 반어 개념(모순의 조화)과 크게 다르지 않다는 데 있다. 오세영, 『문학과 그 이해』, 국학자료원, 2003, 565쪽.

42) 이중화라는 특성을 강조하여 반어와 역설을 유사한 것으로 보기도 한다. 역설을 반어의 하위 개념으로 다루는 경우가 그것이다. 권혁웅, 『시론』, 문학동네, 2010, 201쪽 참조.

43) 한편 미적 범주를 따져서 반어가 골계미에, 역설이 숭고미에 속한다는 점을 차이로 들기도 한다. 남정희, 「역설paradox과 반어irony」, 비교어문연구 11, 비교어문학회, 2000 참조.

에이런 자체의 문제이지 알라존과 에이런의 관계 문제가 아니다.[44]

폴 드 만은 이런 반어의 특질을 '이중화duplication'라 부른다.

> 희극 즉 웃기는 능력은 웃는 사람 속에 있는 것이지 결코 웃음의 대상
> 에 있는 것은 아니다. 자신이 철학자가 아닌 한, 즉 습관적으로 스스로를
> 신속하게 둘로 나누고, 자신이 처한 상황을 무관심한 구경꾼처럼 바라볼
> 수 있는 능력을 획득한 사람이 아닌 한, 자신의 넘어짐에 대해 웃을 수 있
> 는 사람은 결코 없다.[45]

폴 드 만은 보들레르의 이런 언급으로부터 반어의 본질을 끌어낸다. 그
것은 철학자처럼 일상적 자아의 활동과 반성적 활동을 분리시키는 '이중화'
개념이다. 표면적 화자로서의 일상적 자아와 대비되는, 반성적 활동을 하는
이면적 자아를 편의상 반성적 자아라 할 수 있다. 이처럼 반어의 자아는 통일
적인 단일한 자아가 아니라, 이중적 자아 혹은 다중적 자아다. 자아를 이렇게
분리해 내는 것이 바로 반어의 핵심적인 요소이다.

> 한 줄의 시는커녕
> 단 한 권의 소설도 읽은 바 없이
> 그는 한 평생을 행복하게 살며
> 많은 돈을 벌었고
> 높은 자리에 올라
> 이처럼 훌륭한 비석을 남겼다

---

44) 김준오는 반어에는 알라존의 시점과 에이런의 시점이 나온다고 하지만, 사실 반어는 에이런이라는 동
일인물의 이중적인 시점의 문제이다. 김준오, 앞의 책, 307–8쪽.
45) Charles–Pierre Baudelaire, 「웃음의 본질에 대하여」; Paul de Man, 앞의 책, 212쪽.

그리고 어느 유명한 문인이

그를 기리는 묘비명을 여기에 썼다

비록 이 세상이 잿더미가 된다 해도

불의 뜨거움 굳굳이 견디며

이 묘비는 살아남아

귀중한 사료史料가 될 것이니

역사는 도대체 무엇을 기록하며

시인은 어디에 무덤을 남길 것이냐

— 김광규, 「묘비명」 전문

이 작품의 12행까지 시적 화자는 어리석은 인물의 시점에서 묘비명의 주인공을 칭찬하고 있다. 그러나 이런 시점의 이면에는 그것을 비판하는 총명한 인물의 시점이 들어있다. 그것은 마지막 2행에 구체적으로 나타난다. 앞의 자아가 '일상적 자아'라면, 뒤의 자아는 '반성적 자아'이다. 이런 자아의 이중화에서 반어가 성립한다.

그러나 반성적 자아가 굳이 표면에 드러날 필요는 없다. 이 시의 마지막 2행에서 반성적 자아를 드러낸 것은 반어나 우의처럼 비유기표만으로 존재하는 수사법에서 독자들이 그 이면적 주제를 놓칠까 하는 염려 때문이다. 반어나 우의는 비유기표가 그 자체로 완결되어 있기 때문에 시인의 의도가 제대로 전달되기 어려울 때가 있다. 사실 이 작품도 마지막 2행을 삭제할 경우 반어적인지 아닌지 판단하는 데 어려움이 있을 것이다. 이 때문에 의도를 명확하게 하기 위한 상황을 제시하거나, 이처럼 언어적 표지를 사용한다.

반어는 흔히 언어적 반어, 구조적 반어, 극적 반어, 낭만적 반어로 나눈다.[46] 언어적 반어verbal irony는 단일한 말에서 표현과 내용의 상반성을 나타내는 것이다. 앞의 시에서 '훌륭한 비석'이 그 예가 된다. 표면적 의미는 긍정적이지만, 이면적 의미는 '가식적이고 허영적인 비석'이라는 부정적 평가를 담고 있다.

신비평 그룹에서 사용하는 구조적 반어irony as poetic structure는 리처즈가 말하였듯이 대립하는 두 충동이 조화를 이루는 상태를 말한다. 그가 모든 훌륭한 시는 구조적으로 반어를 지닌다고 할 때, 그 시는 모순되는 두 요소가 조화와 평형의 상태에 놓여 있는 작품이 된다. 같은 내용을 브룩스가 역설이라고 부르면서 반어와 역설의 혼동이 일어났다.

이것은 엄격하게 말하여 반어라 보기 어렵다. 반어적 표현에서는 표면적 의미와 이면적 의미가 조화를 이루는 것이 아니라, 진리의식이 개입하여 표면적 의미가 이면적 의미에 종속되기 때문이다. R. 바르트가 반어가 다원성을 파괴한다고 한 것도 이 때문이다.

아이러니는 일종의 표지판처럼 작용해서 인용된 담론에서 기대할 수 있는 다원성을 파괴한다. 다원적 텍스트는 그 테스트 안에서 참과 거짓 사이의 상반성이 뒤집어질 때에, 인용된 내용이 (자신 있게 인용된 것이 아닌 경우라도) 명시적인 권위를 부여받지 못할 때에, 또 원문에 대한 모든 존경심이 경멸될 때에만……, 비로소 그 기본적인 이중적 기능을 수행할 수 있는 것이다.[47]

극적 반어dramatic irony는 희곡에 나타나는 반어로서 비극적 반어와 희

---

46) 반어의 구분과 그 의미는 오세영의 논의를 참조하였다. 오세영, 앞의 책, 560–563쪽.
47) R. Barthe, S/Z; Antony Easthope, 박인기 옮김, 『시와 담론』, 지식산업사, 1994, 156–7쪽. 여기에서 인용은 표면적 의미를 가리킨다.

극적 반어로 나뉜다. 비극적 반어는 주인공이 추구하는 것과 정반대로 전개되는 사건이나 상황 혹은 플롯을 가리킨다. 「오이디푸스 왕」에서 오이디푸스가 세속적 영광을 추구하였지만 결과적으로 가장 비참하고 불행한 인간으로 전락한 것이 그 예이다. 희극적 반어는 반어의 어원에서 보았듯이 현명한 약자가 우둔한 강자를 압도하는 상황을 가리킨다. 극적 반어를 상황적 반어라 부르기도 한다.

낭만적 반어romantic irony는 독일 낭만주의의 세계관에서 비롯된 것으로, 세계를 무한성과 유한성, 내용과 형식, 객관성과 주관성 등 모순된 요소의 복합체로 보는 관점에서 나온 것이다. 무한성과 유한성의 대립일 때는 유한한 존재인 인간이 무한을 꿈꾸는 것, 내용과 형식의 문제일 때는 작가가 의도적으로 작품에 개입하여 작품의 객관성에 대한 환상을 깨트리는 행위가 된다.

2) 역설

역설paradox은 어원적으로 'para(넘어선)'와 'doxa(의견)'의 결합으로, 상식적인 수준을 넘어선 차원의 의미를 가리키는 말이다. 즉 표면적인 모순 너머 존재하는 심층의 진리를 나타내는 표현법이 바로 역설인 것이다. 역설이 성립하기 위해서는 표면적인 모순이 반드시 나타나야 한다.

역설은 표면적으로 존재하는 모순을 종합하고 포괄하여 그 이상의 초월적 의미에 도달한다. 모순되는 두 요소는 어느 것도 배제되지 않고 동등하게 존재하며 그 이상의 단계에서 통합된다. 이에 반하여 반어는 표면적 의미와 이면적 의미의 모순 중 어느 하나에 절대적인 권위를 부여한다는 점에서 차이가 난다. 반어가 배제의 수사학이라면 역설은 포용의 수사학이라 할 수 있다. 바로 이 점 때문에 역설은 종교적 관점에 자주 사용되었다.

휠라이트에 따르면 역설에는 표층적 역설과 심층적 역설이 있다. 심층적 역설은 다시 존재론적 역설과 시적 역설로 나누어진다. 이것을 도표로 나타

내면 다음과 같다.[48]

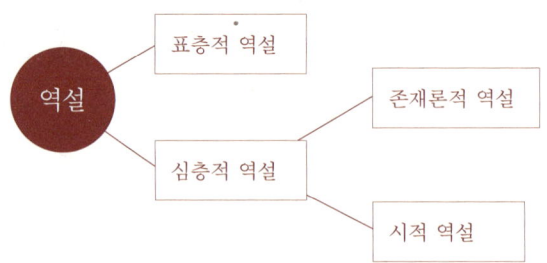

먼저 표층적 역설surface paradox은 표면적으로 하나의 표현에 모순된 두 요소가 함께 존재하는 역설이다. 이것을 모순형용oxymoron이라 부르기도 한 다. 표현상의 차원에서 그 모순이 직접적으로 감지되는 역설이다.

> 소리 없는 아우성(유치환, 「깃발」)
>
> 찬란한 슬픔의 봄(김영랑, 「모란이 피기까지는」)
>
> 외롭고 황홀한 심사(정지용, 「유리창」)
>
> 괴로웠던 사나이, 행복한 예수 그리스도(윤동주, 「십자가」)

이런 예들은 어휘의 차원에서 모순이 드러난다. 소리 없음과 소리 있음(아우성), 찬란함(기쁨)과 슬픔, 외로움과 황홀함, 괴로움과 행복함 등은 현실에서는 동시에 존재할 수 없는 어휘들이다. 이렇게 표현함으로써 그 모순을 넘어선 대상의 본질적인 모습을 보여준다. 이런 표현은 독자들이 그 의도나 의미를 쉽게 파악할 수 있다는 점에서 표층적 역설이 된다.

심층적 역설depth paradox은 표현상의 차원에서 모순이 즉각적으로 드러

48) Philip Wheelwright, *The Burning Fountain*; Indiana University Press, 1968, 96–100쪽; 오세영, 앞의 책, 543쪽. 모든 역설에는 명시적이건 비명시적이건 표현상의 모순이 드러난다는 점에서 이런 구분도 정확 하다고 할 수 없다. 휠라이트는 비명시적인 경우를 심층적 역설로 이해한 것으로 보인다.

나지 않고 내면화된 역설이다. 그 표현이 모순인지 아닌지 알기 위해 일상적 논리doxa와 비교하여야 한다. 일상적이고 과학적인 논리와 어긋나는 모순이 인식될 때 비로소 역설이 발견된다. 가령 T. S. 엘리엇의 시「사중주」에 나오는 "시간은 오로지 시간에 의해서만 정복된다"는 표현이 여기에 속한다. 여기에는 존재론적 역설과 시적 역설이 포함된다.

존재론적 역설ontological paradox은 삶의 초월적 진리를 내포한 역설로서, 종교적 역설이라 부르기도 한다. 오세영의 다음 작품이 이런 역설의 좋은 예가 된다.

흙이 되기 위하여
흙으로 빚어진 그릇
언제인가 접시는
깨진다.

생애의 영광을 잔치하는
순간에
바싹 깨지는 그릇
인간은 한 번
죽는다.

물로 반죽하고 불에 그슬려서
비로소 살아 있는 흙
누구나 인간은 한 번쯤 물에 젖고
불에 탄다.

하나의 접시가 되리라.
깨어져서 완성되는
저 절대의 파멸이 있다면

흙이 되기 위하여
흙으로 빚어진
모순의 흙, 그릇.
　　— 오세영, 「모순의 흙」 전문

이 시에서 "흙이 되기 위하여/ 흙으로 빚어진 그릇"이나 "물로 반죽하고 불에 그슬려서/ 비로소 살아 있는 흙" 등의 표현에 역설이 사용되고 있다. 그러나 표면적으로 모순이 즉각적으로 인식되지 않는다. 모순되는 표현이 서로 맞대어 존재하지 않기 때문이다. 이것이 역설임을 알기 위해서는 여기서 말하는 바가 일상적인 논리doxa에 어긋나는지 비교하는 작업이 필요하다. 일상적으로 볼 때 그릇은 깨어져 흙이 되기 위해 빚어진 것이 아니며, 반죽과 그슬림이 자연의 흙을 살리는 행위가 아니다. 이것이 일상적인 논리이다. 그렇지만 그런 표현을 넘어선 곳에 진리가 존재한다. 왜냐하면 그릇은 결국 깨어져 흙이 되고 그렇게 흙이 되는 것이 완성이라면, 흙으로 돌아가기 위해 그릇이 빚어진다는 말이 이해될 수 있다. 마찬가지로 자연의 흙이 고통과 죽음의 과정을 거쳐 하나의 형상을 지닐 때 살아 있다고 할 수 있는 것이다. 이것이 인생에 대한 통찰을 표현한 존재론적 역설이다.

웃을수있는시간가진표본두개골에근육이없다
　　— 이상, 「정식Ⅲ」 전문

이상의 「정식Ⅲ」 역시 존재론적 역설의 좋은 예라 할 수 있다. 이 짧은 시에서 표면적인 모순은 금방 인식되지 않는다. 그러나 표본 두개골이 웃을 수 있는 시간을 가졌다는 것이 일상적 논리와 어긋난다는 사실을 떠올릴 때 역설이 비로소 발견된다. 웃을 수 있는 것은 살아 있는 존재에게만 가능한 것이기 때문에 죽은 이에게는 적용될 수 없다. '웃을 수 있는 시간을 가진 표본두개골'에는 고통과 고난으로 점철되어 웃을 수 있는 시간을 가지지 못하는 인간의 삶에 대한 풍자가 담겨 있다. 그러나 이 고해의 생이 끝난 후에 비로소 웃을 수 있는 시간을 가지게 된 두개골은 이제 웃을 때 필요한 근육을 이미 상실한 상태다. 결국 이승에서건 저승에서건 인간은 웃을 수 있는 기회를 가지지 못하는 것이다. 이런 모순이 인생의 본질과 닿아 있다는 인식이 이 시에 들어 있다.

시적 역설poetic paradox은 시의 전체 구조에서 발생하는 것으로, 시 전체에서 다루는 표면적 의미와 암시적으로 존재하는 내적 의미에 구조적인 모순이 있는 경우를 말한다. 휠라이트는 "시에 가장 특징적인 역설 형태는 직접적인 진술—특히 시편의 의도된 의미의 일부—이 심상에 잠재된 암시들을 희화화하거나 유희적으로 반대의 것으로 만들 때 발생한다."[49]고 한다. 그는 존 던의 시 「황홀」을 예로 들고 있다. 사랑에서 정신적인 결합을 중시하면서 육체적인 결합을 은근하게 강조하는 이 시는 "겉으로 드러난 정숙한 공언에 대한 음흉하고 교묘하게 음란한 승인"을 보여준다. 이것은 시적 화자의 직접적인 언술과 반대되는 내용이 형상화되어 있는 경우를 말한다. 따라서 시에 표현된 표면적 의미와 모순되는 내용이 표현상에 나타난다는 점에서 역설임에 틀

---

49) Philip Wheelwright, 앞의 책, 99쪽.

림없으며, 이런 면에서 반어와 혼동될 이유가 없다.[50]

휠라이트가 말하는 시적 역설은 자신의 의도에 완전하게 복속되지 않는 시, 그리하여 타자의 목소리가 살아 있는 시를 말한다. 이른바 바흐친의 다성성이 드러나는 시이다. 자신의 의도에 완전하게 굴복되지 않은 타자가 자신의 목소리를 드러내는, 완결되지 않은 시가 그것이다. 하나의 질서로 완결되어 있지 않아 두 가지 상반되는 목소리가 시 속에 공존한다. 그러나 시의 독백주의적 속성상 이런 예는 흔하지 않다.[51]

아이는 하루 종일 색칠 공부 책을 칠한다.
나비도 있고 꽃도 있고 구름도 있고
강물도 있다.
아이는 금 밖으로 자신의 색칠이 나갈까봐 두려워한다

누가 그 두려움을 가르쳤을까?
금 밖으로 나가선 안 된다는 것을
그는 어떻게 알았을까?
나비도 꽃도 구름도 강물도
모두 색칠하는 선에 갇혀 있다

엄마, 엄마, 크레파스가 금 밖으로
나가면 안 되지? 그렇지?

●

50) 김준오는 시적 역설을 "진술과 이것이 가리키는 상황 사이에 명백한 모순이 나타나는 경우"로 설명하며 이런 점에서 역설과 반어가 혼동된다고 한다.(김준오, 앞의 책, 321쪽) 이것은 시적 역설을 표면적 의미와 이면적 의미의 대조로 오해한 것이다.
51) 김준오는 김소월의 「먼 후일」을, 오세영은 김소월의 「진달래꽃」을 시적 역설의 예로 들지만, 진술된 의도와 모순되는 내용이 등장하는 경우가 아니라서 역설로 보기 힘들다.

아이의 상냥한 눈동자엔 겁이 흐른다.
온순하고 우아한 나의 아이는
책머리의 지시대로 종일 금 안에서만 칠한다.

내가 엄마가 아니라면
나, 이렇게, 말해버리겠어.
금을 뭉개버려라. 랄라. 선 밖으로 북북 칠해라.
나비도 강물도 구름도 꽃도 모두 폭발하는 것이다. 살아있는 것이다. 랄라
선 밖으로 꿈틀꿈틀 뭉게뭉게 꽃 피어나는 것이다.
위반하는 것이다. 범하는 것이다. 랄라

나 그토록 제도를 증오했건만
엄마는 제도다.
나를 묶었던 그것으로 너를 묶다니!
내가 그 여자이고 총독부다.
엄마를 죽여라! 랄라.

— 김승희, 「제도」 전문

이 시는 색칠 공부 책을 칠하는 아이를 매개로 하여 인간을 억압하는 제
도의 문제를 다루고 있다. 색칠 공부 책의 금을 통해 제도에 훈육되는 아이
를 보며 시적 화자는 제도를 부정하고 엄마를 부정하라고 말한다. 그러나 이
렇게 강하게 말하는 표면적 화자와 어긋나는 화자가 시 속에 공존하고 있다.
그는 "내가 엄마가 아니라면" 하고 가정법으로 말하며 제도를 긍정할 수밖에
없는 시적 화자이다. "엄마를 죽여라!" 하고 말하는 화자는 '엄마의 말을 들어
라!' 하고 말하는 화자를 압도하지 못한다. 그 두 화자와 그들의 발화가 이 시

속에서 시적 긴장을 형성한다. 시인이 지향하는 존재는 제도를 증오하고 위반과 자유를 추구하는 사람이지만, 그는 스스로 제도 속에 갇혀 있는 존재와 아슬아슬하게 맞물려 있다. 하나의 완결된 폐쇄적 구조 속에 억압되지 않은 타자의 목소리가 여기에서 흘러나온다. 제도를 파괴하라는 공식적, 이상적 언명 속에 가려진 소극적, 현실적 언명이 역설의 관계를 형성하고 있다. 후자가 억압되지 않았기 때문에 이 시의 언명은 공허하지 않고 울림이 있는 것이다. 시적 역설을 찾아볼 수 있는 희귀한 예가 아닐 수 없다.

1. 다음 시에 사용된 무늬, 즉 수사법을 있는 대로 말하고, 이것을 언어무늬와 사유무늬로 나누어보자.

> 아이들이 큰소리로 책을 읽는다
> 나는 물끄러미 그 소리를 듣고 있다
> 한 아이가 소리내어 읽으면
> 딴 아이도 따라서 책을 읽는다
> "아니다 아니다!" 하고 읽으니
> "아니다 아니다!" 따라서 읽는다
> "그렇다 그렇다!" 하고 읽으니
> "그렇다 그렇다!" 따라서 읽는다
> 외우기도 좋아라 하급반 교과서
> 활자도 커다랗고 읽기에도 좋아라
> 목소리 하나도 흐트러지지 않고
> 한 아이가 읽는 대로 따라 읽는다
>
> 이 봄날 쓸쓸한 우리들의 책읽기여
> 우리나라 아이들의 목청들이여
> ― 김명수, 「하급반 교과서」 전문

2. 다음 수사법을 교육현장에서 사용되는 3분법(비유법, 강조법, 변화법)으로 나누고, 경계가 확실하지 않은 수사법이 어떤 것이 있는지 말해 보자.

중의법: 하나의 말에 여러 의미 표현	**비유법**
도치법: 문장 성분의 위치 바꿈	
의성법: 소리를 흉내	**강조법**
점층법: 의미를 점차 강하게 하는 표현	
대구법: 형식이 유사한 구절을 병행	
역설법: 모순되는 두 말을 동시에 사용	**변화법**
반복법: 유사한 표현을 반복적으로 사용	
열거법: 유사한 말을 늘어놓는 표현	

3. 가까운 사람의 이름을 들을 때 떠오르는 말들을 나열하고, 그것을 각각 인접성, 유사성의 어휘로 분류해 보자. 정확하게 분류하기 힘든 것을 찾아, 그 이유를 분석해 보자.

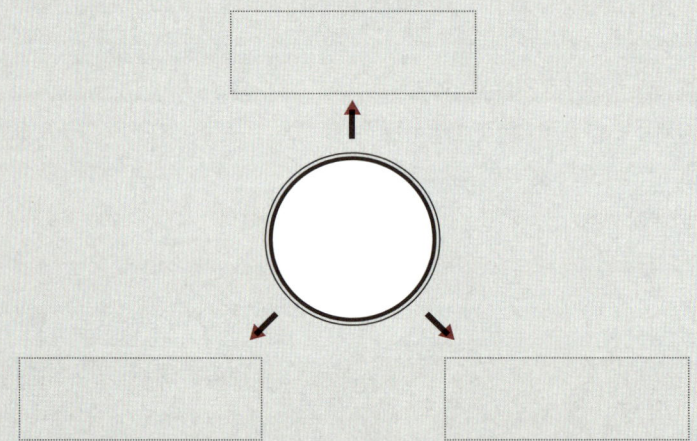

4. 야콥슨의 은유와 환유의 2분법을 기준으로 할 때, 다음 그림은 각각 어느 범주에 해당하는지 말해 보자.

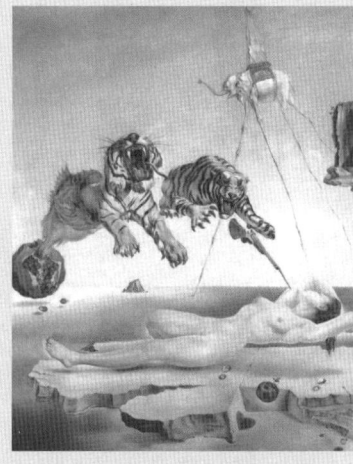

달리, 「잠에서 깨기 직전 석류 주변을 날   뒤샹, 「계단을 내려오는 나체의 여인」(1912)
아다니는 한 마리 꿀벌에 의해 야기된 꿈」
(1944)

5. 다음은 '일 포스티노'라는 영화에 나오는 네루다와 마리오의 대화다. 마지막에 나오는 마리오의 질문에 네루다를 대신하여 적절한 대답을 해보자.

마리오: 마치 배가 단어들로 이리저리 튕겨지는 느낌이었어요.

네루다: 배가 단어들로 튕겨진다고? 방금 자네가 한 말이 뭔지 아나, 마리오?

마리오: 아뇨, 뭐라고 했는데요?

네루다: 그게 은유야.

마리오: 아니에요.

네루다: 그렇다니까.

마리오: 하지만 일부러 한 게 아니니까, 진짜는 아니죠.

네루다: 그건 상관없어. 느낌이란 순간적으로 생기는 것이니까.

마리오: 무슨 뜻이죠? 제가 세상을 설명할 수도 있단 말씀이신가요?

마리오: 바다와 하늘과 비와 구름과 …….

네루다: 기타 등등이라고 하면 돼.

마리오: 기타 등등이 있는 이 세상이 다른 것의 은유란 말인가요?

네루다: …….

6. 김준오는 황지우의 다음 작품을 '환유시'라고 명명한다(김준오, 『시론』). 이런 시에 환유라는 개념을 사용한 이유를 설명해 보자.

　　　살만 띠룩띠룩 찌다. 중산 계급으로 만들다. 즉, 속악화하다. 중산계급과 결혼하다. 아이 몰라 몰라, 악마! 내 몸을 망쳐 놓다니! 돈을 얼른 지갑에 넣다, 모욕을 당하다, 뺨을 사정없이 얻어맞다. 꽉 막힘, 교통의 혼잡, 봉쇄. 두 탈영병들을 막다른 골목으로 몰아넣다. 금속판을 두들겨 움푹 들어가게 하는 기계,
　　　— 황지우, 「상징도 찾기」 부분

7. 다음 중 연회법사의 인품이 표현된 상징을 찾아 그 의미를 설명하고, 그것이 상징의 종류(개인적, 관습적, 원형상징) 중 어디에 속하는지 말해 보자.

　　　고승 연회緣會는 일찍이 영취산에 은거하여 매양 연경蓮經을 읽으며 보현관행을 닦고 있었다. 뜰에 있는 연못에는 항상 연꽃 두어 송이가 피어 사철을 두고 시들지 않았다
　　　당시 국왕이었던 원성왕은 그 상서롭고 신기함을 듣고서 연회법사를 불러 국사로 받들려고 했다. 연회는 그 소식을 듣고는 암자를 버리고 은둔의 길을 떠났다.

서령의 바위를 넘어가노라니 한 늙은이가 밭을 갈고 있다가 연회법사에게 어디를 가느냐고 물어왔다.

"나라에서 소문을 함부로 듣고서 나를 벼슬로 얽매려 들기에 그것을 피해 가는 길이오."

그 늙은이는 듣고 나서 말했다.

"이 땅에선 법사가 지닌 가치를 팔 만도 한데 무얼 그리 수고스럽게끔 멀리 가서 팔려고 하오? 법사야말로 매명買名을 진정으로 싫어하는 게 아니군."

연회는 그 늙은이가 자기를 모욕하는 것이라 하여 늙은이의 말을 좇지 않고 가던 길을 계속해서 갔다.

―「연회도명緣會逃名, 문수점文殊帖」, 『삼국유사』

8. 다음 시는 우의를 사용하고 있다. 이 작품의 표면적 의미와 이면적 의미를 정리해 보자.

벼는 서로 어우러져/ 기대고 산다.
햇살 따가와질수록/ 깊이 익어 스스로를 아끼고
이웃들에게 저를 맡긴다.

서로가 서로의 몸을 묶어/ 더 튼튼해진 백성들을 보아라
죄도 없이 죄지어서 더욱 불타는
마음들을 보아라 벼가 춤출 때
벼는 소리없이 떠나간다.

벼는 가을 하늘에도
서러운 눈 썻어 맑게 다스릴 줄 알고

바람 한 점에도/ 제 몸의 노여움을 덮는다.

저의 가슴도 더운 줄을 안다.

벼가 떠나가며 바치는/ 이 넓디 넓은 사랑

쓰러지고 쓰러지고 다시 일어서서 드리는

이 피 묻은 그리움,/ 이 넉넉한 힘…….

— 이성부, 「벼」

9. 다음 작품은 논자에 따라 역설로 읽기도 하고, 반어로 읽기도 한다. 어느 의
견이 더 적절한지 말해 보자.

먼 훗날 당신이 찾으시면

그때에 내 말이 "잊었노라"

당신이 속으로 나무라면

"무척 그리다가 잊었노라"

그래도 당신이 나무라면

"믿기지 않아서 잊었노라"

오늘도 어제도 아니 잊고

먼 훗날 그때에 "잊었노라"

— 김소월, 「먼 후일」 전문

10. 황진이의 작품을 반어로 읽는 다음 논의의 적절성에 대하여 자신의 생각

을 말해 보자.

> 청산리 벽계수碧溪水야 수이 감을 자랑 마라
>
> 일도창해一到蒼海하면 돌아오기 어려우니
>
> 명월明月이 만공산滿空山하니 쉬어간들 어떠리

이 작품을 표면에 나타나는 뜻으로 읽는다면 일종의 자연송, 또는 음풍영월이 될 수 있을 것이다. (……) 그러나 각도를 바꾸어 여기 나오는 단어의 속뜻을 감안한 가운데 이 작품을 읽으면 그 문맥이 전혀 달라진다. 여기서 벽계수는 한 사람의 특정인물인 종실宗室 벽계수를 가리킬 수 있다. 뿐만 아니라 명월도 자연이 아니라 바로 황진이 자신이다. (……) 이때 황진이가 쓴 아이러니는 독자에게 전달된다.
— 김용직, 『현대시원론』

제12장 숭고, 초월의 수사학

1. 숭고, 초월감각의 호명

숭고sublime는 원래 라틴어 'hypsous', 즉 '높은, 고귀한, 고양된'에서 파생된 단어로, 이것이 비평과 미학 용어로 사용된 것은 롱기누스K.Longinus로 전해지는 수사학자에 의해서이다. 그의 숭고론을 종합하여 보면 숭고는 "사상의 웅장함이라는 내용이 표현의 탁월함이라는 형식을 통해 나타나, 초월적인 세계 속으로 독자를 몰입하게 하는 황홀의 효과를 주는 미적 범주"[1]로 정리할 수 있다. 숭고는 인간적인 범위를 넘어서 있는 초월적 영역을 겨냥하고 있다. 따라서 그런 영역을 추구하며 자신의 영혼을 고양시키는 것이 인간의 의무가 된다. 롱기누스는 이를 "인간이 자신의 소멸하는 부분들을 찬미하고 불멸의 증대를 소홀히 여긴다면(그 얼마나 애석한 일인가)"[2]이라는 말로 표현하고 있다.

숭고의 가장 중요한 특성은 초월감각이다. 이 초월감각이 왜 지금 여기에 호명되어야 하는가. 그것은 현대 문화의 피상성, 현대 문학의 왜소화 현상 때문이다. 1990년대 사회주의의 몰락과 더불어 우리 문학에서 거대담론의 붕괴는 가속화되었다. 거대담론의 붕괴는 필연적으로 미시담론의 유행을 촉발시

---

1) 박현수,『현대시와 전통주의의 수사학』, 서울대출판부, 2004, 272쪽. 여러 연구에 의해『숭고론』의 저자는 롱기누스가 아닌 것으로 인정된다. 여기에서 그 저자를 롱기누스라고 부르는 것은 특정인물에 대한 지시가 아니라 편의상의 지칭에 불과함을 밝혀둔다. G. M. A. Grube(translated, with an introduction), *Longinus On Great Writing*, The liberal arts press, 1957, xvii—xxi 참조. Alex Preminger(edit.), *The New Princeton Encyclopedia of Poetry and Poetics*, Princeton University Press, 1993, 'sublime'항 참조.
2) Michel Deguy,「고양의 언술」, Jean—Luc Nancy 외, 김예령 옮김,『숭고에 대하여—경계의 미학, 미학의 경계』, 문학과지성사, 2005, 17쪽에서 재인용.

킨다. 2000년 이후 유행처럼 번지고 있는 생활사, 문화사적 접근도 겉모습은 속류 마르크시즘처럼 보이지만, 자세히 보면 거대한 해석틀이 부재하는 미시 담론일 뿐이다. 맹목적인 실증주의라 부를 수 있다.

그러나 이런 미세한 시선은 거대담론의 위압감을 벗어난 초기에 상당한 대안으로 환영받았다. 절대적 이념으로 전제해 버렸던 모든 규범들이 미시사적 차원에서 재검토되었다. 그러나 그런 검토가 기존의 거대담론의 규정으로부터 완전한 반전을 이룩한 경우는 드물었다. 미세한 조정에 그칠 뿐이었다. 그리고 미시적 시선의 횡행으로 우리의 잠재적 가능성에 대한 통찰도 사라졌다. 사라진 것 중의 하나가 바로 초월감각이다. 초월은 인간의 고양과 관련되어 있다. 초월은 인간을 평면적인 구속으로부터 벗어나게 해서 입체적 차원으로 고양시킨다.

김동리의 전후戰後 초월주의가 우리 문단의 중요한 조류로 나타난 것도 이와 관련된다.[3] 그가 말하는 '구경적究竟的 생의 형식'은 초월감각과 연계된 인간적 운명에 대한 인식을 바탕으로 하는 문학이다.

김동리가 문제 삼는 것은 과학적 실증주의에 의해 "천상보다는 지상, 입체보다는 평면, 무한보다 유한을 본질로 삼게 된 것"[4]이었다. 이 국면의 타개를 위해 절실하게 필요한 것이 바로 '구경적 생의 형식'으로서의 문학인 것이다. 그는 과학적 세계관에 의해 사라져버린 '신명의 세계'의 회복을 문학이 추구해야 할 절체절명의 임무로 받아들였다. 과학적 실증주의가 가져온 '평면의 정신'의 극복으로서 "신과 신을 통해서만 있을 수 있는 입체와 무궁"[5]의 세계의 회복이 문학의 궁극적인 목표라는 것이다. 이것은 본질적으로 휴머니

●

3) 전후 초월주의에 대해서는 박현수, 「한국 전후 서정시의 성격과 층위 연구」, 『개신어문학』 25, 개신어문학회, 2007. 6 참조.
4) 김동리, 「자연주의의 구경—김동인론」(1948. 6), 『문학과 인간』(김동리 전집7 평론), 민음사, 1997, 13쪽.
5) 김동리, 위의 책, 21쪽.

즘, 순수성, 민족과 무관한 개념이다. 김동리는 근대 과학주의에 의해 폄하되고 소멸된 초월적 세계의 가치를 인정하고 이를 다시 복권시키는 데에 관심이 있을 뿐이다.

2000년 이후 우리의 문학 상황도 전후 초월주의의 등장 배경과 유사하다. 구체적인 사회·정치적 상황은 다르지만, 감각과 사유의 평면화가 극도로 진행되었다는 점에서는 공통된다. 이때 숭고, 즉 초월감각은 평면화된 문학을 돌파하는 데 중요한 역할을 할 수 있다. 숭고를 통해 우리는 미시적인 세계에 갇혀 끝없이 사소해져 가는 우리 문학을 구제할 수 있을 것이다. 다음과 같은 근래의 시에서 초월감각의 일단을 엿볼 수 있다.

> 파헤쳐 보면 슬픔이 근원이다
> 주어진 자유는 오직 부유浮遊
> 지상으로도 대기권 너머로도 이탈하지 못하는 궤도를 질주하다
> 끝없는 변신으로 지친 몸에 달콤한 휴식의 기억은 없다
> 석양의 붉은 해안을 거닐 때면 저주의 혈통에 대해 생각해 본다
> 언제 가라앉지 않는 생을 달라고 구걸한 적 있던가
> 산마루에 핀 꽃향기와
> 계곡을 가로지르는 산새의 지저귐으로 때로 물들지만
> 비릿한 물내음 뒤틀린 천둥소리의 본성은 바뀌지 않는다
> 다만 묵묵히 나아갈 뿐이다
> 한 떼의 무리가 텅 빈 초원을 찾아 떠나간 뒤
> 홀로 남겨진 자들은 뿔뿔이 흩어져
> 혹은 태양에 맞서다 죽어가고 혹은
> 잊어버린 지상에서의 한때를 더듬다 희미한 미소를 지으며 사라져간다
> 현생은 차라리 구천이라 하고

너무 무거워도 너무 가벼워도 살지 못하는 중천이라 여기고

부박한 영혼의 뿌리엔 오늘도 별빛이 잠든다

이번 여행은 오래 전 예언된 것이다

사지死地를 찾아간 코끼리처럼

서녘으로 떠난 무리가 어디 깃들었는지는 아무도 모른다

성소는 길 끝에 놓여 있다

— 윤의섭,「구름의 율법」전문

이 시는 구름을 초월감각으로 다루고 있다. 구름은 고통스런 현실에 발 딛고 초월의 공간을 지향하는 인간의 비유이다. 중간자적 존재로서의 인간, 어디에도 속하지 못하고 부유할 수밖에 없는 유한한 존재의 고통이 이 시에 잘 그려져 있다. 그러나 그 삶의 방향은 '성소'로 향해 있다. 삶의 지향은 언제나 성소, 즉 초월적 공간으로 향해 있기에 그의 삶은 부박하지만 허무하지는 않다. 그 성소가 단순히 목적으로만 그려지지 않는다는 점에서 이 시는 빛난다. 즉 부박한 유랑이 끝나는 곳, 바로 그곳이 비로소 성소로 화하는 것이라 보고 있다. 균형감각을 지닌 초월적 상상력이 아닐 수 없다. 숭고에서 이 균형감각이 무너지면 비극이 된다는 점에서 이런 감각은 장점이라 할 수 있다.

•

2. 숭고의 사적 전개, 초월성에서 질료성으로

숭고는 그리스 수사학에서부터 낭만주의를 거쳐 현대 포스트모더니즘에 이르기까지 많은 사람들에 의해 논의된 미학적 범주이다. 현대에 들어 숭고가 다시 논의된 것은 무엇보다도 J. 리오타르의 영향이 크다. 리오타르가 포스트모더니즘 미학을 해명하기 위한 핵심개념으로 숭고를 사용함으로써 그

가치가 새롭게 조명되었고, 또한 그런 논의의 타당성을 두고 많은 논의가 전
개되었던 것이다.

숭고가 문학이나 미학의 견지에서 다루어진 것은 수사학자 롱기누스
의 『숭고론peri hypsous(드높은 것에 대하여)』[6]에서부터이다. 롱기누스는 그의 저
서에서 숭고를 구체적으로 정의하고 있지 않다. 그리고 그는 자신의 논의 속
에서 숭고를 표현하는 데 'hypsous' 하나만을 사용하지도 않는다.[7] 그가 개
념 정의를 직접적으로 하지 않은 이유는 그의 저서 전편에 나타나는 그의 집
필 의도를 통해 짐작할 수 있다. 그것은 첫째 장에서 선행 연구자 캐실리우스
Caecilius라는 사람이 숭고가 무엇인가를 설명하기 위해 수많은 예만 번잡하
게 인용할 뿐 어떻게 소질을 향상시켜 숭고의 경지에 도달할 수 있는가에 대
해서는 아무 말도 하지 않았다는 점을 비판하는 데에서 분명하게 나타난다.[8]
사실 롱기누스는 숭고의 개념 정의보다는 우리를 그런 숭고한 경지로 고양시
키는 것에 더 많은 관심을 가지고 있는 듯하다. 그래서 "숭고하고 위대한 작가
와 저술가의 일이란 자기의 글을 통해 사람들에게 존재의 완전하고 신적인 본
질을 계시하며 동시에 그들을 그런 완전성을 향해 일깨우고 고양시키는 것"[9]
이라는 평가가 가능한 것이다. 고양과 초월의 문제가 롱기누스 숭고론의 핵심
이라 할 수 있다.

롱기누스의 숭고론은 그 당시와 그 후의 문학론에서 크게 다루어지지
않았다. 그 글은 르네상스 시기인 1554년에 로베르텔리Robertelli에 의해 최

---

6) 『숭고론』은 저자가 'Postumius Terentianus'라는 젊은이에게 보내는 편지 형식의 글이다. 모두 44장의 글
로 구성되어 있으며, 아쉽게도 모두 여섯 곳에 걸쳐 결락된 부분이 있다.
7) 동의어로 가장 많이 사용되는 것은 '위대한(great)'이라는 단어이다.
8) H. L. Havell, *Longinus on the Sublime*, Everyman's Library, 1969, 135쪽. 앞으로 『숭고론』의 원문을 인
용할 때는 장 수만 밝히기로 한다. 그리고 보충이 필요할 경우, 앞에 언급한 G. M. A. Grube, *On Great
Writing*과 W. Hamilton Fyfe, *Longinus, on the Sublime*(Havard University Press, 1965)의 두 번역서를 참
고로 하였다.
9) 김상봉, 「롱기누스와 숭고의 개념」, 『나르시스의 꿈』, 한길사, 2002, 91쪽.

초로 출판되었으며, 그 다음에 1572년에 라틴어로, 1652년에 영어(John Hall 번역)로 번역되었다. 그러나 이것은 17세기까지 별다른 영향을 끼치지 못했다. 1672년 브왈로Nicolas Boileau–Despréaux의 번역이 있은 후 비로소 영국에서 그 영향이 크게 나타나는데, 이때 영국에서는 신고전주의가 약화되고 주관성이 점차 중요시되고 있었다. 이때 낭만주의의 흥기와 미학의 확립에 있어서, 문학에서뿐 아니라 예술 일반에서도, 숭고는 비로소 하나의 핵심 개념으로 자리 잡게 되었다.[10]

　　18세기에 이르러서 데카르트적 인식능력인 이성에 대한 강조가 점차 약화되고, 감각을 통한 경험 중시의 사고가 강조되었다. J. 로크로 대표되는 경험주의적 인식론이 대두된 것이다. 이제 18세기 미학은 고전주의적 미학으로부터 근대 미학으로, 즉 객관주의 미학으로부터 주관적 미학인 취미론theory of taste으로 전환을 하게 되었다. 그래서 고전주의 미학의 유일한 미적 범주였던 '미美' 이외에 '숭고'나 '픽처레스크the picturesque' 등의 새로운 범주가 도입되었는데, 이는 고전 미학적 가치범주로서의 미의 개념이 협소함을 입증하는 예가 된다.[11]

　　이런 18세기 미학의 성립에 가장 큰 기여를 한 논문『숭고와 미의 기원에 관한 철학적 연구』(1757)를 발표한, 버크Edmund Burke는 당시 로크적인 경험적 주관주의의 영향을 받아 "생리학적 방법과 현상학적 방법을 결합시킨 새로운 방법"[12]을 주창하여 숭고와 미를 새롭게 해명하였다. 버크는 숭고를 인간의 마음이 느낄 수 있는 가장 강렬한 감정이라 하며, 숭고를 만드는 요인으로

---

10) Alex Preminger(edit.), *The New Princeton Encyclopedia of Poetry and Poetics*, Princeton University Press, 1993, 1231쪽. 이 숭고는 낭만주의의 흥기와 발전을 가져다 준 근본적인 개념이라는 점에서 낭만주의 논의에 있어서 중심적인 개념으로 재정립될 필요가 있다.

11) Jerome Stolnitz, *Aesthetic and Philosophy of Art Criticism*; 오병남 옮김,『미학과 비평철학』, 이론과실천사, 1991, 244쪽.

12) Monroe C. Beardsly, *Aesthetics from Classical Greece to the Present a Short History*, UAP, 1977, 193쪽.

고통과 위험, 공포와 유사한 방식으로 작용하는 모든 것을 들었다.[13] 그리고 그 숭고가 생기기 위해서는 그런 위험을 직접적으로 당하지 않는 거리, 즉 모의적 위험 밖에 있어야 함을 강조한다.[14] 이런 관점에서 버크는 미를 사교성과 연결시키고, 숭고는 자기 보존본능과 관련시킨다.

"우리 연구의 주요한 목표는 마음을 고양시키는 것"[15]이라는 버크의 언급은 롱기누스의 숭고론과 유사하지만[16], 본격적으로 숭고의 개념을 '미'와 대립시켜 구체적으로 다루었다는 점에서 그 가치를 지닌다. 그에 따르면 숭고의 특성은 '미'와 달리 불명료함을 기반으로 하고, 독자에게 불러일으킨 정서를 강조하며, 고통이나 공포의 요소를 배제하지 않았다는 데 있다. 그러나 그 공포와 숭고가 구체적으로 구별되는 점이 명확하지 않다는 점이나, 심리학적 경험적 해설에 그침으로써 숭고의 정서적 측면에 대한 철학적 분석이 가져야 할 기반을 결여하고 있다는 점은 한계로 지적된다.

그러나 버크의 이런 숭고론은 칸트의 숭고론에 많은 시사점을 제공하였다. 칸트는『판단력 비판』에서 숭고에 대한 철학적 분석을 함으로써 단순히 양식상의 개념에 불과했던 숭고를 미학적 논의의 중심으로 끌어들였다. 칸트의 숭고는 우리가 상상력의 한계를 넘어버리는 대상을 마주했을 때, 지각작용에 의해 상상력의 한계를 돌파하는 데서 오는 쾌감이다. 이 쾌감은 대상에 원인이 있는 것이 아니라 그 대상을 지각하는 인간이 스스로의 이성능력과 상상력 간의 불일치로 인해 느끼는 복잡하고 주관적인 쾌락이다.

칸트는 버크의 논의를 이어받아 숭고와 미를 대립시킨다. 칸트에 따르면

---

13) Edmund Burke, *A Philosophical Inquiry into the Origin of our Ideas of the Sublime and Beautiful*, Oxford University Press, 1990, 36쪽.
14) Edmund Burke, 위의 책, 34쪽.
15) Edmund Burke, 위의 책, 48쪽.
16) 버크가 드는 예도 비슷하다. 그는 베르길리우스의 아이네이드의 일절과 성서를 들고 있다. 특히, 성서적인 내용을 숭고를 가장 잘 발현시킨 경우로 든 경우도 롱기누스와 유사하다. Edmund Burke, 같은 책, 159쪽.

미는 한정적인 대상의 형식에 관계하지만 숭고는 한계가 없는 형식(몰형식)에 관계하며, 미는 오성(지성)과 성질의 표상에 관계하지만 숭고는 이성과 분량의 표시에 관계한다. 칸트는 또한 숭고를 두 가지로 구분하여 다른 것과 비교할 수 없을 만큼 무조건적으로 큰 것을 '수학적 숭고'라 하고, 비교불가능한 무한한 힘을 '역학적 숭고'라 하였다.[17] 그러나 이런 칸트의 숭고론은 너무 주관적이라는 점, 대상에 있어서 지나치게 무한성으로 돌려 희롱한다는 점에서 비판을 받는다.[18]

칸트 이후의 숭고론은 그 후 소강상태에 놓이게 되다가 미학사의 미적 범주를 다루는 분야 외에서는 현대에 이르기까지 별 주목을 받지 못하였다. 이처럼 잊힌 개념이 되어왔던 숭고가 숭고의 복권 혹은 숭고의 르네상스를 맞이한 것은 포스트모더니즘의 대표자 리오타르가 이를 아방가르드 운동과 관련시켜 논한 이후이다.

리오타르는 재현의 제약 속에 놓여 있던 전통적 회화의 틀을 완전히 벗어난 현대 미술은 현재의 사건성을 재현 불가능한 것으로 인식한다고 주장한다.[19] 이 재현 불가능성이 리오타르에 있어서 숭고의 핵심이 된다. 칸트와 달리 리오타르는 숭고의 대상이 절대적인 무한성의 이념이기에 외부에 존재할 수 없다고 본다. 그래서 그 무한성으로서의 숭고의 대상은 어떤 것으로도 재현할 수가 없다. 이 재현 불가능성이 가져다주는 긴장과 그로부터 발생하는 쾌감이 바로 숭고의 감정이다. 현대 예술은 대상을 모방하는 것이 아니라, 재현 불가능한 것이 존재한다는 사실을 표현하는 데 목적을 둔다.

·

17) I. Kant, 이석윤 옮김, 『판단력비판』, 박영사, 1974, 112—151쪽. 칸트의 숭고론에 관한 것은, 김광명, 「칸트미학에 있어 '숭고'의 문제」, 『미학』, 1992. 12; 최재희, 『칸트의 생애와 철학』, 명문당, 1990; 김상봉, 앞의 책 참조. 칸트의 숭고론에 대해서는 숭고 개념을 다루는 장에서 논의하므로 여기서는 전체적인 윤곽만 제시한다.
18) N. Hartmann, 전원배 옮김, 『미학』, 을유문화사, 1969, 385쪽.
19) Jean François Lyotard, 유정완 외 옮김, 『포스트모던의 조건』, 민음사, 1992, 223쪽.

재현 불가능한 것은 저편의 다른 세계에 혹은 다른 어떤 시간이 아닌, '무언가가 일어나는 현재의 순간'에 존재한다. 회화 예술에서 '그것이 일어난다'라는 비결정적인 것은 그림그리기, 즉 회화 그 자체이다. 사건으로서의 그림 그리기, 회화는 표현불가능한 것이며, 회화가 증언해야 하는 것은 바로 그 사건 혹은 사건 그 자체이다.[20]

이것은 결국 칸트의 몰형식을 질료의 몰형식으로 대체함을 뜻한다. 숭고는 몰형식과 관계되는데, 형식이 없다면 남는 것은 질료뿐이기 때문이다. 이것은 질료와 형식의 일치를 믿는 아리스토텔레스 이후의 형이상학적 장치, 합목적성 원리에 대한 거부가 된다.[21] 이처럼 질료성만 강조될 때, 거대한 화폭에 노란, 파란 단색만이 있는 버넷 뉴만Barnett Newman의 그림이나, 백지 한 가운데 '건초, 호수'라는 두 단어만 쓰인 에른스트 얀들Ernst Jandls의 시에서처럼, 모든 예술에서 의미론적 구성이 불가능하게 된다.[22] 이제 숭고론에서 '저편의 다른 세계 혹은 다른 어떤 시간'과 연계된 초월성은 사라지고 질료성, 재현 불가능성이 그 자리를 대신하게 된다. 그러나 이것은 숭고에서 가장 중요한 고양의식, 즉 초월의식의 가치를 제거하는 방식이라 할 수 있다. 리오타르가 잃어버린 절대자로 향하는 향수적 숭고보다는 실험의 무한성으로 향해 있는 혁신적 숭고를 더 중요시한다는 평가를 받는 것도 이 때문이다.[23]

참고로 동양에서도 앞에서 설명한 숭고와 관련된 고전적 논의는 오랜 전통을 가지고 있다는 점을 밝혀둔다. 특히 유협의『문심조룡』에서 여덟 가지 풍

---

20) Jean François Lyotard, 위의 책, 208쪽. 다른 해석을 참조하여 수정하였음.

21) J. F. Lyotard, "After the Sublime, the State of Aesthetics", *The Inhuman: Reflections on Time*, trans. G. Bennington and R. Bowlby, Polity Press, 1991, 138—139쪽.

22) 최문규,「포스트모더니즘과 장엄함의 미학—칸트와 리오타르를 중심으로」,『문학과 사회』, 1992. 가을, 105쪽.

23) Paul Crowther, *Critical Aesthetics and Postmodern*; 김석수,「칸트의 반성적 판단력과 현대 철학」,『칸트연구』3, 한국칸트학회, 1997, 379쪽.

격 중의 하나인 '장려壯麗'가 이에 해당한다고 할 수 있다.[24] 이것이 사공도司空圖의 「이십사품二十四品」에 이르면 '웅혼雄渾'과 '호방豪放'으로 나타나는데, 사공도는 특히 전자를 최상의 풍격으로 평가한다.[25] 이것이 청대 왕국유王國維에 이르면 '굉장宏壯' 혹은 '장미壯美'로 나타나는데, 현대 중국 미학자는 이것을 숭고로 번역한다.[26] 이 풍격론은 한국 한시의 비평에도 적용되었는데, 그 중 숭고와 유사한 것은 남용익南龍翼, 1628—1692의 『호곡시화壺谷詩話』에 나오는 '웅장'이다. 현대문학에서도 숭고가 다루어지긴 했으나 구체적 논의를 결하고 있거나 일반적 차원을 벗어난 정의를 하고 있어 생략한다.[27]

●

3. 숭고한 문학 : 숭고한 정신과 숭고한 표현

문학에서 필요한 숭고 개념은 롱기누스에서 잘 나타난다. 그러나 그는 숭고의 개념을 직접적으로 말하지 않았으므로, 그것을 파악하기 위해서는 그가 숭고의 예로 사용하는 시 구절과 그에 관한 자신의 언급에서 찾아야 한다. 또한 저자가 너무나 당연한 것으로 여겨 개념 설명이라는 과정을 뛰어넘어 간접적으로 설명한 구절을 분석함으로써 숭고의 의미를 재구성할 수 있다.

롱기누스는 몇 부분에서 숭고와 관련된 언급을 하고 있다. 우리는 그 구절을 분석함으로써 간접적으로 숭고의 개념에 대한 그의 생각을 어느 정도 정리해 볼 수 있다.

●

24) 『문심조룡』「체성편(體性篇)」에서 '장려'는 '高論宏裁, 卓 異彩者也'로 설명된다.
25) 「이십사품」은 시로 각각의 풍격을 설명하였는데, '웅혼'의 설명 중에 "형상 밖에 뛰어넘어 그 묘리 얻는다"는 표현은 숭고의 비결정성 혹은 재현불가능성과 연결시킬 수 있을 것으로 보인다.
26) 振斌, 『中國近代美學思想史』, 中國社會科學出版社, 1991, 82쪽.
27) 조동일, 「미적 범주」 『한국사상대계1』, 성균관대 대동문화연구원, 1973; 조동일, 『문학연구방법』, 지식산업사, 1980; 신동욱, 「숭고미와 골계미」 『한국현대문학론』, 박영사, 1972 등 참조.

(가)　　숭고는 표현의 고귀함과 탁월함으로 구성되어 있다. 위대한 작가들이 명성을 얻는 것은 오직 이것으로 인해서이다. 청중에게 고양된 언어가 주는 효과는 설득이 아니라 황홀이다.(1장)

(나)　　나는 이제 숭고의 다섯 가지 원천에 대해 언급하고자 한다. 이는 모두 언어 구사력이라는 것에 의존하고 있는데, 언어 구사력이라는 근본적 자질 없이는 그 어떤 숭고도 가능하지 않을 것이다. 그 다섯 가지는 다음과 같다. 첫째이면서 가장 중요한 원천은 ①사상의 웅장함이다. (……) (나머지는) ②강렬하고도 고양된 정서, (……) ③어떤 비유의 적절한 구성, (……) ④고상한 표현, (……) ⑤구조의 탁월함과 고양됨이다.(8장)

(다)　　예술에서 우리는 정확성을 칭찬하지만 문학에서는 웅장함을 칭찬한다. (……) 조각에서 우리는 인간성에 밀접한 유사성을 기대하지만, 문학에서 우리는 인간성을 초월하는 그 무엇인가를 기대한다.(36장)

먼저 (가)에는 숭고의 언어적 특성과 효과가, (나)에는 숭고의 원천이, (다)에는 숭고의 초월성이 나타난다. 특히 (나)에서 ①과 ②는 작자의 내면, 즉 정신적 태도라는 내용과 관련된 것이고 ③, ④, ⑤는 언어의 표현, 즉 형식과 관련된 것이다. 이로부터 우리는 사상의 웅장함과 강렬하고도 고양된 정서라는 전자의 내용이 후자의 언어적 형식을 통해 드러날 때 비로소 숭고가 이루어질 수 있다는 점을 알 수 있다. 이는 숭고가 작자의 정신적 고귀함의 문제에 국한되는 것이 아님을 말하는 것이다. 문학을 작자의 문제로 귀속시키는 단순성의 위험을 롱기누스는 이미 인지하고 있었던 것으로 보인다.

롱기누스의 논의를 종합하여 보면, 그가 말하는 문학에서의 숭고는 '사상의 웅장함이라는 내용이 표현의 탁월함이라는 형식을 통해 나타나, 초월적인 세계 속으로 독자를 몰입하게 하는 황홀의 효과를 주는 미적 범주라 할 수 있다.

롱기누스가 숭고에 관한 논의를 하는 중에 인용한 다음 예를 통해 그 문제를 구체적으로 다루어보자.[28]

(가) 망대 위에 앉아 있는 사람이 포도주빛 바다를 건너다볼 때
　　아득히 바라보이는 그 무한한 넓이만큼을 한 걸음으로 하여
　　천둥 같이 울음 우는 신성한 군마軍馬들은 단숨에 멀리 건너뛰었다.[29]

(나) 포세이돈이 지나가자, 그의 불멸의 발아래서
　　높은 산들도 떨고 숲도 떨었다.
　　그리하여 샘물이 많은 이데 산의 발과 머리가 모두 흔들렸고
　　트로이 인들의 도시와 아카이아 인들의 함대도 흔들렸다.
　　그가 파도 위를 달리니, 큰 물고기들이 주인을 몰라보지 않고
　　모든 처소로부터 나와 그의 발아래서 뛰어올랐고
　　기쁨에 넘쳐 바다도 갈라섰다. 말들은 날듯이 달려가니[30]

(다) "그리고 신이 말씀하셨다." 무엇을? "빛이 있으라 하니 빛이 있었고, 땅

---

28) 『숭고론』의 저자는 인용문의 원전을 찾아 대조한 것이 아니라 고대의 많은 저자들이 하듯 기억으로부터 그것을 끄집어내기 때문에, 몇 부분의 구절이 뒤섞이거나 『성서 창세기』의 인용처럼 구체적으로 없는 부분이 들어가며 변형되기도 한다. 여기에서는 될 수 있는 한 작품 원전에서 관련 부분을 인용한다.
29) 『일리아드』, 5권; 770—2행. 몬로, 알렌 원전교정, 천병희 옮김, 『호메로스의 일리아스』, 종로서적, 1997, 104쪽. 앞의 권과 행 표시는 이 책의 것이다.
30) 이 구절은 『일리아드』의 여러 부분에서 가져온 구절이다. 2, 3행(『일리아드』, 20권; 58—60행)은 『호메로스의 일리아스』, 370쪽을 참조한 것이다. 전체적으로는 김상봉, 앞의 책, 85쪽을 참조하여 수정하였다.

이 있으라 하니 땅이 있었다."[31]

(라) 아버지 제우스여! 아카이아 인들의 아들들을 어둠에서 구해 주소서.
　　그리고 하늘을 밝게 하시고 눈으로 볼 수 있도록 해주소서.
　　우리가 죽는 것이 그대의 기쁨일진대 제발 밝은 데서 죽이소서![32]

　　위의 인용문은 모두 『숭고론』 9장에 나오는 예들이다. (가), (나), (라)는
『일리아드』에 나오는 구절이고, (다)는 『성서』의 「창세기」에 나오는 구절이다.
(가)는 여신 헤라가 채찍질을 하자 여신의 군마들이 별이 총총한 하늘과 광
대한 대지 사이로 날아가는 장면을 묘사한 부분이다. 이에 대해 롱기누스는
"그(호머)는 우주적 차원을 단위로 하여 군마들의 도약을 측정한다. 이 웅장
한 표현은 신성한 군마들이 그 같은 도약을 연속적으로 두 번 시도한다면, 그
말들이 다음 발을 디딜 장소가 없지 않겠는가 하는 감탄을 자아내도록 만든
다"[33]고 평가하고 있다. 이 문장에서 롱기누스는 인간의 측정 수단으로는 감
히 생각할 수조차 없는 우주적 차원을 단위로 한 표현에서 인간을 초월한 세
계에 대한 충격과 황홀을 느낀다. 다음 문장에서는 그런 도약이 독자에게 끼
치는 구체적인 미적 효과에 대해 말하고 있다. 이를 통해 숭고는 인간의 이지
적 계산이나 상상을 초월한 무한한 세계를 인간에게 각인시키는 데서 발생한
다는 것을 알게 된다. 그리고 이처럼 인간의 한계를 초월한 세계로 인간의 사
유를 향하게 하는 것이 바로 고양elevation의 의미가 된다.
　　(나)는 신들의 전투에서 느낄 수 있는 신성성을 가장 잘 보여주는 부분으

---

31) 관련 내용의 원래 구절은 "하나님이 가라사대 빛이 있으라 하시매 빛이 있었고(창세기 1:3) …. 하나
님이 가라사대 천하의 물이 한 곳으로 모이고 뭍이 드러나라 하시매 그대로 되니라.(창세기 1:9)"이다.
32) 『일리아드』, 17권; 645—7행. 『호메로스의 일리아스』, 334쪽.
33) G. M. A. Grube, *On Great Writing*, 13쪽.

로 평가하는 대목이다. 그는 이 구절을 "신적인 것을 흠 없이 참으로 크고 순수하게 묘사하고 있다"[34]고 평가한다. 그가 주목하는 것은 신의 위대한 크기와 모양이 아니라, 신적인 평화에 모든 것이 자연스럽게 참여하고 있는 장엄한 풍경이다. 이 속에 신의 진정한 모습이 잘 묘사되어 있다고 본 것이다.

(다)는 태초에 창조주가 단 한마디의 말로 무에서 유를 창조하고, 빛과 땅을 창조하는 절대적인 명령을 내리는 장면이다.[35] 태초라는 아득한 시간을 배경으로 허공에서 어둠을 향해 명령을 내리는 절대자의 모습은 인간의 상상을 초월하는 위압감을 지니며, 이를 상상으로 대면하는 순간 우리는 숭고를 느끼게 된다. 브왈로의 지적대로 이 구절이 "자연의 절대적인 통치자께서 단한마디로 빛을 창조하셨다"는 말로 표현되었다면, 숭고의 스타일을 취하긴 해도 진정한 숭고를 성립시키지는 못했을 것이다.[36] 그것은 그 구절들의 전체 효과로 볼 때, 「창세기」 같은 절대적인 권능에 대한 위압감의 표현을 효과적으로 제시하지 못했기 때문이다. 여기서 숭고는 단순히 인간 이상의 세계를 표현하는 데에서 생기는 것이 아니라 미적 효과를 거두는 형식의 측면이 동반될 때 가능한 것임을 알 수 있다.

그러나 숭고는 초월적인 신과 관련될 때만 성립되는 것일까. 그렇다면 초월적 세계와 무관한 인간의 행위는 숭고에서 배제되는 것인가. 롱기누스는 다행스럽게도 그렇지 않다고 하며, (라)의 예를 하나 더 덧붙인다. 인용한 부분은 갑자기 어둠이 몰려오자 제우스가 트로이 인들을 돕고 있다고 판단한 아이아스의 부르짖음이다. 절대적인 신이 상대편을 돕고 있으니 승리가 불가능

---

34) 김상봉, 앞의 책, 85쪽.

35) 브래들리는 다음과 같이 해설한다. "태초의 그리고 즉각적인 빛의 출현이라는 생각은 …. 숭고하다. 그리고 그 기본적인 호소는 감각으로 향해진다. 더 나아가 이 초월적인 영광스런 출현이 단순한 언어, 하나의 호흡에 기인한다는 것 자체가 …. 절대적으로 측정불가능한 힘에 대한 인상을 엄청나게 강렬하게 만든다." A. C. Bradly, *Oxford Lecture on Poetry*, London, Macmillan, 1959, 57쪽.

36) Boileau, "Preface by the translator of on the sublime", Lieder P. R. and R. Withington (edit), *The Art of Literary Criticism*, Appleton Century Croft INC, 1941, 227쪽.

하다고 판단한 아이아스가 제우스에게 떳떳한 죽음을 달라고 하늘을 향해 부르짖는 말이다. 이것이 왜 숭고한가. 롱기누스는 다음과 같이 설명한다.

> 위의 표현은 아이아스의 순수한 감정이다. 그는 목숨을 구걸하는 것이 아니다. 그런 구걸은 영웅에게는 너무나 천박한 것이다. 그러나 아무것도 할 수 없는 어둠 속에서 그는, 그의 용맹을 고상한 목적에 사용할 수 없게 되었다. 그는, 이러한 상황에서 싸움을 계속할 수 없게 된 사실에 속을 태우며, 밝은 대낮이 빨리 다시 돌아오기를 기도하였다. 비록 제우스가 그와 싸움을 벌이는 일이 있더라도, 그는 적어도 그의 용기에 걸맞은 죽음을 택하리라고 생각하였다.[37]

인간의 유한성을 인식하면서도 그것을 뛰어넘으려는 시도, 즉 죽음이라는 절대적인 한계 앞에서 전혀 주눅 들지 않는 용기가 바로 숭고한 것이다. 이 순간 인간은 유한성을 넘어선 초월적 세계에 들어선다. 이런 용기를 정정당당하게 보여줄 수 있는 이라면 누구나 영웅이다. 단순히 신과 대적하겠다는 무모한 행위라면 숭고할 수 없다. 숭고는 신과의 대적이라는 외면이 아니라 영웅의 내면에 있는 것이다. 호메로스는 그것을 적절하게 표현하고 있다.

이런 예를 통해 확인할 수 있는 것은, 초월성이 그 자체로 나타나는 것이 아니라 언제나 탁월한 미적 표현을 바탕으로 하여 나타난다는 점이다. 예로 든 「일리아드」나 「창세기」의 구절은 독자를 압도할 수 있는 최상의 표현을 선택하고 있다. 이처럼 일상적 세계를 순간적으로 벗어나게 만들며, 동시적으로 인간을 넘어서 있는 초월적 세계를 상기시키는 탁월한 묘사는 새로운 차원으

37) 롱기누스, 김명복 옮김, 『롱기누스의 숭고미 이론』, 연세대학교출판부, 2002, 39쪽.

로 독자를 고양시키는데, 바로 그 속에서 숭고가 발생되는 것이다.[38]

4. 숭고의 특질 : 이중성과 주관성

다른 미적 범주와는 달리 숭고는 매우 독특한 내용을 지니고 있다. 그런 독특성은 롱기누스에서부터 리오타르에 이르기까지 공통적으로 나타나는 자질로서, 바로 그 점으로 인하여 숭고는 하나의 확고한 미적 범주로 성립하게 된다. 그런 독특성은 크게 두 가지로 나눠 논의할 수 있을 것이다. 즉 이중성과 주관성이 바로 그것이다. 철학적으로 가장 정치하게 분석한 칸트의 논의를 중심으로 정리해 보자.

1) 이중성

칸트에 따르면 미에 있어서 상상력은 지성(오성)과 관련되지만, 숭고에 있어서 상상력은 이성과 관련된다. 상상력—지성(미), 상상력—이성(숭고)의 이런 관계는 미와 숭고의 특성을 드러내는 공식이다. 특히 후자에서 상상력이 이성과 관계될 때 매우 역설적인 심리 과정이 나타난다. 불쾌라는 부정적 상태와 쾌라는 긍정적 상태가 그것이다. 미가 단순한 쾌라는 사실과 대비해볼 때, 숭고가 이중적 복합적인 감정을 함의하고 있다는 사실은 가장 두드러진 특징이 된다.

숭고의 이중성은 부정성과 긍정성으로 이루어지는데, 숭고가 부정적 측면을 갖는 것은 미가 대상의 형식에서 야기되는 것과 달리 숭고는 형식을 결

---

38) 그러나 이런 표현이 과장과 다르다는 점을 롱기누스는 강조한다. (가)의 장면을 우의적으로 이해하지 않는다면 불경스럽고 상식적인 취향을 넘어서는 것이 된다고 지적하고 있다. 그리고 과장의 문제는 『숭고론』3장에서 자세히 다루고 있다.

여한 대상, 즉 몰형식적 대상formless object에서 초래되기 때문이다. 몰형식성은 인간의 파악 범위 내에 들어오지 않기 때문에 불쾌감을 야기하는데, 이것은 상상력의 한계의식을 말하는 것이다. 그것은 모든 감각적 기준들이 대상을 파악하는 데 부적절하다는 내적 자각으로, 상상력이 감성적 제약 속에 갇혀 있어 이성의 요구에 부응하지 못했음을 의미한다. 여기에서 이성과 상상력의 대립은 이성의 승리로 바뀌면서 불쾌는 쾌로 변한다.

천년고도千年古都, 면목 없다
염치없다
평생 죄인처럼 고개 떨구고 사느니
아예 머리통을 깨부숴버린
머리 없는 돌부처 몸뚱이 위에
기름기 잘잘 흐르는 낯짝을 올려놓고
그윽한 표정 짓는
어떤 인간에게
이 가짜야 손 들엇, 했더니

경주 남산
등성이 너머에서 누가
일어서고 있다 산보다 큰 어떤 덩치가
손 들고 천천히
뭉그적뭉그적 일어서고 있다
— 이덕규,「손 들엇」 전문

위의 시는 경주 남산에서 머리 없는 돌부처를 두고 장난을 치다가 그 너머 어떤 것을 보는 장면을 재미있게 그린 작품이다. 이 작품을 통해 상상력과 이성의 대결을 설명할 수 있다. 상상력의 한계, 즉 부적합성은 이성 이념을 불러일으키며 우리 내부에 있는 초감성적 능력을 환기시킨다. 이 작품에서 상상력의 한계는 '가짜'라는 말로 표현된다. 부처와 그것이 지닌 표현 불가능한 신성함이 '진짜'일 것이다. 그 진짜를 재현해 내지 못하는 상상력의 한계를 여기에서 볼 수 있다. 그때 그 '진짜'는 산 뒤에서 '산보다 큰 어떤 덩치'로 나타난다. 상상력의 한계가 불러내는 초감성적 바탕이 아마도 이처럼 환기될 것이다. 그것의 구체적인 모습은 여기에 그려지지 않는다. 그것은 재현 불가능한 우리 내부의 이념이기 때문이다.

상상력의 한계가 이성 이념을 환기하는 것은, 상상력에는 무한히 전진하려는 노력이 있고, 이성에는 절대적 총체성에 대한 요구가 있기 때문이다.[39] 즉 상상력이 어떤 대상에 대한 명확한 파악에 실패하면, 총체성을 기반으로 하는 이성의 개입이 요구된다. 상상력은 감성에 속하기 때문에 상상력의 한계는 바로 감성의 한계에 해당한다. 따라서 상상력의 한계는 바로 이성의 무한한 능력의 표상이 되면서 지금까지의 불쾌는 이성적 존재로서의 힘과 능력에 대한 긍지와 자부로 변하게 되는데, 이것이 바로 숭고의 긍정성을 구성하게 된다.

위에서 본 것처럼 숭고의 이중성은 '상상력의 한계의식—불쾌'의 축과 '이성의 환기—쾌'의 축으로 구성되기 때문에, "숭고의 감정은 대상의 판정과 결부된 심의의 동요를 그 특성으로 한다."[40] 이런 이중성 속에서의 '동요'가 어느 한편으로 극단적으로 치우칠 때 숭고의 감정은 부정적인 결과를 초래한다. 상상력의 실패로 인한 한계 경험(불쾌)의 축에 설 때 우리는 비판의식을

•

39) I. Kant, 이석윤 옮김, 『판단력비판』, 박영사, 1974, 115쪽.
40) I. Kant, 위의 책, 112쪽.

가질 수 있으며, 이 한계의식 자체는 새로운 의식의 탐색으로 갈 수 있다. 그러나 그것이 극단화될 때 불쾌, 공포의 감정에 주저앉아 자아의 파멸을 맞게 된다. 이것은 숭고의 효과인 고양高揚과 거리가 먼 것이다. 반면에 초감성적인 존재의 환기로 인한 쾌의 축에 설 때 우리는 우리 자신의 한계를 넘어선 진정한 고양된 의식을 느끼게 된다. 그러나 그 의식이 극단화될 경우 공포와 불안의 반대급부로 얻어진 황홀이 과대망상으로 나아가게 되고 그것이 결국 인간성을 배제하는 전체주의로 귀결하게 된다. 우리는 이러한 대표적인 예를 하이데거의 나치와 관련된 전력에서 찾을 수 있다. 그것은 "배타적인 숭고의 시학이 너무 쉽게 비이성적이고 파시스트적인 정치학으로 변질될 수 있음"[41]을 보여주는 예가 된다.

지금까지의 이중성에 대한 논의는 다음과 같은 도표로 정리될 수 있다.[42]

	부정성	긍정성
1	상상력의 한계	초감성적 존재 인식
2	불쾌(불안·공포) 비판의식	쾌(황홀) 고양 의식
3	한계 상황 → 자아 파멸	과대 망상 → 전체주의
4	부적합성 비합목적적	적합성 합목적적

---

41) Gary Shapiro, "From the Sublime to the Political: Some Historical Notes", *New Literary History*, 1985. Winter, 216쪽.
42) 표 내용중 3번항은 독일 미학자 프리스가 편한 『숭고—한계경험과 과대망상의 거리』에서 가져왔으며, 4번항은 하르트만의 논의에서 가져온 것이다. hrsg. von Christine Pries, Das Erhabene ; *Zwischen Grenz-fahrung und Grobenwahn*, Acta Humaniora, Wheinheim 1989; Hartmann, 앞의 책, 385쪽 참조.

2) 주관성

칸트에 따르면 미는 일목요연성, 완결성, 균비성均比性 등이 척도 역할을
하지만, 숭고한 것은 일체의 척도를 넘어선다.[43] 이것은 우리가 어떤 대상에서
숭고를 느낄 경우, 그것에 적합한 척도를 외부가 아니라 우리 내부에서 찾아
야 함을 의미한다. 절대적으로 큰 것은 자신 이외의 그 무엇과도 비교할 수
없는 하나의 크기이다. 그러므로 숭고는 자연의 사물들에서 찾을 수 있는 것
이 아니라, 오직 우리의 이념에서만 찾을 수 있다고 하는 결론이 이에서 나온
다.[44] N.하르트만이 "대상의 감성적·실재적인 전경前景에 대한, 위대한 것에 대
한 인간의 요망에 적합하고 이에 배치背馳하는 것을 압도하는 어떤 비감성
적 후경後景의 현상"[45]을 숭고라 정의했을 때, 후경의 의미는 바로 이와 관련
이 있다.

숭고론에 나타나는 이와 같은 주관성의 강조와 이의 연장선상에 있는 칸
트의 천재론이 낭만주의의 본질적인 요소에 많은 영향을 준 것은 주지의 사
실이다. 낭만주의의 한 특성이 주관의 우월성에 있다는 점이나, 낭만주의가
천재성을 확대하여 초개인적인 힘을 강조하는 방향으로 나아갔다는 사실 등
은 바로 이 점과 직결된다.[46]

그런데 칸트에 있어서 숭고의 문제는 도덕의 문제로 귀결된다. 숭고의 원
천은 감각세계나 자연에 있는 것이 아니라 인간성에 의해 공유되는 이념들,
즉 인간의 이성에 있기에 숭고는 늘 도덕적 원천으로 우리를 돌아가게 한다.
따라서 숭고라는 미적 범주는 결국 윤리학에 종속되고, 윤리학을 지지하는
도구적 위치로 떨어질 위험성에 쉽게 노출된다. 그러나 본질적으로 "숭고는

---

43) F. Kaulbach, 백종현 옮김, 『칸트 비판철학의 형성과정과 체계』, 서광사, 1992, 246쪽.
44) I, Kant, 앞의 책, 115쪽.
45) Hartmann, 앞의 책, 393쪽.
46) 오세영, 「낭만주의란 무엇인가」, 『문학연구방법론』, 시와시학사, 1993, 187—194쪽. 낭만주의와 관련
하여 숭고의 이중성 가운데 과도한 '쾌'의 경우 전체주의의 문제와도 연결된다.

미학과 윤리학의 혼합"[47]이기에, 숭고에 접근할 때 어느 한쪽으로 치우치지 않는 균형 감각이 필요하다.

5. 현대시와 숭고 : 백석과 이육사의 경우

1) 「광야」와 「북방에서」의 숭고

현대시에서 숭고를 가장 잘 보여주는 작품은 이육사의 「광야」와 백석의 「북방에서」이다. 먼저 「광야」라는 작품을 살펴보자.[48]

까마득한 날에
하늘이 처음 열리고
어데 닭 우는 소리 들렸으랴

모든 산맥들이
바다를 연모해 휘달릴 때도
차마 이곳을 범하든 못하였으리라

끊임없는 광음을
부지런한 계절이 피어선 지고
큰 강물이 비로소 길을 열었다

---

47) Judith Huggins Balfe, "Sociology and the Sublime", *New Literary History*, 1985, Winter, 238쪽.
48) 현대시와 숭고의 문제는 박현수, 「일제강점기 시의 숭고 고찰」, 『현대시와 전통주의의 수사학』, 서울대학교출판부, 2004 참조.

지금 눈 내리고
매화향기 홀로 아득하니
내 여기 가난한 노래의 씨를 뿌려라

다시 천고의 뒤에
백마 타고 오는 초인이 있어
이 광야에서 목 놓아 부르게 하리라
― 이육사, 「광야」 전문

이 시에서 우리가 숭고를 느낀다면 그것은 이 시에 등장하는 시공의 스케일 때문이다. 시간적으로 이 시는 태초를 의미하는 '까마득한 날'에서부터 아득한 미래를 의미하는 '천고의 뒤'를 그 범위로 정하고 있다. 까마득한 날은 천지가 창조되는 태초의 시간이다. 인간의 시간의식으로 유추해 나갈 때 그 알 수 없는 근원으로 상정되는 시간이 바로 태초이다. 그러니까 인간에게 있어서 태초는 실재의 시간이 아니라 아득한 한계 끝에 있는 단지 유추로 상정되는 시간일 뿐이다.

이런 태초에 대한 시간의식은 칸트가 말하는 수학적 숭고와 관련시켜 논할 수 있다. 칸트는 어떤 양을 직관적으로 받아들여서 그 양의 수에 의한 크기의 평가를 위한 척도나 또는 단위로 사용할 수 있도록 하는 데에는 이 상상력의 두 가지 작용, 즉 포착apprehensio과 총괄comprehensio aesthetica이 필요하다고 한다.[49] 포착은 시간적 연속에 따라 부분 부분을 파악해 나가는 진행 과정인데 반해, 총괄은 서로 다른 시간에 포착되는 부분들을 하나의 전체로 파악하고 판단하는 것이다. 포착은 무한히 진행될 수 있지만, 총괄은 그 포착이

49) I. Kant, 앞의 책, 117쪽.

전진하면 할수록 더욱 더 곤란해져서 곧 그 최대한도, 즉 크기 평가의 미감적으로 가장 큰 기본적 척도에 도달한다. 포착이 전진하다 보면 총괄에는 상상력이 그 이상 넘을 수 없는 최대의 것에 도달하기 때문이다.

그런데 그런 수적 측정이 비교에 의존하는 것이란 점을 상기할 때 가장 큰 것은 있을 수 없지만, 미적 측정에서는 최대의 것은 가능하다. 사실 거대하고 몰형식적인 대상으로 향하는 미적 측정에서는 적절한 척도, 즉 절대적인 기본 척도는 찾기 힘들다. 자연에 불변하는 기본 척도는 자연의 절대적 전체이며 그것은 '총괄된 무한성'이다. 그러나 끝없는 진행의 절대적 총체성이란 불가능하기 때문에 그 기본 척도는 자기모순적 개념이다.[50] 그런데 상상력이 총괄할 수 없는 무한한 자연의 크기는 자연에 대한 개념을 이끌고 하나의 초감성적 기체基體로 나아가게 한다. 즉 상상력의 부적절성, 즉 절대적 척도인 무한 자체에 도달하고자 하는 상상력의 좌절에서 초감성적 영역의 존재를 인식하게 되며, 그 순간 숭고가 발생한다. 이것이 불쾌를 쾌로 변환시키는 숭고의 메카니즘이다.

이제 이런 관점에서 "까마득한 날"의 시간을 생각하는 문제를 다루어보자. 우리의 상상력은 지금 이 시간을 기준으로 하여 일 년씩 혹은 십 년씩 소급해간다. 즉 시간을 역으로 포착해 나가는 것이다. 그러나 이런 포착은 그 시간이 천 년, 만 년에서 몇 백만 년, 몇 억 년을 더할수록 그 한계에 도달하게 되고 갈수록 총괄은 어려워진다. 우리는 그런 총괄을 이루게 할 절대적인 척도, 즉 '총괄된 무한성'을 필요로 하게 되는데, 우리의 이성은 그 속에서 무한 자체의 사유 속에 놓이게 된다. 무한한 것을 하나의 전체로서 사유할 수 있다는 것만으로도 감각의 모든 척도를 초월하는 마음의 능력이 있음을 알 수 있게 되

---

50) I. Kant, 위의 책, 122쪽.

고, 우리는 그 속에서 숭고를 느낀다.[51] 우리가 이 시의 "까마득한 날"의 의미를 사유할 때 인간의 사유가 도달할 수 없는 무한을 상정하게 되는 것은 분명하다. 그리고 이 시의 마지막 연의 "천고의 뒤" 역시 이런 점에서 동일한 효과를 준다. 이 시의 숭고는 바로 이런 '총괄된 무한'을 상기시키는 총괄의 한계와 그로 인한 초감성적 존재의 인식에서 생기는 것이라 할 수 있다. 수학적으로 거슬러 올라가면서(까마득한 날) 혹은 미래로 나아가면서(천고의 뒤) 우리가 느끼게 되는 '우리 감성을 넘어선 어떤 것'을 이 시는 생각하게 한다. 이 시의 숭고를 유발하는 가장 기본적인 요소는 바로 여기에 있는 것이다.

또 이 시의 공간은 '광야'이다. 이 시에서 이 광야가 어떤 크기를 지녔는지는 알 수 없다. 그러나 이곳이 "모든 산맥들이 바다를 연모해 휘달릴 때도 (……) 참아 범"할 수 없었던 공간임은 분명하다. 산맥이 형성되고 있는 아득한 지질시대에 놓인 공간은 앞에서 다룬 무한의 시간과 연관되어 있으며 그 자체로 시간의 무한성으로 인해 숭고의 효과를 지닌다. 그런데 광야가 더 의미 있는 것은 시인이 그 광야에 산맥조차 범할 수 없는 신성함을 부여하고 있기 때문이다. 의인화된 산맥들이 거대한 파충류처럼 불가항력의 힘으로 휘달릴 때, 그 힘을 무기력하게 만들고 굴복시킬 수 있는 위력을 이 광야는 가지고 있는 것이다. 롱기누스가 인용한 『일리아드』의 한 구절(포세이돈이 땅을 찢어 지하 세계를 드러내는 행위)에서 인간의 상상을 초월한 막강한 힘의 묘사로부터 숭고가 생기는 것과 비교할 때, 그런 막강한 힘을 제어하고 감복케 하는 정도의 신성함을 지닌 것으로 광야를 묘사한 것은 『일리아드』보다 더 차원 높은 표현이라 할 수 있다. 그것은 광야의 신성성이, 불가항력의 힘을 지닌 산맥들을 무력하게 하는 '내면화된 힘'을 뜻하기 때문이다.

숭고가 잘 드러나는 또다른 시는 백석의 「북방에서」이다. 이 작품은 「광

---

51) 실제로 칸트는 이처럼 수를 누적해나가는 방식을 예로 사용하고 있다. I. Kant, 위의 책, 119—20쪽.

야」와 여러 면에서 유사성을 지니고 있다.

아득한 옛날에 나는 떠났다
부여를 숙신을 발해를 여진을 요를 금을,
흥안령을 음산을 아무우르를 숭가리를.
범과 사슴과 너구리를 배반하고
송어와 메기와 개구리를 속이고 나는 떠났다.

나는 그때
자작나무와 익갈나무의 슬퍼하던 것을 기억한다
갈대와 장풍의 붙드던 말도 잊지 않았다
오로촌이 멧돌을 잡어 나를 잔치해 보내든 것도
쏠론이 십리길을 따라 나와 울던 것도 잊지 않았다

나는 그때
아모 이기지 못할 슬픔도 시름도 없이
다만 게을리 먼 앞대로 떠나 나왔다
그리하여 따사한 해ㅅ귀에서 하이얀 옷을 입고 매ㄲ러운 밥을 먹고 단
샘을 마시고 낮잠을 잤다
밤에는 먼 개소리에 놀라나고
아침에는 지나가는 사람마다에게 절을 하면서도
나는 나의 부ㄲ러움을 알지 못했다

그동안 돌비는 깨어지고 많은 은금보화는 땅에 묻히고 가마귀도 긴
족보를 이루었는데

이리하야 또 한 아득한 새 옛날이 비롯하는 때

이제는 참으로 이기지 못할 슬픔과 시름에 쫓겨

나는 나의 옛 한울로 땅으로—나의 태반으로 돌아왔으나

이미 해는 늙고 달은 파리하고 바람은 미치고 보래구름만 혼자 넋 없이 떠도는데

아 나의 조상은 형제는 일가친척은 정다운 이웃은 그리운 것은 사랑하는 것은 우러르는 것은 나의 자랑은 나의 힘은 없다 바람과 물과 세월과 같이 지나가고 없다

—백석, 「북방에서」 전문

이 시도 「광야」처럼 태초는 아니지만 그와 유사한 '아득한 옛날'에서부터 시작한다. 여기에서 시적 화자는 그런 태곳적 시간을 떠나왔다. 그 시간은 부여와 숙신, 발해, 여진, 요, 금이라는 역사상의 국가나 민족명과 동일시된다. 이들 국가는 그러나 동일 시간대가 아니다. 그 시간은 기원전에서부터 12세기에 이르는, 수많은 국가가 소멸되고 탄생을 거듭했던 시간이며, 많은 종족이 새로 역사에 등장하고 사라진 시간이다. 이처럼 폭이 큰 시간을 시적 화자는 여섯 개의 고유명사로 한데 묶어버렸다. 이 순간적인 역사의 응축에서 우리는 일종의 일상적인 한계를 넘어서는 시간을 경험하게 된다.

그리고 그 고유명사가 보여주는 것은 아득한 시간(즉 시간적 크기)뿐 아니라, 그런 시기로 표상되는, 문명에 물들지 않은 원시성과 건강성이다. 그 원시성은 2연의 내용으로 더욱 구체화되어 실감을 불러일으킨다. 이로 인해 이 시적 화자는 태초의 원시성에 순간적으로 놓이게 되고, 우리는 미처 예기하지 못했던 그런 돌발적인 상황에 같이 참여하면서 인식 차원의 단절을 경험

하게 된다. "인간의 이성적 판단을 일시 중지시키고 자아의 일시적 죽음에 이르게 하는 황홀경"[52]이 숭고의 경험이라 할 때, 바로 이 옛시는 그런 숭고를 발생시킨다고 할 수 있다.

그런데 그 시간의 흐름은 국가와 종족의 명칭이 뒤섞여 있어 일관성을 갖지 못하고 있다. 그렇다면 이것에 일관성을 부여하는 것은 무엇인가. 그것은 시간이 아니라 공간에서 찾을 수 있다. 그 공간은 바로 "넷 한울과 땅"으로 명명되고 있는 곳이다. 그곳에서 떠나오기 전에 화자는 범·사슴·너구리·송어·메기·개구리 등의 짐승, 그리고 자작나무·익갈나무·갈대·장풍 등의 자연물과 의사소통을 하며 일체가 되어 있다. 짐승들을 배반하거나 속이는 것은 짐승의 세계와 인간의 세계가 동일 차원에 놓여 있음을 뜻한다. 그것은 갈대와 장풍 같은 자연물과 감정을 교환하고 대화를 하는 점에서도 동일하다. 이곳은 자연과 그 속에 놓인 모든 생물체가 조화를 이루고 있는 공간이다. 그러나 이것을 의인화나 과장의 단순한 수법으로 치부하기에는 석연치 않는 점이 많다. 이런 표현들이 결국 귀결하게 되는 것은 그 공간의 신성성이기 때문이다. 그곳은 인간과 만물이 자유로이 상호 소통하는 곳이며 일체의 차별이 소멸된 이상향이다. "신화가 직간접적으로 인간을 고양시킨다"[53]는 엘리아데의 논의를 빌리지 않더라도, 이런 세계를 보여주고 있는 백석의 「북방에서」는 여러 가지에서 육사의 「광야」처럼 인간을 숭고로 이끌어 간다.

「광야」와 「북방에서」는 태초의 신성한 시간성과 공간성을 환기시키는 민족의 태반을 시의 주요 모티브로 삼아 형상화하며 숭고를 생성시킨다. 그것을 간략하게 정리하면 다음과 같다. 먼저 상상력의 한계 저편에 있는 초월적

---

52) 박우수, 「문학과 영속성—롱기누스와 하이데거의 경우」, 『수사적 인간』, 도서출판민, 1995, 251쪽. 여기서의 이성적 판단은 칸트적 의미에서의 이성의 이념이 아니다. 합리적 판단 정도로 이해해야 될 것이다.
53) M. Eliade, 이은봉 옮김, 『신화와 현실』, 성균관대 출판부, 1985, 174쪽.

세계와 등가를 이루는 태초의 시간성과 공간성에 독자는 감성적 포괄의 좌절을 느끼고 어떤 한계의식에 도달하게 된다. 이것은 숭고의 이중성 중에 불쾌를 형성하는 부분이다. 그러나 이로부터 우리는 우리의 감성적 한계를 넘어서 있는 어떤 무한을 깨닫고 그 한계를 벗어난 어떤 고양된 정신 상태에 도달하게 되는데, 이것이 쾌를 구성하는 요소로 독자를 황홀감으로 이끈다.

한편 이 시들은 민족주의와 연관된 전체주의와 거리를 두며 탁월한 시적 성취를 이룩하였다는 점에서 주목할 만하다. 이 시들은 어떻게 정치성, 즉 전체주의로 나아갈 수 있는 숭고의 한 극단적인 형태를 피할 수 있었던가, 즉 이 시들에서 민족의 성스러운 태반을 시적 출발로 삼아 전체주의로 나아갈 수 있는 위험한 통로를 어떻게 벗어나고 있는가 하는 점이 해명되어야 한다.

먼저 형상화의 문제로 제어된다. 숭고는 정신의 문제만이 아니라 표현의 문제를 동반하여야 한다. 이들의 시에 드러나는 숭고는 모두 '지금 여기'의 문제인식을 기반으로 하지만, 그 자체가 상징을 통해 표출되고 있다. 신성성이 부여되고 있는 광야라든가 옛 하늘과 땅은 그런 문제인식을 직접적으로 다루면서 생길 수 있는 문학적 효과 상실의 위험을 제거하는 데 기여한다. 이를 통해 대상에 대한 미적 거리를 조율할 수 있는 것이다.

다음으로 그것은 문학의식의 제어기제에 의해 이루어진다. 먼저 「광야」에서는 그 형식적 정제의 밑바탕에 깔려 있는 유교미학, 구체적으로는 주리론적 시각에서 그 근거를 찾을 수 있다.[54] 유교 미학의 절제 정신은 시인과 그 변형인 시적 화자가 자아를 망각하고 하나의 초월세계로 무비판적으로 도피하는 것을 막아준다. 또한 유교 미학의 중용 정신 또한 숭고의 미학과 윤리학 사이에서 어느 한쪽으로 치우치지 않고 미적 균형을 찾는 데 중요한 역할을

---

54) 이육사 시의 주리론적 특성에 대해서는 박현수, 「이육사의 시학과 주리론의 미학체계」, 『현대시와 전통주의의 수사학』, 서울대학교출판부, 2004 참조.

하는 것으로 보인다. 그리고 「북방에서」는 대안적 허무의식이라 부르는 것에서 그런 요소를 발견할 수 있다. 이 시는 '지금 여기'의 부정적 상황을 환기시키며 "옛 한울로 땅으로—나의 태반"으로 돌아가지만 거기에서 허무함만 느낀다. 그러나 그런 허무는 감상적 차원의 탄식이나 절망의 결과가 아니라, 또는 문학적 형식으로 커버되는 '철저한 절망'으로서의 "허무의 늪"[55] 이 아니라, "철석鐵石의 냉담에 필적하는 불발한 정신을 가지고 대상과 마주"[56] 서는 그 태도에 기인하는 대안적 허무였던 것이다. 여기에서 생기는 비판적 거리가 바로 전체주의로 매몰될 위험성을 지닌 숭고라는 미적 범주를 균형 있고 가치 있게 만들고 있는 것이다.

---

55) 김윤식, 「백석론—허무의 늪 건너기」, 고형진 편, 『백석』, 새미, 1996, 217—218쪽. 김윤식 교수는 그 형식으로 풍물묘사의 정확성과 그 풍물에 이야기를 걸게끔 하는 이야기체의 정신을 든다.
56) 김기림, 「'사슴'을 안고」, 『조선일보』, 1936. 1. 29.

1. 다음 글에서 김동리가 말하는 '평면의 정신'이 무엇인지 설명하고, 이로부
터 치명적인 영향을 받은 작가와 작품 경향에 대해 생각해 보자.

신과 또 신의 거주인 하늘의 무궁성을 인류에게서 추방하고 난 과학적 실증적
결론에서 형성된 자연주의 정신, (……) 하늘과 입체와 무궁성이 배제된 지극히 제
한된 지상에서 이제는 아주 더 갈 데가 없이 된 이 평면의 정신은 가는 곳마다 많
은 정신병과 발광과 난음亂淫을 전개하며 1918년경에는 조선으로 흘러들기 시작
하였다. 그리하여 그것이 어떠한 기질의 작가에게는 두 번 다시 헤어날 수 없을 만
큼 치명적인 마약이 될 수도 있었다.

— 김동리, 『문학과 인간』

2. 롱기누스는 숭고의 예로 『일리아드』의 다음 인용을 들면서 가장 적절한 예
는 아닌 것으로 평가하고 있다. 먼저 어떤 점에서 숭고의 예가 되는지 설명하
고, 가장 적절한 예가 되지 못한 이유에 대해 말해 보자.

그리고 하계下界의 왕 하데스는 아래쪽에서 겁에 질려
고함을 지르며 왕좌에서 뛰어올랐으니
대지를 흔드는 포세이돈이 그의 위에서 땅을 찢어
신들조차 싫어하는 무시무시하고 삭막한 그의 거처가
인간들과 신들 앞에 드러나지 않을까 두려웠기 때문이다

— 호메로스, 『일리아드』

3. 다음 시조가 숭고한 작품의 적절한 예가 될 수 있는지 판단하고, 그 이유를 말해 보자.

> 대붕大鵬을 손으로 잡아 번갯불에 구워먹고
> 곤륜산 옆에 끼고 북해北海를 건너뛰니
> 태산이 발끝에 차이어 왜각대각 하더라.
> ― 지은이 모름, 『청구영언』

4. 다음에 제시된 풍경을 바라볼 때 우리 마음속에 일어나는 감정 상태의 변화를 몇 단계로 나누어보자.

> 대담하게 솟아 올라있는 위협적인 절벽,
> 번개와 우레를 몰고 오는 하늘 높이 피어있는 먹구름,
> 엄청난 파괴력을 지닌 화산,
> 폐허를 남기고 지나가는 태풍,
> 파도가 치솟는 끝없는 대양, 힘차게 쏟아져 내리는 폭포
> ― 칸트, 『판단력 비판』

5. 길가에 핀 아름다운 들꽃을 볼 때 느끼는 감정 상태를 생각해 보고, 앞에 칸트가 제시한 감정 상태와 어떤 점에서 차이가 나는지 말해 보자.

6. 칸트는 숭고의 대상을 우리의 인식능력에 관계된 것과 자기보존의 욕구와 연관된 것으로 구분하고, 전자는 크기의 '수학적 숭고', 후자는 그것이 파괴적으로 작용할 때에 두려운 것으로 보이는 힘의 '역학적 숭고'라 부른다. 다음 예를 수학적 숭고와 역학적 숭고로 분류해 보자.

① 발아래 끝없이 펼쳐진 구름바다

② 은빛 만년설을 머리에 이고 치솟은 거대한 봉우리

③ 폭풍이 몰아쳐 울부짖는 바다

④ 한 눈에 잘 보이지 않는 피라미드

⑤ 별들이 무한하게 펼쳐져 있는 밤하늘

7. 다음 글에서 칸트는 전쟁도 숭고할 수 있다고 하였다. 그 이유가 무엇인지 정리하고, 이에 대한 자신의 생각을 말해 보자.

심지어 전쟁조차, 만일 그것이 질서 있게 그리고 시민의 권리를 신성시하면서 수행된다면, 그 자체로 어떤 숭고한 것을 가진다. 그리고 동시에 그와 같은 전쟁을 수행하는 국민이 보다 많은 위험에 처했었고 그런 위험을 용감하게 견디어낼 수 있었다면, 그럴수록 전쟁은 그 국민의 신념을 그만큼 더 숭고하게 만든다.

—칸트, 『판단력비판』

8. 다음은 최재서가 친일 파시즘문학으로 기울게 되는 계기를 서술한 글이다. 그가 느낀 감정이 숭고인지 아닌지 판단해 보자.

역 구내는 벌써 출정군인(일본군인-인용자) 전송인으로 초만원이어서 택시는 근방에도 못 간다. (……) 그러나 나는 그곳에 벌어진 창가와 만세와 격려와 절규의 흥분이 소용돌이치는 광경에 완전히 나 자신을 잃고 말았다. 무엇인지 모를 커다란 힘에 압도되어 실로 위협을 느끼면서 겨우 찻간에 올라앉았다. (……) 그날 밤 나는 차안에서 낭격浪激처럼 밀려오는 국민적 정열에 좀처럼 눈을 붙일 수가 없었다. (……) 만세를 부르는 정경은 참으로 눈물겨웠다. 이리하여 나는 전쟁 속의 한 사람이 되었다.

— 최재서, 「사변 당초와 나」

9. 다음 글에서 사회심리학자 라이히는 파시즘 시대에 일반적인 대중과 달리 당시의 노동자들이 파시즘적 황홀에 빠지지 않은 이유를 설명하고 있다. 그 이유를 정리하고 이에 대한 자신의 생각을 말해 보자.

동일시하려는 욕구는 같지만 대상은 다른 것이다. 즉 그 대상은 지도자가 아니라 동료 노동자이며, 환상이 아니라 자신의 일이며, 가족이 아니라 지구상의 노동하는 사람들인 것이다. 여기에서 국제적인 전문가 의식은 신비주의 및 민족주의와 대립한다. 그러나 이것이 노동자들이 자존심을 포기한다는 의미는 분명 아니다. 위기가 닥칠 때 '공동체에 대한 봉사', '개인의 이익에 앞서는 일반의 이익'에 열광하는 것은 반동적인 인간들이다. 노동자의 자존심은 오직 전문가 의식에서 나온다.
— 라이히, 「파시즘의 대중심리」

시론詩論

초판1쇄 발행 2011년 7월 1일
초판1쇄 발행 2012년 3월 10일

지은이 박현수
펴낸곳 예옥
펴낸이 이승은
등록 제2005-64호(등록일 2005년 12월 20일)
주소 서울시 마포구 동교동 200-16 303호
전화 02. 325. 4805 **팩스** 02. 325. 4806
이메일 yeokpub@naver.com

ISBN 978-89-93241-23-5 (93810)

값 20,000원